财政问题的新思考

——中国财政发展协同创新中心2015级硕士学位论文选集

李俊生　姚东旻　主编

中国财经出版传媒集团
中国财政经济出版社

图书在版编目（CIP）数据

财政问题的新思考：中国财政发展协同创新中心 2015 级硕士学位论文选集／李俊生，姚东旻主编．—北京：中国财政经济出版社，2018.12
ISBN 978-7-5095-8684-6

Ⅰ.①财⋯　Ⅱ.①李⋯　②姚⋯　Ⅲ.①财政政策－中国－文集
Ⅳ.①F812.0-53

中国版本图书馆 CIP 数据核字（2018）第 267196 号

责任编辑：胡　博　续　磊　　　责任校对：李　丽
封面设计：陈宇琰　　　　　　　版式设计：齐　杰

中国财政经济出版社 出版

URL：http://www.cfeph.cn
E-mail：cfeph@cfeph.cn

（版权所有　翻印必究）

社址：北京市海淀区阜成路甲 28 号　邮政编码：100142
营销中心电话：010-88191537　北京财经书店电话：64033436　84041336
北京财经印刷厂印刷　各地新华书店经销
787×1092 毫米　16 开　24 印张　422 000 字
2018 年 12 月第 1 版　2018 年 12 月北京第 1 次印刷
定价：88.00 元
ISBN 978-7-5095-8684-6
（图书出现印装问题，本社负责调换）
本社质量投诉电话：010-88190744
打击盗版举报热线：010-88191661　QQ：2242791300

序　言

作为一名教师，能够为学生毕业论文选集出版作序比自己出版著作还喜悦，特别是该论文选集的出版更是让我激动不已，因为此论文选集是中央财经大学中国财政发展协同创新中心（以下简称"中心"）在财政学专业，财政基础理论研究方向探索研究生培养方式方面的一个重要的阶段性成果，为这个论文选集的出版，我等了三年。

中心于2014年在财政部有关领导的直接关怀和指导下成立，其初衷是作为原财政部直属高校财政学科中唯一一个财政协同创新中心，以教育部《2011协同创新建设发展规划》（教育部、财政部2014年4月5日颁布实施）为指针，协同财政部原部属各个高校财政学科，以国家和区域发展的重大需求为导向，以重大协同创新任务为牵引，以体制机制改革为保障，汇聚优秀创新团队，聚集创新资源，创新人才培养模式，深化国际合作交流，优化创新环境，提升人才、学科、科研"三位一体"创新能力，打造具有国际重大影响的财政学学术高地。正是基于这个指导方针，自2014年成立以来，中心逐步确立了以财政基础理论研究与人才培养为核心，同时在卫生与医药改革与管理、国际税收、绩效预算等财政相关领域打造高水平的集人才培养、学科建设和科学研究"三位一体"的财政科学理论与政策研究创新平台的发展目标。通过约五年的努力，中心分别在财政基础理论、卫生与医药改革政策研究、国际税收、绩效预算、财政史等财政科学领域形成了较强的创新能力，在国内外财政学术界的学术影响力初步显现。如前所述及，现在呈现给读者的《财政问题的新思考——2015级硕士生毕业论文选集》就是中心在财政基础理论领域实施"三位一体"创新能力建设的一个阶段性成果。

　　大学的首要任务就是为社会培养相关学科专业领域的人才，包括人文社会学科领域的人才培养。从学历（学位）教育的角度看，大学的主要培养任务包括在本科阶段对学生专业素质的塑造，在硕士研究生阶段、特别是在专业硕士研究生阶段对学生给予专业理论与专业技能的教育，在博士研究生阶段对学生进行专业研究能力的培养等等。财政学学科作为人文社会学科的一个重要组成部分，同其他人文社会学科一样，在学历（学位）教育上，其人才培养体系也涵盖了本科、硕士（含专业硕士，如税务专业硕士、资产评估专业硕士等等）和博士等三个层次与阶段，但是，与其他人文社会学科不同的是，财政学科人才培养的任务却异常繁重，尤其需要加强"三位一体"创新能力建设。

　　首先，国家、区域财政发展对科学研究和人才培养的需求迫切，现行的财政学科在人才培养能力、科学研究能力、政策引导能力等方面均无法满足国家、区域财政改革与发展的需要。就我国而言，改革开放四十年来，财税体制改革一直充当着改革开放的"先导者"，同时也是被动性的角色。所谓的"先导者"是指客观上，由于财政在整个经济社会中实际上集中性地掌控三分之一到二分之一的经济资源（以 GDP 占比作为衡量指标），同时以满足社会共同需要（与企业、个人等私人的个别需要相对应）为己任——这种特殊的角色迫使政府不得不以财政改革为先导引领其他领域的改革与开放，或者通过财政改革为其他领域的改革与开放开辟道路，创造条件。但是，长期以来，我国在财政领域的改革却基本处于"摸着石头过河"的状态，这表明，我国无论是在财政人才储备还是在财政理论准备方面都存在严重的不足与不充分的问题，其结果必然使我国财政理论建设速度严重滞后于财政发展的实际步伐，财政专业人才和理论人才的培养质量和数量均无法满足财政运行与发展的实际需要。

　　其次，财政学科自身基础理论体系建设的任务异常繁重。从全球的角度看，财政理论严重缺乏对财政实践的解释力和对财政发展的预测力是普遍存在的问题，特别是自 20 世纪 30 年代的"凯恩斯主义经济学"产生以来，财政学在分析范式上的"经济学化"和在研究领域的"财政政策化"已经严重地破坏了财政科学的解释力和预测力。在我国，财政理论的解释力和预测力弱化问题甚至比西方国家更为严重，其主要原因在于目前我国主流的财政理论，即来自英美国家的"公共财政理论（Public Finance）"甚至不是基于我国的财政实践梳理总结出来的理论，尽管财政学作为一门科学应该是放之四海而皆准的，但是作为人文社会科学的财政学如果仅仅是基于西方国家的财政实践而形成的理论其本身也可能是片面的，其解释力和预测力也必然会受到研究对象的经济、政治和文化等区域特征的约束而弱化。如果说在20世纪90年代初期我国改革开放的初始阶段（即实施分税制财政体制和税收体制以前的时期）我国财政理论就已经严重滞后于财政改革发展实践的话，那么1994年以后我国在前苏联理论基础上发展起来的财政理论，即"国家分配论"根本无法解释社会主义市场经济条件下的财政实践，至于财政理论对我国财政改革与发展实践的预测力（这是财政理论指导财政实践的重要标志）就更加无从谈起了。因此，我国在20世纪90年代中期开始再次全盘引进了英美财政理论，并且使之成为我国主流的财政理论。问题在于，这种全盘引进的英美财政理论除其本身特有的分析范式的"经济学化"和研究领域的"财政政策化"两个固有的缺陷，将这个理论应用于我国的实践时又遭遇了对我国政治与文化环境"水土不服"的问题，例如，我国始于1994年的分税制财政体制改革虽然消除了1994年前财政包干体制下存在的在政府间以及政府部门间、具体支出项目之间财力分配的随意性问题，但是1994年以来的分税制财政体制并未明确解决政府间事权与支出责任划分问题，而财权与事权的错配进一步导致地方政府债务增加……财政可持续性、政府间财政事权如何划分、政府预算过程、决策机制以及绩效目标管理等现实问题，这些问题基本上都是始料未及的，我国全盘引进英美国家的"公共财政理论（Public Finance）"并没有且也没有能力预测这些问题，更没有能力给出解决这些问题的答案。这些事实表明，我国财政学术界在财政基础理论建设方面，除了要解决去"经济学化"和突破"财政政策化"研究领域界限、进而使之回归财政科学本质属性这两个全球性的财政理论难题外，还要基于我国的政治与文化环境的特殊性背景，解决财政理论的国别与区域应用性差的问题——这些就是我国财政科学自身理论体系建设任务异常繁重的主要原因。

中心以及我本人正是基于对财政学学科建设与人才培养所面临的上述问题的理解，基于财政学学科高等教育机构的使命感，从成立的那一天起，就开始筹划探索集人才培养、学科建设和科学研究"三位一体"的财政学学科创新能力建设问题。我对解决这个财政学学科"三位一体"创新能力建设问题的思路是：以财政基础理论建设与创新为基础，以研究生培养方案的设计和人才培养过程为切入点，结合承接财政部以及各级政府部门和企业研究课题的研究实践，聚集国内外的学术资源和学术人才，探索打造财政科学的创新平台，构建和提升中心财政科学的创新能力。为此，首先必须解决好财政基础理论的建设与创新问题。针对当代主流财政理论存在的主要问题，财政基础理论建设必须致力于解决以下3个问题：（1）对财政实践的解释力弱化的问题；（2）缺乏对财政改革与发展的预测力问题；（3）结合中国的财政改革发展实践，解决财政理论的国别与区域应用性差的问题。如果解决了以上问题，实际上就会使财政科学真正成为一门具有科学的解释力、预测力的、放之四海而皆准的普世性人文社会科学。

迄今为止，中心以及我本人在理论上已经基本澄清了财政学的学科属性问题，确定了财政学具有跨学科的属性，是介于经济学、政治学和公共管理学等多个学科领域的、具有自身独有分析范式与核心概念体系（这是财政科学的核心解释元素和预测基础）的人文社会学科。明确了财政学应当基于自身学科主体性，构建跨学科的研究范式，系统揭示财政活动规律，解释财政现象与实践，评估财政活动绩效，预测财政活动结果。基于此，我们通过对古今财政学派理论的梳理、反思和批判性继承，尝试提出了"新市场财政学"的研究范式，树立了市场"平台观"和"参与型"的政府观，将以公共价值最大化为组织目标的公共部门和以私人价值最大化为组织目标的私人部门都视为市场平台的参与者，并且归纳了公共部门和私人部门满足社会共同需要和私人个别需要的广义市场交互关系。"新市场财政学"力图从跨学科的视角拓宽财政学外延，为财政基础理论研究开辟一个全新的视角。

在初步构建了"新市场财政学"作为财政科学的基础理论的同时，中心尝试基于该理论设计财政学专业研究生培养方案，并且将最新的科学研究成果贯穿于研究生的培养过程。在这个问题上，中心具体负责研究生培养工作的主任助理姚东旻副教授及目前主持中心日常工作的副主任曹明星副教授、现任中央财经大学副校长、此前曾担任中心执行主任的马海涛教授与我从一开始就达成了共识，基于此，中心的主要领导成员同心协力，倾力打造中心的人才培养模式。期间，按照"新市场财政学"理论体系和培养方案要求，中心通过聘请包括美国斯坦福大学、加州大学、以色列希伯来大学等国内外大学的社会学、政治学、经济学、博弈论等领域的资深教师来中心为研究生开设相关课程与讲座，拓宽研究生的知识体系，完善研究生的知识结构，使之具备学习和掌握具有跨学科属性的新市场财政学分析范式、核心概念体系，培养研究生具备相应的研究能力和学习能力。与此同时，中心还通过让学生参加中心自设、或者承接的财政部、其他政府部门以及企业的研究课题，在研究过程中理解和消化所学的新财政学理论知识与研究方法。

《财政问题的新思考——中国财政发展协同创新中心 2015 级硕士学位论文选集》就是在中心 2015 级部分财政基础理论研究方向硕士学位论文的基础上整理而成的，是中心探索"财政协同创新"特色人才培养模式的前期成果。该文集共收录了 2015 级硕士研究生的 5 篇学位论文，分别是：樊洛明同学的"财政可持续性研究——渊源、概念和测度"；颜缙同学的"我国政府间财政事权划分基本逻辑的研究——基于文本的分析视角"；任芳放同学的"我国预算绩效目标管理体系的研究——基于法规文本和案例的分析"；任萌同学的"我国预算过程中的决策机制研究"和余凯同学的"间断均衡理论在省级预算决策中的应用"。与此同时，文集还收录了中心相关老师分别对上述五位同学学位论文的评语，分别是：李慧青副教授对樊洛明同学学位论文的评语；耿纯博士对颜缙同学学位论文的评语；丁怡博士对任芳放同学学位论文的评语；王麒植博士对任萌同学学位论文的评语和惠炜博士对余凯同学学位论文的评语。这些评语较为充分地体现了中心教师在研究生培养过程中的理念和学术责任心。

值得一提的是，在2015级硕士研究生中，多数人的本科专业并非是财政学，这在一定程度上更加有利于其突破主流财政学研究范式的限制，基于跨学科视角与老师共同学习和探索当前的财政学热点话题——这体现了对财政问题的新思考，是中心在招收研究生之初有意为之的结果。在中心老师的指导下，学生对许多问题的探索是卓有成效的，不少见解也是能够给人启迪的。在论文选题层面，同学们聚焦于"财政可持续性""预算制度改革""中央和地方政府间财政关系"等在理论上存在困扰，在实践中也亟待解决的重大现实问题。在研究方法上，可以看到这些学生中既有运用传统的公共财政分析方法，如实证研究——"间断均衡理论对我国预算决策的影响"，也有应用跨学科的研究范式，引入社会学和政治学的观点——"基于我国政策文本的客观事实"对中央与地方政府间关系、预算绩效目标管理等进行全面地梳理和研究。

需要指出的是，2015级的各位同学毕业后所从事的工作并非完全属于传统意义的财政税务部门，其中颜缙就职于国家税务总局广东省税务局；任萌就职于湖北省武汉市财政局；任芳放就职于全国预算与会计研究会；樊洛明就职于中邮人寿保险股份有限公司；余凯就职于中国邮政储蓄银行浙江省分行。这种就业取向基本符合中心设计的财政学专业硕士毕业生的职业领域。我们认为，财政学专业硕士研究生在学习期间所应当掌握的是财政科学基础理论与基本技能，而不是仅仅适用于政府财税部门的专门技术；财政科学不是政府财政部门的"科学"，而是人类社会理解和处理社会集中配置资源的配置与使用问题、用于满足社会共同需要、创造公共价值的一门科学。财政学专业硕士毕业生应当具备对这门科学以及相应技能的继续学习与应用的能力，具备应用集经济学、社会学、政治学理论与方法于一体的财政科学理论与方法处理相关社会、经济和政治事务的能力。相信他们能够在未来的工作中，将研究生期间所学习的财政学知识、跨学科视野运用于实践，在各自的工作岗位上为我国的财政学发展以及财政的具体改革实践做出自己的贡献。

诚然,本书所收录的硕士学位论文远非完美,一些见解也未必完全正确,但它仍然是一项富有开创性的跨学科财政学研究与人才培养的尝试,也代表着中心未来人才培养的方向。

是为序。

2018 年 12 月 26 日

目　录

樊洛明　**财政可持续性研究**
　　　　——渊源、概念和测度／1

颜　缙　**我国政府间财政事权划分基本逻辑的研究**
　　　　——基于文本的分析视角／95

任芳放　**我国预算绩效目标管理体系的研究**
　　　　——基于法规文本和案例的分析／175

任　萌　**我国预算过程中的决策机制研究**／241

余　凯　**间断均衡理论在省级预算决策中的应用**／311

财政可持续性研究
——渊源、概念和测度
Fiscal Sustainability: Source, Concept, Measure

樊洛明

- 第一章 绪论
- 第二章 财政可持续性相关理论
    ——基本概念和评价指标体系
- 第三章 我国财政状况基本观察
    ——基于政府资产负债状况和财政收支状况
- 第四章 我国财政可持续性现状评价
    ——基于简化指标体系及协整检验
- 第五章 我国财政可持续性模拟预测
    ——基于缺口预测类指标
- 第六章 结论及政策建议
- 论文短评（点评人：李慧青）

摘　要

近年来，我国的债务规模持续攀升，公共财政赤字不断增加。面对日益严重的债务和赤字问题，越来越多的学者和政府开始关注到财政可持续性问题。国外学术界对财政可持续性问题研究由来已久，较早的文献可以追溯到凯恩斯（Keynes，1923）的相关研究成果，研究发展到今日，角度愈发新颖，方法愈发多样，但对于财政可持续性的定义和指标始终没有形成统一意见。国内研究主要以政策热点为导向，因而，有关财政可持续性的评估方法、影响等对策性的研究较多，而对财政可持续性的定义等基本理论问题的研究重视程度不够。因此，本研究将系统性梳理财政可持续性的相关理论，并尝试建立中国的研究体系，对中国财政可持续性的现状和未来进行系统性分析。

从财政可持续性理论出发，本文就财政可持续性的渊源、概念、指标和测度等问题进行系统性研究。以财政可持续性指标的研究为核心，对财政可持续性的定义及定义下的指标进行总结和分类，对指标所需要的数据及测度方法加以阐述。当前财政可持续性的现象型定义主要有四种，不同定义下存在多样的评价指标。这些指标或利用历史数据对现有财政可持续性进行计算或数据分析，或利用预测数据对未来财政可持续性进行估计、模拟。在具体实践中，不同的政府和学者偏向于选择不同的可持续性指标。通过对不同指标特点的分析对比，本文建立了中国的财政可持续性研究体系。

首先，借鉴英国预算办公室的可持续性观察框架，结合对财政变量的描述分析，从整体上对我国财政状况进行基本观察。研究基于对政府资产负债、财政收支及国债情况的分析。特别的，本文先对研究对象进行准确界定——财政收支口径采用一般公共预算财政收支，债务口径仅考虑中央政府债务。研究发现，我国资产和负债总量状态稳定，财政收支不断增加，国债余额不断积累。

其次，基于简化指标体系和协整检验对中国财政可持续性现状进行评价。在指标研究中，以分析国际警戒线标准在我国的适用情况为基础，描述统计简单指标——赤字率、国债依存度、国债偿债率、国债负担率的变化情况，参考国际标准，对我国财政可持续性有一个整体的了解。在协整检验部分，本文分别利用EG两步法和Johansen协整检验的方法对全国和各地区的一般公共财政收支占比数据进行检验。结果表明，我国整体财政具备可持续性，除西北区、东北和华中地区外的其他地区均存在弱财政可持续性，但本文认为在考虑到土地出让金、中央政府转移支付和地方发债后，地方财政可持续性将加强。

再次，利用基本缺口（PIG）和财政缺口（Fiscal Gap）指标对我国未来财政可持续性进行模拟预测。通过对相关文件、国际经验和历史数据的趋势分析，对所需数据——GDP增长率、名义折现率和赤字率进行合理预测，以此为基础计算出缺口数值。两个指标的研究结果相似，都说明如果维持当前的赤字率和相关财政政策，未来30年我国财政可持续性将面临一定挑战。

最后，针对相关研究结论，本文认为可以从以下方面入手进行政策完善：重构政府和市场的关系，提高财政效率，更好地实现财政职能；在政府债务管理，特别是地方债管理中更多考虑财政风险控制，防范系统性风险；向中期预案框架转变，做好年度预算和中期预案的匹配，促进财政可持续性。

关键词：财政可持续性；渊源；定义；指标；描述统计；协整分析；模拟预测

Abstract

In recent years, the debt ratios of many countries in China and in the world have continued to rise. Also, the fiscal deficits have continued to increase. In the face of the problems of growing debts and deficits, more and more scholars and governments are beginning to pay attention to fiscal sustainability. Foreign studies on fiscal sustainability can be traced back to Keynes's (1923) discussion of the issue of public debts in France. Nowadays, the angles of research are more novel and the methods are more diversified. However, there has been no consensus on the definition and indicators of fiscal sustainability. The researches on fiscal sustainability in China are relatively simple. There is insufficient attention to future financial sustainability. Therefore, this study will systematically summarize the relevant theories of fiscal sustainability and establish a Chinese research system to analyze the status and future of China's fiscal sustainability.

Starting from the theory of fiscal sustainability, this article systematically studies the sources, concepts, indicators and measures of fiscal sustainability. This paper takes the research of fiscal sustainability indicators as the core, summarizes and categorizes the definitions and the indicators under the definition, and elaborates the data and measurement methods needed for the indicators. Currently, there are four phenomenological definitions of fiscal sustainability, and there are various indicators of judgment under different definitions. These indicators either use historical data to calculate or analyze existing fiscal sustainability or use forecasting data to estimate and simulate future fiscal sustainability. In specific practice, different governments and scholars prefer to choose different sustainability indicators. By analyzing and comparing the characteristics of different indicators, this chapter establishes China's fiscal sustainability research system.

First of all, based on the sustainability observation framework of the UK Budget Office, combined with the description and analysis of fiscal variables, this paper generally observes the fiscal status of China. The study is based on an analysis of government assets, liabilities, fiscal revenue and government debts. In particular, this article first defines the research object accurately. In this paper, fiscal revenue and expenditure refers to the general public fiscal revenue and expenditure and the debt refers to the central government debt. The study finds that China's total assets and liabilities are stable, and the fiscal revenue and expenditure are increasing, and the balance of national debt is accumulating.

Secondly, this paper evaluates the status of financial sustainability in China based on simple indicators and cointegration tests. This article describes the statistics of simple indicators, such as, the rate of deficit, the degree of dependence on national debt, the debt servicing ratio of the national debt and the rate of change of the national debt burden. With reference to international standards, this article presents a general understanding of China's fiscal sustainability. In the cointegration test section, this paper uses the EG two – step method and the Johansen cointegration test method respectively to test the general public revenue and expenditure rate of the country and regions. The results show that China's overall finance is sustainable and some regions have weak fiscal sustainability. However, this paper believes that local fiscal sustainability will be strengthened after considering land transfer fees, central government transfer payments, and local debt issuance.

Thirdly, this study uses the basic gap (FIG) and fiscal gap (Fiscal Gap) indicators to predict China's future fiscal sustainability. This paper analyzes the relevant documents, international experience and historical data to reasonably forecast the required data—GDP growth rate, nominal discount rate, and deficit rate and calculate the gap indicators based on this. The results of the two indicators are similar, indicating that if the current deficit rate and fiscal policies are maintained, China will face some fiscal sustainability problems in the next 30 years.

Finally, according to the research conclusions, this paper suggests that policy improvement can be started from the following aspects. First, the relationship between the government and the market should be reconstructed in order to increase financial efficiency and achieve better fiscal functions. Second, in government debt management, especially local debt management, risk control should be strengthened to prevent systemic risks. Last but not least, the budget system should be transformed to medium – term budget framework. The matching of the annual budget and the medium – term budget should be improved, and ultimately promote fiscal sustainability.

Key Words: Fiscal Sustainability; Source; Definition; Index; Description Statistics; Co – integration Analysis; Simulation and Forecast

目 录

第一章　绪论 …………………………………………………………… 9
　第一节　选题背景及研究的目的和意义 ……………………………… 9
　第二节　文献综述 ……………………………………………………… 11
　第三节　研究思路及框架 ……………………………………………… 16
　第四节　研究方法 ……………………………………………………… 17
　第五节　本研究的创新点 ……………………………………………… 18

第二章　财政可持续性相关理论
　　　　——基本概念和评价指标体系 …………………………………… 19
　第一节　财政可持续性的定义及指标 ………………………………… 19
　第二节　财政可持续性指标的数据及测度 …………………………… 32
　第三节　财政可持续性指标的实践 …………………………………… 38
　第四节　指标对比及我国财政可持续性研究体系 …………………… 41

第三章　我国财政状况基本观察
　　　　——基于政府资产负债状况和财政收支状况 …………………… 44
　第一节　研究对象的界定 ……………………………………………… 44
　第二节　我国政府资产负债状况 ……………………………………… 47
　第三节　我国财政收支状况 …………………………………………… 50
　第四节　我国国债状况 ………………………………………………… 55
　第五节　我国财政现状总结 …………………………………………… 56

第四章　我国财政可持续性现状评价
　　　　——基于简化指标体系及协整检验 ……………………………… 57
　第一节　财政可持续性的指标检验 …………………………………… 57

第二节　基于跨期预算约束的财政可持续性实证分析 …………… 63
　　第三节　我国当前财政可持续性现状评价 ……………………… 69

第五章　我国财政可持续性模拟预测
　　　　　——基于缺口预测类指标 ………………………………… 70
　　第一节　缺口指标的选取和对比——基本缺口指标和财政
　　　　　　缺口指标 ………………………………………………… 70
　　第二节　数据估计 ………………………………………………… 71
　　第三节　指标计算和分析 ………………………………………… 75
　　第四节　未来财政可持续性情况分析 …………………………… 80

第六章　结论及政策建议 ………………………………………… 81
　　第一节　结论 ……………………………………………………… 81
　　第二节　政策建议 ………………………………………………… 82

参考文献 ……………………………………………………………… 87

致谢 …………………………………………………………………… 91

论文短评 ……………………………………………… 李慧青　92

第一章

绪　论

第一节　选题背景及研究的目的和意义

一、选题背景

（一）中国财政债务问题愈发严重

近年来，中国债务问题愈发严重，债务规模不断增加。2008年全球金融危机爆发，我国为防止经济衰退，实施了积极的财政政策。这些政策虽确保了我国经济的稳步发展，但随之而来的是政府债务规模的大幅增加，2016年国债累积余额已达到12万亿元人民币[①]。除了政府债务外，麦肯锡全球研究院的研究报告指出，2007年至2014年中国的债务总额翻了两番，2014年债务水平占GDP的282%，略高于美国和德国[②]。尽管我国的经济增长速度始终处于世界前列，但是，居高不下的政府债务规模必将进一步加重我国政府债务偿还负担和整个国民的经济负担，不利于我国财政和经济的可持续性发展。

同时，从国家统计局所提供的公共财政收支数据可以发现，2008年全球金融危机之后，我国全国公共财政赤字大幅度增加，已于2013年超过了1万亿元，2016年全国公共财政赤字率高达3.1%，远高于危机前的情况。

[①] 财政部，2016年和2017年中央财政国债余额情表[EB/OL]. http://yss.mof.gov.cn/2017zyys/201703/t20170324_2565727.html.

[②] 麦肯锡全球金融研究院，审视中国债务风险[EB/OL], http://www.mckinsey.com.cn/审视中国债务风险，2015.4.9.

这表明我国的财政赤字问题愈发严重，财政负担越来越大，过高的财政赤字不利于政府的长期财政平衡，将大大影响我国财政的可持续性，并对经济发展产生不利影响。

(二) 政府愈发关注现代财政制度的建立和预算、税收制度的完善

党的十八届三中全会报告提出，"财政是国家治理的基础和重要支柱"，说明了科学的财税体制对于国家和社会的重要意义，指出应改进预算管理制度，完善税收制度和建立事权和支出责任相适应制度。党的十九大报告对建立现代财政制度和合理的中央和地方财政关系提出要求，指出在建立预算制度以及税收制度改革方面的发展方向。

可见，未来我国政府的财政工作将着力于现代财政制度的建立、预算制度的完善和税收制度的改进等。而现代财政制度应当使财政得以可持续发展，预算制度和税收制度的完善改进也应在财政可持续性的前提下进行。此外，党的十九大报告明确提出对全面实施绩效管理的要求，而政府财政绩效的根本点在于总额控制，也就是财政的长期可持续。

因此，在政府愈发关注财政制度的背景下，财政可持续性应该得到足够的重视，应做好对财政可持续性理论的研究和对中国财政可持续性的评价。

(三) 国内外关于财政可持续性的定义及指标选取不统一

20世纪20年代以来，财政可持续性问题引起了学界及有关部门的高度重视，许多国家政府都会定期发布有关财政可持续性的研究报告，众多学者也就各国的财政可持续性问题进行探讨。但十分遗憾的是，虽然财政可持续性问题十分重要，但"财政可持续性"的概念并没有一个公认的定义可供参考。目前主流定义多是从现象或指标入手，认为现象或指标满足某种判断标准，则一国财政可持续。例如，比特 (Buiter, 1985) 提出如果公共部门净值指标为正，则政府财政具有可持续性；崔翰和沃尔什 (Trehan and Walsh, 1988) 发现财政可持续的充要条件是债务和基本赤字存在协整关系；奥尔巴赫 (Auerbach, 1994) 将计算出的财政缺口 (Fiscal Gap) 数值同基线数值相比较，确定财政可持续性。

正因为不同学者选取的指标不同，研究的切入点不同，研究结果常常大相径庭。黑克沃和拉什 (Hakioo and Rush, 1991)、麦克唐纳 (MacDonald, 1992) 分别使用美国季度、月度数据对政府收入与政府支出进行了协整检验，得出的结论都是美国财政状况是不可持续的。而奥尔巴赫 (Auerbach，1994）通过对财政缺口的判断认为美国财政具有可持续性。因此，梳理财政可持续性指标及相关定义有助于了解当前不同研究结果差异的原因。

基于我国政府债务问题日益严重的现实情况和国内外衡量财政可持续性标准不统一的问题，客观上迫切需要就财政的可持续性问题进行深入的研究，确定科学、客观、可行的衡量财政可持续性的判定标准，为政府的相关财政决策提供政策建议和理论支持。

二、研究的目的和意义

本文以学术界对财政可持续性定义不统一、衡量财政可持续性指标复杂无序等问题为切入点，通过对"财政可持续性"定义的文献研究和对不同类型财政可持续性定义下的可持续性衡量指标及测度方法的实证分析与检验，力图从理论上梳理财政可持续性定义的形成规律，并在实践上为我国评价财政可持续性状况提供基本的分析思路和评价方法，对我国实现财政可持续性的发展提供相应的政策建议。

本项研究成果的主要意义在于：通过对国内外学术界有关财政可持续性问题研究成果进行梳理，系统性地阐述了财政可持续性问题的渊源、定义、指标、数据、测度方法和指标的应用实践，通过对比不同的定义、衡量指标、相关数据和应用方面的差异，为进一步研究财政可持续性的定义和衡量方法奠定了初步的理论基础，同时，在实践上，也为客观、科学地衡量与评估我国政府财政可持续性状况探索出了路径，并提出了相应的政策建议。

第二节 文献综述

本小节首先从问题导向性的研究路径出发研究有关财政可持续发展问题的相关国外文献，进而梳理外国学者对财政可持续性研究的发展历程；其次，以研究热点为切入点研究国内相关文献，探索我国学者对于财政可持续性发展问题的研究进展情况。

一、国外文献——问题导向型的财政可持续性研究路径

国外学术界对财政可持续性问题研究由来已久，较早的文献可以追溯到凯恩斯（Keynes，1923）的相关研究成果。继凯恩斯之后，国外学者基于

各自国家在不同历史时期债务问题日益严重的情况，就财政可持续性问题进行了更广发、深入的探索，逐步提出了评价财政可持续性状况的指标体系和相关理论。

20世纪20年代，凯恩斯（Keynes，1923）在关于法国公共债务问题的论述中指出，法国政府应当采取可持续的财政政策以强化政府预算约束。他认为公共债务占国内生产总值的比重过高将会导致财政不可持续的风险加大，即如果政府财政收入不足以偿付发行新债所需的费用，国家财政将会面临可持续性问题。这是最早的关于财政可持续性的论述。

20世纪40年代，西方一些国家债务问题凸显，为了解决债务问题，规避财政可持续性方面的风险，多玛（Domar，1944）首次提出了财政可持续性的条件，她认为存在一个最优负担率，只要一国债务水平等于或低于这个水平，政府就拥有偿债能力，财政就是可持续性的。这一理论具有十分重要的意义，给出了财政可持续性问题的量化研究思路。

随着20世纪80年代许多西方国家的债务激增，财政可持续性问题引起了很多国家政府的重视，众多学者关注并投入到对这个问题的研究中，这一阶段是学术界对财政可持续性问题研究较为繁荣的阶段。比特（Buiter，1985）第一次严格意义上定义了财政可持续，认为财政可持续性主要是指作为经济实体的一国财政的存续状态或能力。比特（Buiter，1985）和布兰查德（Blanchard，1990）借鉴了多玛（Domar，1944）的最优负担率研究，先后提出了三个财政可持续性指标——公共部门净值指标、基本缺口指标和税收缺口指标以判断财政可持续性。此外，"非庞氏博弈（No-Ponzi Game）"偿债准则和跨期预算约束等相关理论观点和研究方法也在这一时期被提出，其中，比特（Buiter，1979）和卡迈克尔（Carmichael，1982）等论证了动态无效下庞氏博弈的可行性，麦卡勒姆（McCallumm，1984）论证了动态有效下的非庞氏博弈的必然性，其中，庞氏博弈要求债务增长率大于或者等于利息率，而非庞氏博弈方法分析的结论则相反，要求债务增长率小于利息率。汉密尔顿和弗莱文（Hamilton and Flavin，1986）提出了非庞氏博弈的验证框架，通过判断非庞氏博弈条件是否成立来确定跨期预算约束是否得到了满足。

20世纪90年代中期以后，债务问题不仅一直存在，而且愈加严重，因此，越来越多的学者加入到财政可持续性研究当中。许多国家的政府，例如，英国、加拿大等国政府从20世纪90年代也开始陆续发布了关于各自国家财政可持续性状况的研究报告。与此同时，越来越多的方法也被引入到财政可持续性研究中，如黑克沃和拉什（Hakioo and Rush，1991）及托斯（Quintos，1995）在跨期预算约束条件下发现可以通过对财政变量进行协整分析从而确定财政可持续性；哈格曼（Hageman，1999）建议考虑结构性财政平衡，排除经济周期因素的影响；奥尔巴赫（Auerbach，1994）提出财政缺口（Fiscal Gap）指标，并被美国国会预算办公室用于预算赤字的管理和预测。此外，考虑财政风险和系统性可持续的方法——徐和盖齐（Xu and Ghezzi，2003）提出的政府拖欠概率、巴恩希尔和柯彼茨（Barnhil and Kopits，2003）提出的政府风险价值、科塔雷利（Cottarelli，2014）提出的八角形综合评价法等也从新的视角为财政可持续性研究注入新的研究活力。

综上，学术界对财政可持续性问题研究的历程如图1-1所示，每次财政可持续性问题研究热潮的兴起实际上都是基于当时财政可持续问题的凸显——这充分表明，国外学术界就有关财政可持续性问题研究路径的问题导向性特征。当前各国政府债务和赤字问题越来越严重，这必将引起学术界对财政可持续性问题研究的新浪潮，因而，诸如明确界定财政可持续性的定义等基础性理论研究十分重要。

图1-1 财政可持续性的渊源

二、国内文献——以政策热点为导向的研究路径

与国外研究相比，我国学术界对财政可持续性问题研究的起步较晚。就现有的文献来看，国内学术界对财政可持续性问题的研究路径基本上是以相关政策热点问题为导向，以政策研究为主，适度关注基础理论和基本研究方法；国内财政可持续性研究的研究内容可以分为三类：财政可持续性评估、财政可持续性影响因素分析、财政可持续性对策研究。

（一）财政可持续性评估

财政可持续性评估的相关研究是三类研究内容中文献数量最多、研究也较为深入，主要从简单指标、跨期预算约束和财政缺口等几个切入点进行研究的,且很多文献都是采用综合各类方法研究财政可持续性评估问题,力图使评估的内容尽可能全面。

1. 简单指标

简单指标的运用较为常见,例如,刘国艳等(2011)将财政可持续性定义为债务占 GDP 的比例,但对财政可持续性的债务上限不做规定,只将财政可持续性定义为债务占 GDP 的比率。林晓宁(2012)采用债务负担率单一指标说明我国各个地区的可持续性状态,认为我国大多数地区处于中度警戒线之下,只有西部少数经济不发达地区处在重度警戒线以上,并认为我国县乡级政府性债务可持续性更加值得关注。胡娟(2016)选取债务率和负债率作为静态指标、长期负债能力、长期偿债能力作为动态指标,直接将债务比重、短期债务比重和与其债务率作为结构指标对各省的财政可持续性情况进行评价。

2. 利用跨期预算约束研究财政可持续性

除了简单指标外,根据跨期预算约束原理,通过协整分析的方法研究财政可持续性也是我国学者常采用的方法。这类文献的研究思路一般为:证明政府财政可持续性的充要条件是财政变量存在协整关系或平稳性关系,而后对相关变量进行协整分析,以协整分析的结果为依据评价我国财政可持续性。其中具有代表性的学者及其研究成果包括:邹元婷(2010)发现 1995—2007 年期间我国财政不可持续;朱军(2014)对 1978—2012 年的数据进行研究,发现我国目前整体和省级层面的财政状况具备可持续性;陈淼(2016)对财政收入和财政收支数据进行线性分数协整检验,发现我国财政具备弱可持续性;汪川(2017)利用协整分析法和向量误差修正模型(VECM)结合情景模拟方法对我国公共财政的可持续性进行分析,并以此为基础分析了"新常态"下我国扩张型财政政策的政策空间。

3. 其他方法

除了上述常用方法外,一些学者还借鉴国外学者的方法或理论进行推导,对我国的财政可持续性进行评估。陈建奇(2012)通过一系列命题的数学推导,发现证明财政可持续性只需要证明经济动态无效,而动态效率的测度只需要考虑各品种利率与 1 之和对数的期望值月经济增长率与 1 之和对数的期望值的大小。姚东旻(2013)借鉴奥尔巴赫(Auerbach,1994)提出的财政缺口(Fiscal Gap)指标对统计年鉴、财政年鉴、五年规划和年度报告等文件中的相关数据和相关政策目标进行分析和解读,尽可能贴近现实的预测出未来的经济增长率、名义折现率和赤字 - GDP 比率,从而对财政缺口(Fiscal Gap)进行相对准确的测量和估计并进行灵敏度分析。倪骏(2014)认为我国狭义的国债规模与公共服务职能的缺失之间存在着密切的转化关系，测算了弥补公共服务职能缺失所需增加的财政支出，将这些支出作为公共服务缺失的隐性债务加入到实际国债中，最后通过研究在此基础上的实际国债风险。

（二）财政可持续性影响因素

此类文献的基本特征是着重于研究对象对财政可持续性的影响，建立定量模型分析因素的变动对于财政可持续性的影响。龚峰（2015）通过构建简单的两期OLG模型和门槛协整模型，发现老龄人口比重与财政可持续性呈现"U型"关系。黄文浩（2017）发现城市土地使用权续租政策与财政可持续性有着互为影响的关系，续租政策对财政可持续性的影响作用短期内更为显著，财政可持续性对续租政策的影响尽管不大，但在长期起到了关键的作用。王悦（2017）运用定量和定性分析的方式说明PPP模式对地方政府的财政可持续性具有积极影响。孙正（2017）利用1995—2015年省级面板数据，实证发现了地方政府以追逐GDP为核心的政绩诉求行为以及相伴而生的地方政府之间横向的税收竞争改善了地方政府财政可持续性，而失业率的上升则弱化了财政可持续性。此外，孙正（2017）还利用2004—2014年省级面板数据，通过计量研究发现，长期信贷资金配置和房地产业信贷资金配置有利于财政可持续性的提高。

（三）财政可持续性的对策研究

关于确保财政可持续性的对策问题属于财政可持续性理论与政策研究的落脚点，因此，对于如何确保、乃至促进财政的可持续发展，一些学者提出了自己的对策建议。邓晓兰（2017）从新常态下的供给侧改革入手，认为应当通过采取利于供给侧改革的财政政策稳定经济进而促进财政可持续性发展；陈治（2017）从预算控制的角度提出了相应对策，认为应当完善预算法，建立与总额控制相契合的预算程序，将风险控制引入政府债务预算管理过程，强化绩效与预算整合的绩效控制；景宏军（2017）则从地方财政的资产管理入手，认为应当培养地方财政对于自身的资产负债进行独立管理的意识，赋予地方财政进行资产负债管理的权利，构建地方财政完整的资产负债管理能力。

三、文献评述

上述文献研究结果表明，政府财政可持续性问题已经成为一个世界性的问题，有关国家的政府和学术界普遍重视财政的可持续发展问题，但是各个国家政府重视的程度和解决问题的方式有所不同,有些国家政府发布了官方的有关政府财政可持续性状况的评估或者研究报告,有些国家则通过具体的政策解决财政的可持续问题。

从学术研究的角度看,国外学术界对政府财政相关研究起步早,研究角度差异性较大,研究的路径带有鲜明的问题导向特征,历次对财政可持续性研究的热潮与财政可持续性问题的凸显有高度相关性。从20世纪20年代开始,很多学者都从基本理论和对策两个层面对财政可持续性问题提出了具有创新性的观点和方法,财政可持续性研究的角度、方法和衡量指标体系也非常丰富,进而为相关国家政府也着手研究和发布财政可持续性报告提了重要的理论依据。国内学术界对财政可持续性问题的研究也逐渐深入,特别是在中央和地方政府债务问题日渐突出的情况下,越来越多的学者投入到财政可持续性的研究中。但是,国内学术界研究路径的主要特征是以政策热点为导向,因而,有关财政可持续性的评估方法、影响等对策性的研究较多,而对财政可持续性的定义等基本理论问题的研究重视程度不够。

统观国内外文献,即使国外学者比较重视有关财政可持续性问题的基础理论方面的研究,但是总体上看,在基础研究的许多方面尚存不足,例如,学术界在财政可持续性定义上依然没有达成共识,在财政可持续性评价指标的选取方面依然缺乏客观一致的标准。我国学术界尽管主要专注于政策方面的研究,并且采取了简单化的评价指标策略,但是,却明显存在着相关数据选取不够明晰,样本选取不够全面等不足,难以给出客观合理的评价指标体系和切实可行的政策建议。因此,对财政可持续性的定义、指标和测度方法进行系统性的梳理十分必要;特别是在我国的财政可持续性评估实践中,对省级数据的关注和未来情况的模拟预测也具有十分重要的意义。

第三节 研究思路及框架

本文的研究思路如图1-2所示。

本研究首先在综述部分介绍财政可持续性问题的研究渊源,分阶段介绍不同时期的研究情况;然后在第二章阐述当前主要的财政可持续性定义和不同定义类型下的指标;在此基础上,总结指标所需要的数据的测度方法,对比指标的特点差异,建立适用于我国的财政可持续性研究体系。根据建立的体系,第三章以政府资产负债状况和财政收支状况为切入点对我

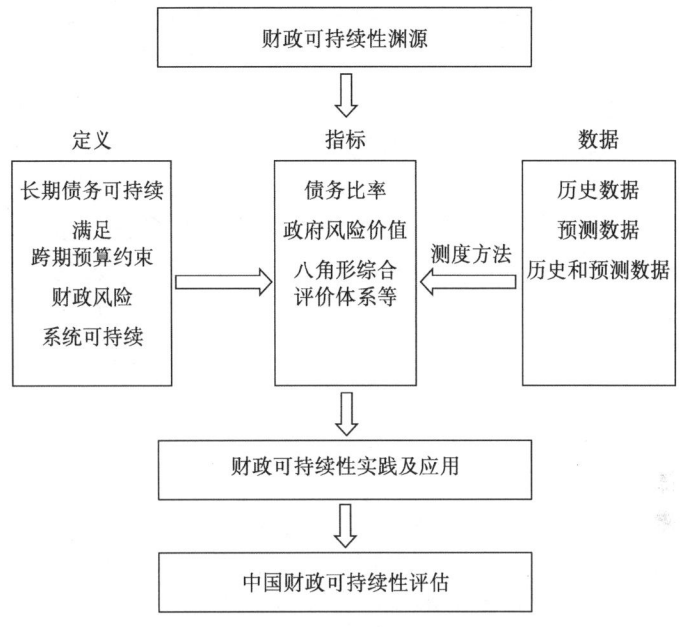

图 1-2 本研究思路示意图

国财政现状进行基本观察，第四章利用简化评价指标体系和协整分析对我国财政可持续性现状进行评估，第五章基于基本缺口和财政缺口对未来我国财政可持续性进行模拟预测。最后，基于上述研究结果，为我国财政发展提出相关政策建议。

第四节 研究方法

本研究所需要用到的方法如下：

1. 文献研究法：利用关键字对财政可持续性研究的中外文文献进行搜集整理，整理文献的研究方法、研究内容和研究结论，分类归纳出财政可持续性研究的相关定义、指标和实践。

2. 比较分析法：比较不同定义、不同指标之间的差异，对相同类型的指标进行总结，对同一财政可持续性定义下的指标进行归类，得到分类准确涵盖全面的财政可持续性研究指标。

3. 描述分析法：通过对财政数据的描述统计，分析财政情况变动趋势。也可通过指标公式计算得到相应指标，通过对指标数值与判断标准的对比，对财政可持续性进行判断。

4. 单位根检验和协整分析：利用跨期预算约束及相关模型（政策反映

函数等）进行推导，确定财政可持续条件下的原假设；利用单位根检验和协整分析等方法检验原假设；接受原假设则财政可持续；拒绝原假设则财政不可持续。

5. 预测模拟法：预测部分主要采取模拟讨论预测的方法，这一方法主要是针对财政缺口（Fiscal Gap）指标，这一指标的取值取决于 GDP 增长率、政府的名义折现率以及赤字 - GDP 比率。因此，需要对经济增长率、名义折现率及赤字比率在分析预测的基础上进行模拟讨论，从而对财政缺口指标进行预测。

第五节　本研究的创新点

1. 本文从理论上系统性地梳理了现有研究中关于财政可持续性的渊源、概念、衡量指标和指标的数据及测度方法等内容。以财政可持续性指标的研究为核心，对财政可持续性的定义及不同定义类型下的指标进行总结和分类，对指标所需要的数据及判别方法加以阐述，为进一步研究财政可持续性的定义和衡量方法奠定了初步的理论基础。

2. 本文对研究对象进行了清楚界定，详细说明研究对象的选取缘由和数据来源，为研究奠定坚实基础。

3. 本文在实践上为我国评价财政可持续性状况提供基本的分析思路和评价方法，以期综合全面地对我国实际进行探讨，尝试建立了中国财政可持续性研究框架——以财政状况的分析为基础，对我国财政可持续性现状进行评价，着眼于对未来的财政可持续性的模拟预测。

第二章

财政可持续性相关理论
——基本概念和评价指标体系

第二章将从理论上系统性地阐述财政可持续性的基本概念和评价指标体系。本章以财政可持续性的评价指标为核心,对目前主流财政可持续性定义下的可持续性指标进行分类阐述,在此基础上,根据数据类型和测度方法对不同指标进行分类说明,并整理各国的财政可持续性实践及各指标的具体应用。最后对常用指标的特点进行对比,借鉴各个指标的特点,尝试构建我国的财政可持续性研究体系。

第一节 财政可持续性的定义及指标

定义是指标存在的基础,对指标的分类和整理应当基于财政可持续性的定义。因此,本文首先对财政可持续性的定义进行总结。

一、财政可持续性的定义

本文通过对相关文献的搜集整理,从两个层次——逻辑完备的内涵型定义和描述条件的现象型定义厘清有关财政可持续性定义的迷思。

在学术、官方以及其他讨论财政政策的领域,财政可持续性一直是备受关注的焦点问题。虽然财政可持续性常被宽泛地用于指代政府债务或债务积累的限制,但从财政可持续研究的文献、操作指标等方面可以看出,目前并没有形成一个单一准确的定义或理论基础来研究财政可持续性。对目前研究或报告使用的财政可持续性定义内涵从内涵和现象两个层次进行总结,如表2-1所示。

表 2-1　　　　　　　　　　财政可持续性定义

类型	变量含义
内涵型定义	1. 比特（Buiter, 1985）认为财政可持续性是作为经济实体的一国财政的存续状态或能力 2. 比特（Buiter, 2002）将财政可持续性可定义为政府的财政融资模式不会发生违约风险 3. 世界银行（2005）认为财政可持续性是与偿付能力有关的可持续发展的概念 4. 国际货币基金组织（2011）指出"在没有调整的情况下如果政府将来无法偿还债务，则可以认为财政政策是不可持续的"
现象型定义	1. 债务可持续，财政可持续性意味着债务的可持续，需要关注的是债务负担率（债务占GDP的比例）是否稳定，这一定义沿袭了多玛（Domar, 1944）研究框架 2. 满足跨期预算约束，如果财政可持续，则既需要政府满足跨期预算约束，也需要政府在每一个时期满足静态的预算约束，这一定义一定程度上沿袭了麦卡勒姆（McCallumm, 1984）的研究 3. 不存在财政风险，财政风险常指财政领域中因各种不确定因素的综合影响而导致财政运行遭到破坏的可能性 4. 系统性的可持续

财政可持续性的内涵型定义很少。一般认为比特（Buiter, 1985）对于财政可持续概念的阐述是第一次严格意义上的定义。他认为，财政可持续性主要解释的是作为经济实体的一国财政的存续状态或能力[1]。比特（Buiter, 2002）进一步指出，财政可持续性还可定义为政府的财政融资模式不会发生违约风险。世界银行（2005）认为财政可持续性是与偿付能力有关的可持续发展的概念。国际货币基金组织（2011）定义了财政不持续性，指出"在没有调整的情况下如果政府将来无法偿还债务，则可以认为财政政策是不可持续的"。此外，雷简（S. Rajan, 2014）指出"财政可持续性最常用的定义是，政府不能从事庞氏骗局（即借款只是为了满足利息支付，导致债务激增）"。

绝大部分研究或报告的财政可持续性定义是从现象层面入手的，即满足了一些条件、指标达到了一定水平就可以认为一国财政或财政政策具有可持续性，否则，就不具备可持续性。这种定义方法被广泛得用于财政可持续性的研究和评估实践中，是指标选取的基础。现象型定义方法虽在逻辑上存在漏洞，但可以很简明扼要地对财政可持续性进行描述，指出其最鲜明的特点，对具体的指标测度提供依据。通过对文献的整理，我们将对

---

[1] Buiter, Willem R., 1985, "Guide to Public Sector Debt and Deficits," Economic Policy; A European Forum, Vol. 1 (November), pp. 13-79.

现有的财政可持续性现象型定义进行具体描述。

(一) 债务可持续

一些研究认为财政可持续性意味着债务的可持续,需要关注的是债务负担率(债务占 GDP 的比例)是否稳定,这一定义沿袭了多玛(Domar, 1944)最优负担率的研究。债务是政府履行受托责任,完成国家管理职能的必然结果,是实现国家机器正常运转的重要资金保障,是国家财政的重要问题。然而,债务经营不善,就会影响财政可持续性,导致严重的财务风险,进而出现债务危机和信任危机。因此,政府在任何时候都不应当丧失偿债能力,尤其是中长期债务的清偿能力,必须将债务比率控制在合理范围内以保证财政的正常运行。因此,将财政中的重要问题——债务可持续作为财政可持续性的定义具有一定的合理性。同时,将财政可持续性完全当成债务可持续也存在以偏概全的问题。

在这种定义方法下引申出许多与长期债务或债务相关的评价指标,通过将这些指标的数值同指标标准进行对比,可以直观地看出一国的财政可持续性。这种定义方法被广泛地用于财政可持续性问题的研究中,很多报告都从债务入手评估财政的可持续性,对财政状态进行判断、对财政政策的引入进行评估,但利用这种定义的研究常常存在一定的问题,即假定利率和经济增长率等都是外生变量,并且不考虑其他的不确定性。

(二) 满足跨期预算约束

另一种常见的定义是如果财政可持续,则财政既需要满足跨期预算约束,也需要在每一个时期都满足静态的预算约束,这一定义一定程度上沿袭了麦卡勒姆(McCallum, 1984)的研究。原则上,只要能够通过借贷筹集必要的资金,一国政府就能够维持财政赤字。但是这种政策只在短期内可行,一旦赤字成为永久性赤字,政府通过采取进一步的借款来偿还债务的行为就会受到质疑。因此,必须保持财政平衡,使得现在的负债等于未来所有净盈余的贴现值。

大多数财政可持续性研究都以一个代理模型作为研究出发点——在这个模型中政府既满足跨期预算约束,也需要在每一个时期满足静态的预算约束。在一个简化的封闭型经济中(即不需要考虑外债的影响),静态约束可以写作:

$$B_{t+1} = R_t B_t + D_t \tag{1}$$

其中,B_t 代表期初政府债务存量,$R_t = 1 + r_t$ 代表 t 到 $t+1$ 期的折现因子,D_t 代表基本账户赤字。通过迭代上式可以得到跨期预算约束:

$$B_t = -\sum_{j=0}^{\infty} R(t,t+j)^{-1} D_{t+j} + \lim_{T \to \infty} R_t(t,t+T)^{-1} B_{T+j+1} \qquad (2)$$

其中，$R(t,t+j)$ 为 t 到 $t+j$ 期的折现因子。由上式可知，财政可持续性要求未来基本盈余现值必须超过未来的基本赤字的现值，这一差值应当足以弥补初始债务存量和最终债务存量现值之间的差额。

如果期末债务存量的现值是正的，即使政府在借贷期间滚动其债务，通过借债来偿还全部本金和利息，该等式（2）也可以被满足。然而，奥康奈尔和扎尔迪斯（O'Connell and Zeldes，1988）的研究表明，在代理模型中，如果代理人数量有限，那么上述滚动债务的行为就是不可行的。如果政府进行这样的庞氏骗局，就意味着某些人将来必须持有一些无限的政府债券。因此，这些个体在至少一个时期内的消费会更低，同样福利也会更低，相比之下，这个个体不如选择不持有债务。在这种情况下，不持有债券较持有这种滚动型的债务而言是严格占优的，因此一个企图操纵庞氏骗局的政府会发现，任何理性的个人都不愿意承担其债务，它也就不可能在每个时期全面偿还债务。基于上述考虑，需要在模型中加入非庞氏博弈的限制。

非庞氏博弈（No-Ponzi Game）的限制意味着横截性条件必须满足，即 $\lim_{T \to \infty} R_t(t,t+T)^{-1} B_{T+j+1} \leq 0$。事实上，这种条件将会成为一个等式，因为私人最终不可能受惠于政府，因此可持续的财政政策必须尊重目前的预算约束。因此，可以得到现值预算约束（PVBC），即：

$$B_t = -\sum_{j=0}^{\infty} R(t,t+j)^{-1} D_{t+j} \qquad (3)$$

根据上式可知，政府当前的债务应当等于未来基本盈余超过基本负债部分的现值。

满足跨期预算约束，意味着政府的偿债能力可以得到保障，意味着政府不会失信于个人。这将保证财政资金的运转和财政职能的实施，有利于财政的可持续发展。在这种定义下，缺口类指标和变量的平稳或协整关系是判断财政可持续与否的主要指标。

这种定义与债务可持续的定义相比，虽然它也考虑了债务问题，但它将债务和基本净盈余结合起来考虑，更多考虑的是两者的等价关系是否能够满足。在具体的操作过程中，这种定义需要考虑折现的情况，而长期债务可持续的定义则更加关注某一债务指标是否在可控的范围内。

（三）无财政风险

将财政可持续性定义为不存在财政风险。财政风险常指财政领域中因各种不确定因素的综合影响而导致财政运行遭到破坏的可能性。因此不同于前两种定义中对债务和赤字的着重考虑，这种定义不仅考虑到债务水平，还更广泛地考虑到财政领域的其他因素，例如，利率和债务容忍度等。利率直接反映了投资者平均感知到的财政风险，目前具有相同债务比率的发达经济体常常具有不同的利率水平，这是因为投资者平均感知到的财政风险程度不同。此外，就债务容忍度而言，新兴经济体的债务容忍度较低，因此在评估其风险敞口时需要考虑较低的债务门槛[①]。

提到财政风险，不得不提及财政危机，因为财政危机是财政风险可能导致的恶果。"财政危机"是指政府在偿还债务时遇到困难的现象，这种困难将在不同程度上影响经济运行，如需要为政府债券支付更高的利率、私人借款利率增加，以及由于对未来前景的不确定性而导致投资和消费的减少等。2012年的"欧债危机"使原本繁荣稳定的欧元区国家陷入了经济衰退的被动局面，这也印证了财政危机会对经济活动产生巨大破坏，对财政的可持续性发展产生极大的危害。因此，用财政风险定义财政可持续性有利于降低财政危机发生的可能性，从而降低上述危害。

以财政风险定义财政可持续性考虑到了财政领域的更多因素。关注风险层次的财政可持续性，有利于通过对风险的把控提前约束财政资金和行为。这种定义下的财政可持续性研究，主要是利用政府拖欠概率等对国内债务危机发生的可能性进行评价以及利用政府风险价值评价法研究财政可持续性。

（四）系统性可持续性

不同于之前的定义方法，在一些研究中财政可持续性被定义成一种系统性的可持续。这种定义将财政可持续性所包含的内容系统化，在具体操作上，不同的研究也略有不同。主要就是建立一个合理的指标系统，选取具有对后续事件财政可持续性具有预测能力的指标，并将一系列指标汇总成一个单一指标以反映财政危机事件发生的可能性，从而对财政可持续性进行判断。例如，科塔雷利（Cottarelli，2014）建立起的预警系统模型，选取了多种财政和宏观经济指标；英国政府预算责任办公室（OBR）通过对政府资产负债表中的资产和负债进行分析，对过去及未来政府活动的财政影响进行系统评价。

虽然这个定义看起来包含的内容更为丰富，但财政可持续性研究需要更多地关注财政问题，过多考虑宏观经济的可持续性会导致重点不明，因此在系统建立和选取上应当审慎。但不可否认，这种定义方法为财政可持

---

① Cottarelli C. Fiscal Sustainability and Fiscal Risk: An Analytical Framework [J]. 2014.

续性研究提供了新的思路和切入点。

二、财政可持续性的指标

在各个定义类型下,存在多种评价指标,这些指标从操作层面上定性衡量了财政可持续性,对于实践评估具有十分重要的意义。本文结合对现有文献的整理和归类,具体的框架如图 2-1 所示。

长期债务可持续	满足跨期预算约束	系统可持续	财政风险
1. 债务比率、国债负担率、国债偿债率; 2. 结构性平衡指标	1. 财政缺口、公共部门净值、基本缺口、税收缺口 2. 财政变量的平稳性或协整关系	1. 八角形综合评价体系 2. 英国政府预算责任办公室的可持续性观察框架	1. 政府拖欠概率 2. 政府风险价值

图 2-1 财政可持续性定义及指标

(一) 债务可持续定义下的财政可持续性指标

这类指标比较常见,测度此类指标所需要的具体数据在其定义中已明确给出。如赤字率,即赤字规模占 GDP 的比重;国债负担率,即国债债务余额占年度 GDP 的比重;国债依存度,即当年国债发行额与当年财政支出的比重;国债偿债率,指当年国债还本付息额同当年财政收入的比例。

此外,还有结构性财政平衡指标。此指标由哈格曼(Hageman,1999)提出,是基于经济周期波动平衡基础上的剩余平衡,主要衡量的是经济潜在产出水平下的政府收入和支出缺口,通常只包括长期经济活动影响下的政府收支平衡。他认为政府的实际预算通常包含两部分:一部分与长期经济活动相关,反映潜在产出趋势下财政收入和财政支出的周期性偏差;另一部分则反映临时性的影响因素,例如,与自然灾害、疾病相关的支出、附加税费收入的暂时性变化,以及政府临时性政策调整带来的财政收支变化[①](李戎,2017)。因此,政府预算的制定需要考虑长期性和临时性两方面因素的影响,一方面,财政政策的"自动稳定器"功能需要平衡在可能经济波动下的不确定性影响。另一方面,预算赤字规模需要控制在一定的范围,因为不可持续的债务积累可能对经济产生非常重大的影响。由于临

---

① 李戎,中国财政可持续性研究——建立结构性财政平衡[R]. 北京:中国人民大学重阳金融研究院,2017。

时性政府收支的不确定性非常大,因此在分析财政可持续性时,识别长期经济活动环境下的政府收支平衡就显得尤为重要。这一指标可以量化和去除经济中周期变化不明显的因素,例如一次性短暂的政策调整等。因此,这个指标较其他指标而言也具有更客观的评价能力。

(二) 满足跨期预算约束定义下的财政可持续性指标

前文已经对跨期预算约束进行了解释和推导。这一约束考虑了未来基本盈余的现值,对于问题的思考更贴近现实。这一定义下的财政可持续性指标主要包含财政变量的平稳性或协整关系及缺口类指标。

1. 财政变量的平稳性或协整关系

利用这一定义的第一类指标就是财政变量的平稳性或协整关系,从理论上而言,协整关系其实就是平稳性的一种类型。

(1) 财政变量平稳性

这一类指标认为如果特定的财政变量序列平稳,则跨期预算约束可以被满足。常用的检验变量为债务、利率。推导的简要过程如下:

如果跨期预算约束对于历史数据是成立的,则原假设 $\lim_{T \to \infty} R_t(t,t+T)^{-1} B_{t+j+1} = 0$ 在检验中不会被拒绝。因此,可持续性检验就需要判断财政数据的历史过程是否会违背跨期预算约束。如果违背了跨期预算约束,则财政政策,即数据生成过程将不得不改变,因为当前的政策是不可持续的。

最经典的检验是汉密尔顿和弗莱文 (Hamilton and Flavin, 1986) 对战后美国价格泡沫的检验,他们根据式 (4),检验价格泡沫系数 $A_0 = 0$ 是否成立。

$$B_t = A_0 (1+r)^t - E_t \sum_{j=0}^{\infty} R(t,t+j)^{-1} D_{t+j} + \varepsilon_t \tag{4}$$

检验结果表明价格泡沫系数不显著,也就是战后的美国财政政策是可持续性这一原假设不能被拒绝。

(2) 财政变量的协整关系

财政变量的协整关系是另一个基于跨期预算约束的指标。常用的检验变量是财政收入占 GDP 的比率和财政支出占 GDP 的比率。

根据跨期预算约束,黑克沃和拉什 (Hakioo and Rush, 1991) 发现可以利用协整分析法对财政可持续性进行评价。他们对各期财政收支平衡进行约束,即:

$$B_t - B_{t-1} = E_t - R_t + (r_t - r) B_{t-1} = E'_t - R_t \tag{5}$$

---

① B_t 代表第 t 期的累积债务,E_t 代表第 t 期的财政支出,R_t 代表第 t 期的财政收入,r_t 代表第 t 期的利率,E'_t 代表第 t 期的含公债利息支付的政府总支出。

假设市场利率是稳定的,即 r 值恒定,令 $E'_t = E_t + (r_t - r) B_{t-1}$。

根据财政可持续的条件,如果财政具备可持续性,则当前的财政盈余与未来财政的预期折现的总和总可以弥补累积债务的本金及利息。因此可以施加一个约束,即:

$$E_t \lim_{i \to \infty} r^{i+1} \Delta B_{t+i} = 0 \tag{6}$$

通过迭代和处理后可知,如果政府财政是可持续的,那么财政总支出 E'_t 和财政收入 R_t 必定存在协整关系,且协整系数在 (0,1] 的范围内。此外托斯(Quintos,1995)又证明了 E'_t 和 R_t 存在协整关系且协整系数在 (0,1] 的范围内,是政府财政可持续的充分条件。

因此,政府财政可持续的充要条件为财政收入和财政支出存在协整关系且协整系数在 (0,1] 的范围内。

2. 缺口类指标

除了变量序列的平稳性特点外,缺口类指标是另一类衡量财政可持续性的指标。

(1) Auerbach(1994)的财政缺口指标

财政缺口(Fiscal Gap)指标由 Auerbach(1994)提出,这一指标也被美国国会预算办公室(CBO)用于预算赤字的管理和预测,所需的数据为 GDP 增长率、政府的名义折现率以及赤字—GDP 比率。

指标的主要思路和观点是:财政可持续性的条件是令未来所有基本盈余的折现值等于当前国家负债的现值。一般的研究均是在当前时刻对未来某时刻的财政可持续性进行探究,因此应当将永续形式的模型进行时间化和具体化。

考虑当前为 t 年,未来的时间为 T 年的情况。这时,为了满足 T 年的债务折现与所有年份的基本盈余折现的总和等于 t 年的债务量这一条件,所需要立即永久增税或者减少非利息支出的变化量就是本文所研究的具体的财政缺口(Fiscal Gap)。为简便运算,模型假设第 T 年的债务率与第 t 年的相同,且每年的折现率也相同,由此,具体的表达式为:

$$B_t = \sum_{s=t}^{T} (1+r)^{-(s-t)} (S_s + \Delta \cdot GDP_s) + (1+r)^{-(T-t)} \left(\frac{B_t}{GDP_t} \right) \cdot GDP_T \ [1] \tag{7}$$

假设 GDP 每年以固定的增长率 g 增长,则由等式(1),我们可以得出 Δ 的公式:

---

[1] Δ 代表 fiscal gap,B_t 代表时刻 t 的债务量,r 是政府的名义折现率,GDP_s 是第 s 年的名义 GDP 水平,S_s 是不考虑政策变化的第 s 年的政府基本财政盈余。

$$\Delta = (r-g)\left[b_t + \left(\frac{1}{1+r}\right)\frac{\sum_{s=t}^{T}d_s\left(\frac{1+r}{1+g}\right)^{T-s}}{\left(\frac{1+r}{1+g}\right)^{T-t}-1}\right] \text{①} \tag{8}$$

财政缺口（Fiscal Gap）指标较其他指标来说更有优势。首先，相对于政府净值指标和自然债务率指标，这一指标被广泛接受并用于美国等国家的财政可持续性研究，采用这一方法更有利于国际之间的比较和借鉴；其次，这一方法实际上是对可持续性债务负担率指标的发展和借鉴，考虑了贴现问题和长期中的财政均衡问题，更具有现实意义；最后，这一指标可以清晰地测算未来我国财政可持续性情况，只需对指标中的变量进行预测和情景模拟，就可以得出具有指导意义的结论。

除此之外，还存在公共部门净值指标、基本缺口指标及税收缺口指标。这三个指标一脉相承，但从不同切入点对于债务可持续性的衡量。

(2) 比特（Buiter，1985）的公共部门净值指标

比特（Buiter，1985）认为，可持续的财政政策应保持公共部门净值占比等于当前的比值。他计算了可以实现这一目标的可持续性基本赤字即：$\bar{d} = (r_t - n_t)w_t$。因此，财政可持续性指标为：

$$\bar{d} - d_t = (r_t - n_t)w_t - d_t \text{②} \tag{9}$$

这是可持续性基本赤字和当前基本赤字之间的区别。如果指标为负值，则表明当前的基本赤字过大不能使得公共部门净值稳定，因此，财政政策应被视为不可持续的。

(3) 布兰查德（Blanchard，1990）的基本缺口指标

比特（Buiter，1985）的方法容易理解，但一般很难获得政府净值的真实、准确信息。布兰查德（Blanchard，1990）认为可以通过分析维持当前债务比率所需的财政收支变化来解决数据获取困难的问题。他先后设计了两个可持续发展指标。

基本缺口指标是基于维持稳定债务比率的可持续性基本赤字率得出的，即 $\bar{b} = (n_t - r_t)b_t$③，并考虑当前赤字率和可持续性基本赤字率的区差额。基本缺口指标为：

---

① d_s 是第 s 年的基本赤字占 GDP 的比率，b_t 是第 t 年的债务—GDP 比率。

② $d_t = \frac{D_t}{Y_t}$ 为基本赤字占产出的比例，$w_t = \frac{W_t}{Y_t}$ 为即净值占产出的比例，n_t 代表产出增长率，r_t 代表利率。

③ $b_t = \frac{B_t}{Y_t}$ 代表债务占产出的比例，n_t 代表产出增长率，r_t 代表利率。

$$\bar{b} - b_t = (n_t - r_t)b_t - b_t \tag{10}$$

这个指标的负值表明，目前的基本赤字率过大不能稳定债务比率，因此财政政策是不可持续的。克莱德（A. Krejdl, 2006）对时间化的基本缺口指标进行推导，在假设债务比率在终期与初始水平相同的条件下，对可持续的赤字率进行化简，并得出了最后的基本缺口计算方法。

$$\begin{cases} FPGI_t = \bar{d} - d_t \\ \bar{d} = -b_t \dfrac{r-g}{1+g} \end{cases}① \tag{11}$$

（4）布兰查德（Blanchard, 1990）的税收缺口指标

布兰查德（Blanchard, 1990）提出的另一个指标是税收缺口指标，是基于维持债务比率稳定的目标的可持续性税收占产出比例的计算，即 $\bar{t} = g_t - (n_t - r_t)b_t$②

其中，g_t 代表政府的非利息支出占比。则税收缺口指标为：

$$t_t - \bar{t} = t_t + (n_t - r_t)b_t - g_t \tag{12}$$

这个缺口是可持续性税收比率同当前税收比率的差值。当指标值为负时，则意味着当前的税收过大无法维持债务的稳定。

基本缺口指标和税收缺口指标结构和目标上显然是相同的，但他们的侧重点不同。前者指为维持债务可持续需要减少基本赤字，而后者强调在给定当前支出政策时所需要增加的税收。

比特（Buiter, 1985）及布兰查德（Blanchard, 1990）提出的指标十分简单，并可以给人以直观印象，上述指标最可取之处在于——如果按照上述指标之一的财政政策是可持续的，就可以证明一国财政状况满足跨期预算约束③。因此，受到很多经济学家和政策制定者的青睐，得到了广泛的应用。尽管他们简单和易于解释，但他们也存在一定问题——对于负债严重或负资产净值大的国家，可持续的财政政策可能需要减少债务或增加净资产（相对于产出），而上述指标不能分辨出这种情况。

---

① b_t 是第 t 年的债务—GDP 比率，r 为长期折现率，g 为经济增长率，d_t 是第 t 年的基本赤字占 GDP 的比率。

② $t_t = \dfrac{T_t}{Y_t}$ 为基本赤字占产出的比例，g_t 代表政府的非利息支出占比，n_t 代表产出增长率，r_t 代表利率。

③ Chalk N, Hemming R. Assessing Fiscal Sustainability in Theory and Practice [J]. Social Science Electronic Publishing, 2006 (81).

(三) 财政风险定义下的财政可持续性指标

财政风险常指财政领域中因各种不确定因素的综合影响而导致财政运行遭到破坏的可能性。这种定义从风险角度考虑财政可持续性,丰富了财政可持续性的研究角度。在这种定义下的财政可持续性指标主要有:政府拖欠概率、政府风险价值。

1. 政府拖欠概率

徐和盖齐(Xu and Ghezzi,2003)尝试精确预测财政危机,他们针对新兴市场国家政府债务收益情况,构建了期限结构模型,这个模型可以用于对财政可持续性的分析。这一指标所需的数据为内债、外债、外汇储备及债务率。他们推导出的政府预算约束模型为:

$$\Delta \overline{C_t} = \frac{1}{1+\mu_t}\{(n_t^d - \mu_t)\omega + [(1+\delta_t)n_t^f + \delta_t - \mu_t](1-\omega)\overline{d}\} + \overline{x_t}① \quad (13)$$

研究假设 $\overline{x_t}$, n_t^d, δ_t, μ_t 遵循布朗运动随机过程,此时这些序列都是独立同分布,根据相关性质,$\Delta \overline{C_t}$ 也是独立同分布。因此上式可简化为:

$$\Delta \overline{C_t} = \zeta + \varepsilon_t ② \quad (14)$$

假设在初期存在外汇储备,通过这个公式,可以计算出在未来某一时间外汇储备可能耗尽的概率。他们假设政府赖账之日即外汇储备耗尽之时,因此计算出得外汇耗尽概率就是未来那一时间的政府赖账概率。

$$\Pr(\overline{C_t} \leq 0) = \Pr(\varepsilon_1 + \varepsilon_2 + \cdots + \varepsilon_t \leq -\overline{C_0} - t\zeta) \quad (15)$$

由于此分析的假设为"外汇储备耗尽之时就是政府赖账之日",但在现实生活中,许多国家在货币、财政危机发生之时外汇储备并未耗尽,因此这个模型存在一定的适用性问题。基于这个模型及其推导和假设条件,这个模型仅可以进行发展中国家和新兴市场国家的财政可持续性分析。

2. 巴恩希尔和柯彼茨(Barnhil and Kopits,2003)的"政府风险价值"

这一指标所需要的数据为未来的高产出水平、国内利率、国外利率、汇率、国外商品价格和国内商品价格。这一思想由布里克西(Brixi,2002)提出,可以模拟企业风险管理的办法,在一个投资组合中考虑政府的各项收支从而衡量财政风险。在布里克西(Brixi,2002)的思路上,巴恩希尔和柯彼茨(Barnhil and Kopits,2003)对政府净值应用风险价值法(Value at Risk)进行考虑:

---

① n^d 代表国内债务,n^f 代表外债,$\overline{d}$ 代表债务负担率,C_t 代表外汇储备。
② ζ 是方程中所有参数的函数,ε_t 是白噪声。

$$Var(W) = PV(q, r_H, r_F, f, p_N, p) - W^* ① \qquad (16)$$

应用该公式的关键是要计算出政府净值的概率分布函数。在研究中,为了充分考虑各主要变量的走势和变量间的相互关系,还特别应用了蒙特卡罗模拟法。这种方法较多的考虑了"或有债务"的流动性问题,并且这种方法能够较好地对经济风险进行预测。事实上,巴恩希尔和柯彼茨(Barnhil and Kopits, 2003)的研究充分考虑了宏观经济中的各种不确定因素及"或有负债"对"政府净值"的影响,他们认为应该把"政府净值"看作政府偿债的抵押物而不应该仅仅"盯住"单纯的税收收入进行偿债。

(四) 系统性可持续定义下的财政可持续性指标

系统性可持续定义下的指标包含一系列的财政和宏观经济指标,它建立在预警系统模型的研究上,将一系列指标汇总成一个单一指标用以评价财政的持续性。本文主要介绍两种概念框架:一种是英国政府预算责任办公室(OBR)提出的可持续性观察框架;一种是科塔雷利(Cottarelli, 2014)提出的八角形综合评价体系。

1. 英国政府预算责任办公室(OBR)的可持续性观察框架

该可持续性观察框架是一个对过去及未来政府活动的财政影响的评价系统,主要通过对政府资产负债表中的资产和负债进行分析,所需要的数据为过去和未来的国家资产负债表。英国政府所关注的财政可持续性是一个 2×2 的评价体系,在内容上包含资产和负债;在时间上,同时考虑过去和未来的情况;并对指标进行单独或组合分析。具体的框架如图 2-2 所示。

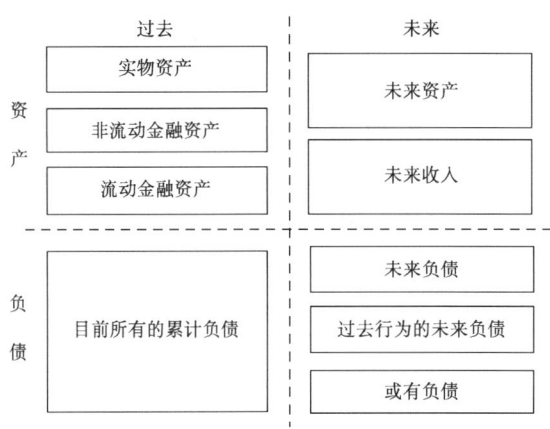

图 2-2 英国政府预算责任办公室的可持续性观察框架

---

① PV 指现值,W^* 指风险调整后政府净值,q, r_H, r_F, f, p_N, p 分别为未来的高产出水平、国内利率、国外利率、汇率、国外商品价格和国内商品价格。

2. 科塔雷利（Cottarelli，2014）的八角形综合评价体系

在有关财政风险的八角形综合评价体系中，主要考虑的风险是：基线财政预测风险；偏离基线的冲击，即基线财政预测无法实现的风险；其他因素①。所需要的数据主要为财政基本面的短期预测数据、财政基本面的长期预测数据、资产负债管理变量、非财政变量、市场对风险承担的态度。这个财政风险体系可以表示为图2-3。

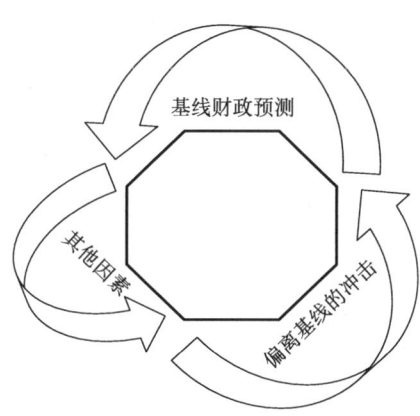

图2-3 财政可持续的八角形综合评价体系

（1）基线财政预测

这一预测内容主要考虑的是政府的偿债能力。科塔雷利（Cottarelli，2014）通过分析指出，政府偿债能力受到基本账户的预测、利率和GDP的增长率的影响，且相关变量未来时期的影响程度大于当前时期的影响程度。其中，利率又受到政府资产和负债的影响，因此，他得出影响基线财政预测的三个风险维度是：①对财政基本面的短期预测：从理论上来说，恢复政府偿债能力只需要将基本账户余额调整到可以保证债务比率稳定的水平，但在现实中不同负债率的情况下的财政调节是困难的。因为，修正的规模和财政紧缩会对经济活动产生负面影响，而长期保持基本账户在较高水平上也具备一定的经济困难和政治困难。②对财政基本面的长期预测：基本账户（Primary Balance）的未来水平影响了长期的债务率。③影响政府债务利率的资产负债管理变量。原则上，偿债能力的分析可以通过对净债务的分析完成。但在实践中，财政风险很大程度上取决于资产和负债的组成，例如到期期限、货币构成和投资者基础的特点。

（2）财政结果偏离基线的冲击

影响偏离基线冲击的三个风险维度为：①宏观经济冲击：有关宏观经

---

① Cottarelli C. Fiscal Sustainability and Fiscal Risk：An Analytical Framework [J]. 2014.

济冲击的相关研究所遵循的传统方法是通过看扇形图研究某些财政变量受到冲击后的影响。这些冲击通常分布在假设无偏的基线附近，扇形图的大小反映了对回归线的冲击的波动情况。②或有负债冲击。③政策冲击：传统的方法是依靠财政政策反应函数进行估计，通过分析估计的残差情况来评价与基线显著偏差的风险。

(3) 其他因素（两个维度）

除了上述因素外，还需要考虑另外两个维度：①非财政变量：私人部门债务规模和国际账户不平衡，这两个因素使得财政可持续性的分析变得复杂；②市场对风险承担的态度。

第二节 财政可持续性指标的数据及测度

第一节主要对财政可持续性的定义和各类型定义下的评价指标进行了梳理。在上述基础上，第二节将对指标测度所需要的数据、方法、判断标准进行分类整理，为财政可持续性指标的实际应用提供具体可行的操作方法。

一、财政可持续性指标及所需数据

根据上述财政可持续性的衡量指标，对各个指标所需要的数据进行总结和分类，如表 2-2 所示。其中，需要历史数据的指标主要有：衡量长期债务可持续性的指标、财政变量的平稳性或协整性关系指标、政府拖欠概率，需要预测未来数据的指标主要有：财政缺口指标、政府风险价值指标，需要兼顾历史及预测数据的指标为：八角形综合评价体系、英国政府的可持续性观察框架。

表 2-2　　　　　　　　　财政可持续性指标及所需数据

数据	名称	所需数据
历史数据	国债负担率	国债余额、GDP
	国债依存度	国债发行额、财政支出
	国债偿债率	国债还本付息额、中央政府财政收入
	财政变量平稳性	国家财政债务或基准利率
	财政变量协整关系	财政收入、财政支出、GDP
	政府拖欠概率	国内债务、国际债务、外汇储备、债务比率

续表

数据	名称	所需数据
未来预测数据	Auerbach 财政缺口	经济增长率、基准利率及赤字比率
	Buiter 公共部门净值	折现利率、GDP 增长率、公共部门净值、赤字规模
	Blanchard 基本缺口	折现利率、当前赤字率、当前债务率、GDP 增长率
	Blanchard 税收缺口	折现利率、财政收支、GDP、GDP 增长率
	政府风险价值	未来的高产出水平、国内利率、国外利率、汇率、国外商品价格和国内商品价格
历史数据及未来预测数据	八角形综合评价体系	财政基本面的短期预测数据、财政基本面的长期预测数据、资产负债管理变量、非财政变量、市场对风险承担的态度等
	可持续性观察框架	过去及未来政府资产、负债数据

二、财政可持续性指标的测度方法

不同数据类型所适用的测度方法不尽相同,本文将分类介绍不同数据类型下的指标的具体测度方法。

(一) 历史数据指标的测度方法

历史数据指标的计算方法主要可以分为:直接计算法、平稳性及协整性分析法及特殊方法。

1. 指标直接计算法

许多指标的定义即给出了指标的计算方法,只要根据定义式求解指标的数值,再结合判别标准就可以对财政可持续性进行评价。

在指标的具体应用中,由于上述指标具有明显的计算简单的优势,因此常被作为可参考的评价指标应用于相关研究和报告中,这种应用不在此赘述。特别的,一些学者适用这类指标,从其他的角度判别财政可持续性,例如,刘国艳等(2011)将财政可持续性定义为债务占 GDP 的比例,但对财政可持续性的债务上限不做规定,只将财政可持续性定义为债务占 GDP 的比率有界,而后通过证明确定经济的动态无效和财政可持续性(债务占 GDP 比率)之间的关系,从而对经济的动态效率进行评价从而判断财政可持续性。

2. 变量的平稳性检验和可持续性检验

在财政可持续性研究中,变量的平稳性检验和可持续性检验的过程是类似的:利用跨期预算约束及相关模型(政策反映函数等)进行推导,确定财政可持续条件下的原假设；利用协整分析、回归分析等方法检验原假设；接受原假设则财政可持续，拒绝原假设则财政不可持续。这类检验方法所需要的数据随具体的方法而有所不同，但一般需要的是债务比率、赤字率、财政收支占 GDP 的比率及其他相关经济变量。我国学者大多根据跨期预算约束，通过协整分析的方法研究财政可持续性，这类文献的研究思路一般为：证明政府财政可持续性的充要条件是财政收入占比和财政支出占比存在协整关系且协整系数取值在〔0，1〕范围内，而后对财政收支占比数据进行协整分析，通过协整分析的结论评价我国财政可持续性。

然而，这类指标仅利用历史数据对过去财政持续性进行评估，而不估计未来的收入和支出的因素，也不能为以确保债务可持续性为目的的"财政反应"提供指导，因此不具有前瞻性，估计能力是有限的。

3. HP 滤波法——结构性财政平衡

结构性财政平衡的测度方法最重要的就是去除经济中周期变化不明显的因素。具体的操作方法是：第一步，利用平滑参数的 HP 滤波法对实际 GDP 去趋势后计算产出缺口，计算方法为实际 GDP 与 GDP 趋势的差值除以 GDP 趋势。第二步，对财政收入和财政支出进行周期性调整，以剔除经济周期性波动因素对财政收支的影响。通过设置财政收入和财政支出对产出缺口的弹性系数即可求得。第三步，用财政收入和财政支出的实际值减去周期性支出和收入，从而得到结构性财政平衡的指标值。

（二）未来预测数据指标的测度方法及判断标准

未来预测数据的指标的测度则必须借助对所需变量的预测。预测方法主要通过对数据的理论分析预测和蒙特卡罗模拟方法。

1. 指标预测法

预测法主要是针对基本缺口（PIG）指标和财政缺口（Fiscal Gap）。根据上文公式（8）和公式（11），基本缺口指标和财政缺口指标的取值取决于 GDP 增长率、政府的名义折现率以及赤字—GDP 比率。因此，需要对经济增长率、名义折现率及赤字比率进行预测，从而对财政缺口指标进行预测。

美国国会预算办公室每年会发布关于未来十年的财政最新动向，对财政变量和相关经济变量进行预测。奥尔巴赫（Auerbach，1994，1997，2003，2004．etc）在其预测数据基础上进行相应调整，计算出财政缺口的基线及某段时间内的财政缺口。在国内，国家官方机构并不发布上述指标的预测数据，因此只能通过自己对经济变量进行预测，如姚东旻等（2013）根据政府年度工作报告、五年规划、《中国统计年鉴》《中国财政年鉴》等对经济变量进行预测，研究不同的利率—经济增长率差异及不同赤字增长率情况下的财政缺口。

这种测算方法是对未来长期性财政缺口的测算，着眼于未来，对于财政政策具有指导意义。而传统的方法是对过去和现在的财政可持续性问题进行评价。相比于财政缺口对未来的关注，传统方法对于未来的影响充其量只能起到借鉴的作用。

但对于财政缺口的测算在国内还没有得到广泛应用，用于作为判断标准的财政缺口基线很难进行测算，官方的预测数据也无法获得。目前国内的相关研究仅限于对经济变量的不同预测下的财政可持续性的比较，而由于判断标准的缺失，较难对财政可持续性进行准确的评估。因此，这种方法虽然具有前瞻性，但对于国内情况的具体预测仍然存在一定难度。

2. 蒙特卡罗模拟法

蒙特卡罗方法通过抓住事物发展运动的几何数量和几何特征，利用数学方法来加以模拟。它以一个概率模型为基础，按照这个模型所描绘的过程，通过模拟实验的结果，作为问题的近似解。可以把蒙特卡罗解题归结为三个主要步骤：构造或描述概率过程；实现从已知概率分布抽样；建立各种估计量。

巴恩希尔和柯彼茨（Barnhil and Kopits，2003）构建的政府风险价值指标应用了蒙特卡罗模拟法，通过对未来的高产出水平、国内利率、国外利率、汇率、国外商品价格和国内商品价格等可能出现的情况进行模拟，计算出政府净值的概率分布函数，并计算出政府的风险价值。这一方法较多地考虑了"或有债务"的流动性问题，并且能够较好地对经济风险进行预测。

（三）历史数据及未来预测数据指标的测度及判断标准

同时需要历史数据及未来预测数据指标的测度主要方法是：指标体系评价法和观察描述法。这两种指标和相应方法仅仅提供了研究财政可持续性的新思路，但并没有给出具体的判别方法。

1. 指标体系评价法——八角形综合评价体系

八角形综合评价体系是一个系统化的考虑各类的财政和宏观经济指标的评价系统。它建立在预警系统模型的研究上，将一系列指标汇总成一个单一指标用来反映财政危机事件的可能性。这种评价方法具体的操作是：

第一步，定义财政压力发作的一些条件，其特征是政府资金的极度困难，如债务违约，或极高的通货膨胀、债券利率。第二步，为每个指标选择一个阈值，当达到阈值时，则信号指示危机出现。对于每一个指标，阈值的选择标准是最小化第一类错误和第二类错误的组合。第三步，综合指标。根据能否产生第一类或第二类错误为指标的虚拟变量赋值，然后根据预测能力加权聚合成一个指数，预测的精确程度越高，则权重越大。

2. 观察描述法——英国政府预算责任办公室（OBR）的可持续性观察框架

英国的可持续性观察框架对过去和未来的政府资产及负债情况进行了系统性的观察和描述。在其每年的报告中，主要对资产负债表中的各类项目，进行数据的统计和描述，也对由项目组合成的指标，如净债务、净资产等进行数据的分析。同时，对这些项目数据进行预测。这一框架并不对财政指标进行整合和统一，而是注重对数据的表述和分析，从大体上对整个财政可持续性的形式进行分析和把控。

三、某些特定指标的判别标准

借助上述测度方法可以获得财政可持续性指标的数值。但仅根据计算出的指标值，难以判断财政是否存在可持续性，因此，必须依靠一些判别标准。将计算得到的指标数值同判断标准进行对比，从而得到评估结论。不同指标的判别标准如表2-3所示。

表2-3　　　　　　　　　　指标及其判别标准

指标名称	判别标准[①]
债务比率	《马约》规定60%；拉夫债务曲线临界点*；自然债务限度*
公债负担率	《马约》规定发展中国家45%；发达国家60%
公债依存度	《马约》规定警戒线标准为20%
公债偿债率	《马约》规定警戒线标准为10%
平稳性检验和协整检验	接受原假设则财政可持续；拒绝原假设则财政不可持续
Buiter 公共部门净值	指标为负，则不可持续
Blanchard 基本缺口	指标为负，则不可持续
Blanchard 税收缺口	指标为负，则不可持续

---

① 在这些标准中，《马约》规定的警戒线仅能够作为参考，不能准确当作我国财政可持续性的评价标准，因为这些警戒线是根据国外情况设定的，且各国财政政策具备一定的独立性，警戒线的约束力是很小的。

续表

指标名称	判别标准
财政缺口	对计算出的财政缺口与财政基线进行对比；将不同年度的财政缺口的对比；对不同政策情况下的财政缺口进行对比
政府风险价值	风险价值是否在可接受范围内
政府拖欠概率	拖欠概率是否在可接受范围内
八角形综合评价体系	无明确标准
英国政府的可持续性框架	无明确标准

表2-3对直接计算法求得的财政可持续性指标进行了梳理，对比了不同指标的判别标准。特别的，在债务比率的评价中，有如下两个指标同样可以作为评价标准。

（一）拉夫债务曲线的临界点作为债务比率标准

根据拉夫债务曲线的原理，如果债务比率超出某一点，就可能对经济增长产生负向影响。这是因为高债务不仅会导致未来税收的增加或未来无法偿还债务的可能性增加，还可能会进一步阻碍国内和国外的投资〔克鲁格曼（Krugman, 1988）；萨克斯（Sachs, 1989）〕。

相关研究已经证明了债务比率与经济增长的上述关系的存在。例如，莱因哈特和罗格夫（Reinhart and Rogoff, 2010）对债和经济增长的"倒-U型"关系进行分析，他们研究了1790—2009年44个国家的历史数据，发现存在一个临界点（债务率达到90%左右），超过这个阈值会导致经济增长率降低1%。此外，莱因哈特（Reinhart, 2012）发现债务率阈值对于发达国家来说是90%，对于发展中国家而言则是60%。他们对发展中国家的公共和私人外债的数据进行分析发现，当外债总额达到GDP的60%时，经济年增长率下降约2%。帕蒂略（Pattillo, 2002, 2004）对1969—1998年的发展中国家的面板数据进行分析，发现债务比率的转折点在35%—40%之间，债务对出口的比率在160%—170%之间。库玛和宇（Kumar and Woo, 2010）借助动态面板增长模型，利用1970—2007年38个发达国家和人口超过500万的发展中经济体的数据，研究公共债务占GDP的初始比率和增长率之间的联系。研究发现，债务拉弗曲线的临界点是债务比率达到90%，这与莱因哈特和罗格夫（Reinhart and Rogoff, 2010）的研究一致。他们还发现，初始债务占GDP的比率上升10个百分点，则人均GDP的真实增长率将平均降低0.2%。

综上，的确存在一个债务比率的临界值，当债务比率超过此临界值时，再增加债务将抑制经济增长,这也为财政可持续性的判别提供了一种标准。

(二)"自然债务限度"作为债务负担率标准

"自然债务限度"指标考虑了一个政府能够承受的最大债务负担。Mendoza 和 Oviedo(2004)提出了如下模型:

$$d^* = (t_{min} - e_{min})\frac{1+g}{r-g} \text{①}$$

由于 Mendoza(2004)考虑的是最坏的经济系统的情况,因此在某种程度上可以把 Mendoza(2004)的自然债务限度看成最安全的债务负担率②。这也给一国的决策者以借鉴,决策者可以通过比较本国的实际债务负担率与自然负担率进行比较,从而采取相应的措施来改善本国的财务状况。

第三节 财政可持续性指标的实践

在学术研究和政府报告中,研究者根据其对财政可持续性内涵的不同理解选取适当的指标对财政可持续性问题进行分析。本文总结了各国财政可持续性报告选取的指标及不同指标下的学术研究。

一、各国财政可持续性报告实践

鉴于财政可持续性对于政府的重要意义,很多国家都积极预测财政数据,对财政收支、财政赤字和债务进行预测,有些国家的报告还直接利用财政可持续性指标对本国财政可持续性进行判断。表2-4对比了不同国家的财政可持续性实践情况。

可见,英国、欧盟直接利用财政可持续性指标对国内的财政可持续性进行判断,可以直观获得可持续性结果,但由于指标选取单一性等原因,可能不能全面地了解财政可持续性状态;美国、澳大利亚、德国等官方报告虽不提供具体的财政可持续性论断,但对经济状况和财政状况进行总体的观察和预测,为学者的进一步研究提供可靠的官方基础数据来源,对于财政可持续性评价具有重要作用。

---

① t_{min} 代表政府最低可能的财政收入水平占 GDP 的比例,它表示政府在宏观经济最坏的时候的财政收入水平,此时,e_{min} 表示政府能做到的最少支出水平。两者的差的最差可能的财政盈余,r 代表政府的债务增长率,g 代表经济增长率。

② 聂群. 我国的"财政可持续性"研究 [D]. 南京财经大学,2014.

表 2-4　　　　　　　　各国财政可持续性实践对比

类型	国家	报告名称	机构	频率	内容	是否直接利用财政可持续性指标
直接讨论财政可持续性	欧盟	财政可持续性报告	欧盟委员会	不定	利用财政可持续性指标对欧盟各国的短期、中期和长期财政可持续性指标进行评价	是，S0、S1 及 S2 指标
	英国	财政可持续性报告	预算责任办公室	一年	对过去和未来的政府资产及负债情况进行系统性的观察和描述	是，可持续性观察框架
只预测财政数据	美国	长期预算前景报告	国会预算办公室	一年	对财政收支和债务进行预测，包含基线预测	无，需要 Auerbach 等利用财政缺口指标的方法进行判断
	澳大利亚	代际公告	财政部	五年	在第二章就财政总量、财政收支进行预测，考虑过去政策、当前政策、未来政策的影响	无，但对债务情况进行预测
	德国	公共财政持续性报告	财政部	三年	对劳动力、宏观经济预测的基础上，预测财政赤字在不同变量影响下的情况	无
	新西兰	长期财政状况	财政部	四年	根据长期财政模型进行预测，考虑人口、GDP、财政收支	无

二、财政可持续指标下的学术研究

不同学者选取不同的财政可持续性指标进行分析，本文就各指标下的经典研究进行梳理和总结，如表 2-5 所示。

表 2-5　　　　　　　　不同指标下的经典研究

名称	相关研究
财政变量平稳性	威尔科克斯（Wilcox, 1989）研究发现美国政府债务数据拒绝无条件均值为零，即战后美国的财政政策一直是不可持续的 克雷默斯（Kremers, 1989）通过对债务率平稳性的分析，他发现战后美国的财政政策可能是不可持续的

续表

名称	相关研究
财政变量协整关系	崔翰和沃尔什（Trehan and Walsh，1988）认为财政可持续的充要条件是债务和基本赤字存在协整关系。黑克沃和拉什（Hakioo and Rush，1991）、麦克唐纳（MacDonald，1992）分别使用美国季度、月度数据对政府收入与政府支出进行了协整检验，发现美国财政不可持续 周茂荣（2007）研究表明我国1952—2006年财政具有可持续性；邹元婷（2010）发现1995—2007年期间我国财政不可持续；朱军（2014）对1978—2012年的数据进行研究，发现我国目前整体和省级层面的财政状况具备可持续性
财政缺口	奥尔巴赫（Auerbach，1994，1997，2003，2004.etc）通过对财政缺口的判断认为美国财政具有可持续性。类似的研究还有考特利克夫（Kotlikoff，2009），埃文斯（Evans，2012）
简单指标	常用于政府报告或研究前的数据描述，不在此赘述
财政可持续性指标	比特（Buiter，1985）认为，可持续的财政政策应保持公共部门净值占比在当前的水平比
基本缺口指标	布兰查德（Blanchard，1990）建立基本缺口指标，认为应当通过维持当前债务比率所需的政策变化讨论财政可持续性
政府拖欠概率	徐和盖齐（Xu and Ghezzi，2003）建立了包含内债、外汇储备、外债的模型，考虑t期政府来账的概率
政府风险价值	巴恩希尔和柯彼茨（Barnhil and Kopits，2003）将企业风险价值法应用于政府净值的计算，帮助政府了解处于"风险中的价值"
八角形综合评价体系	科塔雷利（Cottarelli，2014）建立了八角综合体系，但并未给出具体的测度方法
英国政府的综合观察体系	主要用于每年政府预算责任办公室报告

不同学者的研究重点和选取的指标不尽相同，越来越多的新思路和跨学科的新方法被引入到财政可持续性研究中，极大地丰富了研究内容和研究方法，有利于扩展财政可持续性研究的研究视角和研究边界。

在具体应用中，虽然学者对于不同的财政可持续性指标没有过多偏好，但政府在其具体实践中明显偏好于借助官方数据，通过计算某一具体指标（如财政缺口），对财政可持续性进行判断，并十分重视对宏观经济和财政变量的预测。

第四节 指标对比及我国财政可持续性研究体系

这一部分将在对指标特点进行比较分析的基础上，确定我国的财政可持续性评价体系。

一、财政可持续性指标特点对比

本文介绍了多种各具特点的财政可持续性指标，为了更加清晰得展示不同指标的情况，本文主要从特点、数据可得性、操作难易程度、常用程度、缺点等方面对上述指标进行对比，可得到表 2-6。

表 2-6　　　　　　　　不同指标的特点对比

指标名称	方法名称	特点	数据可得性	常用程度	操作难易程度	缺点
变量的平稳性和协整性关系	协整分析法	在理论推导的基础上，通过平稳性和协整性检验说明财政可持续性	只需要财政收支的历史时间序列	常用	易操作	仅对过去财政持续性的评估，而不估计未来的收入和支出的因素
简单指标	指标直接计算法	给人以直观印象	只需要简单的指标数据	常用	易操作	绝对值指标的比较基准有一定主观性
财政缺口	预测方法	着眼于对未来财政可持续性的评价	指标所需变量的预测数据以及基线标准在国内不容易取得	国外常用	需要一定的计算量	由于数据限制，在国内较难客观地使用此方法判断财政可持续性
结构性财政平衡	HP滤波法	剔除了经济周期波动的影响	数据易获得	较少	需要一定的计量处理，但工作量较低	只考虑了过去长期经济活动的收支平衡
八角形综合评价体系	指标体系综合评价	建立在预警系统模型上，考虑各类的财政和宏观经济指标的评价系统	数据易获得	少	操作较难，将整个指标体系综合在一起的过程比较复杂	各类指标的选取比较主观
可持续性观察框架	观察描述法	对过去和未来的政府资产及负债情况进行概括性观察和描述	数据易获得	少	容易操作	没有具体的指标进行衡量，仅是对现象的观察和描述

就数据而言，这些指标利用财政收支、债务、GDP、利率等多种经济和财政数据。或使用历史数据，或借助预测的未来数据，因此有些指标主要对过去和现在的财政可持续性情况进行判断，有些指标如财政缺口指标、政府风险价值指标主要对未来的财政可持续性进行预测。

就测度方法而言，当前指标的测度方法主要有直接计算、协整检验、模拟预测等，这些方法应用于不同的财政可持续性指标，再结合各自的判断标准，就可对一个国家的财政可持续性进行判断。

二、我国财政可持续性研究体系

根据表 2-6 显示的各个指标的特点，本文对我国的财政可持续性评价体系的建立提出如下构想，如表 2-7 所示。

表 2-7　　　　　　　　我国财政可持续性指标体系的构想

指标名称	评价目的
可持续性观察框架	了解目前的财政债务状态
简单指标	参考国际警戒线标准，大体判断①
财政变量协整关系	对过去政府行为的财政可持续性进行评价
财政缺口	评价未来财政可持续性，为财政政策提供指导

1. 为了了解当前财政的基本状态，借鉴英国预算办公室的可持续性观察框架，描述政府资产负债表中项目的历史数据②，观察主要项目的变化。同时，对我国当前的财政收支、国债等数据的变化趋势进行分析，确定当前基本财政变量的情况。

2. 对财政可持续性的简化指标体系和历年趋势变化进行测算分析，参考相关标准，对财政可持续性进行一个大体的把握。

3. 利用协整检验法对相关数据进行分析，对当前财政政策下我国和各地区的财政可持续性现状进行判断，这可以作为对历史和现在财政可持续性的一个评价。

4. 依据经济发展规律对未来数据进行预测，借助基本缺口和财政缺口指标对未来财政的可持续性进行评价，为财政政策的实施提供指导。

---

① 国际警戒线是根据国外情况设定的，且各国财政政策具备一定的独立性，故这些标准仅作为参考。

② 鉴于《全国和地方资产负债表编制工作方案》于 2017 年 6 月才得到通过，对于未来项目的预测具有一定的难度，故本文借鉴社科院"中国政府资产负债表"项目组的研究成果仅对历史情况进行阐述。

第三、四、五章将按照表2-7构建的财政可持续性研究体系对我国的财政可持续性进行评价和预测。第三章对我国财政状况进行总体观察，首先对研究对象进行界定，只有明确了研究对象，后面的可持续性分析才有意义。第四章基于简化指标体系和协整检验等方法对我国财政可持续性现状进行评价。第五章对未来我国财政可持续性进行模拟预测，从而分析我国的财政可持续性的未来趋势，明确我国当前可能存在的问题，为相关建议的提出奠定基础。

第三章

我国财政状况基本观察
——基于政府资产负债状况和财政收支状况

按照第二章确定的我国财政可持续研究体系,本章借鉴英国预算办公室的可持续性观察框架,结合对财政变量的描述分析,基于政府资产负债及财政收支,从整体上对我国财政状况进行基本观察。明确研究对象的含义是后续研究的基础,因此本章先就研究对象的界定进行讨论。

第一节 研究对象的界定

研究对象决定着研究的内容和意义。研究对象不同,研究结论也可能千差万别。因此,在指标分析和检验之前,需要对财政收支、国债等内容进行界定。

一、财政收支的界定

财政收入和财政支出是财政可持续性研究中最基础的变量。为了界定财政收支的范围,必须明确我国的财政收支的统计口径。

我国财政收支预算逐渐向全口径转变,账本也从最初的一个转变为四个。1997年之前,政府只对一般公共财政收支进行预算。1997年,13项政府基金纳入预算体制,标志着政府性预算基金成为第二个预算账本。2007年,国有资本经营预算单独编制,成为预算报告的第三本账。从2013年开始,社会保险基金预算也加入到预算账本中。2015年新《预算法》的实施,从法律层面规定了我国的全口径预算体系,即我国的预算体系包含四本账,即:一般公共预算、政府性基金预算、国有资本经营预算和全国社会保险基金预算。

具体的,一般公共预算是对以税收为主体的财政收入,安排用于保障和改善民生、推动经济社会发展、维护国家安全、维持国家机构正常运转等方面的收支预算。这个账本由于开始时间早，经验较为成熟，科目较其他三本账也较为详尽和稳定。其中，我国一般公共财政预算收入主要包含增值税、消费税、所得税等税收收入和专项收入、行政事业性收费、罚没收入等非税收入；一般公共财政预算支出包括在一般公共服务支出、外交支出、国防支出、金融支出等各类支出，特别的，2000 年起，一般公共预算支出中包括了国内外债务付息支出。

政府性基金是指各级人民政府根据法律法规为支持特定公共事业发展和基础设施建设而无偿征收的具有专项用途的财政资金。政府性基金预算虽然从 1997 年便成为了第二本账，但通过全国政府财政报告和我国财政年鉴数据的查找，本文发现全国政府财政报告对于政府性基金收支情况的公开始于 2008 年，而我国《财政年鉴》则是从 2010 年才开始公开政府性基金情况，在 2010 年财政预算、决算两个项目中增加了三张关于政府性基金预决算的表。就目录而言，基金目录随着预算制度和预算法律的完善也在不断改变，"基金目录从 2000 年的 327 项减少到 2016 年的 23 项"①（邓秋云，2016）。最近的一次修改是《关于完善政府预算体系有关问题的通知》，该通知规定"从 2015 年 1 月 1 日起，将政府性基金预算中用于提供基本公共服务以及主要用于人员和机构运转等方面的共计 11 个项目收支转列一般公共预算"②（高培勇，2015）。

国有资本经营预算是国家以所有者身份对国有资本实行存量调整和增量分配而发生的各项收支预算。通过对相关报告的查阅，可以发现具体收支数据于 2010 年开始公开。经营预算收入主要包含国有资产收益收入、公共预算转入收入、债务性收入和其他收入四个方面，从 2007 年国有资本经营预算开始，国有企业的收益上缴比例逐渐提高。经营预算支出主要包含国有资本投资支出、国有资本营运支出、政府其他预算结转支出、债务性支出以及其他支出等。马君（2015）的研究指出，公共财政预算和国有资本经营预算间存在税收缴纳、财政补贴和转移性收支的关系，前者的大小会受到国有资本的经营水平的影响。因此，界定和划分两者的功能与职责是确立国有资本预算编制主体的必要前提，但这种界定和划分不是一成不变的，而是根据社会实际情况进行不断调整，例如，国有资本经营预算调入一般公共预算的比例逐渐提高，一般公共预算支出中有关国有资本经营

---

① 邓秋云，邓力平. 政府性基金预算：基于中国特色财政的理解 [J]. 财政研究，2016 (07)：2-10.

② 高培勇，中国社会科学院财经战略研究院课题组，张蕊. 完善预算体系 加快建立现代预算制度 [J]. 中国财政，2015 (01)：28-33.

预算支出范围的资金逐步退出①。

社保基金预算从提出到正式编制历经20年,直到2013年才开始正式对社保基金预算进行编制。当前社保基金预算是按照险种进行编制的,主要包含养老、医疗、工伤、失业和生育保险基金五个险种。但由于社保基金预算的设立时间短,经验还比较缺乏,"2015年全国基本医疗保险基金、失业保险基金、工伤保险基金及生育保险基金并未实现收支平衡,略有结余"②(王崚,2017)。

综上分析,在考虑财政收支数据时,最佳选择是将四个账本的财政收支进行综合考虑,但由于以下原因,本文仅考虑一般公共财政收支数据。

首先,政府性基金收支、国有资本经营收支和社保基金收支编制的时间较短,三者编制的起始年份分别为2010年、2010年和2013年,如果将这三者同一般公共财政收支数据进行加总,则不利于研究的准确。第一,这三本账的收支同一般公共财政收支的编制年限不同,如果只将2010年或2013年后的数据相加总,则与之前的年份相比,数据口径不一致,不能进行比较分析。第二,如果仅使用加总后的数据,则数据量较少,不利于后文的检验分析。

其次,除了一般公共预算外,其他三本账的编制和相关规定还较为粗略,仍有很大的改进空间。例如,政府性基金预算的科目变动幅度非常大;国有资本经营预算的主体权限界定仍旧不清晰;社保基金预算中,一些项目出现了收不抵支的问题。采用这些账本的收支数据并不能使研究结果更加准确。

因此,本文所提到的财政收入和财政支出均指一般公共收支,数据来源于Wind数据库,不仅选取了全国范围的数据,也将各省数据进行了统计分析。此外,需要注意的是,自2000年后财政支出数据中包含了国债的利息偿还,因此我们将在研究中扣除这一部分内容。

二、国家债务的界定

国家债务有两个口径——国债和公债。国债由国家发行,是中央政府为筹集财政资金而发行的一种政府债券,是中央政府的债务。公债是各级政府借债的统称,除了国债外还包含地方债。在2015年之前,我国的国债和公债两种口径是没有区别的,因为地方不允许举债。2015年新《预算法》

---

① 马君. 我国国有资本经营预算研究 [D]. 财政部财政科学研究所,2015.
② 王崚. 浅议社会保险基金预算管理 [J]. 中国人力资源社会保障,2017 (05):38-40.

实施，地方政府被赋予举债融资职能。因此，当前研究必须区分国债和公债。

公债和国债的区别主要在于地方债务。我国审计署发布的《全国政府性债务审计结果》公开的地方政府性债务数据更新至2013年6月，且很多年份的数据缺失，存在很多断点。另外，国债发行时间久，机制成熟，更具有稳定性。因此，为了保证研究的准确性，本文在此仅考虑中央政府债务，即国债的相关变化趋势。值得注意的是，财政部已于2017年开始对地方债务余额数据进行公开，这将为未来的政府债务研究提供完善的数据样本。

因此，本文关于国家债务的研究仅限于中央政府的债务，即国债。国债数据来源于财政部公布的国债数据，数据时间范围为2009—2016年。

第二节 我国政府资产负债状况

英国政府预算责任办公室（OBR）每年都会发布报告，通过对政府资产负债表中的资产和负债分析政府财政可持续性。本部分借鉴英国预算办公室的可持续性观察框架，结合对财政变量的分析，从而分析我国当前的财政状况：描述政府资产负债表中项目的历史数据①，分析主要项目的情况。

2017年6月，全面深化改革领导小组第三十六次会议审议通过了《全国和地方负债表编制工作方案》，目前为止还没有公布官方数据，但中国社会科学院财政税收研究中心成立了"中国政府资产负债表"项目组对我国的资产负债表进行了丰富的研究。本文以其2017年的最新研究数据为基础，项目组建立了中国政府资产负债表框架，秉着谨慎性、现实性的原则，采用一致的数据来源，就2010—2015年期间中国政府的资产负债进行估计②（汤林闽，2017）。

---

① 鉴于《全国和地方资产负债表编制工作方案》于2017年6月才得到通过，对于未来项目的预测具有一定的难度，故本文借鉴社科院"中国政府资产负债表"项目组的研究成果仅对历史情况进行阐述。

② 中国社会科学院财政税收研究中心"中国政府资产负债表"项目组，汤林闽. 中国政府资产负债表2017 [J]. 财经智库, 2017, 2 (05): 103-138, 144.

一、资产负债总额

利用上述研究结果对英国政府预算责任办公室的分析项目①进行分析。

表3-1　　　　2010—2015年资产及负债变化情况　　　　　　单位：亿元

年份	2010	2011	2012	2013	2014	2015
资产总额	1062400	855129	1018780	1135750	1111598	1253599
负债总额	409664	443894	475141	542531	694601	700703
净资产（计入社保缺口）	652736	411235	543639	593219	416997	552896

数据来源：中国社会科学院财政税收研究中心，中国政府资产负债表2017。

由表3-1可知，2010—2015年我国政府的资产总量除2011年外均超过100亿元，总量庞大，且整体处于增长趋势。2015年，政府资产总额大约为GDP的1.82倍。在不考虑社保基金缺口的情况下，我国负债总额从2010年的40.97万亿元增加至2015年70.07万亿元，负债总额不断攀升，2015年负债总额大约为GDP的1.02倍。相应的，包含社保缺口的净资产总额处于波动变化的状态，2015年的净资产额为55.29亿元。因此，总体来说，我国的资产总额和负债总额均有一定程度的增加，规模稳定，增长速度适中。

二、资产负债结构

表3-2　　　　2010—2015年实物资产及金融资产变化情况　　　　　　单位：亿元

年份	2010	2011	2012	2013	2014	2015
基本数值						
金融资产	322316.5	400296.5	470341.3	547450.5	637447.6	718163.8
实物资产	739570.4	454120.2	547448.3	587307.3	427953.0	533113.7
增长速度						
金融资产		24.2%	17.5%	16.4%	16.4%	12.7%
实物资产		-38.6%	20.6%	7.3%	-27.1%	24.6%

① 关于政府资产负债表的研究起步较晚，对于未来情况的预测缺少理论和数据根据，故本文仅对历史情况进行阐述。

续表

年份	2010	2011	2012	2013	2014	2015
占总资产比例						
金融资产	30.3%	46.8%	46.2%	48.2%	57.3%	57.3%
实物资产	69.6%	53.1%	53.7%	51.7%	38.5%	42.5%

数据来源：中国社会科学院财政税收研究中心，中国政府资产负债表2017。

注：汤林闽（2017）将政府资产分为服务性资产和权力性资产，前者又可细分为金融资产、固定资产、存货及相关资产、无形资产和在建工程，后者可以细分为国有经济净资产和资源性资产。根据研究对各项资产的描述，本文认为服务性资产中的金融资产和权力性资产中的国有经济净资产为金融资产，服务性资产中的固定资产、存货及相关资产、在建工程以及权力性资产中的资源性资产为实物资产。

由表3-2可知，金融资产是不断增加的，2011—2015年的增长速度均超过了10%，金融资产占比在2014年后开始高于实物资产。而实物资产的变化很不稳定，2011年的增长率为-38.60%，减幅较大，究其原因，主要是资源性资产规模经历了剧烈的下降波动过程。同时，由于金融资产的不断增加，实物资产占比从2010年的69.6%降至42.50%。因此，就构成而言，金融资产占比在不断增加中已超过实物资产占比。

表3-3　2010—2015年直接显性负债及或有或隐性负债的变化情况　　单位：亿元

年份	2010	2011	2012	2013	2014	2015
基本数值						
直接显性负债	371032.5	395215.9	416824.9	444046.1	540020.8	542448.4
或有或隐性负债	815413.4	871400.6	920038.2	961382.8	1222380.2	1209025.3
增长速度						
直接显性负债		6.5%	5.5%	6.5%	21.6%	0.4%
或有或隐性负债		6.9%	5.6%	4.5%	27.1%	-1.1%
占总负债①比例						
直接显性负债	34.9%	46.2%	40.9%	39.1%	48.6%	43.3%
或有或隐性负债	76.8%	101.9%	90.3%	84.6%	110.0%	96.4%

数据来源：中国社会科学院财政税收研究中心，中国政府资产负债表2017。

注：将汤林闽（2017）估算的直接显性负债和或有或隐性负债的分项进行加总得到上述情况。

表3-3展示了2010—2015年负债构成相关情况，2010—2015年间，或有或隐性负债的数量约为直接显性负债的两倍，直接显性负债和或有或隐

---

① 这里所指的总负债是表3-1中不计入社保缺口的负债总额。

性负债均呈现出增长趋势，2014年两者的增速明显分别达到21.6%和27.1%。可以看出，当前中国政府的直接显性债务很少，而或有和隐性债务则较高。

第三节 我国财政收支状况

为了保证研究的全面性，本文从全国和各省两个层面对财政收支数据进行分析。

一、全国财政收支的变化情况

本文就全国财政收支的数量和结构进行分析，将我国的财政收支现状进行描述。

（一）财政收支数量及占比变化情况

对公共财政收入、财政支出及两者的GDP占比进行作图分析，可以得到图3-1和图3-2所示的结果。

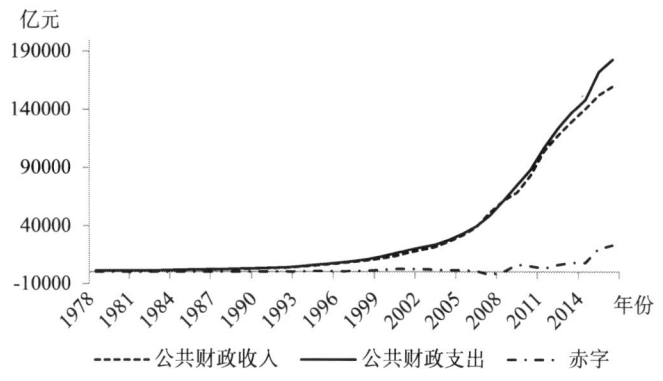

图3-1 公共财政收支变化趋势图

数据来源：根据《中国统计年鉴2017》整理而成。

由图3-1可知，从绝对数来说，自1978年改革开放以来，公共财政收入及公共财政支出呈现出逐渐增长的态势。名义财政收入和财政支出的绝对规模分别从1978年的1132亿元和1122亿元，增长到了2016年的159605亿元和182680亿元，分别增长了约140和163倍，平均年增长率约13.8%和14.3%，增长速度很快。财政赤字也在波动中逐渐增长，且在2014年后快速增长，到 2016 年财政赤字为 23075 亿元。

由图 3-2 可知，从相对数来说，财政收入和财政支出的占比明显经历了先降后增的"U 型"趋势，改革开放初期财政收入和支出占 GDP 的比重分别达到 30% 左右，然后呈现出逐年下降的趋势。1995 年财政收入占 GDP 的比重仅为 10.18%，达到了历史最低水平。1996 年财政支出占比最低，为 11.05%。随后该比重又开始逐年上升，到 2016 年财政收支占比重分别达到了 21.46% 和 24.57%，但依旧低于世界平均水平。

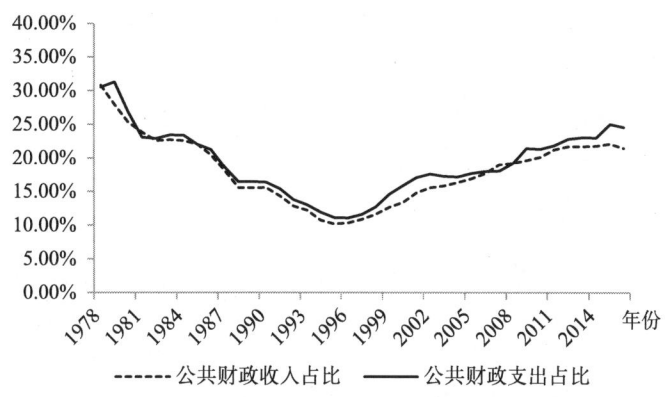

图 3-2 公共财政收支占 GDP 变化趋势

数据来源：根据《中国统计年鉴 2017》整理而成。

综上，直观地从图 3-2 来看，我国财政收支和财政赤字均呈现增长趋势，这与经济增长和社会发展密不可分。而财政收支的占比则呈现出先降低后增加的趋势，可见最初财政收支占比随着经济增长总量的快速增长而降低，而后随着财政政策和财税体制的完善而有一定的增长。本研究将在下文具体分析财政收支的差值，即财政赤字的变化情况。

（二）财政收支结构情况

本文所指的财政收支结构主要是指各个分项目的占比情况，例如，我国税收收入、非税收收入中的专项收入、行政事业性收费和罚没收入占财政收入的比例，财政支出中的教育、社会保障、农林水事务等 10 项数额较大的项目的占财政支出的比例。同时也将财政收支的中央和地方数量进行分析。

图 3-3 展示了税收各项目的占比和整体变化情况，2007—2016 年，税收收入不断增加，且一直占据财政收入中得最大份额，各年占比均在 90% 左右，其次是专项收入、行政事业性收费和罚没收入。一般认为税收收入占比较高，财政收入的质量越好。因此，近些年我国财政收入的质量较好，收入来源稳定。

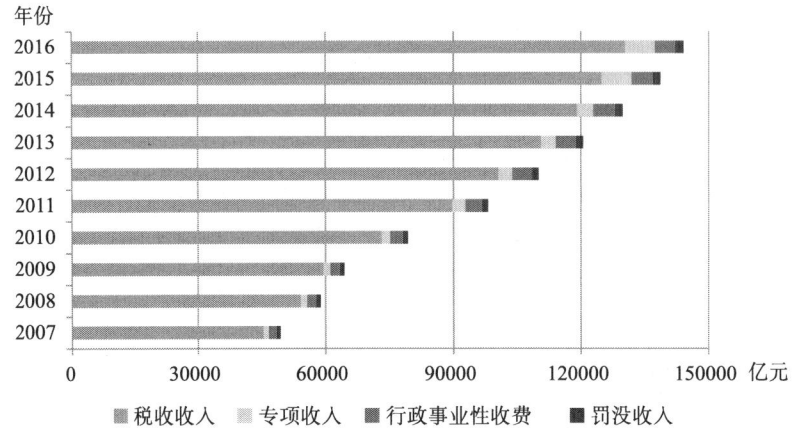

图 3-3 历年各项财政收入变化图

数据来源：根据 2008—2017 年《中国统计年鉴》整理而成。

图 3-4 展示了财政支出中数额最大的前十项支出情况，支出占比越高，体现着国家政策对于相关方向的重视程度。例如，2016 年教育支出是各项支出中占比最大的项目，其次是社会保障和就业、农林水事务、城乡社区事务等等，这反映出国家对于教育、社会保障等方面的支持——随着九年义务教育的普及和对高中教育、高等教育的质量的关注，教育支出占比不断增加；而随着社会老龄化问题的加重，社会保障的需求不断提升，在此情况下社会保障的财政支出也不断增加。

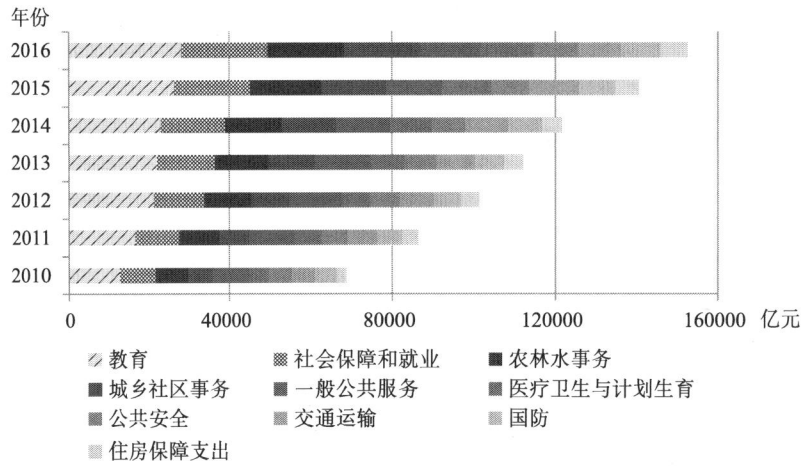

图 3-4 历年各项财政支出变化图

数据来源：根据 2011—2017 年《中国统计年鉴》整理而成。

由图 3-5 可知，就财政收入而言，在改革开放初期，中央财政收入占比仅 15.53%，随着分税制改革的推进，1994 年中央财政收入占比从上一年的 22.02% 增至 55.70%，至 2010 年财政收支占比一直高于 50%，2011 年后中央占比有所下降，2016 年财政收入占比为 45.35%，比地方政府占比低 9.3%。就财政支出而言，改革开放以来，地方政府的财政支出占比呈现出波动增长的趋势，从 1978 年的 52.58% 增加至 2016 年的 85.41%。由于本文研究的财政支出是基于一般公共预算的，并没有考虑中央对地方的转移支付，因此并不能简单地说地方政府的财政总支出高于中央政府的财政总支出。

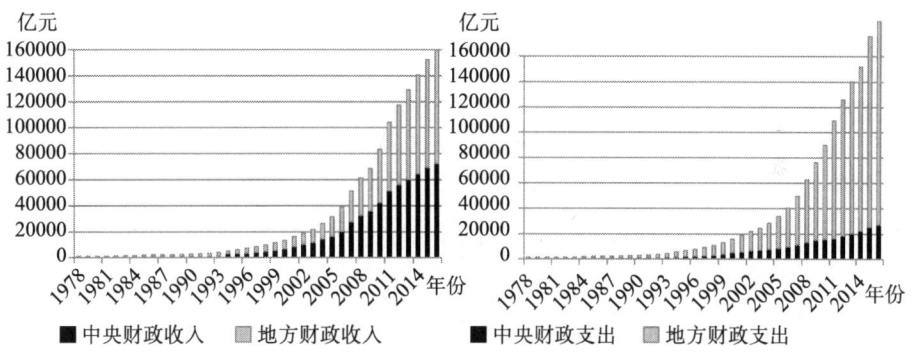

图 3-5 中央和地方财政收支占比情况

数据来源：根据《中国统计年鉴 2017》整理而成。

二、各地区财政收支的变化情况

对各省、自治区、直辖市的财政收支数据进行统计整理，并按照地区分类①进行加总处理。

由图 3-6 可知，一直以来，华东地区的财政收入最高，2016 年华东地区的财政收入为 33168.61 亿元，占总财政收入的 38%。华南地区的财政收入在 2004 年后低于华北地区，居于第三位。西南地区与华中地区相比，两者的财政收入较为接近，2007 年后西南地区略高于华中地区。西北地区的财政收入在 2006 年之前一直都是最低的，但是之后每年都有较大幅度的增长，尤其是 2011 年，年增长率达到 38%，因此 2015 年和 2016 年，其财政收入与东北地区十分接近。

---

① 本文所指的地区划分标准为：华东地区（包括山东、江苏、安徽、浙江、福建、上海）；华南地区（包括广东、广西、海南）；华中地区（包括湖北、湖南、河南、江西）；华北地区（包括北京、天津、河北、山西、内蒙古）；西北地区（包括宁夏、新疆、青海、陕西、甘肃）；西南地区（包括四川、云南、贵州、西藏、重庆）；东北地区（包括辽宁、吉林、黑龙江）。

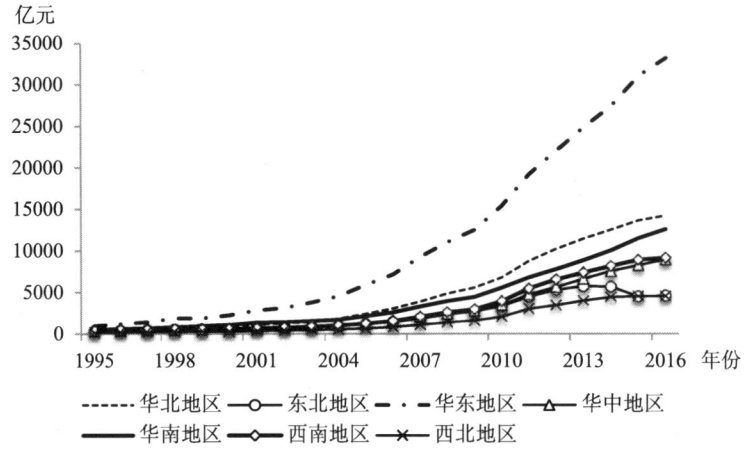

图 3-6 各地区财政收入

数据来源：根据 Wind 宏观经济数据库整理而成。

由图 3-7 可知，与财政收入相同，华东地区的财政支出最高，2016 年华东地区的财政支出为 47046.12 亿元，占总财政收入的 38%。华北地区和西南地区的财政支出一直十分接近，2016 年华北地区的财政支出为 24097.30 亿元，略高于西南地区的 22879.89 亿元。华中地区、华南地区的财政支出分别居于第四位和第五位。西北地区的财政支出在 2013 年之前一直都是最低的，但是 2013 年后其财政支出高于东北地区。

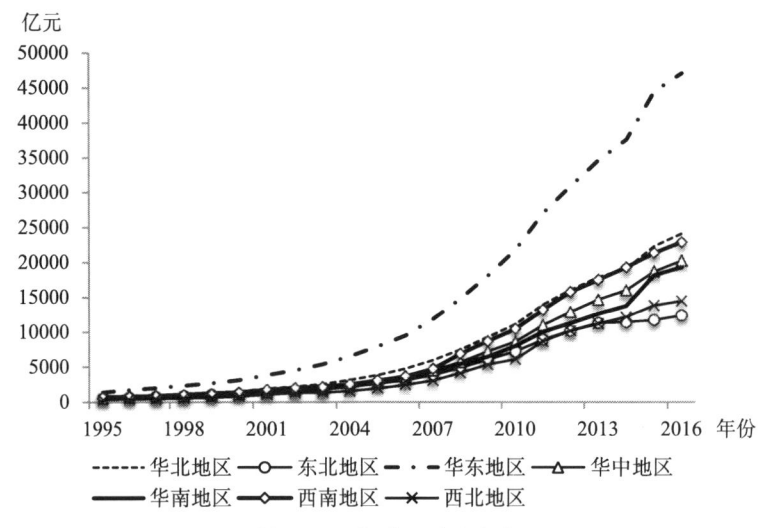

图 3-7 各地区财政支出

数据来源：根据 Wind 宏观经济数据库整理而成。

图 3-6 和图 3-7 展示了各地区的财政收支的变化趋势,为了更好地了解各省市财政收支的差距,选取 2016 年的横截面数据进行分析,得到图 3-8。

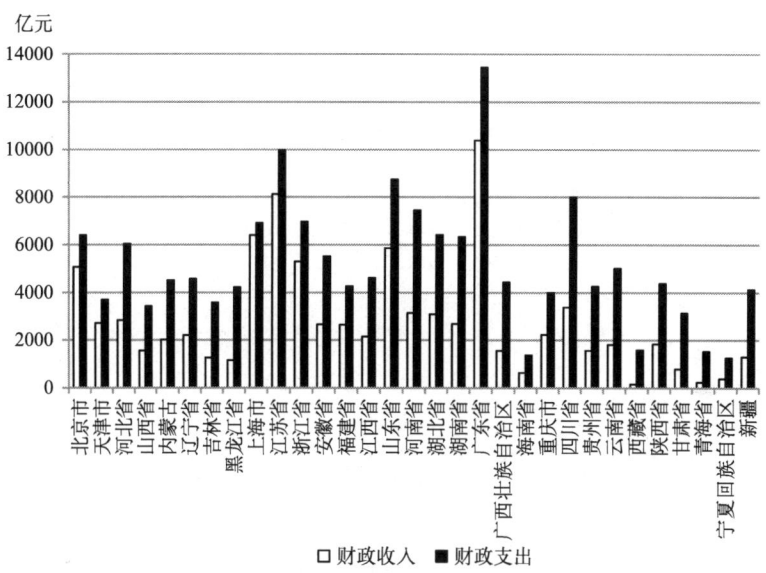

图 3-8 2016 年各省财政收支

数据来源:根据 Wind 宏观经济数据库整理而成。

由图 3-8 可知,2016 年广东省的财政收入和财政支出都是最多的,其次是江苏省。山东省、四川省和河南省的财政支出为第三、四、五位,但四川和河南省的财政收入较少。财政收入的第三、四、五位分别为上海市、山东省和浙江省。财政收入最少的省份为西藏自治区,青海省、宁夏回族自治区、海南省和甘肃省的财政收入也都没有超过 1000 亿元,相似的,这五个省份的财政财政支出也最少,但都较大程度的高于其财政收入。

第四节 我国国债状况

对 2009 年以来我国国债的发行额、还本额和余额数据及增长率进行统计分析,可以得到图 3-9。

就余额而言,我国国债余额数量不断增加,增长率较为平稳,2010 年以来,每年增长率约为 11%,截至 2016 年底,国债余额达 120066.75 亿元。就发行额而言,2011 年、2012 年发行额呈下降趋势,2013 年后国债发行额不断增加,2016 年的同比增长率为 45.03%,达到 30869.32 亿元。就国债

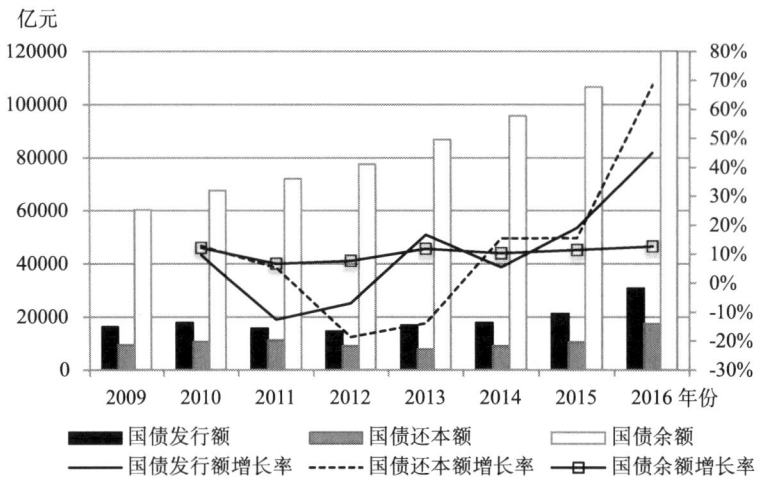

图 3-9 我国国债基本情况

数据来源：根据 Wind 宏观经济数据库整理而成。

还本额而言，2012 年、2013 年呈下降趋势，而后逐渐增长，2016 年同比增长 68.31%，还本数量最多达到 17415.62 亿元。

因此，我国国债的发行额和还本额受到政策影响而时有变动，但国债余额以一个较为稳定的增长率不断增加。

第五节　我国财政现状总结

从政府资产负债情况来看，我国当前的资产和负债总额规模稳定，增长速度适中。就资产结构而言，金融资产占比不断增加，现已超过实物资产占比。就负债结构而言，当前负债以或有和隐性负债为主，直接显性负债为辅。

从财政收支情况来看，就绝对数而言，公共财政收入及公共财政支出均呈现出逐渐增长的态势，2016 年分别为 15.96 万亿元和 18.27 亿元；就相对数而言，财政收入和财政支出的占比明显经历了先降后增的"U 型"趋势，2016 年财政收支占比分别达到了 21.46% 和 24.57%；就财政收支结构而言，税收收入是财政收入的主要来源，教育支出是财政支出中占比最大的项目；就地区情况而言，华东地区的财政收支均是最高的。

从国债情况来看，我国国债余额数量不断增加，而每年发行额受到政策的影响而时有变动。

第四章

我国财政可持续性现状评价
——基于简化指标体系及协整检验

根据构建的可持续性评价体系,第三章已经从政府资产负债、财政收入和发债情况入手,在明确界定了研究对象的基础上,就相关财政指标的变化趋势和现状进行了讨论,对我国财政运行现状进行了分析。本章将在第三章的基础上,利用第二章提出的简单指标和协整检验两种思路对我国财政可持续性进行研究。

第一节 财政可持续性的指标检验

这一节将对较为常用的财政可持续性指标进行分析,参考相关指标的标准,对我国的财政可持续性进行评价。在进行指标分析之前,本文将对表2-3所示的指标判断标准的中国应用进行一定的说明。

一、指标标准说明

由表2-3可知,赤字率、国债偿债率、国债依存度和国债负担率的常用国际标准均是《马斯特里赫特条约》(以下简称"《马约》")规定的。该条约是欧共体国家首脑于1991年签订的,将赤字率的警戒线定为3%,债务负担率警戒线为60%。

但上述警戒线标准在中国的适用程度受到了很多学者的质疑。刘迎秋(2001)认为,《马约》是具有地域性和政治色彩的,不能够直接引入作为我国实践的参考,他认为仅能将《马约》的规定作为"指导线"。王宁(2005)对财政赤字率和债务规模的中国情况进行了分析,认为两者的警戒线应为41.5%及55%。Wickens(2008)指出,债务和赤字是否达到《马约》规定的警戒线与财政状况可持续没有明确关系,经济增速会影响最终的结果。陈建奇（2012）探究了《马约》标准计算的方法，他承认《马约》提出的参考标准对我国财政发展的积极作用，但认为指标并不符合我国国情，并研究发现在负债率为60%及赤字率为6.6%—7.8%的水平下，目前及未来我国财政仍然处于可持续空间。王雍君（2017）指出"这种判断方法并不可靠，这些标准是经验性的，从未得到严格检验，实际上也从未得到严格执行。各国的具体情况也很不相同，经济增长速度、潜力和规模较大的国家承受赤字和债务的能力高得多。"[1]

综合上述学者的意见，我国学者认为不能照搬《马约》有关赤字率和债务率的指标，因此，本文仅将《马约》规定的标准作为指导和参考，并不将其作为我国财政可持续性的警戒线。此外，本文第三章关于研究对象的界定部分指出，由于地方债务公开数据有限等原因本文仅考虑国债相关内容，而《马约》规定的对象是公债，即国债和地方债务之和，因此，在本章中所使用的国债的偿债率、依存度和负担率指标仅将《马约》作为一定参考进行讨论。

二、指标测算

本文将对赤字率、国债偿债率、国债依存度和国债负担率进行测算，分析不同比率的变化情况。

（一）赤字率

赤字率是财政支出和财政收入的差值占国内生产总值的比率，许多国家都将赤字率当作财政可持续性的评价标准之一。在建国初期，我国财政活动一直遵循"收支平衡、略有结余"的思想。而1978年的改革开放打破了这一体制，地方政府具备了一定的自主权。随着市场化的不断推进和财政政策的变化，我国很长一段时间以来都存在一定的财政赤字，且赤字率也有上升趋势。

如图4-1所示，从1978年改革开放到1994年分税制改革期间只有1978年、1981年和1985年存在财政盈余。从1994年到1998年，赤字率一直较为平稳的稳定在1%左右。但1998年后一直到2002年，赤字率走高，这是因为为了应对亚洲金融风暴、解决国内存在的众多问题，我国开始实行积极的财政政策。2003年到2008年，前一阶段的政策获得了显著效果，此时我国开始实行稳健政策，因此赤字率也有了一定的下降趋势。而2008年的金融危机对我国和全球经济产生了巨大影响，为了振兴经济、解决经

---

[1] 王雍君. 预算赤字与可持续性计量［J］. 经济研究参考, 2017（06）: 13-14.

济低迷的困境，我国推出了"四万亿"的经济刺激计划，同时我国老龄化程度加重，养老支出不断攀升，赤字率又开始新一轮的增加。截至2016年，赤字率达到了3.10%，略高于《马约》规定的水平，但根据我国学者的测算，这一数值仍然可以保证财政的可持续性。因此，从赤字率这一指标而言，我国财政存在可持续性。但我国赤字率近些年呈现出增长的态势，长期而言，可能会对我国财政可持续性产生不良影响。

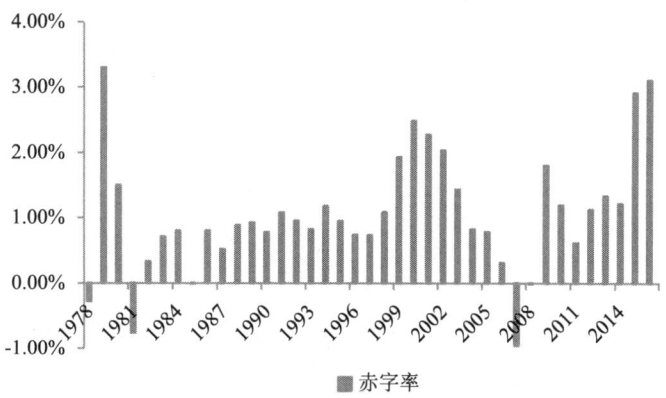

图 4-1 历年赤字率变化情况

数据来源：根据《中国统计年鉴2017》整理而成。

（二）国债负担率

国债负担率是国债的累积余额占同一年的国内生产总值的比率，反映的是国民经济系统对国债的负担程度。对相关数据进行整理，得到表4-1和图4-2。

表 4-1　　　　　　　　　　国债负担率情况　　　　　　　　　单位：亿元

年份	国债余额	GDP	国债负担率
2005	32614.21	187318.90	17.41%
2006	35015.28	219438.50	15.96%
2007	52074.65	270232.30	19.27%
2008	53271.54	319515.50	16.67%
2009	60237.68	349081.40	17.26%
2010	67548.11	413030.30	16.35%
2011	72044.51	489300.60	14.72%
2012	77565.70	540367.40	14.35%
2013	86746.91	595244.40	14.57%
2014	95655.45	643974.00	14.85%
2015	106599.59	689052.10	15.47%
2016	120066.75	743585.50	16.09%

数据来源：Wind宏观经济数据库。

从表 4-1 和图 4-2 可以看出，2005—2016 年的国债负担率均未超过 20%，平均国债负担率为 16.08%。财政部指出，2016 年我国公债债务余额比率约为 36.7%，低于《马约》规定的公债负担率为 60%，也低于王宁 (2005) 估计的标准。可见，我国地方债务规模高于国债规模，单就国债而言，规模适量。但是我国国债发行数量增长迅速，国债余额不断累积，2016 年国债累积余额已达到 12 万亿元人民币。因此，虽然我国当前国债负担率在合理范围内，但现有增长趋势展现的潜在风险不容忽视。

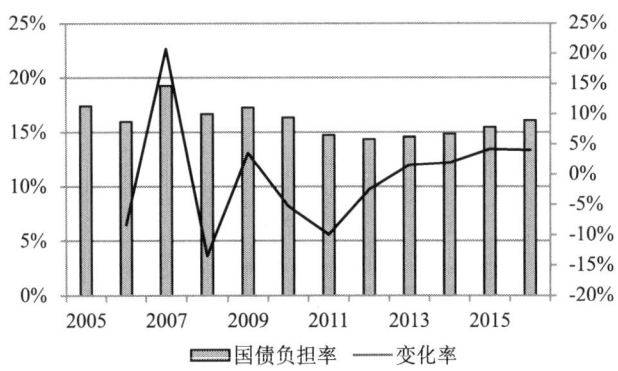

图 4-2　历年国债负担率变化趋势

数据来源：根据 Wind 宏观经济数据库整理而成。

（三）国债偿债率

国债偿债率是国债还本付息额占同一年中央财政收入的比率，用以反映中央政府使用财政收入偿还所举债务的能力。根据这一定义，可得到表 4-2 和图 4-3。

表 4-2　　　　　　　　　历年国债偿债率　　　　　　　　单位：亿元

年份	国债还本额	国债付息额	国债还本付息额	中央财政收入	国债偿债率
2009	9323.92	1491.28	10815.20	35915.71	30.11%
2010	10517.72	1844.24	12361.96	42488.47	29.09%
2011	11076.19	2384.08	13460.27	51327.32	26.22%
2012	9008.71	2635.74	11644.45	56175.23	20.73%
2013	7761.38	3056.21	10817.59	60198.48	17.97%
2014	8957.66	3586.70	12544.36	64493.45	19.45%
2015	10347.57	3548.59	13896.16	69267.19	20.06%
2016	17415.62	5074.94	22490.56	72357.30	31.08%

数据来源：Wind 宏观经济数据库。

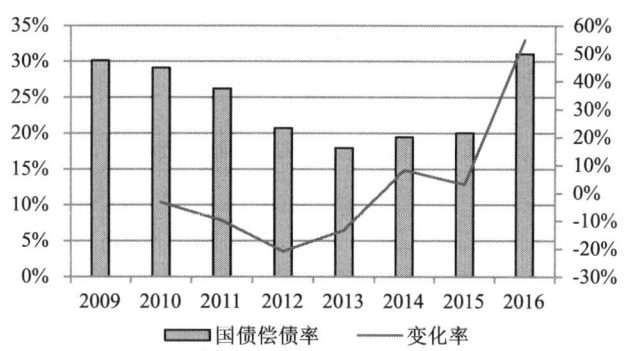

图 4-3 历年国债偿债率变化趋势

数据来源：根据 Wind 宏观经济数据库整理而成。

从表 4-2 和图 4-3 中可以看出，2009—2016 年的平均国债偿债率为 24.34%。该指标在 2009 年和 2010 年达到 30% 左右的水平，而后降至 2013—2014 年的 20% 左右，又在 2016 年攀升到 31.08%。理论上，国债的还本付息额会受到国税余额和发行额的影响，由于不同年份的政策导向不同，国债发行量也有很大差异，导致到期的国债所需要还本付息的数量变化较大。当前的情况说明中央政府将财政收入的约三分之一用于国债的还本付息支出。

《马约》规定的公债偿债率警戒线为 10%。根据财政部公布的相关数据，2016 年我国当前中央政府的财政收入低于地方政府的财政收入，而地方债务规模大于国债规模，两者的差异程度也较为相近，因此国债偿债率与公债偿债率的指标值差别不大。若以《马约》的标准作指导，我国中央政府收入用于国债还本付息的比例较高，这将影响中央财政合理地履行其他公共财政职能的能力，极端情况下甚至会使中央财政陷入债务偿还危机。

（四）国债依存度

国债依存度是国债发行额占同一年中央财政支出的比率，这个指标反映的是一个国家的财政支出依赖于发行国债获取资金的程度。

就中央政府国债依存度而言，国际警戒线约为 25%—30% 左右。从表 4-3 和图 4-4 可以看出，2009—2016 年的中央政府国债依存度均大大超出该标准，平均国债依存度高达 93.53%，这表明我国中央财政对国债发行收入的依赖程度很高，国债发行额相对于财政支出而言，数量庞大。中央财政正处在脆弱的状态，过分依赖于发行债务，这对财政的未来发展和经济的稳定发展都构成潜在的威胁。

表 4-3　　　　　　　　　国债依存度　　　　　　　　单位：亿元

年份	国债发行额	中央财政支出	中央政府国债依存度
2009	16280.66	15255.79	106.72%
2010	17849.94	15989.73	111.63%
2011	15609.80	16514.11	94.52%
2012	14527.33	18764.63	77.42%
2013	16949.32	20471.76	82.79%
2014	17876.57	22570.07	79.20%
2015	21285.06	25542.15	83.33%
2016	30869.32	27404.00	112.65%

数据来源：Wind 宏观经济数据库。

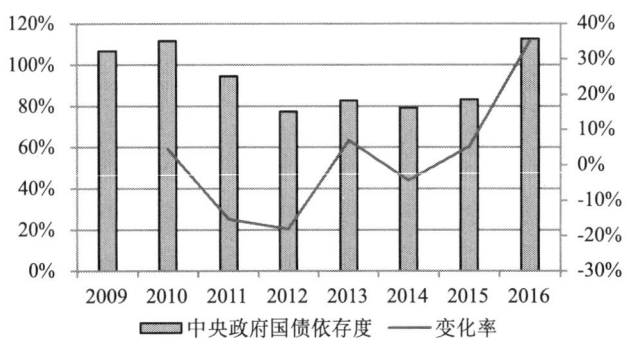

图 4-4　国债依存度变化趋势

数据来源：根据 Wind 宏观经济数据库整理而成。

三、指标检验结论

我国当前的赤字率和国债负担率均较为合理，能够保证财政的可持续发展，但两者的上升趋势均比较明显，仍存在一定的潜在风险。而我国的国债偿债率和国债依存度水平均较高，这说明中央政府活动很大程度上受到国债的影响，财政支出依赖于国债发行获取的资金，财政收入中也有很大一部分用于支付国债的利息。从长期来看，这不利于中央政府行使其职能，也不利于财政和经济的可持续性发展。

第二节 基于跨期预算约束的财政可持续性实证分析

第二章关于跨期预算约束相关研究指出,可以判断财政数据的协整关系对财政可持续性进行判断。Hakkio 和 Rush(1991)的研究表明政府财政可持续性存在的充要条件是财政总支出和财政收入之间存在着协整关系,且协整向量为$(1, -\beta)$(其中β需满足$0 < \beta \leq 1$)。

因此,只需要通过分析财政支出和财政收入之间的协整关系和协整向量β是否满足$0 < \beta \leq 1$,即可判断财政是否存在可持续性。为了避免数据趋势、单位和通胀等的影响,本文选择财政收支在经济总量中的占比数据进行分析研究。

为了保证研究的全面性,本文对全国数据和各地区数据进行分析。

一、全国财政可持续性实证

本部分需要对我国财政可持续性进行实证,检验方法是对财政收支占比数据进行协整检验,采用的检验方法为 EG 两步法。对变量进行的描述统计见第三章关于财政收支界定、数据来源和变化趋势的描述。在全国范围的财政可持续性实证部分,本义使用季度数据以增强模型的稳健性。

本部分首先建立估计模型,明确检验条件;然后对两个序列进行单位根检验,确定是否具备协整检验的条件;然后,对财政收支的占比进行协整分析,判断两者是否存在着协整关系,并确定协整向量。

(一)模型建立

根据协整模型的原理,建立如式(1)所示的协整方程:

$$r_t = c + \beta e_t + u_t$$

其中,r_t代表财政收入占比,c代表常数项,e_t代表财政支出占比,u_t是残差项,β代表长期中财政收入和财政支出之间的关系,即协整系数。

本检验原假设是我国财政具备可持续性,即:①变量公共财政收入占比r_t和变量公共财政支出占比e_t存在协整关系;②协整向量$(1, -\beta)$中的β满足$0 < \beta \leq 1$。

(二)单位根检验

协整检验的前提是两个序列是同阶的,因此需要对序列进行单位根检验，确定两个序列是否存在同阶关系，是否可以进行协整检验。

特别的，由于本部分选取的数据为季度数据，数据序列存在季节趋势。因此，必须进行季节性处理以消除季度数据一般存在的显著周期性。利用 Eviews 提供的 X12 方法做季节因素处理，用处理好的数据进行后续检验。

利用 Eviews 对序列进行单位根检验，具体的检验结果如表 4-4 所示。

表 4-4　　　　　　　　　单位根检验结果

变量	t 值	95% 置信度 t 标准值	是否存在单位根
r	-0.57	-2.89	是
dr	-11.15	-2.89	否
e	-0.17	-2.89	是
de	-10.71	-2.89	否

注：变量的数据均是季节处理后的数据。

由表 4-4 可知，公共财政收入占比 r 和公共财政总支出占比 e 的 t 值均大于 95% 置信度下 t 值的标准值，所以接受原假设，即两个序列均存在着单位根。而对原序列进行一阶差分之后，所得的 dr、de 序列的 t 值均小于 95% 置信度下 t 值的标准值，所以拒绝原假设，即两个序列均不存在着单位根。综合考虑原序列和一次差分后序列的检验结果，可以发现两个序列都存在着一个单位根，也就是说明两者都是一阶单整序列，可以进行协整分析。

（三）EG 两步法协整检验

单位根检验的结果表明，两个变量序列均是一阶单整序列。此协整检验是双变量一阶单整协整检验，因此满足可以选择 EG 两步法作为本部分的检验方法。

第一步，对基本变量进行模型估计。首先用最小二乘法对式（1）进行模型估计，并保存残差序列用以第二步的分析，可以得到表 4-5 的回归结果。

表 4-5　　　　　　　　　最小二乘法回归结果

变量	系数	t 值	Prob.
e	0.85	29.83	0.00
常数项	0.02	2.85	0.00
R 方	0.90	调整的 R 方	0.90
F 值	890.00	Prob（F 值）	0.00

由表 4-5 可知，整个模型的 R 方为 0.90，且 F 值显著，这说明估计模型具有比较好的拟合优度。财政支出占比的系数 β 的取值为 0.85，由 P 值可以看出这一系数非常显著。同时，常数项也是显著的。

第二步，对第一步回归获得的残差进行单位根检验。

表 4-6　　　　　　　　　残差单位根检验结果

		T 值	Prob.*
ADF 检验值		-2.19	0.03
检验参考标准	5% 水平	-1.94	

由表 4-6 可知，所得残差序列的检验 t 值小于 95% 置信度下 t 值的标准值，所以拒绝原假设，即残差序列不存在单位根，即残差是平稳序列。

通过上述检验过程的结果可知，1978—2016 年中我国财政收入和财政支出具备协整关系，协整系数 β 为 0.85，取值在 $0<\beta\leq1$ 范围内，也就是检验的原假设成立，满足了财政可持续性的充要条件。因此，协整检验的结果说明我国财政具备一定的可持续性，且可持续性较强，财政支出和财政收入占比长期之间的弹性系数为 0.85。

第三步，可以建立误差修正模型对短期的财政收支的变化情况进行分析。经过检验，得到最终的误差修正模型为：

$\Delta r_t = 0.39\Delta e_t - 0.28(r_{t-1} - 0.85 e_{t-1} - 0.02)$

误差修正项的系数的大小反映了对偏离长期均衡的调整力度。调整系数估计值为 -0.28，这说明当财政收入和支出两者的短期波动偏离长期均衡时，将以 -0.28 的调整力度将非均衡状态拉回到均衡状态。

二、各地区财政可持续性实证

根据描述性统计部分所提到的关于地区的划分，本文计算各地区的财政收支占当地经济总量的占比，利用协整检验的方法对各地财政可持续性情况进行检验。由于某些省份某些年度的财政支出月度数据缺失，无法计算得到相应地区相应季度的数据，利用季度数据并不能增加样本数量，因此各地区的实证检验采用年度数据。检验方法选择 Johansen 检验法，下面以华北地区为例进行具体方法阐述。

（一）单位根检验

此部分的单位根检验方法与全国范围的检验方法相同，不在此赘述。检验结果是华北地区的财政收入占比序列和财政支出占比序列都是一阶单整序列。

（二）最优滞后阶数的确定

建立两个序列的 VAR 模型，调用信息准则，得到表 4-7。

表 4-7　　　　　　　　信息准则检验结果

Lag	LogL	LR	FPE	AIC	SC	HQ
1	154.54	NA	4.50e-10	-15.85	-15.65	-15.81
2	165.14	16.73*	2.27e-10	-16.54	-16.14*	-16.47
3	170.52	7.35	2.03e-10*	-16.69*	-16.09	-16.58*
4	171.47	1.11	2.99e-10	-16.37	-15.57	-16.23
5	177.92	6.11	2.62e-10	-16.62	-15.63	-16.46

根据表 4-7，三个信息准则指向最优的滞后阶数为 3，因此在协整检验中也将滞后阶数设为 3。

（三）Johansen 协整检验

对财政收支数据，利用信息准则确定出的最优滞后阶数 3，进行 Johansen 协整检验，结果如表 4-8 所示。

表 4-8　　　　　　　　协整检验结果

原假设 存在的协整关系数量	特征值	检验值	0.05 临界值	Prob.**
不存在*	0.477	16.146	15.495	0.040
最多一个	0.114	2.549	3.841	0.110

根据上述检验的结果，对于不存在协整关系的原假设来说，显著性很低，即拒绝了不存在协整关系的原假设；而对于存在一个单位根的原假设来说，显著性较强，即接受了最多存在一个协整关系的原假设。综合分析两个检验结果，可以得出即两个序列之间存在着一个协整关系的结论。且检验报告提供的协整向量为 (1, -0.556)，因此，β 取值 0.556，在 $0 < \beta \leq 1$ 范围内，也满足了财政可持续性的充要条件。

因此，协整检验的结果表明我国华北地区的财政具备弱可持续性，且财政支出和财政收入占比长期之间的弹性系数为 0.556。

利用相同方法对另外六个地区进行协整检验，具体方法与上面类似，在此仅展示协整检验的结果。

表 4-9　　　　　　　　各地区协整检验结果

地区	单位根检验结果		是否存在协整关系	β 取值
	收入	支出		
华北地区	I(1)	I(1)	存在	0.556
东北地区	I(1)	I(1)	不存在	
华东地区	I(1)	I(1)	存在	0.668
华中地区	I(1)	I(1)	不存在	
华南地区	I(1)	I(1)	存在	0.540
西南地区	I(1)	I(1)	存在	0.379
西北地区	I(1)	I(1)	不存在	

根据表 4-9 的结果可知，四个地区的财政收支存在协整关系，这四个地区的协整系数均满足财政可持续性条件即满足 $0<\beta\leqslant1$ 的条件，分别是华北地区、华东地区、华南地区和西南地区，且这几个地区的财政可持续性均是弱可持续性。其中，华东地区的协整系数最大，华北和华南地区其次，最后是西南地区，因此财政可持续性程度也依次降低。而不存在协整关系的地区为西北地区、东北地区和华中地区。

（四）地区财政可持续性检验的结果说明

在地区研究中，本文研究显示西北地区、东北地区和华中地区的财政收支不具备协整关系。需要说明的是，本文研究的财政收支数据均为一般公共财政收支数据，因此上述检验的结果表明在只考虑一般公共财政收支的口径下，财政收支是不可持续的。但地方财政收支远不止一般公共财政收支的数额，土地出让金的收入、中央对地方的转移支付和地方发债等项目都可计入地方财政总收入。

土地出让金，是基于土地使用权的租金，2007 年后纳入地方政府政府性基金预算管理。黄文浩（2017）指出，土地出让金的占比约为地方政府性基金比重的 80% 左右。土地出让金的获得是一种"以地生财"的模式，并成为地方政府重要和便捷的财源。但是随着时间的推移，土地财政的负面效应逐渐凸显。因此，土地出让金可为地方政府提供一部分一般公共财政以外的收入，但这种获取收入的方式从长期看是不可持续的。

中央对地方的转移支付是由于中央和地方的纵向不平衡和各地区间的横向不平衡而产生的，转移支付有利于中央和地方收支的平衡，有利于协调各地区的社会经济事业的发展。中央对地方的税收返还和转移支付数量庞大，2016 年的具体数额为 59486.4 亿元，占中央一般公共财政收入的

82.2%，是地方一般公共财政收入的 0.4 倍。

地方债务由来已久、规模巨大，但其合法化始于 2015 年新《预算法》对地方债务的规范管理，新《预算法》指出，地方债是地方政府唯一的举债途径。在此之前，我国地方政府主要通过融资平台公司、地方政府部门和机构、经费补助事业单位三类主体举借债务。

上述三种途径都可为地方政府提供一定的财政收入，且项目数量巨大，但上述项目均不计入一般财政收入中。因此当研究对象拓宽，短期内地方政府的财政可持续性可以一定程度上得到增强和保障。

三、财政可持续性实证结果的分析

将公共一般财政收支作为研究对象，结果显示当前我国财政具备可持续性，而地方政府的可持续性较差。除了研究对象界定的问题外，本文另外从自调节的角度进行分析——从一国范围内看财政存在向可持续性转变的自发动力。因为如果财政不可持续，则会产生下列影响。

（1）通货膨胀：这时政府有增加税收收入的趋势，使其比财政支出增长得更快，从而减少赤字。包括加尔布雷斯在内的许多学者认为这种趋势会产生消极实际利率，即名义增长率会大于利率，赤字率降低，负债率停止增长，情况有所好转。

（2）经济紧缩：政府会尽力适应财政态势（增加税收、减少支出以降低赤字）。提高税率可能不会改变财政收支平衡，因为 GDP 增长率会降低，从而增加负债率的增长率，只有当非政府部门盈余减少时，提高税率才可以减少赤字。

（3）私营部门会根据政府的立场，调整现金流（支出和储蓄）。如果政府还是支出大于收入，私营部门净资产就会增加，利息付款也会增加到收入中。从某些方面而言，政府的负债是私人的财富，当私人的财富无限增长时，最终导致与私营部门收入相关的支出增长，导致税收收入增加，从而使政府赤字减少。而且，私营部门收入包括政府利息付款，所以增加的利息付款可以偿还债务、刺激消费，即鉴于本身不断增长的财富，私营部门会调整储蓄行为，若私营部门试图减少盈余，只能通过减少政府部门的赤字来实现。

（4）政府的赤字开支和历史支付可能使增长率提高，甚至高于利率，这会导致负债率停止增长，令情况有所好转。

在上述情况下，负债率和赤字率将在一定程度上自行降低，甚至促进财政向可持续状态转变。由于上述变化都是针对一个国家、需要依靠政府和整个经济体才能实现,因而对于某个地区而言,不存在这种自动实现的机制,这时当财政支出远高于财政收入时,财政将不可持续。

但这并不意味着一个国家的财政状况总是可以自我调节从而达到可持续的状态。因为上述通货膨胀、经济紧缩、赤字增长率提高等都会影响一个国家的经济发展和社会稳定,如果仅依靠这些自发机制将财政和经济拉回到可持续的状态,不仅需要耗费大量时间,而且在情况较为严重的时候,调节机制将不足以覆盖赤字的增长速度。因此,政府不能寄希望于这些自动调节机制,必须采取合适的政策、完善相关制度,保证财政的可持续发展。

第三节　我国当前财政可持续性现状评价

我国当前的赤字率和国债负担率均较为合理,能够保证财政的可持续发展,但两者的上升趋势均比较明显,仍存在一定的潜在风险。从一般公共财政收支的长期关系来看,当前我国财政具备一定可持续性,且可持续性程度较强;地方上,除西北区、东北和华中地区外的其他地区存在弱财政可持续性,但本文认为在考虑到土地出让金、中央政府转移支付和地方发债后,地方财政可持续性将有所改善。

第五章

我国财政可持续性模拟预测
——基于缺口预测类指标

第三章对我国和各地区的财政可持续性现状进行了评价。而相较于现状,更应该关心我国财政可持续性的未来发展,因此本章将借助布兰查德(Blanchard,1990)提出的基本缺口指标(PGI)和奥尔巴赫(Auerbach,1994)提出的财政缺口(Fiscal Gap)指标,对相关数据进行模拟,从而对我国财政可持续性情况进行预测。

第一节 缺口指标的选取和对比
——基本缺口指标和财政缺口指标

第二章已经分别对基本缺口指标(PGI)和财政缺口(Fiscal Gap)进行了介绍,两种指标均基于跨期预算约束,考虑了贴现和长期中的财政均衡问题。其中基本缺口指标(PGI)的思路是:计算可持续性的赤字率与当前赤字率之间的差额,其中可持续性的赤字率是能够使债务率收敛于当前债务率的赤字率[1]。财政缺口(Fiscal Gap)的思路是:为了未来所有基本盈余的现值等于债务的现值所需要立即永久增税或者减少非利息支出的变化量就是财政缺口(Fiscal Gap),其中基本盈余即财政收入和非利息支出之差。

从两个指标的定义可以看出,基本缺口指标(FPGI)和财政缺口(Fiscal Gap)的研究思路是相同的,唯一的区别在于前者是计算当前实际值和可持续性值的差别,而后者是计算永久性的基本盈余增加值。通过对预算约束的具体化和时间化,并假设债务比率等于当前值,每年的折现率都相

---

[1] 殷萍萍.中国财政可持续性研究:1978—2012 [D].安徽大学,2014.

同，且 GDP 每年以固定的增长率 g 增长，可以得到有限时间的基本缺口指标（FPIG）和财政缺口指标（Fiscal Gap）。

有限时间基本缺口指标（FPIG）为：

$$\begin{cases} FPGI_t = \bar{d} - d_t \\ \bar{d} = -b_t \dfrac{r-g}{1+g} \end{cases} \text{①} \tag{1}$$

有限时间财政缺口（Fiscal Gap）为：

$$\Delta = (r-g)\left[b_t + \left(\dfrac{1}{1+r}\right) \dfrac{\sum_{s=t}^{T} d_s \left(\dfrac{1+r}{1+g}\right)^{T-s}}{\left(\dfrac{1+r}{1+g}\right)^{T-t} - 1} \right] \text{②} \tag{2}$$

对比式（1）和式（2）可知，在具体的计算过程中，由于基本缺口指标（PIG）假设存在一个固定的可持续性赤字率，因此在计算中不需要考虑赤字率的变化情况，通过约分处理后可以消去时间项，计算也较为简单。其中，有限时间基本缺口指标（FPIG）受到 GDP 增长率 g、r 政府的名义折现率和当前债务率影响；财政缺口（Fiscal Gap）的取值取决于 GDP 增长率 g、r 政府的名义折现率以及赤字—GDP 比率 d_s。

这两个模型均是在宏观财政经济情况给定的情况下的估计，没有对宏观经济和相关政策加以考虑。正如下面将会讨论的，宏观财政经济会对财政缺口的取值产生很大影响。因此，需要对以上变量进行预测和分析，考虑不同经济形势、财政状况下的变量取值以及不同取值下的两个指标情况。

本章的研究思路是，对缺口计算所需数据进行估计，估计的依据来源于"十三五"规划、2018 年政府工作报告和"十三五"规划以来相关数据情况；然后，利用两个指标分别对财政缺口进行测度，对财政缺口数值进行分析；最后，综合分析未来我国财政缺口的大小。

第二节 数据估计

美国国会预算办公室（CBO）每年会发布关于未来 10 年的财政最新动向并预测其对财政缺口的影响。奥尔巴赫（Auerbach，1994，1997，2003，

---

① b_t 是第 t 年的债务—GDP 比率，r 为长期折现率，g 为经济增长率，d_t 是第 t 年的基本赤字占 GDP 的比率。

② d_s 是第 s 年的基本赤字占 GDP 的比率，r 为长期折现率，g 为经济增长率，b_t 是第 t 年的债务—GDP 比率。

2004. etc）在美国国会预算办公室公布的预测数据基础上进行相应调整，计算出无限期或者70年甚至更短40年的财政缺口。与美国的情况不同，我国官方并没有发布的宏观经济预测数据或是权威的有关经济财政预测的文献。因此，本文不能直接借鉴相关数据，而必须通过对相关规划和经济发展状况的分析对相关数据自行预测。

本文主要通过对《中国统计年鉴》《中国财政年鉴》、五年规划和政府工作报告等文件中的相关数据和相关政策目标进行分析和解读，在当前政策背景下尽可能贴近现实的预测30年（即2018年—2047年）的经济增长率、名义折现率和赤字率，从而对两个缺口指标进行相对准确的测量和估计。

一、数据预测依据——"十三五"规划及2018年政府工作报告

宏观经济状况是财政预测的前提。中国的五年规划报告是国民经济计划的重要组成部分，为国民经济运行和发展规定目标和方向。因此借助"十三五"规划的相关内容、2018年政府工作报告内容和2016年以来的经济运行状况，有利于我们对经济未来的增长和走向进行预测。

（一）"十三五"规划纲要主要内容

首先，规划对"十二五"规划的主要指标实现情况进行了总结，其中国内生产总值的规定值为7%，实际值为7.8%。

其次，对未来的发展提出了要求：经济发展方面，在未来五年内保持经济中高速增长，到2020年国内生产总值和城乡居民人均收入比2010年翻一番，经济年均增长率保持在6.5%以上，保证主要经济指标的平衡，提高发展的质量和效益；产业发展方面，产业迈向中高端水平，对农业、工业、先进制造业和战略性新兴产业都提出了发展目标；财政方面，深化财税体制改革，完成中央和地方的财权和事权的划分，完善地方水体系、为企业减轻税负等。

可见，在持续加大的经济下行压力下，"十三五"规划放缓了对经济增长的要求，更加注重经济增长新动力的提升——产业结构调整和科技创新。

（二）2018年政府工作报告

2018年是"十三五"规划的第三年，政府工作报告中有关经济和财政的论述主要可以分为对过去五年和2017年经济发展状况的总结和对2018年国家经济财政发展的要求。

过去五年，国内生产总值从 54 万亿元增加至 82.7 万亿元，年均增长 7.1%，对世界经济增长的贡献率超过 30%；经济结构出现重大变革——服务业成为经济增长主动力；科技进步贡献率由 52.2% 增加到 57.5%；财政收入从 11.7 万亿元增长到 17.3 万亿元。

2017 年经济社会发展主要目标任务全面完成并好于预期。国内生产总值增长 6.9%，增速比上年有所加快；财政收入增长 7.4%，扭转了增速放缓态势。

报告还对 2018 年的重点工作进行了阐述：国内生产总值增长 6.5% 左右，居民消费价格涨幅 3% 左右；拟安排赤字率降低到 2.6%，较去年预算降低 0.4 个百分点，财政赤字 2.38 万亿元，其中中央财政赤字 1.55 万亿元，地方财政赤字 8300 亿元。

（三）"十三五"规划以来的经济财政情况

2016 年和 2017 年的经济增长率分别为 6.7% 和 6.9%，高于 6.5% 的规划水平。2016 年及 2017 年拟安排赤字率 3%。

在对政策规定和历史有一定了解后，下面内容就逐一对两个模型中所需变量进行分析和预测，预测过程中需要考虑到不同经济、财政情况下的具体取值。

二、基本缺口和财政缺口相关数据的预测

在对我国近期政策目标有一定了解后，笔者对 GDP 增长率 g、名义折现率 r、赤字—GDP 比率 d_s 根据历史数据和相应政策进行尽可能合理的预测。

（一）GDP 增长率 g

"十三五"规划指出"经济年均增长保持在 6.5% 以上"，而 2016 年、2017 年的 GDP 增长率分别为 6.7% 和 6.9%，2018 年将经济增长目标定为 6.5% 左右。本文认为国内生产总值增长率的目标在一定程度上并不是对未来情况的预测，而是"至少要达到"的标准。"十一五"和"十二五"的年平均增速目标分别为 7.5% 和 7%，实际增速则分别达到了 11.2% 和 7.8%。虽然在人口老龄化加重和资源环境压力加大的情况下，我国未来的经济增长率会有所降低，但在我国成为世界第二大经济体、各项经济指标向好的情况下，短期经济增长率大幅下降的可行性小。目前调低对 GDP 增长速度的目标，有利于政府更多关注产业结构优化和科技创新，发展经济增长新

动力，努力实践供给侧改革，将"三去一降一补"落到实处。因此，笔者认为2016—2020年的年均经济增长率定为6.75%较为稳妥，再结合"十一五"以来增长率的变化程度，本文将2021—2025年、2026—2030年、2031—2035年、2035年以后的年均经济增长率预测为6%、5%、4%、3%，认为经济较为平缓的过渡，增速较为平缓的下降。综合来看，2018—2047年我国经济的年均增长率约为4.28%。

从另外一个角度来看，我国当前已经超过日本成为世界第二大经济体，仅次于美国，而这两个国家的市场经济发展较早，可以借鉴其历史情况对我国的经济增长率进行预测。本文将要预测未来30年的经济增长速度，可以通过对美国和日本过去30年的经济增长速度进行测算。就日本而言，日本曾经历过高速增长到负增长再到经济稳定增长的阶段，1987—2016年的年均经济增长率为2.36%。而美国当前市场化机制完善，经济增长也较为稳定，过去30年的年均增长率为4.73%。我国作为体量庞大的新兴经济体，当前增长动力十足，但依照日本的经验，未来经济增长率很有可能下降，因此综合日本和美国的情况，未来年均增长率4.28%的预测较为符合经济发展趋势的实际。

(二) 名义折现率 r

在考虑折现率 r 的同时，我们需要同时关注式（2）中出现的 $r-g$，将两者结合起来进行分析。因为在给定其他条件的情况下，$r-g$ 越大，即利率与经济增长率差异越大，就需要更大的财政盈余增加值才能使债务率稳定在给定的水平［埃斯科拉诺（Escolano），2010］。也就是说 $r-g$ 很大程度上影响了政府债务和财政缺口的情况，对于在给定财政目标下的策略选择具有重要意义。

与上文的经济增长率分析相同，本文作者主要借鉴美国和日本的 $r-g$ 情况预测我国的利率和经济增长率差异值。对于美国来说，从1984年至2017年，由于经济周期和相关经济政策等影响，其名义GDP呈现出剧烈波动，长期利率也呈现出不断波动的态势，所以 $r-g$ 也呈现出不断波动变化的趋势，2009年接近历史上6%的最高点，而2014年则小于零。虽然美国经济状况波动较大且政策不断调整，长期来看 $r-g$ 的取值在2%左右波动。日本也曾经历过的 $r-g$ 为负的阶段，但是长期来看 $r-g$ 的平均值仍然为正值达到1.2%左右。

中国 $r-g$ 的取值较为棘手，因为近年来经济快速增长，并且"十三五"规划对于经济增长的要求为6.5%以上，但是长期利率在3%到4%左右，所以从短期来看，我们的 $r-g$ 为负。但我国经济增长速度有逐渐放缓的趋势,同时利率市场化逐渐成熟且利率有逐渐走高的趋势,借鉴美国和日本的经验,我们有理由相信未来 30 年 $r-g$ 的平均值为正值。

因此,我们假设未来 30 年 GDP 年平均增长率为 4.28%,贴现率为 6.0%,得出 $r-g$ 为 1.72%。另外,我们采用敏感性测试,考虑 $r-g$ 变为 1.5% 或者 2.0% 的情形。

(三) 基本赤字 – GDP 比率 d_s

2016 年和 2017 年政府工作报告中均要求财政赤字率为 3%,这一安排虽然高于往年的赤字率水平,但由于我国财政赤字率和政府负债率在世界主要经济体中相对较低,这样的安排是必要的、可行的,也是安全的,此外,适度扩大财政赤字,用于减税降费,可以进一步减轻企业负担。而 2018 年的工作报告指出,在考虑到我国财政增收有基础的背景下,政府将把财政赤字率安排降到 2.6%。

"中国'人口红利'的存在与否将会对财政收支产生重大影响。中国人口红利将在 2022 年基本结束,2020 年以前财政收支继续保持惯性的可能性比较大。"[1](姚东旻,2013)。因此,2016—2020 年的财政收支占比应当具备一定的惯性,不会出现太大的波动。本文认为,考虑到地方政府债务到期对财政支出需求增加,经济增长目标降低和供给侧改革使经济增长放缓等原因,2019—2020 年财政赤字率水平应当稳定在 3% 左右。同时,IMF (2017) 的研究报告关于中国赤字率数据的估计也佐证了本文的观点。

而 2021—2047 年期间,由于人口红利基本消失,中国经济下行压力明显增加,财政赤字率将会增加;同时,根据瓦格纳法则的论述,随着中国经济总量的不断增加,公共支出将会大幅增加。总体来说,赤字率将会逐渐增加,但是增加的规则和程度依旧是不确定的,我们假设赤字率是采用一种等差递增的形式不断增长的。IMF (2017) 发表的财政观察将 2020 年后每年的赤字率增长 0.1%,本文借鉴其预测趋势,基本模型采用公差为 0.1% 的递增等差数列的方法预测 2021—2047 年的赤字率,随后我们将会进行敏感性测算。

第三节 指标计算和分析

上文已经根据现有政策文献、规划目标和其他国家的情况对两个缺口

---

[1] 姚东旻,王东平,陈珏宇. 中国财政可持续性研究——基于财政缺口的视角 [J]. 中央财经大学学报,2013.

模型中所需的基本变量——GDP 增长率、政府的名义折现率以及赤字比率，进行了合理的分析和预测。在此基础上，笔者根据模型计算公式对未来基本缺口（FPIG）和财政缺口（Fiscal Gap）进行预测和分析。

一、有限时间的基本缺口（FPIG）预测

根据式（1）给出的基本公式，我们做两种预测——基于 2018 年的未来期为 10 年、20 年和 30 年的基本缺口预测；基于未来期为 20 年的，2018—2027 年的基本缺口预测。

（一）基于 2018 年的未来期预测

本文分别考虑未来期为 10 年、20 年和 30 年情况下的基本缺口预测，在数据预测部分我们明确了经济增长率的取值情况，而对于长期折现率仅预测了未来 30 年的情况。对于未来期为 10 年、20 年的情况预测，本文借助我国和美国的 10 年期和 20 年期的国债收益率进行分析，通过对历史数据的分析，本文认为未来 10 年的平均折现率为 3.5%，未来 20 年的平均折现率为 4.5%。

表 5-1　　　　2018 年不同未来期限情况下的基本缺口

未来期	可持续性赤字率	2018 年赤字率	基本缺口
10 年	0.37%	2.60%	-2.23%
20 年	0.07%	2.60%	-2.53%
30 年	-0.96%	2.60%	-3.56%

由表 5-1 可知，使得未来 10 年、20 年和 30 年财政具备可持续性的当前赤字率分别为 0.37%、0.07% 和 -0.96%（即当前应该保有财政盈余），通过与政府安排的赤字率进行比较，基本缺口分别为 -2.23%、-2.53% 和 -3.56%，随着期限的增加而不断增大。因此，考虑到未来的财政可持续性的要求，当前我国财政赤字率偏高。

（二）基于未来期为 20 年的预测

根据数据估计部分对经济增长率、各年赤字率的估计和上文对未来 20 年平均折现率的估计，本文对 2018—2027 年的基本缺口进行预测。

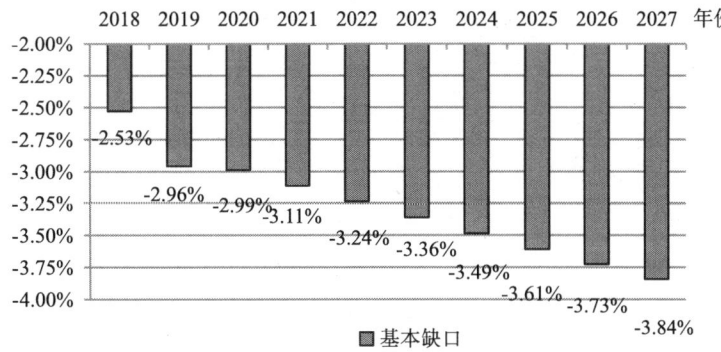

图 5-1 2018—2027 年基本缺口变化情况

由图 5-1 可知,在保持未来 20 年财政可持续的前提下,2018—2027 年的基本缺口均为负值,意味着实际赤字率将高于可持续赤字率。且缺口的大小随着年份的增加不断递增,增长速度经历了先增加后减小的变化。2027 年,基本缺口已经达到 -3.84%,缺口量较大。

上述两种情况的基本缺口分析显示,在考虑未来财政可持续性的前提下,我国基本缺口数值为负值,当前财政赤字率偏高。且随着可持续性期限的增加,基本缺口规模不断增加;在期限相同的情况下,随着时间的推移,基本缺口规模不断增加。

二、财政缺口（Fiscal Gap）预测

本文在基本模型下得到财政缺口（Fiscal Gap）情况,对未来财政缺口进行基本判断,并对重要参数进行敏感性检验,以确定模型预测的稳健性。

（一）财政缺口（Fiscal Gap）基本模型预测

财政缺口（Fiscal Gap）基本模型,即 2021—2047 的基本赤字率按每年 0.1% 的等差数列递增,利率与经济增长率差异 $r-g$ 取 1.72%。根据 2005 年以来的国债负担率变化情况,本文假设 2018 年的债务比率为 2005—2017 年债务比率的平均水平,即约为 16%。根据公式（2）,这种情况下的结果如表 5-2 所示。

表 5-2　　　　　　　　　　基本模型结果

$r-g$	Fiscal Gap
1.72%	4.83%

因此,在基本假设下中国未来 30 年（2018—2047 年）的财政缺口

（Fiscal gap）为 4.83%。相比于奥尔巴赫（Auerbach，2016）测算的美国财政缺口而言，我们的财政状况并不比美国乐观。因此，我们可以得出结论，中国未来面临一定程度的财政缺口状态。

（二）灵敏度分析

为了对模型敏感度进行分析，报告主要考虑了 15 种组合的情况：利率与经济增长率差异 $r-g$ 分别取 1.5%、1.72% 及 2.0% 三种情况，并考虑了 r 一定或者 g 一定的情况；赤字率在 2020 年后的增长方式分别按照采用等差数列递增的方法、2021 年以后的赤字率与 2020 年相同的方法、2031 年后赤字率与 2030 年相同的方法的预测 2021—2047 年的财政赤字率。

表 5-3　　　　　　　预测组合的财政缺口（Fiscal Gap）

$r-g$	基本模型	模型 1	模型 2
1.50%（g 一定）	4.78%	3.32%	4.14%
2.00%（g 一定）	4.89%	3.39%	4.22%
1.72%（r 一定）	4.83%	3.35%	4.17%
1.50%（r 一定）	4.78%	3.32%	4.14%
2.00%（r 一定）	4.89%	3.39%	4.22%

1. $r-g$ 的灵敏度分析

财政缺口（Fiscal Gap）方法是对未来财政缺口的估计，对于未来每个时点的基本盈余都需要进行折现，因此长期贴现率 r 与国内生产总值增长率 g 的差距 $r-g$ 非常重要（从公式（2）中同样可以看出）。如果财政缺口模型测度出的未来 30 年的财政缺口对此参数取值过于敏感，则财政缺口（Fiscal Gap）指标就没有意义了。为了保证模型的稳健性，本文对 $r-g$ 做敏感性分析。

由表 5-3 可知，随着 $r-g$ 的增加，三种模型中的财政缺口（Fiscal Gap）均同方向增加。我们以基本模型为例进行具体的分析。在基本模型中，随着 $r-g$ 从 1.5% 变动到 2.0%，财政缺口（Fiscal Gap）在 4.78% 到 4.89% 之间波动，即 $r-g$ 增加 0.5%，而财政缺口（Fiscal Gap）变动约 0.1%。在模型 1 和模型 2 中，这种变动更是减少到 0.03%。由此看出，相对于 $r-g$ 的变化而言，模型是较为稳定的。

在 $r-g$ 的变动中，我们分别假设 r 不变或者 g 不变，从而分析财政缺口的变化情况。表 5-3 的结果表明，在相同的 $r-g$ 下，改变 r 或者改变 g 的影响差别是微乎其微的，也说明了财政缺口的影响主要取决于 $r-g$ 的变动，也就是长期折现率和经济增长率的差别，而非单一变量的变动。

分析这种同方向的变动的原因可知，$r-g$ 的增加表明了折现率大于经济增长率的程度加深，因此可以允许的满足长期预算约束的未来缺口也相应增加。

2. 赤字率的灵敏度分析

为了研究赤字率对财政缺口（Fiscal Gap）的影响，报告建立了三种赤字率增长方式模型。

(1) 基本模型：赤字率的增长方式分别按照采用等差数列递增。

(2) 模型1：2021年以后的赤字率与2020年的赤字率相同。

(3) 模型2：2031年后赤字率与2030年的赤字率相同。

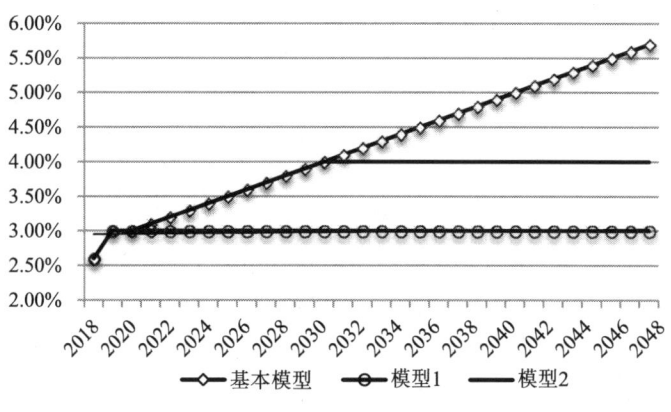

图 5-2　赤字率变化情况

通过图 5-2 所示的赤字率构建这三种模型，我们可以清晰地看出赤字率增长方式的差异对于财政缺口（Fiscal Gap）及财政缺口总量的影响大小。

如表 5-3 所示，随着赤字率的变动，财政缺口（Fiscal Gap）也有一定的变动，赤字率带来的财政缺口变动幅度小于赤字率的变动幅度，即模型具备一定的稳定性。但变动情况大于 $r-g$ 变化带来的变动，也就是赤字率的影响会大于 $r-g$ 变化的影响。在 $r-g$ 取值为 1.72% 的情况下，当赤字率以等差递增的方式变化时，财政缺口为 4.83%；当赤字率一直保持 3% 时，财政缺口为 3.35%；当赤字率以等差递增方式上升到 4% 而后不变时，财政缺口为 4.17%。这说明未来的赤字情况是决定财政缺口（Fiscal Gap）的重要因素之一，随着赤字率的增加，财政缺口也不断增加。三种模型测算出的财政缺口（Fiscal Gap）始终在 3.22% 以上波动，反映出未来财政缺口压力始终较大，要求我们必须调整未来的财政政策才能促进经济的可持续增长。

从灵敏度分析中可以看出，随着 $r-g$ 的增加和赤字率增长变动幅度的增大，三种模型中的财政缺口（Fiscal Gap）均同方向增加，但通过对变动幅度的分析,可以发现这一预测模型具备一定的稳定性,可以指导我国财政性预测的实践。此外,相较于 $r-g$ 的变动,三种模型中的赤字率的增长方式对于财政缺口的影响相对比较显著,为此,我国政府应主动采取相关财政政策措施,以缩小缺口,避免财政赤字失控,实现长期财政平衡,保证财政的可持续发展。

第四节 未来财政可持续性情况分析

基本缺口结果显示,在考虑未来财政可持续性的前提下,我国基本缺口数值为负值,当前财政赤字率偏高。且随着可持续性期限的增加,基本缺口规模不断增加;在期限相同的情况下,随着时间的推移,基本缺口规模不断增加。也就是说,考虑到未来我国的财政可持续性目标,当前赤字率相对偏高。

财政缺口结果显示,在基本模型假设下,中国未来 30 年的财政缺口(Fiscal Gap)是 4.83%,也就是需要将 GDP 的 4.83% 用以增税或者减少非利息支出,才能保证在 2018 年到未来 2047 年的过程中,所有年份的基本盈余折现与 2047 年当年的债务折现之和等于 2018 年的债务量。对照于奥尔巴赫(Auerbach,2016)测算出的美国财政缺口情况,本研究认为中国的情况并没有优于美国。

综合两个缺口指标的结果,本研究认为我国未来财政可持续性将面临一定挑战。我国政府应当采取一定措施,适当降低财政赤字率,从而保证长期财政可持续。

第六章

结论及政策建议

第一节 结论

面对我国债务规模巨大，赤字比率攀升的现实情况和国内外财政可持续性研究标准不统一的学术现状，本文对现有研究进行归纳总结，对财政可持续性的渊源、定义、指标和指标的数据、测度方法等进行了系统性地梳理。在此基础上建立起我国的研究体系，并应用体系中的指标对我国财政可持续的现状和未来进行研究。本文的研究主要获得了以下结论。

1. 财政可持续性的内涵型定义较少，大多文章采用现象型的定义。目前常用的现象型的定义主要可以分为——债务可持续、满足跨期预算约束、不存在财政风险和系统可持续四类。不同定义类型下的各个指标情况如图2-1所示。不同指标所需要的数据和测度方法不尽相同：就数据而言，这些指标或使用历史数据对过去和现在的财政可持续性情况进行判断，或借助预测的未来数据对未来的财政可持续性进行预测；就测度方法而言，不同指标采用了不同的测度方法，结合各自的判断标准，就可对一个国家的财政可持续性进行判断。

2. 本文从指标特点、数据可得性、操作难易程度、常用程度、缺点等方面对各个指标进行对比，并在此基础上尝试构建我国的财政可持续性研究框架——基于政府资产负债状况和财政收支状况对我国财政状况进行基本观察；基于简化指标体系和协整分析对我国财政可持续性现状进行评价；基于预测缺口类指标对我国未来财政可持续状况进行模拟预测。

3. 通过对我国财政状况的基本观察，本研究发现：就资产负债状况而言，当前我国的资产和负债总额规模稳定，金融资产占比高于实物资产占比，当前负债以或有和隐性负债为主；就公共财政收支而言，我国公共财政收入及公共财政支出均呈现出逐渐增长的态势，税收收入是财政收入的主要来源，教育支出是财政支出中占比最大的项目；就中央政府国债而言，国债余额数量不断增加，而每年发行额受到政策的影响而时有变动。

4. 对我国财政可持续性现状进行评估后发现，我国当前的赤字率和国债负担率均较为合理，能够保证财政的可持续发展。从一般公共财政收支的长期关系来看，当前我国财政具备一定可持续性，且可持续性程度较强；地方上，除西北区、东北和华中地区外的其他地区存在弱财政可持续性，但本文认为在考虑到土地出让金、中央政府转移支付和地方发债后，地方财政可持续性将加强。

5. 本文利用基本缺口（PIG）指标和财政缺口（Fiscal Gap）指标对我国未来财政可持续性进行预测。基本缺口（PIG）预测结果显示，在考虑未来财政可持续性的前提下，我国基本缺口数值为负值，当前财政赤字率偏高。财政缺口（Fiscal Gap）结果显示，中国未来30年的财政缺口（Fiscal Gap）是4.83%，也就是需要将GDP的4.83%用以增税或者减少非利息支出，才能未来30年的财政具备可持续性。对照于奥尔巴赫（Auerbach，2016）预测出的美国政府的财政情况，本文认为在当前政策下，未来中国财政可持续性面临一定挑战。

第二节 政策建议

本文的研究表明，虽然当前我国财政具备可持续性，但长期来看，存在一定缺口。因此，我国政府应主动优化预算机制，采取相关财政政策措施，提高财政效率，以实现长期财政平衡，保证财政的可持续发展。结合本文研究结论，提出以下政策建议。

一、重构政府和市场关系，提高财政效率

从党的十六届三中全会《决定》提出健全公共财政体制的改革目标，发展与市场经济相适应的公共财政制度成为共识。公共财政的出现旨在纠正市场失灵，主流财政学认为由于市场失灵的存在，需要政府的干预以解决信息不对称、公共物品、外部性等问题，而政府提供公共物品、解决外部性和信息不对称问题则需要财政资金的保证。但政府干预往往会由于"规制不足"或者"规制不能"等原因导致"政府失灵"[①]（李俊生，2016），这时

---

① 李俊生，姚东旻. 互联网搜索服务的性质与其市场供给方式初探——基于新市场财政学的分析 [J]. 管理世界，2016（08）：1-15.

财政的相关收支活动反而会降低经济运行效率。因此，重构政府和市场的关系，确定财政范围，才能提高财政效率，更好地实现财政职能。

来自西方国家益格鲁—撒克逊学派的"公共财政学"理论从20世纪90年代开始逐渐成为我国的主流财政学派，该学派以市场失灵为起点，将其当作政府和财政存在的原因，并提出了财政的三职能，即宏观经济稳定职能、收入分配职能和资源配置职能。该学派认为依靠市场机制难以解决垄断、外部性、信息不完全、公共物品等问题，在面对这些问题时，市场是低效率或无效的。因此，引入政府干预有助于满足社会需求、弥补市场机制的空缺、促进资源的合理分配，同时政府干预必须依靠财政收支实现。这一理论认为私人部门与公共部门是二元对立的关系，认为市场和私人部门是等同的，政府和市场是对立的。

而德国官方学派、欧洲大陆学派和李俊生（2016）提出的新市场财政学均主张"政府参与型模式"，认为政府是市场中的参与者，与其他参与者在市场地位上不存在差别。特别的，新市场财政学将"社会共同需求"作为理论核心，建立了市场平台观、政府参与观等理论，认为政府和市场并非公共财政学所认为的对立关系，政府只是市场平台上的参与者，私人部门和政府都是市场平台的有机构成之一[①]。

以上两类理论关于政府和市场关系的描述截然不同，但都将政府和市场的关系作为财政理论的重要组成部分，因为两者的关系决定了财政存在的意义，明确了财政活动的范围，影响了财政效率。就财政范围而言，公共财政理论通过界定产品明确政府和市场的关系，对政府活动和财政活动的对象进行了规定；而新市场财政学认为"政府和市场的界定"是一个伪命题，应当通过市场规则解决政府市场行为和公共权力的矛盾：通过提高财政透明度的方式约束政府的公共权力，也要将市场上其他的参与主体与政府的市场行为置于相同的市场规则下。

综上，为了提升财政效率，促进财政活动的有效性，明确政府和市场的关系势在必行。基于我国当前现实，本文认为在探索政府和市场关系时可以从以下三个方面入手。

（一）提高财政透明度

让政府的财政行为更加公开，积极接受公众和媒体的监督。这有利于公众对于政府活动的了解和对政府财政的监督，可以促使市场和政府反思

---

① 李俊生. 新市场财政学：旨在增强财政学解释力的新范式［J］. 中央财经大学学报，2017（05）：3－11.

各类项目和工程的更佳提供方式，思考是否可以借助企业力量满足相关需求，进而促进经济效率地提升。

（二）不断探索新的政府和市场合作模式，保留利于经济和财政发展的模式

BOT、TOT以及PPP模式都是政府和市场合作的产物，PPP模式是当下的热点，相对于原本的政府单独提供基础设施，这一模式是政府和民间团体一起出资提供公众所需的物品，利益共赢、风险共担。王悦（2017）指出PPP模式有利于优化政府债务结构，降低公共服务的成本，对于财政可持续性有重要意义。

（三）借鉴市场机制提升财政投资效率

财政投资政策是财政支出政策的重要组成部分，应当努力提升财政投资的质量和效率，可以在投资过程中更多关注高效率的投资方向，同时对财政补贴进行结构性调整，引入财政补贴的竞争机制。

二、控制财政风险，防范系统性风险

财政不仅是国家治理的基础和重要支柱，也是影响系统性风险的重要因素。当系统性风险形成，国家经济将会出现难以逆转的衰退。例如，2008年美国出现系统性风险，造成了本国和全世界的金融危机，而美国系统性风险的爆发实质上发端于财政风险的失控。财政风险是财政支付危机的总和，是深层次宏观经济风险。因此，防范系统性风险，促进经济和财政的可持续性发展，首要任务就是控制财政风险。本文主要从债务及地方债务风险控制、人口老龄化风险防范两方面进行分析。

（一）以风险控制为导向规范债务管理

首先，举债程序应以控制为导向。应当设立举债规模，通过专门立法的形式规定举债的实体性控制规则或在预算法层面完善举债程序机制。其次，完善债务收支的预算管理方法——将或有负债及隐性负债纳入到预算管理体系。最后，强化债务风险监控。预算法应当增加对政府信用评级债务定期审计及风险信息披露的原则规定，尤其是在债务审计上应当建立具有约束力的运行机制。

（二）完善地方举债行为立法

本研究发现某些地区的一般公共财政收支的可持续性差，地方政府通

过发行地方债务补充收入。新修订的《中华人民共和国预算法》（以下简称《预算法》）赋予了地方举债的权力，地方政府可以通过自发自还的形式发行地方债务，这是对于政府债务规定的一大革新。但就新《预算法》内容而言，仍有许多地方亟待完善。

首先，应当完善地方债的法律监管制度——明确监管机构，完善关于政府信息披露的相关内容并强化审计部门和市场对地方债资金运用的监督。其次，应当改革行政绩效考核机制，规范地方政府举债行为。将地方债的发行情况和发行质量纳入绩效考核体系，激励当地政府领导干部规范举债，切实将发债收入落实到民生和经济的发展当中。最后，出台地方债务管理细则。没有细则的指导，地方政府难以具体贯彻执行相关要求。应当通过厘清中央和地方的事权与支出责任，明确地方政府可以支配的财力，同时应当注意防范债务风险，从而确定地方债务举债的规模、程序等具体细则。

（三）减轻人口老龄化带来的财政风险

随着我国人口老龄化程度的不断加深，老年人口数量将大量增加，这将大大增加对养老金的需求，未来财政支出的压力巨大。因此，财政部门应调整经济发展的结构，培育新的经济增长点。完善社会保障和养老金管理体制，增强养老金的支出效率，同时为了实现养老金自我的保值与增值，可以拓宽养老金的投资渠道。

三、加快向中期预算框架转变，促进财政可持续性发展

中期预算框架不但是一种关于预算方案和公共财政管理的方法，还是一系列在多年度视角下关于财政收入和财政支出的优先级次、具体安排与管理的系统方案。并且中期预算框架能够充分纠正年度预算众所周知的缺点——短视性、保守性和狭隘性。[沃尔达夫斯基（Wildavsky，1986）；杰森哈里斯（Jason Harris，2013）]

绝大多数的公共项目都需要得到财政资金的支持并且需一年以上才能获得生产效益，多年度预算计划是中期预算框架的一个最典型特征。并且中期预算框架通过一种具有前瞻性的战略方法来确定优先级次并且配置资源，使得公共支出的层次和构成均由需求决定，有效地提供公共产品和公共服务（世界银行，2012）。设计良好的中期预算框架能促使利益相关者以中期视角去处理预算安排和财政预算政策。中期预算框架的时间维度一般是覆盖三至四年，为提高财政规划的质量与确定性，通常在结合年度预算上限设计的基础上提出相关"预期上限"（经济合作与发展组织，2014）。

因此，中期预算框架的实行，有利于财政的可持续发展。

为了促进中期预算框架在我国的实行，本文提出如下建议。

（一）切实做好年度预算

我国准备推行的中期预算框架改革实验并不是对年度预算的完全取代，相反地，做好每年的年度预算预测是编好中期预算报告的基本要求。具体做法是在中长期的视角下，准备和编制好每一年的年度预算，从统计口径、项目期限等方面做好年度预算和中期预算的匹配工作。

（二）在中央层面，应就制度设计、编制程序、审查监督等进行规定

首先，要做好有关中期预算框架时间跨度、试点地区的选择及覆盖范围、部门协调机构的范围及职责确定、修订预算科目和制定总预算表格这四个方面的制度设计工作。其次，对编制程序进行规划，包括制定中长期财政发展规划以及战略优先次序，确定总体财政框架及目标，明确财政纪律约束，做好中长期收支预测及确定总支出限额和相关部门确定部门战略及中期支出上限。最后，为了将中央政府规定的预算形式、预算程序、预算权力划分等重要细节确定和落实下来，需要严密的审查监督和绩效评价工作来保证。

（三）地方政府应从预算编制中项目优先级评定系统确立、预算编制中的人事匹配、会计制度的匹配和预算透明度建设等方面进行改革

首先，项目优先级评定系统应当对项目进行严格筛选。应当在部门职能领域中长期发展规划和年度实施计划指导下严格筛选论证的项目。项目的提出、论证、申报和审核均要按照规定程序和要求实施。其次，应该加强预算编制人员建设。选取主攻预算专业的人员，培训上岗，定期充电，了解最新的预算改革进展。再次，会计制度建设中应当加强对地方政府会计信息的披露，采用修正的收付实现制，循序渐进地引入权责发生制度。最后，可以借鉴地方试点的经验对财政预算进行改革——实行全口径预算，加强预算过程的公开，并在预算资金使用中引入市场竞争机制。

参考文献

[1] 毕敏. 地方财政可持续发展研究 [D]. 延安大学, 2014.

[2] 张东玲, 何洲娥. 新常态下地方财政可持续发展研究 [J]. 公共财政研究, 2017 (01): 49-61.

[3] 陈建奇, 刘雪燕. 中国财政可持续性研究: 理论与实证 [J]. 经济研究参考, 2012 (02): 34-51.

[4] 陈淼, 姚凤民. 分整时间序列视角下我国财政可持续性的再讨论 [J]. 统计与决策, 2016 (02): 154-158.

[5] 陈治. 财政可持续视野下预算控制机制的失效与应对 [J]. 法商研究, 2017, 34 (03): 38-47.

[6] 邓秋云, 邓力平. 政府性基金预算: 基于中国特色财政的理解 [J]. 财政研究, 2016 (07): 2-10.

[7] 邓晓兰, 陈宝东. 经济新常态下财政可持续发展问题与对策——兼论财政供给侧改革的政策着力点 [J]. 中央财经大学学报, 2017 (01): 3-10.

[8] 邓晓兰, 黄显林, 张旭涛. 公共债务、财政可持续性与经济增长 [J]. 财贸研究, 2013, 24 (04): 83-90.

[9] 邓晓兰, 黄显林. 公共债务货币化与财政可持续性的互动影响关系研究——基于财政与货币政策协调配合的视角 [J]. 经济科学, 2014 (02): 5-18.

[10] 刁伟涛. "十三五"时期我国地方政府债务风险评估: 负债总量与期限结构 [J]. 中央财经大学学报, 2016 (03): 12-21.

[11] 方维. 基于蒙特卡洛模拟的项目风险管理方法研究 [J]. 计算机与现代化, 2012 (04): 33-36.

[12] 伏润民, 缪小林, 师玉朋. 政府债务可持续性内涵与测度方法的文献综述——兼论我国地方政府债务可持续性 [J]. 经济学动态, 2012 (11): 86-93.

[13] 高培勇, 张蕊. 中国社会科学院财经战略研究院课题组. 完善预算体系, 加快建立现代预算制度 [J]. 中国财政, 2015 (01): 28-33.

[14] 龚锋, 余锦亮. 人口老龄化、税收负担与财政可持续性 [J]. 经济研究, 2015, 50 (08): 16-30.

[15] 郭秀珍. 日本财政的可持续性研究 [D]. 华东师范大学, 2011.

[16] 胡娟, 范晓婷, 陈挺. 地方政府性债务可持续性测度及对策研究——基于中国审计公报数据 [J]. 中央财经大学学报, 2016 (06): 9-20.

[17] 黄严, 张培培. 临"危"不惧: 瑞典如何保持长期良好的财政可持续性 [J]. 武汉大学学报 (哲学社会科学版), 2016, 69 (03): 38-47.

[18] 景宏军，王蕴波，薛占丰．资产负债管理体系的构建与我国地方财政可持续性研究［J］．财政监督，2017（06）：15-19.

[19] 课题组．新时期促进中国财政可持续发展的对策建议［J］．经济研究参考，2017（30）：11-13.

[20] 李丹，庞晓波，方红生．财政空间与中国政府债务可持续性［J］．金融研究，2017（10）：1-17.

[21] 李丹．我国政府债务可持续性研究［D］．吉林大学，2017.

[22] 李娟．我国公共财政支出可持续性研究［D］．首都经济贸易大学，2014.

[23] 李俊生，姚东旻．互联网搜索服务的性质与其市场供给方式初探——基于新市场财政学的分析［J］．管理世界，2016（08）：1-15.

[24] 李俊生．新市场财政学：旨在增强财政学解释力的新范式［J］．中央财经大学学报，2017（05）：3-11.

[25] 李戎，中国财政可持续性研究——建立结构性财政平衡［R］．北京，人民大学重阳金融研究院，2017.

[26] 李晓瑶．欧美财政赤字可持续性对比研究［D］．外交学院，2012.

[27] 刘远．中国财政可持续性研究［D］．天津财经大学，2012.

[28] 马海涛．中国财政可持续发展研究：中国财税研究报告2016［M］．北京：中国财经出版社．2017.

[29] 马君．我国国有资本经营预算研究［D］．财政部财政科学研究所，2015.

[30] 倪骏．中国国债风险及财政可持续性研究［D］．浙江工商大学，2015.

[31] 聂群．我国的"财政可持续性"研究［D］．南京财经大学，2014.

[32] 欧阳淞．国有资本经营预算制度的几个基本问题［J］．法学家，2007（04）：86-92.

[33] 裴育，史梦昱．江苏省公共养老服务改善与财政可持续发展研究［J］．南京审计大学学报，2017，14（03）：1-10.

[34] 戎梅，王永中．主权债务可持续性：一个文献综述［J］．金融评论，2015，7（02）：84-99+126.

[35] 沈忱．欧元区主要成员国财政可持续性及欧债危机救助措施分析［D］．浙江大学，2012.

[36] 宋国干．长春朝阳经济开发区财政可持续发展的影响因素与路径探析［D］．东北师范大学，2015.

[37] 孙飞．政府性基金预算管理研究［D］．东北财经大学，2016.

[38] 孙正．地方政府政绩诉求、税收竞争与财政可持续性［J］．经济评论，2017（04）：15-29.

[39] 孙正．金融生态、信贷资金配置与财政可持续性［J］．山西财经大学学报，2017，39（04）：54-64.

[40] 汪川，汪红驹．"新常态"下我国积极财政政策的政策空间——基于财政可持续性的研究［J］．经济学家，2017（08）：73-79.

[41] 王慧琪．公共债务可持续性问题研究［D］．西南财经大学，2013.

［42］王伟强. 我国财政政策的非线性效应与可持续性研究［D］. 吉林大学，2017.

［43］王晓霞. 财政可持续性研究述评［J］. 中央财经大学学报，2007，（11）：23－27.

［44］王雍君. 预算赤字与可持续性计量［J］. 经济研究参考，2017（06）：13－14.

［45］王悦. PPP 模式对地方政府财政可持续性的效应研究［D］. 首都经济贸易大学，2017

［46］魏浩然. 我国地方政府性债务风险研究［D］. 浙江工商大学，2015.

［47］吴许璐. 我国债务可持续性的量化分析［D］. 东北财经大学，2012.

［48］谢保鹏. 基于土地财政的地方政府债务研究：规模、风险及其传导［D］. 中国农业大学，2017.

［49］姚东旻，王东平，陈珏宇. 中国财政可持续性研究——基于财政缺口的视角［J］. 中央财经大学学报，2013.

［50］殷萍萍. 中国财政可持续性研究：1978—2012［D］. 安徽大学，2014.

［51］苑雪芳. 基于政府财务报告视角的财政长期可持续性分析［J］. 预算管理与会计，2017（03）：17－21.

［52］张念. 欧债危机背景下法国、意大利的财政可持续性研究［D］. 上海社会科学院，2013.

［53］张平. "后土地财政时代"我国地方政府财政可持续性实证研究［J］. 经济体制改革，2013（02）：131－134.

［54］张宇. 天津市土地财政可持续性研究［D］. 天津大学，2015.

［55］中国社会科学院财政税收研究中心 "中国政府资产负债表" 项目组，汤林闽. 中国政府资产负债表 2017［J］. 财经智库，2017，2（05）：103－138＋144.

［56］周茂荣，骆传朋. 欧盟财政可持续性的实证研究［J］. 世界经济研究，2006（12）：69－74

［57］周茂荣，骆传朋. 我国财政可持续性的实证研究——基于 1952—2006 年数据的时间序列分析［J］. 数量经济技术经济研究，2007，（11）：47－55.

［58］朱军，聂群. 跨期预算约束条件下中国财政可持续性研究［J］. 中南财经政法大学学报，2014，（05）.

［59］邹元婷，许莉. 我国财政可持续性的实证分析：1952—2007［J］. 改革与战略，2010，26（03）：65－69.

［60］Auerbach, Gale. Quantifying the Current U. S. Fiscal Imbalance［J］. *National Tax Journal*, 1997, 50: 387－398.

［61］Barnhill, Theodore, Kopits, George. Assessing Fiscal Sustainability Under Uncertainty［J］. Social Science Electronic Publishing, 2006, 03（79）：2－7.

［62］Barro, Robert J. 1989, The Ricardian Approach to Budget Deficits; *Journal of Economic Perspectives*, Vol. 3（Spring），37－54.

［63］Bornhorst F, Dobrescu G, Fedelino A. When and How to Adjust Beyond the Business Cycle? A Guide to Structural Fiscal Balances［J］. 2011, 11（2）.

[64] Buiter, Willem R, 1985, Guide to Public Sector Debt and Deficits," Economic Policy: *A European Forum*, Vol. 1 (November), 13 – 79.

[65] Burnside C. Fiscal Sustainability in Theory and Practice: A Handbook [M]. Fiscal sustainability in theory and practice : World Bank, 2005: 73 – 75.

[66] Chalk N, Hemming R. Assessing Fiscal Sustainability in Theory and Practice [J]. Social Science Electronic Publishing, 2006, 00 (81).

[67] Chalk, Nigel Andrew, and Richard Hemming. Assessing fiscal sustainability in theory and practice [EB/OL]. Working paper 00/81. IMF, Washington, DC. Available at: http://www.imf.org/external/pubs/ft/wp/2000/wp0081.pdf. 2000.

[68] Cottarelli C, Escolano J. Debt Dynamics and Fiscal Sustainability [M]. Post – Crisis Fiscal Policy. 2014: 31 – 47.

[69] Cottarelli C. Fiscal Sustainability and Fiscal Risk: An Analytical Framework [J]. 2014.

[70] European Commission. 2011. Public finances in EMU. European Economy no. 3/2011. Available at: http://ec.europa.eu/economy_finance/publications/european_economy/index_en.htm.

[71] Hakkio, Craig S., and Mark Rush, 1991, Is the Budget Deficit Too Large? *Economic Inquiry*, Vol. 29 (July), 429 – 445.

[72] Hamilton, James D., and Marjorie A. Flavin, 1986, On the Limitations of Government Borrowing: A Framework for Empirical Testing. *American Economic Review*, Vol. 76 (September), 809 – 819.

[73] IMF. Government Finance Statistics Manual 2001 (GFSM 2001) [EB/OL]. Available at: http://www.imf.org/external/pubs/ft/gfs/manual/index.htm. 2001.

[74] Keynes, John Maynard. A Tract on Monetary Reform [M]. A tract on monetary reform. Macmillan, 1923.

[75] Martin Feldstein. [The U.S. Fiscal Problem: Where We Are, How We Got Here, and Where We're Going]: Comment [J]. *Nber Macroeconomics Annual*, 1994, 9 (Volume 9): 175 – 181.

[76] Oviedo E G, Marcelo P. Public Debt, Fiscal Solvency and Macroeconomic Uncertainty in Latin America: The Cases of Brazil, Colombia, Costa Rica and Mexico [C] // Iowa State University, Department of Economics, 2004: 133 – 173.

[77] Office for Budget responsibility. Fiscal sustainability report 2011 [EB/OL]. Available at: https://www.gov.uk/government/publications/fiscal – sustainability – report. 2012.

[78] Olivier Jean Blanchard. Suggestion for a New Set of Fiscal Indicators [J]. OECD Economics Department Working Papers, 1990.

[79] Xu, David and Piero Ghezzi. From Fundamentals to Spreads: A fair Spread Model for High Yield Emerging Markets Sovereigns [R]. Deutsche Bank. 2003.

致　谢

　　时间如白驹过隙，转眼间已是毕业季。回想论文写作的过程和三年的学习生活，既有不舍也有感谢。

　　谨向我的论文指导老师李俊生教授及导师姚东旻副教授致以最诚挚的感谢。两位老师对我的论文写作和硕士期间的学术科研都给予了很大的帮助。本文的写作直接得益于他们的悉心指点，从论文的选题到整篇论文结构的连接，从观点推敲到字句斟酌，无不凝聚着两位导师的心血。他们对我的影响不仅仅是学术方面的帮助，也是精神品德方面的熏陶。他们对待学术科研的热情和严谨认真的态度，以及对待学生的和蔼和包容，让我深刻感受到学者的风范和责任。

　　我也要感谢父母对我的学习和生活给予了无条件的支持，他们在生活上为我提供物质条件，在精神上给予我无限的动力。他们给予了我最无私的爱，包容我的缺点和错误，也不断鞭策我成为更好的自己。正因为有他们的付出，才让我在前进道路上更加勇敢、坚强和乐观。

　　最后，还想感谢在大学里认识的每一位好友。我的室友、我的同学和每次活动接触和认识到的朋友。与你们的相处，让我的生活变得更加生动，让我懂得如何关心他人和被他人关心，让我保持源源不断的动力。

　　硕士研究生的三年，我的学习和生活十分充实，感谢所有曾经为我提供过的帮助的人。毕业之际，我想说，青春无悔，在未来的道路上，我也会严格要求自己，让人生更的内涵更加充盈。也希望未来的自己可以为社会贡献一份力量。

论文短评

点评人：李慧青

当前，中国财政债务问题愈发严重，财政可持续性问题得到了越来越多学者和政府的重视。但十分遗憾的是，虽然财政可持续性问题时常被提及，但"财政可持续性"的概念在国内外均没有一个公认的定义可供参考，由于没有明确的定义，各国学者的研究切入点也大有不同。

从学术研究的角度看，国外学术界对政府财政相关研究起步早，研究角度差异性较大，研究的路径带有鲜明的问题导向特征，历次对财政可持续性研究的热潮与财政可持续性问题的凸显有高度相关性。从二十世纪二十年代开始，很多学者都从基本理论和对策两个层面对财政可持续性问题提出了具有创新性的观点和方法，财政可持续性研究的角度、方法和衡量指标体系也非常丰富，进而为相关国家政府也着手研究和发布财政可持续性报告提供了重要的理论依据。国内学术界对财政可持续性问题的研究也逐渐深入，特别是在中央和地方政府债务问题日渐突出的情况下，越来越多的学者投入到财政可持续性的研究中。国内学术界研究路径的主要特征是以政策热点为导向，因而，有关财政可持续性的评估方法、影响等对策性的研究较多，而对财政可持续性的定义等基本理论问题的研究重视程度不够。

统观国内外文献，即使国外学者比较重视有关财政可持续性问题的基础理论方面的研究，但是总体上看，在基础研究的许多方面尚存不足，例如，学术界在财政可持续性定义上依然没有达成共识，在财政可持续性评价指标的选取方面依然缺乏客观一致的标准。我国学术界尽管主要专注于政策方面的研究，并且采取了简单化的评价指标策略，但是，却明显存在着相关数据选取不够科学，样本选取不够全面等不足，难以给出客观合理的评价指标体系和切实可行的政策建议。

因此，本研究梳理了财政可持续性的定义、指标和测度方法，旨在扫清有关财政可持续性定义的迷思，力图从理论上梳理财政可持续性定义的形成规律。并在此基础上尝试建立我国的财政可持续性评价体系，对不同类型财政可持续性定义下的可持续性衡量指标及测度方法的实证分析与检验，并在实践上为我国评价财政可持续性状况提供基本的分析思路和评价方法。

在理论部分,本研究系统性地阐述财政可持续性的概念和指标以及指标所需要的数据、测度方法和指标的应用实践。本研究以财政可持续性指标为核心,对目前主流的四种财政可持续性定义下的可持续性指标进行分类阐述,具体介绍不同指标所需数据及测度方法。此外,本研究还对各国的财政可持续性实践及各指标的具体应用进行整理。在上述研究基础上,本研究尝试建立了一个较为全面的财政可持续性评价体系,即以政府资产负债状况和财政收支状况为切入点对我国财政现状进行基本观察,然后利用简化评价指标体系和协整分析法对我国财政可持续性现状进行评估,并基于基本缺口和财政缺口对未来我国财政可持续性进行模拟预测。

在实证部分,研究主要根据理论研究部分建立的财政可持续性评价体系进行分析和评价。首先,借鉴英国预算办公室的可持续性观察框架,结合对财政变量的描述分析,基于政府资产负债及财政收支,从整体上对我国财政状况进行基本观察。对研究对象进行界定,研究采取的财政收支口径是一般公共预算财政收支,债务口径仅考虑中央政府债务,即国债。研究发现,我国资产和负债总量状态稳定,财政收支不断增加,国债余额不断积累。

其次,基于简单指标对中国财政可持续性现状进行基本评价。在指标研究中,首先分析了国际警戒线标准在我国的适用情况,然后描述统计简单指标——赤字率、国债依存度、国债偿债率、国债负担率的绝对数值和变化情况,仅将国际标准作为参考,对我国财政可持续性有一个整体的了解。研究表明我国赤字率、国债负担率在较为合理的范围内,而国债偿债率和国债依存度则较高,不利于中央财政合理地履行其他公共财政职能。

再次,利用协整分析法对我国过去及当前的财政可持续性进行检验。在协整检验部分,研究分别利用 EG 两步法和 Johansen 协整检验的方法对全国和各地区的一般公共财政收支占比数据进行检验。研究发现,长期来看,我国财政具备可持续性,除西北区、东北和华中地区外的其他地区存在弱财政可持续性,但考虑到土地出让金、中央政府转移支付和地方发债后,地方财政可持续性可以加强。

最后,研究对我国未来财政可持续性进行了模拟预测,主要借鉴的是 Auerbach 提出的财政缺口。研究通过对我国五年计划、政府工作报告以及历史数据的趋势,对财政缺口计算所需的数据——GDP 增长率、名义折现率和赤字—GDP 比率进行合理预测,再利用公式计算财政缺口。通过对贴现率与 GDP 增长率的差值和赤字率的变化模式进行灵敏度检验,结果显示财政缺口模型具备一定的稳健性,经测算的财政缺口为 4.83%,并不比美国的情况更令人乐观。

在政策实践部分，研究认为当前必须对财政可持续性问题提高重视，并提出了财政可持续性发展的建议——明确政府和市场的关系，提高财政效率；控制财政风险，防范系统性风险；向中期预案框架转变，促进财政可持续性。

研究系统梳理了现有研究中财政可持续性的渊源、概念、指标和指标的数据及测度方法等内容。以财政可持续性指标的研究为核心，对财政可持续性的定义及定义下的指标进行总结和分类，对财政可持续性指标所需要的数据及判断方法加以阐述，对不同指标的特点进行了总结，用以指导国内的评估实践。

研究尝试构建了我国的财政可持续性评价体系，即借鉴英国预算办公室的可持续性观察框架了解目前的财政债务状态，通过测算简单指标和判断财政变量的协整关系对过去和现在政府行为的财政可持续性进行评价，通过模拟预测财政缺口预判未来的财政可持续性。总体来看，实证部分使用的评价方法多样，研究内容全面，对我国财政可持续性的过去、现在和未来都进行了较为充分的研究。

研究对数据的选取和使用较为严谨，定义明确。对研究对象进行了清楚地界定，对财政收支等数据的选取进行了详细说明，保证了研究的准确性和科学性。文中明确指出了对于财政收入和财政支出的研究仅限于一般公共收支，而国家债务的研究仅限于中央政府的债务，即国债。

研究将省级地方财政可持续性现状考虑在内。除了使用全国数据外，还对省级的财政数据进行分析处理，将地方的财政可持续性纳入研究范围，力求全面地研究财政可持续性问题。

鉴于数据本身的限制，研究中的财政收支仅限于一般公共财政收支，未考虑政府性基金预算、国有资本经营预算、社会保障基金预算中的数据，而这三者也是我国财政收支的重要组成部分。在"四本账"都得到完善，数据较为充分后，研究可以整体考虑我国财政收支的情况，提供一个更为全面和科学的研究结论。

在考虑债务数据时，研究中仅考虑到国债，而没有考虑到地方债的存量和增量情况。同样，在地方债数据得到公开后，研究可以考虑地方债的发展变化趋势及存在的问题，并整体考虑国家债务问题，为财政可持续性研究提供一个新的切入点。

由于我国不同于欧美等国家，没有官方的经济和财政预测数据，因此在进行财政缺口预测时，参数的预测主要通过研究者的分析和推断，从未计算不同情况下的模拟结果。所以，研究的结果只能尽可能的合理和科学，但遗憾的是缺乏一定的官方数据进行支撑。

我国政府间财政事权划分基本逻辑的研究
——基于文本的分析视角

the Study of the Basic Logic of
the Division of the Intergovernmental Fiscal Authority
—Based on the Analysis of Text

颜 缙

- 第一章 绪论
- 第二章 财政联邦主义的理论综述
    ——基于事权角度
- 第三章 建国以来有关财政关系的规范性文件分析
    ——基于事权角度
- 第四章 我国行政事项调整文件中事权变动的内在规律
- 第五章 政府间事权划分
    ——类型化分析的尝试
- 第六章 政府间事权划分的基本逻辑
- 第七章 我国合理配置政府间事权与支出责任的尝试
- 论文短评（点评人：耿纯）

摘 要

财政事权是研究政府间财政关系的关键突破口,但相对于学术界对"财权"的研究,有关"事权"方面的研究略有滞后。已有研究更多地是关注"事权应如何划分",而对我国政府间财政事权究竟"是如何划分"这一命题,我国学术界在理论和现实层面的研究却不够充分。特别是许多文献在分析路径上又过于机械地"照搬"财政联邦主义的分析框架来刻画我国政府间财政事权的配置状况,使得对我国政府间财政事权划分问题的学术研究步履维艰。财政联邦主义理论实际上是基于以美国为代表的西方国家的财政实践所总结的,对于我国的财政体制显然缺乏解释力。因此,客观评价财政联邦主义理论在我国的适用性,并探寻适用于我国的财政体制分析的理论方法与分析框架就成了摆在我国学术界面前的一个重要的历史使命。

本文旨在以我国财政事权划分及其演变的实际情况为基础,本着从我国的财政实践出发探索我国财政体制形成与运行规律的理念,研究我国政府间财政事权划分和调整的基本逻辑关系。本文以政府规范性文件和权力清单为分析依据,适当借鉴财政联邦主义的理论框架,主要采用文本分析等文献研究法和实证分析法等方法探索我国政府间财政事权划分的内在规律。

在纵向维度,我国政府间财政事权划分的基本模式是由中央政府主导的,从呈现"集权—分权"循环的事权调整转变为寻求"适度集权"下的事权匹配。在横向维度上,"取消事项"是政府单独发文的主要事权调整项目,目的在于明晰权力边界,以图充分发挥市场在资源配置过程中的决定性作用和提高地方政府行政效率水平。通过对各级政府财政事权进行概括和分类,在将中央和地方政府财政事权的特征经过抽象化处理后,笔者发现政府间财政事权划分的本质依据是权力的基本属性—强制性和直接性。不同强弱程度组合的强制性和直接性事权分别构成了我国的中央事权、辖地事权和共担事权。其中,(强,强制性)事权是基于中央政府的诸多考量要素,一般只划为中央事权;财政联邦主义框架中五类划分政府职能和公共产品层次性的原则假设更多的只是（强，直接性）事权划分参照的重要标准；（弱，强制性；弱，直接性）事权一般由各部门主体实行自我管理。

我国政府的角色定位以及职能边界是由特定的政治经济背景、历史环境和执政目的等因素所造就的。各级政府所拥有的资源、能力和政策目标的差异造成各级政府在事权分工上是不同的。在政府间财政事权划分方面，当前我国面临的主要矛盾集中在中央与地方共担财政事权的界线模糊，中央与地方政府间财政事权和财政支出责任不匹配等方面。通过对我国分税制后事权改革措施的回溯，事权改革的相关政策是围绕"合理划分政府间事权和财政支出范围"和"实现基本公共服务均等化"两大标的所设定的，其中特别强调基层地方政府目标任务的达成。为实现这两大目标，政府分别从"重新定位政府角色和职能边界，确定各级政府事权范围""明确转移支付规则和责任主体，确定各级政府的支出责任""列举基本公共服务领域的重大事权和共担财政事权清单、基础标准和支出责任划分"这三个方面来具体开展。未来事权改革的推进，应以"财政事权和支出责任相适应"为指导原则，进一步完善权责清单制度，并着手建立负面清单和支出清单制度，将财政事权和财政支出责任归属全部纳入法治化轨道。最终"有重点、分阶段"地实现事权和支出责任相匹配的财政体制改革。

本文从如下方面展开。首先对事权和支出责任的英文元概念、定义和内涵进行了辨析，尤其是事权在学术领域和政策文件中表述的区别。其次，正视财政联邦主义对我国财政事权划分的指导作用，以及理论运用的适用范围。本文重点从事权调整和划分的横纵向维度展开，在纵向维度探讨建国以来我国事权是如何进行调整的，并从政府规范性文件中总结和归纳出每个阶段主要"上收"和"下放"了哪些重要的事权和支出责任。以及分税制后，官方文件所明确的五条以事权为核心来划分政府间财政关系的原则是如何演变的。在横向维度，一方面，梳理出2002年至2016年该时间段内行政事项调整文件中事权变动的规律；另一方面概括出当前我国中央政府和地方政府的事权实际划分情况，以及它们的划分依据。最后，延续分税制后我国改革事权和支出责任的政策路径，还原出我国事权改革标的和主要举措。与其同时，重点对照了中央部委事权清单、中央指定地方执行事权清单和31个省级行政单位权力清单，结合权力清单中事权划分存在的问题，笔者试图对未来事权改革提供些许拙见。

关键词： 财政事权；支出责任；权力清单；财政联邦主义；分权与集权

Abstract

The fiscal authority of governments is a key breakthrough in the study of intergovernmental fiscal relations. But the related researches on the governmental fiscal authority are lagging behind the study of property ownership. The existing studies pay more attention on 'how to divide the governmental authority' rather than 'what is authorization clarification'. It means that there is a lack of the fact of authority division in practice. Especially, many studies indiscriminately imitate Fiscal Federalism to describe the fact of fiscal authority allocation. The basic logic of the division of the intergovernmental fiscal authority are under a difficult circumstance. Fiscal Federalism is concluded by western countries such as American, so it's poor for analyzing the financial system of our country. It is necessary to correctly understand the applicability of fiscal federalism in our country.

According to public finance practices of our country, the study of fiscalauthority should focus on the empirical reality of our country. This paper regards normative documents and authority lists as the analytic foundation, with a view to formulating a general picture of the practical delineation of governmental authority in China. And the chief application of this article is the text analysis. We also apply empirical analysis and the framework of Fiscal Federalism to some extent.

In vertical dimension, the basicauthority – sharing mechanism in our country has experienced the cycle of 'centralization' and 'separation of authority' to 'moderating centralization and matching authority' shift, under the guidance of the Central Government. In the horizontal diemsion, the purpose of the adjustment of fiscal authority is to clarify the boundary of authority, so as to give full play to the market's self – correction ability and improve the administrative efficiency of local governments. Based on the generalizing and assorting of authority – sharing among the essential basis of the division of fiscal authority is the basic property of authority—compulsion and substanitivity. The different combinations of compulsory authority and substantive authority at different levels are embodied in forms of central government, local authority and joint authority. In this framework, strong compulsory authority belongs to central government and the theory of fiscal federalism can provide guidance for the demarcation of the strong substantive authority, and the other kinds of authority lie in the form of self-management.

The role and functional boundary of our governments depend on the comprehensive factors, such as political-economic context, historical background and governing purposes. Different levels of governments have different fiscal authority because of their discrepancies in resources, abilities and targets. About the division of authority, the principal contradictions are the vague boundary of joint authority and inconsistence between governmental authority and expenditure liability. Through the retrospective measures on the reform of fiscal authority after the reform of China's tax-sharing system, the relevant reforms of authority and responsibilities are based on the two criteria of "reasonably dividing the scope of government authority and fiscal expenditure" and "achievement of equalization of basic public services", with special emphasis on grass-roots units. In order to achieve these two goals, the government has separately three aspects to make it. There are "repositioning the government's role and boundaries, defining the limits of the government's authority at all levels, defining payment transfer rules and responsible entities, determining the responsibilities of governments at all levels, and enumerating basic public services". In the future, we should regard the 'fiscal authority can match expenditure liability' as the governing principle and realize the governance reforms by stages. The top priority is that, we should further consummate the inventory lists of authority and responsibilities and build the negative lists and expenditure lists. And then we should institutionalize all governmental authority and expenditure liability.

This article is based on the following researchpath. Firstly, the article analyzes the metanotion, definition and connotation of the responsibilities and expenditure responsibilities, especially the different meanings of the responsibilities in the academic field and policy text. Secondly, we should face up to the guiding role of fiscal federalism in the division of fiscal authority in China, and the scope of application of theoretical applications. The article concerns with the horizontal and vertical dimensions of the adjustment and division of fiscal authority. At the vertical dimension, I discuss how China's fiscal authority has been adjusted since the founding of the People's Republic of China and summarize the main adjustment of fiscal authority of each stage from the government's normative documents. After the tax-sharing system, the five principles clearly defined in the official documents explicit how the principle of dividing inter – governmental financial relations evolves. At the horizontal dimension, we sort out the changes in the administrative affairs adjustment documents from 2002 to 2016 on the one hand. On the other hand, we summarize the actual division of authority of the central government and local governments in China. Finally, by tracing the policy path of China's authority reform after the tax – sharing system, we have restored the subject matters and the main measures of reforms. At the same time, I focus on the authority list of central ministries and the authority list of central government – designated localities and the authority lists of 31 provincial. I combine with the problems existing in the list of authority and try to provide some glimpses of the future reform of authority.

Key Words: Fiscal Authority of Governments; Expenditure Responsibility; Authority Lists; Fiscal Federalism; Decentralization and Centralization

目 录

第一章 绪论 ·· 105
  第一节 本文的研究意义 ····································· 105
  第二节 本文的使用方法及逻辑框架 ··························· 106
  第三节 本文"事权"研究范畴及概念辨析 ······················ 107
  第四节 本文的资料来源及基本假设 ··························· 109
  第五节 本文的创新点及不足 ································· 111

第二章 财政联邦主义的理论综述
      ——基于事权角度 ··· 114
  第一节 理论概述 ··· 114
  第二节 政府职能划分的基本原则 ····························· 117
  第三节 财政联邦主义的基本特征与必备条件 ··················· 118
  第四节 财政联邦主义在我国事权研究中的适用性 ··············· 120

第三章 建国以来有关财政关系的规范性文件分析
      ——基于事权角度 ··· 123
  第一节 分税制前:"分权和集权"循环下的事权调整期 ············ 123
  第二节 分税制后:适度集权下的事权匹配期 ··················· 126

第四章 我国行政事项调整文件中事权变动的内在规律 ············ 130
  第一节 政府角色定位的再思考 ······························· 130
  第二节 事权调整旨在重新界定权力边界 ······················· 132

第五章　政府间事权划分
——类型化分析的尝试 ………………………………………… 135
第一节　基于一般公共预算支出科目的事权划分尝试 …………… 135
第二节　基于事性依据的事权划分尝试——传统划分方式 ……… 138
第三节　基于不同类别事权产出函数的事权划分尝试 …………… 139

第六章　政府间事权划分的基本逻辑 ……………………………… 140
第一节　我国事权划分的基本框架设计 …………………………… 140
第二节　（强，强制性）事权——不能实行"分权"的中央保留
　　　　事权 ……………………………………………………… 143
第三节　（强，直接性）事权——政府间共担事权划分规律的
　　　　分析 ……………………………………………………… 145

第七章　我国合理配置政府间事权与支出责任的尝试 …………… 150

参考文献 …………………………………………………………… 153

附录 1　分税制改革后描述"事权"的重要文本归纳 ……………… 157

附录 2　我国事权和支出责任匹配程度的简单统计描述 …………… 170

致谢 ………………………………………………………………… 172

论文短评 ……………………………………………… 耿　纯　173

第一章

绪 论

第一节 本文的研究意义

新中国成立以来,我国实现了由计划经济向社会主义市场经济的转变。作为经济体制改革先行的财政体制改革,同样经历了几次重大的变革,这意味着中央政府和地方政府的财权和事权关系发生了巨大的变化。分税制改革一定程度上消除了政府间财力分配的随意性,但并没有改革政府间事权和支出责任的划分(楼继伟,2014)格局,这也是制约事权研究的客观因素。纵观国内研究,一部分学者集中于分析中央和地方政府财权关系,在其历史沿革、制度设计机制、存在问题及原因等方面提供了大量详尽的研究。但事权方面的研究却进展相对缓慢,对事权的研究更多地局限于理论分析和国际经验分析,如从财政联邦主义等理论角度或财政联邦制国家政府职能设置来分析我国事权应该如何划分。

现有研究对于事权划分规律的归纳,基本沿用财政联邦主义的分析框架和结论。如冯兴元(2005)提出以"地方优先"原则来划分事权和支出责任,即财政联邦主义的"最低政府"原则。李奇云(2013)根据公共产品性质来划分事权。他认为体现国家整体利益的公共支出项目应该由中央政府承担事权和支出责任,调节地区间和居民间收入分配基本属于中央政府职责;地方政府负责具体实施的社会事务和地方性公共产品。乔宝云(2017)认为事权和支出责任的划分应根据维护国家稳定统一原则(基本标尺)、效率原则(受益区域和从低原则)和实现再分配及经济稳定性原则来划分。

还有部分学者从"我国事权和支出责任划分存在的问题"切入事权研究。黄韬(2015)认为当前我国政府间事权划分缺乏法律规制,中央政府在事权分配方面享有很大的自由裁量权和决策主动权,并产生了"中央事权"下放的现象。此外，在我国经济体制变革中，为了避免中央与地方部门职能的过度分散，我国各级政府都设置大致相同的部门，管理大致相同的事情，即职责同构现象，表现为"上下对口，左右对齐"（朱光磊和张志红，2005）。

近年也出现了不少关于事权划分研究的新视角，对本文有所裨益。王浦劬（2016，2017）基于事权划分的国际实践，提出了财政进路（财政支出反推事权）、宪制进路（权力配置结构）和政治进路（央地关系的动态演变）三条线索，并根据事权事性将其分类，其中主权属性和经济属性事权是政府第一位考虑的；姚东旻（2017）用动态博弈模型来划分事权的集权与分权边界，从而归纳事权"放权"的逻辑；刘剑文（2017）从法律路径来界定事权范围和落实法定事权。虽然已有学者注意到政府权责清单可能是梳理事权"目前最好甚至是唯一"的信息渠道（刘承礼，2016），但综览国内外学界有关事权的研究，还鲜少有对于我国事权现实情况的描述和规律总结。

本文仅以政府间"财政事权"划分为研究主题，以我国政府间财政事权划分的实践为基础，以政府有关规范性文件和政策文本为依据，以文本分析法等文献研究法为主要方法描述我国政府间财政事权变动和划分的实际情况。但为避免本文出现"事权"和"财政事权"在使用上的混乱，下文一般使用"事权"代替"财政事权"的表述。本文旨在探索我国政府间财政事权划分的一般规律，进而试图回答"政府间事权是如何进行调整"和"中央政府和地方政府各自保留哪些事权"等财政体制问题。本文的主要意义在于：弥补我国学术界在运用文本分析政府间事权划分研究方面的空白；同时，为学术界在进一步理论化和模型化政府间财政事权划分的研究提供些许研究思路。

第二节 本文的使用方法及逻辑框架

本文主要采用文本分析法，依据规定政府财政关系的政府规范性文本和政府权责清单在明晰中央与地方各级事权的基础上，刻画我国事权划分的内在规律。在此基础上，结合理论分析、比较分析和历史分析法等方法，从经验事实路径和理论路径分别阐述我国事权划分。在分析维度上，通过纵向比较政府事权和支出责任划分的历史沿革，明确事权变动的总体趋势，从而洞悉相应变化背后所蕴含的深层次原因；二是在横向维度研究中央政府和地方政府之间的事权配置，从而探究政府事权和支出责任调整和划分的基本逻辑。

本文重点在于还原我国事权划分情况,所有的分析和结论都以大量的规范性文本和政府权责清单为事实依据,辅以适用于分析我国事权划分情况的财政联邦主义的部分内容作为理论依据。在不影响文本中呈现的我国事权划分实情的前提下,采用多种分析方法和分析视角,将具体的事权变动情况和划分情况剥离出来,并以一个统一的分析框架来高度归纳和概括。

全文的基本逻辑如图1-1所示。

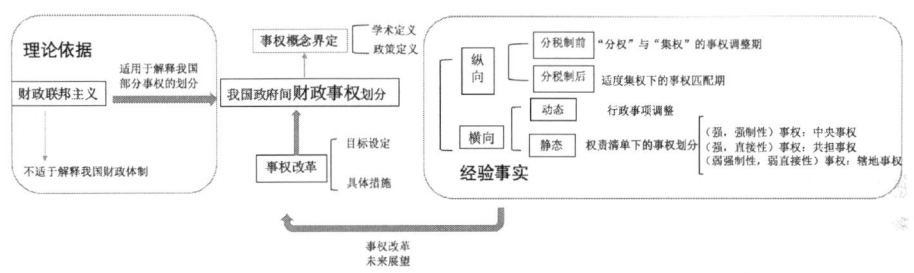

图1-1 全文逻辑框架示意图

第三节 本文"事权"研究范畴及概念辨析

"事权"一般被视为政府"职权"。但具体来看,"事权"定义在国内外文献和政策文本中有所差异。在政治学领域,事权是一种具有强制性和制度性的国家权力,而事权的调整和划分是建立兼具合法性和规范性的权威的过程(俞可平,2016)。在经济学领域,事权内涵伴随着不同层级政府间集权与分权的财政关系调整而不断演进,"事权"的定义常在政府间财政关系的分析中间接给出。郑永年(2005)指出研究我国中央与地方财政关系主要分为三个范式①,这三个范式给出了与事权联动的经济因素与政治结构,以此探究政府职权的划分,但并没有解释特定经济与政治结构下事权的具体内容。吕冰洋(2014)从政府间财政关系的调整出发,认为事权包括决策权、支出权和监督权三部分。国外学者则从政府间财政关系的讨论

---

① 第一个研究范式主要是由Montinola,Qian和Weingast等学者(1995;1997;1999)提出的"市场保护主义的联邦主义范式",探讨经济分权对经济绩效的影响;第二个范式由黄亚生(1996)提出,揭示了政治集中化对经济表现的影响,认为政治集中化是稳定经济增长的制度前提。第三个范式由Shirk(1993)构建,试图发现中国政治权力下放的影响因素,并探究这些制度因素对经济表现的影响。

中引出三种政府职能①的划分，将事权定位为不同层级政府对公共事务的干预，而在不能明确划分政府职能的领域，地方政府只是中央政府的代理人（Wheare，1946；Mathews，1980；King，2016）。

根据现有古籍，"事权"一词较早可以追溯到春秋时期。而南北朝时期的《南齐书》《百官》在安排国家机构设置中以"有事权置兼官"，该"事权"已较为接近"政府职权"的含义。建国以来，"事权"内涵随着经济体制的转变而变化，并随着市场经济改革不断丰富。在计划经济体制下，事权体现为各级政府对其治下的国营企事业单位的行政管理权，突出的是行政隶属关系。改革开放之后，随着"公共财政"理念的树立，事权设置更加突显政府公共服务职责的履行。分税制以来，有关中央与地方关系的政策文本②，主要以行政权力与公共职责来定义事权，在文件中列举各级政府及相关部门权力的具体内容。总体来说，事权就是根据政府职能划分的，由法律、法规授权给政府管理各项事务的职权。而不同层级政府职能性质的差异，就形成了各级政府事权的划分。"事权"在官方文件中更多是以"政府管理权限、职责、职权、职能、责任制"等说法出现。

本文认为衍生于《共同纲领》对政府职能规定的："全国人大、国务院以法律法令加以规定、按照各项事务性质划分的中央人民政府与地方人民政府职权"可视为对"事权"概念比较权威的定义。而"财政事权"是事权的重要组成部分，是将"事权"概念缩小到利用财政提供公共服务范围内。根据国发〔2016〕49 号的定义，"财政事权是一级政府应承担的运用财政资金提供基本公共服务的任务和职责，支出责任是政府履行财政事权的支出义务和保障"。

"事权"和"支出责任"两个名词很多时候是一种约定俗成的说法，二者类似但却是两个不同的概念（马海涛，2013）。首先与"支出责任"存在直接对应关系的是"财政事权"。其次，事权的定义较为模糊，而支出责任则较容易被量化，它们之间是一种类似于包含的关系③。"支出责任"由

---

① 文献讨论了政府在经济中的主要角色和职能：资源配置（The Allocation Function）；收入分配（The Distribution Function）；经济稳定（The Stabilization Function）。
② 主要参考政策文本：财地字〔1991〕第 215 号；财综字〔1993〕15 号；1994 年《预算法》；国发〔2005〕9 号；财农字〔1996〕296 号；1993 年"中央关于建立社会主义市场经济体制若干问题的决定"；财地字〔1996〕24 号；财库〔2000〕12 号；国发〔2014〕71 号；国发〔2017〕9 号；财库〔2000〕12 号；国发〔2005〕9 号；财预〔2006〕406 号；国发〔2009〕26 号；财预〔2009〕78 号；2016 年国务院办公厅《关于全面推进政务公开工作的意见》；国发〔2002〕26 号；2006 年"十一五规划"等。
③ 国发〔1993〕85 号《国务院关于实行分税制财政管理体制的决定》：按照中央与地方政府的事权划分，合理确定各级财政的支出范围。

"事权"决定,事权按照职能性质细化并落实到支出责任(楼继伟,2013)。"事权"强调权力的决策、制定与执行;而支出责任则体现了政府在履行事权时具有的出资责任,是被用来衡量"财政事权"的重要参照。但在财政领域讨论"支出责任",甚至是"事权"时,常用"预算支出"来模糊概念,虽然这样可以简化问题分析,但需注意这其中的差别。其一,支出规模并不代表财政事权的履行水平;其二,支出责任不等同于预算支出,预算支出是一种结果,而支出责任还涵盖政府运行相应职权和财政资源的责任事项。因此如果将预算支出作为分析财政事权与支出责任的唯一标准存在局限性。

第四节 本文的资料来源及基本假设

本文作者从2016年即开始准备论文所需使用的文本资料,耗费大量的时间,通过网络爬虫和人工处理并用的方式,进行数据挖掘、整理、归纳和分析的工作。本文所使用的文本资料搜集自全国人大、国务院和财政部等网站的公开信息。首先从这些网站公开发布的约6万份文本中,筛选出可用以研究政府间财政关系的规范性文本[①] 1008份,其中规定事权和支出责任的规范性文件308份。

其次完整地收集2002—2016年政府行政事项调整文件30份,共计调整4889个事权条目,其中取消事项3506条(占比71.7%)、下放事项401条(占比8.2%)、保留事项534条(占比10.9%)、改变管理方式事项121条(占比2.5%)、调整审批程序或单位事项273条(5.6%)、特殊地区的临时调整事项54条(1.1%)。并且整理了我国中央部委和31个省、市、自治区的权力清单,其中中央事项772条,中央指定地方执行事项712条,地方权力清单条目约13万条。

本文假设事权划分主要涉及公共部门(政府)、私人部门和公民三大主体,省略第三部门以简化研究。事权履行主体是各级政府,事权被履行对象是政府、私人部门和公民。政府在法定框架内,用有限的资源来履行自己职能,针对公共部门、私人部门和公民三大目标主体的不同诉求,衍生出政府具体的事权。如表1-1、表1-2所示。

---

① 以"财政管理体制""财权""事权""财力"和"支出责任"作为关键词来定义财政关系,对五组关键词进行规定的法律、法规及政府文告等内容进行人工筛查、汇总及分类。

表 1-1　全国人大、国务院、财政部等发布有关政府财政关系的文件数据统计表

时间维度：1949—2017 年 7 月		
数据范围	初始数据量	筛选后数据量
1. 财政法规数据库（10416） 2. 财政部文告（3000+） 3. 财政部政策发布（529） 4. 财政部令（79） 5. 财政部通知通告（500） 6. 国务院文件库（4578） 7. 国务院公报（560） 8. 国务院中央有关文件（120） 9. 国务院法律法规全文检索系统（36007） 10. 人民日报图文数据库收集政务院 1949—1954 年发布的关于中央与地方财税关系的相关规范性文件①（3500+） 11. 全国人大网法律法规库	约 60000 条文本	1008 条文本 其中：涉及财权和财力 734 条；事权和支出责任 237 条；财政管理体制 71 条。

表 1-2　地方政府发布的有关政府财政关系的文件数据统计表

数据来源	初始数据量	筛选后数据量
34 个省、直辖市、自治区、特别行政区和台湾省政府、财政厅（局）及人大常委会网站	北京市 418 条	120 条
	天津市 293 条	11 条
	上海市 5138 条	97 条
	重庆市 580 条	70 条
	河北省 356 条	18 条
	山西省 648 条	15 条
	辽宁省 421 条	53 条
	吉林省 315 条	48 条
	黑龙江省 301 条	30 条
	江苏省 496 条	71 条
	浙江省 1478 条	167 条
	安徽省 801 条	80 条
	福建省 852 条	106 条
	江西省 462 条	39 条

---

① 根据《政务院关于中央人民政府所属各机关发表公报及公告性文件的办法》凡属中央人民政府及其所属各机关的一切公告及公告性新闻，均应交由新华通讯社发布，并由《人民日报》负责刊载。因此本数据库政务院 1949—1954 年发布的关于中央与地方财税关系的相关文告收集于《人民日报》—人民日报图文数据库（1946—2016 年）。

续表

数据来源	初始数据量	筛选后数据量
34个省、直辖市、自治区、特别行政区和台湾省政府、财政厅（局）及人大常委会网站	山东省 422 条	17 条
	河南省 576 条	30 条
	湖北省 477 条	27 条
	湖南省 469 条	82 条
	广东省 485 条	50 条
	海南省 289 条	12 条
	四川省 228 条	36 条
	贵州省 376 条	26 条
	云南省 285 条	33 条
	陕西省 295 条	12 条
	甘肃省 579 条	54 条
	青海省 703 条	64 条
	西藏自治区 28 条	4 条
	广西壮族自治区 283 条	29 条
	内蒙古自治区	缺失
	宁夏回族自治区 511 条	63 条
	新疆维吾尔族自治区 1285 条	101 条
	香港特别行政区	缺失
	澳门地区 69 条	43 条
	台湾地区	缺失

第五节 本文的创新点及不足

由于诸多原因，现有研究都没有从经验事实层面剖析我国事权划分的现实情况。为规范和调整政府部门的事权和职责，国务院根据国发〔2001〕33 号、国办发〔2013〕22 号等文件精神开始对外公布取消和下放事权相关事项的文件。到 2016 年底，国务院已经公布了中央各部委行政许可事项和中央指定地方实施行政许可事项，同时要求下属省市颁布辖地的权力清单，大致建立起各级政府的权力清单制度。权力清单制度的建立，为研究中央与地方事权和支出责任划分提供了重要依据。本文依托于规范性文件、政策文本和政府权责清单，力求在以下几个方面能有所创新。

1. 研究视角。本文重点在于还原我国当前事权划分的现状，所有的分析和结论都以文本为依据。并在不影响政策文本的正确性与真实性的前提下,本文作者通过大量的人工处理,对我国事权划分特征进行归纳和抽象。

2. 对建国至今每个阶段政府所下放和上收的主要事权和支出责任的列举。尽管财政关系的演变历史是一个已经被讨论的很成熟的部分,但绝大部分研究的是关注财权和财力的变更情况,更鲜有研究将各个阶段中央政府所调整的事权和支出责任列举清楚并给出相关依据。本文试图从规定政府与地方政府财政关系的规范性文件①中,抽丝剥茧,将具体的事权和支出责任变动情况给剥离出来。

3. 对事权类型化分析的新尝试。由于我国各级政府间的事权数目多、内容复杂,仅依据其特征难以运用一个统一的框架来解释,因此我们采用了先对事权进行分类、再概括其一般性特征与规律的方式进行研究,以简化整个研究和分析。尝试过的事权分类方法主要包括:(1)按照经济、政治、民生等事性划分;(2)按照主体(公共、私人、公民)与职能(管制、管理、服务职能)相结合划分;(3)按照事权的外部性划分;(4)按照事权制定过程(事前、事中、事后)划分;(5)按照预算支出科目划分;(6)按照事权的目的与利益分配划分;(7)按照事权的产出函数划分等。但我们通过不断的验证,发现上述分类方法存在诸多问题,如缺乏一定的理论基础、不能很好地概括我国的经验事实等。

本文最终采用的是以"政府工具论"为理论基础,结合事权履行的主客体,以事权的强制性—直接性属性为划分依据②,给出更符合我国经验事实的事权分类方法。并且对该分类方法下部分特殊情况进行了解释与说明。虽然这一分类方法的科学性和合理性可能会存在争议,但就目前公开的权力清单来看,该事权分类框架基本能够概括我国事权划分的一般情况,并且也有着相应的理论与政策依据。

4. 对财政联邦理论适用性的分析。财政联邦主义的确是财政分权和事权划分的重要理论依据,但它对于我国现实情况的解释力是有限的。因此在以该理论来分析和指导我国事权之前,明确财政联邦主义可以用来解释哪些事权,意图在不陷入以财政联邦主义"依葫芦画瓢"来分析我国事权划分的"思维或政策惯性"。

5. 对分税制后事权改革路径的刻画。本文作者通过追踪分税制后所有

---

① 规范性文件是宪法、法律、法规、法令和地方规章等文件的统称。
② 对权力清单中各级政府事权进行概括和分类后,我们将中央和地方政府事权的特征经过抽象化处理,发现其表现为权力的强制性和直接性。我们用二元元素"(特征,属性)"组合的方式来体现强制性与直接性的不同强弱特征,具体包括(强,强制性)、(弱,强制性)、(强,直接性)和(弱,直接性)四种类型。

对事权划分和事权改革具有指导意义的政策文件，归纳出我国事权改革的目标设定和执行措施。在此基础上，对我国当前事权改革开展具有极其重要意义的权责清单制度进行了反思，加深了本文的政策含义。

但由于本文作者的研究水平有限，本文在研究深度、论证分析、逻辑设计以及文字阐述等方面存在诸多问题。特别是，本文并没有深入省以下事权划分。当前"权力清单"制度还只是在中央政府和省政府两级全面推行，而省以下各级政府的权责清单仍有待完善。并且，由于目前国务院和地方政府公开的"政府权责清单"更多的是"行政许可事项汇总清单"，虽然"行政许可"事项是政府事权最重要、数量最多的分支（艾琳，2015），但一定程度上会影响我们对事权类别的划分和判断。

第二章

财政联邦主义的理论综述
——基于事权角度

我国事权划分的研究在理论分析和政策分析方面一定程度上"照搬"财政联邦理论框架，甚至错误地判断我国的财政体制。虽然近年已鲜有学者直接定义我国是"财政联邦制"，但一直以来都有文献将中国的财政体制视为"财政联邦制"，亦或"事实上的财政联邦（Krug，2004；Yongnian，2007；Sandra，2008；Lyoe，2012）、"法理上的财政联邦制"（Kai，2013）""演变中的财政联邦制"（Armin，1991；Tsai，2002）、"准财政联邦制"（孙大光，2009；冯兴元，2009，2010，2011）等。而其中最有影响力的研究，当属第二代财政联邦理论定义我国财政包干时期是"中国特色型财政联邦"或"市场维护型财政联邦制"（Mantenola，1995；Weingast，1995，2005，2014；Qian，1995，2005）。王守坤（2009）等学者通过面板回归我国 1985—2007 年的省际数据，认为我国的分权性质更接近于财政联邦主义框架。

但财政联邦主义的分权逻辑就是尽量将权力下放到地方政府，这一定程度上阻碍了对政府职能边界、最优划分和分权路径的分析（杨其静和聂辉华，2008）。因此正确认识财政联邦主义在我国的适用性具有一定的必要性。

第一节 理论概述

国内外对于政府事权划分的研究主要以财政联邦主义为代表，在这个理论框架下进行规范分析和实证分析。财政联邦主义衍生于政治概念"联邦制"，因此很多学者认为"财政联邦主义"就是联邦制国家的财政制度，也是联邦制国家必须致力解决的重要问题①。但联邦制的本质是特殊的治理权分享（伊拉扎，2002）。财政联邦主义兴起的重要原因是政府在宪政和经济方面的改革促进了税收、支出和借款责任的分权化进程和政府间转移支付的发展（Wildasin，1997）。从20世纪50年代开始，学者们开始为地方政府分权寻找其必要性的证据。传统财政联邦主义基本以联邦制国家（特别是美国）作为研究对象，再加上财政联邦主义被冠以"联邦制"名头，国内外学者没有刻意区分"Federalism"和"Fiscal Federalism"二词。因此对于财政联邦主义的定义，一般取决于该国是否"分权"以及该国财政体制是否符合联邦制国家在财政方面的特征。

随着理论的演进，财政联邦主义作为财政理论最重要的分支之一，已经不仅仅局限于"以财政联邦主义分析联邦制国家中具体的问题"②这条研究路径，而转向研究政府间财政关系和政府职能划分。财政联邦主义的分析框架也可适用于非联邦制国家③，Sharma（2005）将"财政联邦主义"定义为全国政府间财政关系的指导原则或指导方案，可以被广泛地运用到各种国家结构下财政体制的分析中。但必须注意的是，有关财政联邦主义的研究很大程度上受北美联邦体制的影响，该理论在实际运用时，特别是运用到有着完全不同制度安排和政体的亚洲国家中，是比较困难的（Ehtisham，2015）。

Musgrave（1959）和Oates（1972）等人所开创的第一代财政联邦主义，假设了一个"善良"的高效政府，主要从"公共产品"和"纵向政府财政职能划分"两大点来切入政府间财政关系这个大命题。他们基于"公共部门要弥补市场失灵，去寻求社会福利最大化"的假设，延续"概念化公私部门角色"（Arrow，1970）、"定义公共产品性质"（Samuelson，1954，1955）和"为矫正市场失灵政府部门发挥的积极作用"（Musgrave，1959）的A-M-S基本逻辑来讨论多级政府的职能划分和公共产品提供（Oates，2005）。第一代理论的核心观点是"辖区政府能够按照居民偏好来提供公共产品和公共服务"。

而以钱颖一、温加斯特等人为代表的第二代财政联邦主义，假设政府是一个寻求自身利益最大化的"经济人"。并在传统财政联邦主义的框架中引入企业理论、信息经济学、契约理论和委托代理模型，研究正式的政治

---

① Fiscal federalism is one issue which must be resolved if the Union is to continue to build on its achievement（Belly&Stockmayer，1933）.

② The New Palgrave: A Dictionary of Economics（Edited bt John Eatwell etc（1987）.

③ 例如Tiebout模型被批判的重要原因就是其假设是基于美国财政数据，模型在其他发展中国家适用性有限。但第二代财政联邦主义理论的兴起，则弥补了此前的一些缺陷。

制度下如何维护市场激励和协调政府间财政关系（Montinola，1995；Qian&Weingast，1997；Qian&Roland，1998；Jin&Qian，2005），并将研究的重心放在政府行为和政治过程上。如通过对中国省际面板数据进行回归，调查省政府的财政激励和其市场体系发展间的关系。其认为在构建合理的政府结构时就应该充分地考虑到对应的激励机制，使得中央政府和地方政府都能够负起应尽的责任和应有的义务，使得参加市场交易的各方都能在此过程中受益（钱颖一等，1995，1997，2005）。

近十年来，以Weingast为代表的学者们仍然在进一步拓展第二代财政联邦主义，转而关注分权、政治要素和激励的问题，特别是在其中引入了民主要素（Weingast，2014）。而在公共产品提供方面，他们试图以正演模型来印证第一代财政联邦主义的基本假设，讨论分权制度下公共产品是否被有效提供，但得出的结论大多数与财政分权定理等相背离（Cremer&Palfrey，1996；Besley & Coate，2003；Cremer & Palfrey，1996；Lockwood，2002，2008；Volden，2005；Wallis，2012）。Brown和Jackson（2000）在涵盖两代财政联邦主义的基础上，修正了财政联邦主义的基本原则提出"完美型财政联邦主义"。而近几年，相对于事权划分研究，学者们更倾向用经验分析来证明财政分权与经济效率或经济增长的关系，从Balasssone（2015）、Asatryan（2015）、Baskaran（2016）、Feld（2016）等人的研究中可见一斑。

两代财政联邦主义都在后期引入了公共选择理论。第一代财政联邦主义加入了Brennan and Buchanan（1980）提出的"利维坦假说"，该假说认为政府就是个庞大的利维坦，寻求税收收入和预算支出的最大化，但分权可以限制政府规模的过度扩张。Oates的财政分权理论是第一代财政联邦主义的理论核心，而Brennan等人的理论更多的是第一代理论核心的补充，用以回答财政分权的一些特殊问题（Duc Hong Vo，2010）。Wagner（2007）在第二代财政联邦主义中引入公共选择理论，将研究的重心从纵向多层级政府转移到关注在市场经济框架下政府提供公共服务的"多中心"竞争。

第二代财政联邦主义是对第一代财政联邦主义的补充。第一代理论主要是考虑寻求福利最大化的财政机制的最优设计；而第二代理论则是在这个基础上增加了激励和"官员私利"的假设，并在转移支付等方面填补了第一代理论的不足（Weingast，2009）。虽然冯兴元（2010）等学者认为第二代财政联邦主义只是第一代理论在"经济与财政联邦主义"方向的拓展。但两代财政联邦主义在理论和实践中的创新和伟大贡献是不容置疑的。

第二节　政府职能划分的基本原则

作者将这两代财政联邦主义中基于"公共产品划分的层次性"和"政府职能最优分工"所形成的观点归纳成五个方面：信息偏好、受益原则、规模经济、溢出效应和激励。从这五个方面衍生出判断我国部分事权政府归属的五大参考要素——信息成本、受损益范围、规模经济、溢出效应和监督难易（程度）。

第一代财政分权理论在关于财政职能最优分工的研究中形成了"地方政府相比于中央政府能更好地获取当地居民的偏好和需求，因此地方政府应该根据当地居民偏好采取相应的资源配置政策"的共识。信息成本主要包括"偏好信息"收集、信息汇总、信息传递、信息验证的成本。Hayek（1945）率先讨论社会信息的利用，强调地方政府能够更好地获得信息，相比于中央政府能够提供更匹配地方偏好的公共产品和服务。再加上我国政府间财税契约的委托代理关系层级较多，信息传递成本较高，地方政府的信息优势更加突显。Stigler（1957）将"地方政府具有信息优势"的观点延伸为"最低政府原则"，认为政府决策应在最低层级政府部门进行，从而保障资源配置的有效性和公平性。特别是中央政府还可能存在"偏好误识"，从而错误地判断居民偏好（Tresh，1981）。

按照受益原则来划分政府间事权和支出责任同样被众多学者所重视。欧洲大陆学派在税收中所倡导的受益原则，由 Otto Eckstein（1965）发展成划分政府职能的重要依据，提倡按照公共产品的受益范围来划分各级政府职能。而根据 Olson（1969）提出的对等原则，事权的受益范围等于实施事权的政府辖区范围是最有效率的。换言之，即政府履行事权受益的范围是全国（含境外、跨境）、省、市或县决定该事权是归属中央政府还是相应级次的地方政府。受益范围与辖区范围的一致性充分体现了公平与效率原则，并从中衍生出一些财政联邦主义的新发展（李森，2017）。

而受益范围和政府辖区的不一致主要是由于事权的溢出效应，需要中央转移支付来解决（Anwar Shah，1994；Hongbin & Daniel，2002）。对于一些存在溢出效应的公共产品，若将其全部界定为地方政府的事权，就可能会出现激励不足导致公共服务缺位或是由于地方政府间合作困难而导致公共管制失效（Ostrom，Charles & Tiebout，1961）。溢出效应一般被视为财政分权的缺点（Wellisch，2004；Wildasin，2008），地方政府只适合掌管溢出效应小、地方性强的事权（Fisher，1988）。

经济效率也是财政联邦主义所考虑的重要因素。Inman and Rubinfeld（1997）认为第一代财政联邦主义是"经济联邦制"。中央政府或者相对高层次政府更容易动员更大范围的资源来更有效率地生产和提供公共产品，较高级次政府来履行事权有更高的规模收益（Ostrom，1961）。因此该项目事权规模效应的高低决定了是由哪级政府来执行。同时该项事权实施的难易程度和技术难度也是事权划分中需要考虑的因素，一般说，高层次政府能更好地执行难度较大的事项（Bastable，1982）。

传统财政分权理论忽视了各级政府间财政与政治激励（Weingast，2014）。"监督难易"实际上是考虑了第二代财政联邦主义下政治机制的激励与规制要素。"监督"是多任务委托代理模型所考虑的重要因素，也是多重委托代理身份的政府考虑事权划分的主要依据之一。如果某项事权其结果难以被观测和被反馈，监督机制难以执行，作为代理人的低层次政府更容易产生"道德风险和逆向选择"问题时，事权倾向于被保留在高层次政府。

综合考虑"受益范围""信息偏好""溢出效应""规模经济"和"激励"等要素，财政联邦主义理论框架下形成了对于各级政府事权归属的一些共识，这也在各国事权划分实践中有所体现（Anwar，2007）。中央政府的主要职能是实现收入分配，保持宏观经济稳定，制定再分配和宏观经济政策以及提供受益对象是全体公民的公共产品。作为对这些职能的补充，作为对这些职能的补充，地方政府主要负责提供消费被限制在自己所在辖区内"地方公共产品"（Musgrave，1959；Oates，1968，1972，2005；Netzer，1968等）。

第三节 财政联邦主义的基本特征与必备条件

财政联邦主义首先要满足联邦制的一些必备条件：有多层级政府（至少存在两个级次政府）；用成文的宪法来制度化财政联邦制，以法律来分配立法权力和财政权力等以确保两个层级政府真正的自治；地方政府通常有一些制度安排来保障地方对中央决策的参与，以及设置额外的机构、程序或机制来解决政府间争议和维持政府间关系的稳定性（Anderson，2008）。虽然财政联邦主义并不需要满足上述所有的必备条件，但至少中央政府和地方政府必须要存在以宪法为基础的自治。财政联邦主义围绕处理中央政府和地方政府财政关系，在事权和支出责任方面呈现以下基本特征。

1. 地方财政的独立地位。地方财政首先要成为一级独立的财政，这是财政分权和财政联邦主义的关键特征之一。地方政府不是从属于中央政府的派出机构，地方政府自行制定本级预算，自求财政平衡，中央政府不承担地方财政风险。全国不编制统一预算，地方政府预算独立于国家（中央）预算，自行编制。

2. 地方政府至少有某方面的独立权利。根据 Shah（2007）等学者对全球财政联邦制实践的归纳，典型财政联邦制国家的地方政府至少在事权、支出或财政政策一方面或多方面拥有自己独立的决定权。联邦以下的政府（对应我国省及以下政府），如澳大利亚政府可以自由决定经济发展途径和财政政策；巴西政府在内部事务管理中几乎拥有所有的自主裁权；加拿大政府可行使独立的法律自由裁量权；德国政府实行支出的高度自治；美国政府保留所有未授权给联邦政府的权力。并且大部分财政联邦制国家的省政府都对国家政策有很强的直接影响力。

无论是实践亦或是理论角度，地方政府有无事权的决定权和最终决策权，都是定义财政联邦主义异常重要的一点（Stigler，1957）。Riker（1975）以"各级政府在某些活动上都有最终决策权，并且中央政府和地方政府有自己的财政基础，地方政府的自治能够被宪法所保障"来定义财政联邦主义。

3. 政策和制度的稳定性。财政联邦主义下，各级政府的职能和收支范围划分比较明确。一般通过《宪法》《地方自治法》等法律"列举中央事权，其余为地方事权"（美国）、"列举中央和共同事权，其余为地方事权"（德国、俄罗斯）、"列举地方事权"（日本、法国）；部分国家还会设置一些专门机构或法律来处理财政关系争端（王浦劬，2016）。从而保障了政府间财政关系的稳定性，较少出现"讨价还价"或"互相推诿"的情况。

4. 中央政府的可置信承诺。这是第二代财政联邦主义的重要特征，其不仅牵涉地方政府的激励问题，还包括对中央政府"声誉"的维护。中央政府不能枉顾地方政府的意志，单方面地更改财政政策和财政体制，从而让承诺"不可置信"，进一步强调了财政关系调整的稳定性与规范性。

5. 民主制度的健全。财政联邦主义需要民主和法治，因为非民主政权通常不允许构成单位的真正自治。并且民主制度完善的意义在于居民偏好信息的传递与满足、反馈和监督。财政联邦主义的重要特征就是地区利益通过民主制度在国家层面上被表达（Watts，1999；Swenden，2004），诸如通过上议院由地方直接委任官员和民主多数党派等途径来在国家层面上展现（Beramendi，2007）。分权到地方政府，同时解决了获取公众偏好信息和公共监督问题（周黎安，2017）。钱颖一等学者认为要保障财政联邦制的稳定和持续性，必须具备两个条件：中央政府有充分资源监督下级政府；地方政府有一致反对中央政府滥用权力的监督手段。

第四节　财政联邦主义在我国事权研究中的适用性

财政联邦理论框架是我们研究财政分权和政府职能划分的重要理论依据，但该理论与我国事权实际划分的匹配程度有限。而前文所提到的"市场维护型财政联邦"和"准财政联邦"等称谓，都是在中国财政分权的大前提下，认为我国完全或者部分符合财政联邦制这些特征所给出的。因此，有必要辨明财政联邦主义在我国的适用性，正确发挥理论指导实践的意义。

首先要明确不管是从法理角度，还是从经验事实角度来看，我国并不是财政联邦制；财政联邦主义只是我国部分事权划分的重要参考。

我国行政集权下的分权与财政联邦主义分权逻辑存在背离。财政联邦主义首要考虑的是分权的逻辑，地方政府做不到的才划归给中央政府。但我国的财政分权，首先需保证中央政府的"主导地位"，再对部分领域权力进行"分权"。根据《宪法》的规定："国务院统一领导全国地方各级国家行政机关的工作，规定地方政府职权的具体划分"。并且中央政府还可以"行政法规、决定和命令"等方式来调整法律范围内的分权和集权格局。

我国财政体制与财政联邦主义基本特征与必备条件存在背离。不管如何"分权"，我国地方政府并未拥有制度化的立法权力和完全独立的财政权力。Weingast（2014）认为中国财政包干制改革的成功有一定偶然性，但更多还是归功于分权的激励作用。该制度下，地方政府获得了中央政府授予的财政权威和财政权力，他们有很大的激励去进行改革，在这个过程中大多数的省政府也拥有了可以抗衡中央政府的力量。第二代财政联邦主义因财政包干制下地方分权所带来的市场激励和财政激励，将我国视为"市场维护型财政联邦主义"。但我国的财政体制基本不满足 Montinola（1995）、Weingast（1995、2000、2006）等学者提出的"市场维护型财政联邦主义"的三/五项条件。首先我国经济的规制活动大部分还是归为中央政府，也没有建立起无贸易壁垒的统一市场。其次，"市场维护型财政联邦主义"要求"政治权威制度化"即"中央政府和地方政府都不能单方面的修改政策和制度"（Jin 等，2001）。但财政包干制时期正是中央政府与地方政府激励博弈、中央政府不得不单方面频繁地修改财税包干契约来保护自身利益的时期，中央政府的承诺不可置信。在地方财政的独立性方面，虽然我国地方财政目前已经是一级独立的财政，但财政联邦主义提倡"各级政府财政独立，没有统一的国家预算，中央预算不包括地方政府预算，由地方政府自行制定本级预算"（刘银喜，2008），这点与我国实际情况相违背。再加上我国中央政府"全职保姆"角色，地方政府出现危机时，中央政府还是会以诸如转移支付的形式来"救场"，地方政府没有被预算"硬约束"。

尤为凸显的是，我国事权的立法权相对集中于中央（刘剑文，2017），事权决策权、事权立法权和省级干部的人事权并没有下放，地方政府所拥有的只是事权的"执行权力"。而我国中央政府强大的权威和行政权力，"分权和集权"始终是围绕特定事权和某种程度自主安排政府预算支出的权限，"分"的不是某项独立的权限。虽然我国的民主制度一定程度上也可以上传基层意见，但对于整个国家的政策制度安排的影响还比较有限；公众监督也不是地方政府的主要约束力量。我国财政体制在事权维度与财政联邦主义几大基本特征的背离，进一步证明我国并不是财政联邦制。

因此我国的事权划分不能完全用财政联邦主义来指导实践，财政联邦主义只能用以分析我国有限事权框架下的事权划分。我国事权划分模式与财政联邦制一致的部分，可能更多地是参考他国事权划分实践和财政联邦主义理论的借鉴意义下的制度惯性。我国事权划分首先考虑的是事权本质属性，只有事权能够"下放"，才能继续讨论事权划分参考了财政联邦主义的哪些原则。见表2-1。

表2-1　财政联邦主义下政府事权划分与我国现实情况概述

代表学者	代表观点	我国实情与财政联邦主义的匹配与背离
Hayek（1945）	地方政府相比于中央政府能够更好地获取局部信息和知识，能更有效地提供公共产品与服务	较强地方导向型的事权符合
Tiebout（1956）（奠基性）	"用脚投票"；人们在辖区间充分流动去寻求地方政府提供公共产品和所征收税收的最优组合	户籍制度限制人员自由流动
Stigler（1957）	"最低政府原则"：地方政府比中央政府更了解辖区居民的效用和需求，决策应在最低层级政府部门进行，从而保障资源配置的有效性和公平性	我国基层政府基本没有事权的决策权
Musgrave（1959）Oates（1968，1972，2005）Netzer（1968）	财政的三大职能；中央政府承担的主要责任是稳定经济，实现最公平的收入分配，以及提供某些全社会成员福利的公共产品。作为对这些职能的补充，地方政府负责提供那些主要与辖区居民利益相关的公共产品和服务	在结果上基本符合
Eckstein（1965）	受益原则：按照公共产品受益范围来划分各级政府职能	事权划分的重要参考

续表

代表学者	代表观点	我国实情与财政联邦主义的匹配与背离
Tullock（1969）	外部效应	对溢出效应纠正不足
Olson（1969）	对等原则：如果政治辖区和公共产品的受益地区重合，就能克服免费搭车问题，让边际收益等于边际成本	在结果很难完全匹配
Oates（1972）第一代集大成之作	财政分权定理：如果某个公共产品的消费是根据人口分布确定，那么同中央政府向各个辖区提供任何具体且一致的产出水平相比，由地方政府向其相应辖区提供帕累托有效水平的产出至少同样有效	假设过强；实际中要考虑更多因素；如民生导向型的基础设施建设还考虑了规模效应等
Mcguire（1974）	规模经济：满足规模经济的、成本低效益高的公共产品适合向全国范围提供；成本过高的公共产品可采用分权	基础建设等事权划分结果基本符合
Tresh（1981）	偏好误识：中央政府可能会错误的判断居民偏好，而地方政府来提供公共产品存在某些优越性	地方导向型的事权符合
Bastable（1982）	受益原则、行动原则、技术原则	直接性事权的划分较为符合
Weingast（1995）	"市场保护型财政联邦主义"的三项条件：地方政府对经济活动负主要规制责任；无贸易壁垒的共同市场；地方政府被预算"硬约束"	经济规制责任一般属于中央政府；全国范围内没有建立起无贸易壁垒的共同市场；中央政府会援助地方政府的财政危机
Montinola（1995），Weingast（2000，2006）	"市场保护型财政联邦主义"的五项条件：各级政府能清楚划分各自职能、地方政府有优先管辖地方公共产品和服务的权力、中央政府保护国内共同市场、所有级次政府被预算硬约束、政治权威制度化	共担事权划分模糊；我国政府缺乏常规性的规则约束
Wagner（2007）	公共产品的"多中心"提供	部分领域逐步推行

资料来源：作者自行整理。

第三章

建国以来有关财政关系的规范性文件分析
——基于事权角度

分税制前,各级政府在利益博弈中主要争取的是财权和特定事权,"分权与集权"矛盾极其突出,陷入了中央政府主导下的"分权和集权"循环(周黎安,2017)。但"分权"下放的仅仅只是某项具体事务的执行权力和对地方支出自我安排的程度。即使在分权程度最高的时候,事权的决定权仍然把握在中央政府手中,事权最终格局是中央与地方政府"谈判"的结果,各级政府财政能力"强""弱"会造成事权具体安排的不同。分税制后,相较于前一轮分权,财政制度安排的大趋势是"适度集权",并开始尝试"财权和事权的匹配原则"试错与实践。

第一节 分税制前:"分权和集权"循环下的事权调整期

建国后,我国财政关系主要调整的是"财权"和"财力"这对关系。但我们从事权角度分析,也能得到"事权划分是'分权—集权'循环,尽管每次权力下放后部分权力会被上收,但地方获得的事权执行权在逐渐增加"的结论(周黎安,2008,2017)。

一、统收统支时期(1949—1950年):事权过度集权时期

这个时期是真正意义上的"统收统支"。财政支出主要由"公粮"和"税收"保障,而支出安排的明显特征是:节约开支,并将"支援战争,解放中国"的军费开支作为最优先级次,事权和支出责任划分基本由中央政

府掌握①，事权高度集中。

根据《中国人民政治协商会议共同纲领》的规定，"各级政府的事权和支出责任由中央政府以法令形式加以规定，地方政府服从中央政府的统一领导和调剂"。1950年《关于统一国家财政经济工作的决定》将财政管理权限集中于中央，财政收支程序、全国总预决算等财政制度由中央（财政部）制定，对预算收支进行严格的预算管理，地方政府基本无财权和事权可言。中央政府统一制定所有的收支项目管理办法和开支标准，地方代理中央所组织的收入一律解缴到中央金库。这个时期中央政府权力"毫无限制"，拥有决策的"无限权力"，地方政府成为中央政府的"行政代理"（Braun，2011）。

二、统一领导、分级管理（1951—1957年）：事权下放的尝试期

过度集权的"统收统支"财政管理体制仅是适用于特定时期的特殊体制。从1951年开始，为了充分发挥地方的积极性，国家开始实行"统一领导、分级管理"财政管理体制。这个时期事权和支出责任划分大致经历了"初步划分政府支出责任（1951）""下放部分政府管理职权（1951）""地方政府有自己事权（1957）"三个阶段，即在保障中央主导财政权限的前提下，开始尝试下放事权。

《政务院关于1951年度财政收支系统划分的决定》较为详细地划分了中央与地方（大行政区以下）的支出责任，"在中央统一领导和管理的前提下，地方政府有对辖区事务的管理和执行权力"。并且将地方政府履行事权所必须的行政管理费用列入本级预算，这是地方政府开始拥有独立事权的重要标志之一②。1954年的预算草案编制办法规定所有预算支出必须明确划归中央预算或地方预算。而1957年颁布的《关于改进财政管理体制的规定》，在保证统一领导和重点建设的前提下，适当地扩大了地方的事权。地方政府能够主动安排本辖区的收支（除重大灾荒救济等特殊支出），结余由地方政府自行安排。地方政府已经拥有某些自己的事权和支出范围，还拥有一定的机动财力来独立安排自己的支出。

---

① 例外的是，1950年城、乡级政府有极少数事权（如城建和小学教育等），而相应的支出责任在得到中央（财政部）批准后分别通过城市附加政教事业费和地方附加公粮解决。

② 在此之前，各大行政区下各直辖省（市）的经费开支由划归地方财政税收中解决，既未纳入预算且支出由中央政府直接控制。

三、分级包干（1958—1993 年）：事权"上收"与"下放"的调整期

这三十多年间，中央和地方政府不断在进行分权和集权的博弈，事权安排大致呈现"放（1958）→收（1961）→放（1971）→进一步下放（1979）"的格局。

在第二个"五年计划"开始实行后，针对"中央管得过死"的问题，财政管理体制进行了第一次"分权"试验，实行"划分税种、核定收支、分级包干"财政管理体制。在事权方面，将大部分中央所属工商企业及经济文教事业下放到地方管理并由地方预算安排；在支出责任方面，除部分保障中央部门直接管理的经济建设、行政、国防、援外、文教和债务支出外，其余全部划为地方财政支出，不再区别地方正常支出和中央专案拨款支出[1]。但本次分权尝试实际下放给地方的权力过多、财政管理偏松，再加上"大跃进"、自然灾害等，中央再次统一财政管理。

1961 年党的八届九中全会正式通过"调整、巩固、充实、提高"的八字方针，中央将 1958 年以后不恰当下放给地方政府的人权、财权、商权和工权一律收回，中央直属企业、国防工业和全国铁路均归中央安排[2]。1962 年中央又加强了对财政支出的控制，将各级预算指标分配下达，逐级负责[3]。

1971 年，为让财政管理体制适应国民经济发展新形式，充分调动地方的积极性，国家再次下放企事业单位的管理权力，进行了第二轮财政分权尝试，实行"收支包干制"。同第一轮分权一样，在财权、事权下放的同时，相应地扩大了地方财政的收支范围。本期权力下放，除中央部门直接管理的基本建设、国防战备、对外援助、国家物资储备等支出以外，其余都划归地方财政[4]。随后，1974 年、1976 年、1978 年均不断地调整收入分成比例，但总体来看事权继续下放。1979 年根据十一届三中全会的会议精神，进一步下放财政权力，让地方和企业在统一领导下拥有更多的经营管理自主权。1979 年邓小平同志在《关于经济工作的几点意见》中重申"下放财政权力，让地方政府有更多的自主权限"的观点。伴随着"市场放权""下放权力"的财政体制改革也逐步开展，拉开了我国第三次大规模财政分权的序幕。

---

[1] 1958 年《国务院关于进一步改进财政管理体制和改进银行信贷管理体制的几项规定》。
[2] 1961 年中共中央《关于调整管理体制的若干暂行规定》。
[3] 1962 年中共中央和国务院《关于严格控制财政管理的决定》。
[4] 1971 年国务院《财政收支包干试行方案》。

在这三十多年的事权调整期，中央政府赋予了地方政府相对独立的管理权限和经济利益。地方政府拥有较大的事权和支出责任，可以自我管理本地经济和80%的国有企业（Hehui Jina 等，2005）。中央与地方政府双方博弈实力及风险承担的变化，促成了财政管理体制的不断变动和调整。见图3-1。

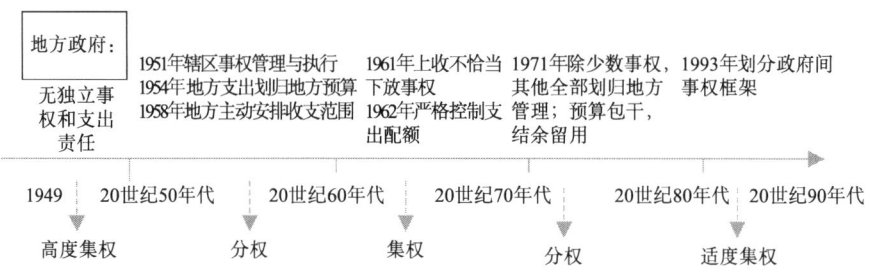

图3-1 分税制前我国事权"分权与集权"时间轴（简化版）

第二节 分税制后：适度集权下的事权匹配期

相对于财政包干制下的财政分权，分税制是中央主导、中央和地方博弈后双方妥协的"集权"措施①。在"统一领导和分级管理"的基本原则下，划分了中央政府和地方政府大致的事权框架（实际上是支出范围）。分税制时期，虽各级政府博弈仍在继续，但总体而言，政府间财政关系基本趋于稳定，从"集权和分权"的博弈转变为对事权"合理划分"的探讨。在试错和改革的过程中对财政关系的基本原则进行了五次修改，是适度集权下寻求"事权和支出责任如何划分"的匹配期。

分税制实施后，政府官方文件开始明确提出政府间财政关系的划分原则，大致分为五条原则②：①财权与事权相结合（1993）③；②财权和事权相

---

① 如，2013年《深化改革若干问题的重大决定》提出"适度加强中央事权和支出责任"，上收部分权力，使得利益天平适度地倾向中央。但地方的既得利益者面对进一步的集权，也采取相应的对抗措施来保障自身利益，中央政府为了获得地方政府的支持也给出了相应的"激励与惩罚"，比如转移支付改革和《预算法》修订。

② 依次来源于国发〔1993〕85号、国发〔2005〕24号、《十六届六中全会中共中央关于构建社会主义和谐社会若干重大问题的决定》《十八届三中全会中共中央关于全面深化改革若干重大问题的决定》、国发〔2016〕49号。

③ 较早在财地字〔1991〕215号就出现了"预算内资金在县乡两级财政之间的划分，应当遵循财权与事权结合、责权结合和简政放权的原则"的表述，但在1993年《国务院关于实行分税制财政管理体制的决定》发布后，使该原则成为通用的划分原则。

统一（2005）；③财力与事权相匹配（2006）；④事权和支出责任相适应（2013）；⑤支出责任与财政事权相适应（2016）。"结合""统一"和"适应"所表达的均是一种"匹配"的关系，而这五条原则的演变实际上也反映了政府本身对政府间财政关系认识的变化。

在理论上，"事权和财权相适应/统一/结合"的划分原则得到较多认可。但实际上，财权和事权的划分很难做到完全的统一或者匹配（魏建国，2015）。而随着地区间财力差距逐渐扩大，为彻底解决基层政府财政运转困难等问题，中央提出了"财力与事权相匹配"的原则，旨在保障地方特别是基层政府提供公共服务的能力。"事权和支出责任相适应"原则的提出，是考虑中央与地方的决策权、执行权、监督权的协调优化，使各级政府在事权划分的基础上，承担应尽的支出责任，保障政府权责对等。部分中央政府委托给地方政府承担的事权和支出责任，由中央通过转移支付的形式来实现。而"财政事权"的提出则是政府强调与支出责任直接对应的涉及财政资金配置的相关事权，将事权概念缩小到财政部门能够掌控的范围内。综上所述，与事权相关的五大"匹配"原则变动，在内容上从侧重政府行政职权划分逐步向增强政府公共服务职责的公共性转变，在制度建设上体现了"国家财政"[①]向"公共财政"的目标转变。如表 3–1 所示。

表 3–1　　　　历史维度下我国事权及支出责任的演进

时期	重要特征	重要文件及内容
统收统支时期（1949—1950 年）：事权过度集权时期	事权高度集中	《中国人民政治协商会议共同纲领》：事权和支出范围完全由政务院以法令形式规定
		1949 年《当前财经形势和新中国经济的几种关系》：军费支出为首要开支
		1950 年《关于统一国家财政经济工作的决定》：中央严格控制财、事权与预决算；但城乡级政府有极少量城建和小学教育等事权

[①] 1994 年提出实行分税制的财政体制，目的是为了更好地发挥"国家财政"的职能作用，即集中国家财力"办大事"，增强中央的宏观调控能力。

续表

时期	重要特征	重要文件及内容
统一领导、分级管理（1951—1957年）：事权下放的尝试期	初步划分地方政府事权和支出责任；地方政府可安排辖区内（除特殊支出）事权的支出责任；地方政府开始拥有自己的事权管理与执行权力	《政务院关于1951年度财政收支系统划分的决定》：划分各级政府事权，地方政府开始拥有辖区事务的执行权力
		1951年《政务院关于进一步整理城市地方财政的决定》：市级财政独立
		1951年《中央人民政府关于划分中央与地方在财政经济工作上管理职权的决定》：财经工作方面部分事权交由地方政府管理
		1954年的《预算草案编制办法》：明确地方预算支出
		1954年《宪法》除人大外，仅国务院（中央政府）拥有部分事权决定权
		1957年《关于改进财政管理体制规定》：适当扩大地方事权，地方政府可安排特殊支出外的辖区支出项目
分级包干（1958—1993年）：事权"上收"与"下放"的调整期	分权与集权的循环；大趋势是事权管理权限和支出权的下放"放（1958）→收（1961）→放（1971）→进一步下放（1979）"	1958年《国务院关于进一步改进财政管理体制和改进银行信贷管理体制的几项规定》：事权方面，将大部分中央所属工商企业、经济文教事业下放到地方管理并由地方预算安排；在支出责任方面，除部分保障中央部门直接管理的经济建设、行政、国防、援外、文教和债务支出外，其余全部划为地方财政支出
		1961年《中共中央关于调整管理体制的若干暂行规定》：收回不恰当下放给地方政府的人权、财权、商权和工权，中央直属企业、国防工业和全国铁路均归中央安排
		1962年《中共中央、国务院关于严格控制财政管理的决定》：加强预算支出控制，各级预算指标分配下达，逐级负责
		1971年《财政收支包干试行方案》除中央部门直接管理的基本建设、国防战备、对外援助、国家物资储备等支出以外，其余都划归地方财政
		1979年《中华人民共和国地方各级人民代表大会和地方各级人民政府组织法》（以下简称《组织法》）：明确县级以上政府有辖区内事权的执行权
		1979年《十一届三中全会会议精神》：地方政府和企业在统一领导下拥有更多的经营管理自主权
		1979年《关于经济工作的几点意见》：下放财政权力，让地方政府有更多的自主权限

续表

时期	重要特征	重要文件及内容		
分税制①（1993年至今）事权匹配期	提出事权匹配的五条原则，以中央与地方财政事权和支出责任划分为改革方向	中央	决定与决策权、宏观管理权、制度设定权、必要的执法权、行政许可与行政强制设定权、收费项目审批权	监督检查权	执行权、本级国库款支配权、预算支出权、执法权、处罚权、共担事权的支出责任和分担标准制定权
		省	统筹推进区域内基本公共服务均等化职责；收费项目审批权	监督检查与被监督检查权	
		市	统筹所辖县区协调发展的责任	被监督检查权	
		县	人员经费、公用经费、民生支出以及其他必要支出责任		
		乡	执行权、基层支出责任		

① 根据中华人民共和国《宪法》《立法法》《预算法》《组织法》《行政许可法》《行政强制法》《行政处罚法》、国发〔2002〕26号、《财政部令第32号》、财地字〔1991〕第215号、财综字〔1993〕15号、财农字〔1996〕296号、财库〔2000〕12号、财预〔2000〕128号、2015年《法治政府建设实施纲要（2015－2020年）》、国办发〔2018〕6号等文件整理。

第四章

我国行政事项调整文件中事权变动的内在规律

事权调整,是转变政府职能,理顺公共部门、私人部门和公民关系的突破口之一。从而进一步明确各主体的权限、职责和分工,激励和规制市场和政府良好运作。事权调整的过程也就是政府不断探索各级政府职能边界和政府角色定位的过程。

第一节 政府角色定位的再思考

财政联邦主义将弥补"市场失灵"作为政府职能和事权划分的逻辑出发点,是值得商榷的。市场失灵理论首先混淆了"市场"和"私人部门"两个概念,从而导致了对"市场"本身的误解。但对于"市场失灵"理论的探讨并不是本文的重点,我们仅从公共产品提供的角度来简单分析政府角色定位的起点。因为市场无法有效地提供公共产品,因此需要政府干预来矫正,从而衍生出财政联邦主义各型各色对于公共产品提供层次性划分的原则。但随着经济和社会的发展,很多过去需要政府提供的产品和服务已经能通过来私人部门或者 PPP 的方式来提供,公共产品的提供一定程度上能够通过市场的自矫正机制来解决。

事实上,政府的角色定位以及职能边界是由特定的政治经济背景、历史环境、执政目的等因素所造就的。Locke(1690)认为人民愿意放弃自由,联合成为国家而将自己置身于政府的统辖下,是为了保护他们的生命和财产。人民作为国家的主权者,国家产生的同时就被赋予了行使和保护国家主权和人民利益的意义。国家功能则由政府来实现,政府权力的合法性来源于由人民选举产生的全国人民代表大会。人民将管理国家的权利委托给执政党和政府,政府代理人民管理国家,从而产生了相应的职能和事权。

政府一方面作为国家意志和人民利益的执行者,另一方面,还充当市场活动"参与者"和市场活动主要"立规者"① 的多重角色。我们以法律文本来明确我国各级政府的标的后可以发现,我国政府事权的设置绝不仅仅是为了提供"私人部门提供不了的产品与服务",而是出于国家和人民利益的维护。首先中央政府需要维护我国权威和国家统一,保障国家安全;其次要总体调节国民经济,构建统一的宏观经济和财政政策,统揽财政收入;并且需要统筹地区间发展、实现收入公平分配;最后还需保障中央部门运作经费的供给。而地方政府作为一个独立的利益主体,主要负责统筹本地区的经济与各项事业的发展,其次要配合中央履行共担事权和中央委托事权。各级政府所拥有的资源、能力和政策目标的差异,也决定了它们在事权分工上是不同的。完全以"市场失灵"理论来界定政府职能范围和事权划分有一定局限性。见表4-1。

表4-1 分税制下中央与省政府事权与支出责任的大致划分

政府级次	法定事权范围	支出范围
中央政府	统一领导全国地方各级国家行政机关的工作,规定各级政府事权具体划分。主要负责国家安全、国防外交、中央国家机关运转、全国统一市场规则和管理、调整国民经济结构、协调地区发展、实施宏观调控等事项	国防、外交、中央机关行政经费、维护经济稳定与发展及收入分配所需支出、中央直接管理的事业及发展所需经费、债务付息和发行等费用
地方政府	区域性公共服务;本行政区域内的政治、经济、教育、科学、文化、卫生、环境和资源保护、民政、民族等工作的重大事项及城乡建设与管理、环境保护、历史文化保护等	本地区公共服务提供、政权机关运作、经济与事业发展、公共安全、科教文、医疗与计生、社保与就业、区域交通运输、城乡社区事务、商业服务业、地区援助等费用
政府间共担事权	义务教育、学生资助、基本就业服务、基本养老保险、基本医疗保障、基本卫生计生、基本生活救助、基本住房保障	包含公用经费保障等在内的十八项支出责任和分担标准②

资料来源:根据最新版《宪法》《组织法》和《立法法》等法律文本归纳。

在政府性质方面,两代财政联邦主义分别将政府视作追求公利的"仁慈政府"与追求私利的"利维坦",这一定程度上会造成在解释财政现象时

---

① 立规者是指能够对市场规则产生影响,甚至是制定和让整个市场参与者都执行其所制定市场规则的主体。

② 详见国办发〔2018〕6号附录。

发生假设混乱、甚至矛盾的乱象。我们不需过多拘泥于政府的"善"或"恶"假设,因为政府兼具"公益人"和"自利人"的角色。个人是组成公共部门和私人部门最基础的单位,官员或雇员并不是一个完全的"利他者",他们也同样具有自己的动机、愿望和偏好。之所以大量各异的个人能够分别构成公私部门,是因为他们在价值追求和目标选择原则上的一致性,使得他们有意无意地构成这两个目标不同的集体。公共部门是以追求公共价值最大化为组织目标,所有权属于政府的部门。因此,我们需要将组织目标和官员个人目标区分开来,以免造成对政府职能和事权边界认识的"纰缪"。

第二节 事权调整旨在重新界定权力边界

从事权的调整方式来看,"取消事权"数量在事权调整条目占压倒性优势,约占总数的七成以上。因此我们可以看出,政府调整事权[①]的主要目的在于厘清权力边界,重新审视政府角色定位。

一、"取消事权":更好地发挥市场"自矫正"机制[②]

"取消事权"是国务院各部委决定取消的行政审批等事项,通过精简事权,减少政府对市场活动的规制,提升市场运行效率。首先调整了传统意义上的私人部门的市场交易活动。主要调整:与市场运作和企业生产经营有关的投资、资格(资质)及项目审批(核准)、生产许可、业务变更和调整(特别是金融机构)、专业技术人员和技能人员职业(执业)资格审批和认定、税务登记、行政事业性收费、行政审批中介服务等事项。其中最为

---

① 本章所讨论的"事权调整"是狭义的,仅指国务院以国发〔2002〕24号、国发〔2003〕5号、国发〔2004〕16号、国令第412号、国发〔2007〕33号、国发〔2010〕21号、国发〔2012〕52号、国发〔2013〕19号、国发〔2013〕27号、国发〔2013〕34号、国发〔2013〕44号、国发〔2013〕51号、国发〔2014〕5号、国发〔2014〕27号、国发〔2014〕50号、国发〔2015〕11号、国发〔2015〕12号、国发〔2015〕27号、国发〔2015〕41号、国发〔2015〕57号、国发〔2015〕58号、国发〔2015〕60号、国发〔2016〕5号、国发〔2016〕9号、国发〔2016〕10号、国发〔2016〕11号、国发〔2016〕24号、国发〔2016〕32号、国发〔2016〕35号、国发〔2016〕68号等文件专门列举公开所调整的4889项行政事项。

② 即部分市场失灵行为可以通过市场机制自行解决,无需政府干预,如市场提供自我管理和公共产品等。

突出的是职业资格等事项的"七连消"①。这类事项是"取消事权"的大头,是对市场规律的遵循。一方面,让市场在资源配置中起决定性作用;另一方面,通过减少审批环节和手续,让企业成为能够自主决策的投融资主体,增加市场活力和效率。

而为进一步简化审批流程和优化财政资源配置效率,取消了大批地方政府的"初审"和"预审"事权。对公民,取消部分与公众紧密联系事项的重复审批:如教育、就业、文体娱乐与传媒、医药(药品管理、医疗器械等)等事项。在政府内部,为优化政府权责和提高行政效率,取消部分不涉外、不涉及出入境、不涉及核心和重要区域的不必要事项。主要为:城乡社区与交通运输等基础设施事项审批、资源类(如国土资源、环境与生态保护、文物保护)等事项的(资格)审批和评比表彰等杂项。

二、"下放事权":简政放权,提升地方政府激励

"下放事权"指下放事权的管理层级,一般是将原中央保留事权下放到地方政府,将部分临时性、地方性、自然资源类事权下放。如地区性宗教团体(临时)事务;地方性采矿权转让和开发、区域性农林水事务、标准内资源流通审批、自然保护区选址等资源类事权;以及地区性教育、医疗、文化体育娱乐传媒、基础设施建设等地方性事项。

而为激励地方政府促进地方市场和经济发展,中央政府下放了区域性企业生产经营与交易(流通及购买)等事项,甚至还下放少数跨区域和涉外的企业生产经营活动的审批②。这些特定事权的下放,一方面有利于避免"偏好误识",提升区域事权执行效率;另一方面,也激励地方政府更有效地利用辖区内资源。

总体而言,事权调整不但让市场能够自主解决一部分原需政府干预的事项,而且也让政府集中财政资源,提升整体行政效率,更有激励完成权职内事项。而从取消和下放次序来看,首先取消或下放有利于提升"市场效率"的事项。随后调整了地区性公共服务及其对应的基础设施建设,地区性资源利用事项,少数税收优惠及极少数地区临时性宗教事务。在后期,还下放了少量跨区域的事权,一类是跨省(不跨境)的标准内基础设施建设,如交流电网及油气输送管;一类是跨境如实验动物出口等事务。见表4-2。

---

① 国务院分七批次取消了共计 433 项职业资格许可和认定事项,累计占职业资格证总数的 70% 以上。

② 如外资企业业务变更或外资参与非跨区文化体育民营医疗等行业。

表 4-2　　　　　　　　　行政审批事项取消及下放

调整方式	关键词	举例	含义
取消	企业（公司）、机构、单位、资格认定、审批、核准、备案、认定、管理、设立、登记、许可	开办煤矿企业审批；设立印刷企业特种行业许可；保险公司董事会决议备案	精简政府职能；放松对市场运作的规制，提升经济效率
（国务院）保留	机构、资格认定、外国、规划、国家机关、银行、航空、审批、核准、认定、核发	跨地区从事房地产估价业务机构审核；中央国家机关工资基金审批	影响范围为中央、全国性、跨区域、涉外、重大政治和经济等事务
下放管理层级	企业、外商、机构、投资、资格认定、许可证、审批、设立、变更、生产	外商投资非融资租赁的租赁业务及变更审批，公共场所改扩建卫生许可，经济适用房建设投资计划审批	提升政府效能和效率、明晰各级政府权责
改变管理方式	资格、资质审批（审核）、项目建设、监理、管理、安全	通信工程咨询单位资格认定，机电产品出口招标项目核准	激发企业和市场活力，规范政府行为，提高行政效率

第五章

政府间事权划分
——类型化分析的尝试

由于事权项目数量庞大,在研究事权划分规律之前,应对事权进行类型化分析,给出事权划分的分类框架。

第一节 基于一般公共预算支出科目的事权划分尝试

首先对约 13 万条中央与地方政府事权条目进行初步处理,以预算支出科目为依据,将所有事权条目进行合并和特征提取,主要以"受益范围"和"外部性"作为划分的依据。

以国家发改委的权力清单为例,其体现了中央政府在对外合作关系、国家战略和跨省区域资源配置等重大决策上的权力。而中央指定地方政府执行的发展改革委权力清单则涉及更具有地方属性的公共物品与服务的配置,与企业(广义的企业主体,包括企业、行政、事业单位等)的经营活动直接相关。具体到省级发展改革委的权力清单,则包括本区域的产业政策、社会民生、地方资源配置等事项。因此,对于中央政府与省级政府的权力分配,需要考虑行政事项的属性,如受益主体的范围大小。具体的衡量因素可从时间(长期战略与短期政策)和空间(跨区跨国与特定辖区)两方面考虑。

总体而言,可将中央政府与地方政府的事权分为地方性(Regional)与非地方性(Non-Regional),非地方性可具体分为全局性(Global)与跨区域性(Cross-Regional)。结合预算科目对事权分类特征描述如表 5-1。

表 5-1 地方性事权与非地方性事权

事权分类		行使主体
地方性		地方政府
非地方性	全局性	中央政府
	跨区域性	中央政府 地方政府（含不同地方政府）

地方性（Regional）：与地方政治、地缘、产业、文化、资源、环境等密切相关的事项，如针对特别行政区、沿海省份、少数民族与宗教省份、生态旅游省份等事权由地方"做自己的事"。但其中，有大量事项是既包括地方性又包括全局性的，成为了划分不清的共担事权。

全局性（Global）：体现中央权威性、国家战略、对外政策或属于国家重点项目，跨国境的事项，具有特殊、高级别、重点用途的资源，全国统一标准、涉及基本人权与发展权的事项。绝大多数全局性事权属于中央政府，"部分"具有同质性、无明显争议或者暂时性的全局性事权由地方政府贯彻或配套执行。

跨区域性（Cross-Regional）：直接体现为跨越不同省（市）级行政区划，如农林水事务中水利工程的建设与维护和河流整治等事项；公共安全中跨省级群众大型活动；文化体育与传媒中跨省体育竞技活动等。跨区域性事权由中央政府与地方政府分别负责，表现为中央政府与地方政府共同负责和不同地方政府之间共同配合。具体如表 5-2 所示。

表 5-2 基于预算科目的事权类别及属性

编号	中央政府事权		地方政府事权	
	事权类别	事权属性	事权类别	事权属性
1	一般公共服务	全局性	一般公共服务	地方性； 全局性（暂时）
2	外交、国防	全局性	—	—
3	公共安全	全局性 跨区性	公共安全	地方性； 全局性（贯彻）
4	教育	全局性	教育	地方性； 全局性 （无明显争议）
5	科学技术	全局性	科学技术	全局性 （无明显争议）

续表

编号	中央政府事权		地方政府事权	
	事权类别	事权属性	事权类别	事权属性
6	文化体育与传媒	全局性 跨区性	文化体育与传媒	地方性； 全局性 （无明显争议）
7	—	—	社会保障与就业	地方性
8	医疗卫生 与计划生育	全局性	医疗卫生与计划生育	地方性； 全局性（权限内）
9	节能环保	全局性	节能环保	地方性； 全国性（贯彻）
10	—	—	城乡社区事务	地方性
11	农林水事务	全局性	农林水事务	地方性； 跨区性； 全局性
12	交通运输	全局性	交通运输	地方性
13	资源探勘信息事务	全局性	资源探勘信息事务	地方性； 跨区性； 全局性（贯彻）
14	商业服务事务	全局性	商业服务事务	地方性； 全局性（权限内）
15	金融事务	全局性	金融事务	全局性（权限内）
16	国土海洋	全局性	国土海洋	地方性； 全局性（贯彻）
17	粮油物资储备	全局性	粮油物资储备	全局性（代理）

这种分类方式最为直观的，但缺陷也十分明显。首先，这种分类方法十分笼统，并没有对明晰当前政府间事权划分提出新的见解。其次，该分类需要一个很强的前提——事权与支出责任相对应。但事实上，"事权和支出责任存在较大不匹配"仍是我国事权改革所需解决的重要问题。很多预算科目下暂时还无法对应或少有对应到相关事权项目，如"外交""社会保障与就业""住房保障"等类别。因此该种分类方式只适合用作事权项目的初始整理，而不应作为研究划分规律所使用的框架。

第二节 基于事性依据的事权划分尝试——传统划分方式

这里主要将事权划分为六种类别,具体来看:①政治属性。在央地事权划分中,政治属性事权主要针对政治性和行政性事务的划分(王浦劬,2016)。政治属性事权涵盖对内主权事务,如国防、领土领空领海、社会公共安全、国家机密等;对外外交及国际政策等;以及政党机关事务及运作等事务。②民族属性。主要是民族和宗教事务,包括各民族历史、文化(及传承)、文物(保护)、宗教管理等事项。对多民族国家而言是国家稳定与发展的重要事权。③经济属性。指市场主体及运行的相关事务。市场是所有经济主体进行经济活动的空间与区域,公共部门与私人部门都是市场平台上的参与者,它们的经济行为囊括了市场上几乎所有的经济活动。经济属性事权中,为了处理非公共部门的正常的市场交易活动,政府需要维持市场秩序,提供良好的经济运行环境。而公共部门直接参与时,政府主要以国有企业(经济)和集体企业(经济)的形式来完成市场交易活动。④自然属性指与自然和生态息息相关的事务。如农林牧渔、资源开发与利用、节能环保等事务。该属性事权涉及国家领土和资源(国家利益)、开发和利用(非公共部门利益)、保护和可持续发展(人民利益),因此在具体划分中,也呈现不同的特点。⑤民生属性。与居民日常生活密切关联的科教文卫医疗和社会保障与就业等事项。⑥服务属性。主要包括城乡社区规划与建设、基础设施以及其他公共事务依附的公共设施相关事项。但这种分类方式,不但没有创新点可言,也没有足够的理论依据。如表 5-3 所示。

表 5-3 按照事性分类的划分事权的《中华人民共和国宪法》依据

目标主体			事权类型	宪法依据
国家	私人部门	公民		(2004 年修订版)
√			政治属性事权	第二十七~二十九条、第五十~五十六条、第八十九条、第一百零七条
	√		经济属性事权	第八条、第十八条
√	√		经济属性事权	第六~八条、第十一~十七条
	√	√	民生属性事权	第十九~二十五条、第四十二~四十九条、第八十九条、第一百零七条
√		√	政治属性事权(民族宗教)	第四条、二十二条、三十六条、八十九条、一百一十九条、一百二十二条
√	√	√	自然属性事权	第九条、第十条、第二十六条

第三节 基于不同类别事权产出函数的事权划分尝试

我们基于模型化的一般思路,考察不同事权的理论产出。通过进一步梳理事权类别发现,不同类型的事权差异可体现在地方政府承担该事权的成本上,从而最终得到不同的产出函数。比如跨省的河道污染治理上,处于河道下游的省份能获得上游省份参与治污带来的成本分担,而上游省份则相应增加了成本负担;再如按照国家战略部署建立"一带一路"的运输专线设施,处于沿海或沿边的省份可利用战略机遇发展本地经济,获得成本优势;处于中部的省份则缺乏区位优势,增加了参与"一带一路"贸易竞争的成本。

我们假定在一个经济实体中,存在着一个中央政府和两个异质的地方政府,得到如表 5-4 所示四种类型事权。

表 5-4   四种产出函数下事权类型

事权类型	特征	说明
互不相干类事权	两地方政府行使事权产生的结果互不干扰	可累加事权,如经济产出
短板类事权	两地方政府行使事权产生的结果受最不作为的地方政府影响	如污染治理
长板类事权	两地方政府行使事权产生的结果受最为作为的地方政府影响	如高新技术
取交集类事权	两地方政府行使事权产生的结果受两政府作为相同的部分的影响	公共类事权:如地方的战略部署
取并集类事权	两地方政府行使事权产生的结果受两政府作为相同的部分再加上不重合部分的影响	跨区类或者跨区共担事权:如交通

这种分类方式是对后续事权和支出责任的模型化分析所进行的一定尝试。但这种分类方式并不能用来讨论中央事权和地方事权,更多地可能适合解释政府间共担事权划分。

第六章

政府间事权划分的基本逻辑

第一节 我国事权划分的基本框架设计

合理的事权划分框架需要满足以下几个条件：符合当前事权划分的实际情况、有现实意义和理论依据等。在尝试多种事权分类方法分析其与现实情况的匹配程度及解释力后，本文最终借用"政府工具论"[①]，结合公共政策的研究路径，以事权属性来划分我国事权。

这种分类方法的优越性：第一，在于其与我国事权实际划分情况的较高程度匹配；第二，这种划分方式可以在政府官方文件中获得政策依据。2016—2018年，国务院发布了国发〔2016〕49号、国发〔2017〕9号和国办发〔2018〕6号等文件作为当前我国事权划分的重要指导。这些文件明确指出，在事权改革中应根据事权属性，按照事权构成要素和执行环节来细化各级政府事权归属。而本文事权分类框架的设计与文件精神是不谋而合的。并且文件中所明确列举的政府间共担事权也与基于本文以强直接性属性来划分的共担事权是完全一致的。第三，政府工具和事权的共通之处。政府工具是政府实现治理和职能的方法选择，政府工具的运用即事权的实际履行。选择政府工具即是确定事权的政府级次归属或调整履行主体（执行主体从政府变为私人部门等）。第四，考虑了事权执行的几乎所有要素：事权执行的主体、客体、采用的方式和所需资源。第五，按事权属性所划分的事权类别可以匹配传统分类方式下的事权划分。特别是，该分类方法及关键用语均有相应的理论依据或学术定义。如图6-1所示。

[①] 政府工具理论是20世纪90年代以来公共行政、公共管理和公共政策领域的重要研究领域，政府工具已经在诸如环境政策、货币政策和能源政策领域得到了广泛应用。

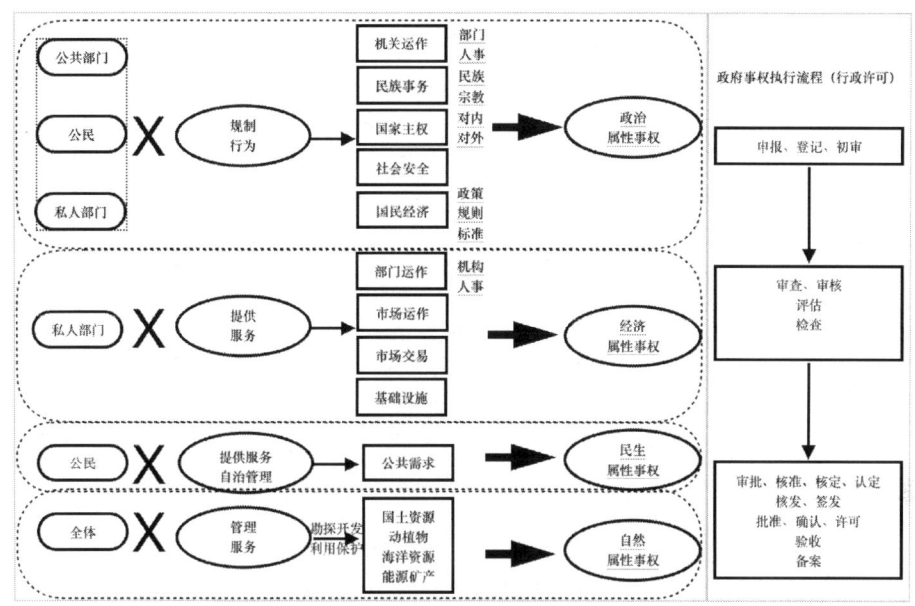

图 6-1　按权力属性划分事权与按事性划分事权的共通关系

政府将事权视为政府行为和信息收集的有效工具（Hood 和 Margetts，2007）。事权及其实现即是政府在法定框架下运用行政权威、财政资金、信息、人力和组织等资源，通过一系列达成目标的手段，对目标对象履行事权。其中，行政权威是政府通过法律法规等规范性文本所获得的能够强制或规制特定对象及其行为的权力。根据 Simon（1976）对权威的定义，可以将"行政权威"进一步定义为"中央政府制定并传达决策，下级政府、私人部门和公民在一个可接受范围内接受这个决策"，而这个可接受范围即法律所框定的界限。行政权威可以放大权力的作用、效果和影响力，拓展事权执行的作用空间（俞可平，2016）。工具选择的关键维度是强制性程度、直接性程度、自治性程度和可见程度（Salamon，2002）。而通过对政府行为和政府权力特征的归纳，我们发现在事权履行过程中，不同事权是不同强弱程度"强制性—直接性"属性组合的产物。强制性是政府对目标对象行为的强制或者限制程度，主要依靠的是行政权威资源，是影响资源配置的非预算方法（Boadway 和 Shah，2009）。强制性是事权的典型特征之一，但每种权力在强制性程度上是有很大差异的。"推荐""讨价还价""许可""同意"等事权是低强制性的，而"命令"和"禁止"等事权则是高强制性。如政府是否选择公开政府信息和管制经济就是非常典型的（弱，强制性）和（强，强制性）事权。直接性则是政府直接来提供或者满足既定目标的程度，主要依靠的是财政资金、信息和人力等资源。事权项目越是直接，则意味着公民的选择空间越小，这项事务更难由其他部门主体来代替或合作提供。如表6-1、表6-2所示。

表6-1　　　　基于"强制性—直接性"维度政府行为分类

直接性	强制性	
	强	弱
强	直接规制	提供服务
弱	间接规制	自治管理

表6-2　　　　政府事权履行行为资源利用

	权威	资金	信息	可利用的组织
规制	高	间接	中	公共部门
提供服务	中	直接	高	公私部门、第三部门
自治管理	低	间接	低	各主体

而为了更加直观地区分不同强弱"强制性—直接性"组合的四类事权，我们以资源使用情况①进行进一步解释。

政府事权如果带有较强的强制性，无论是政府对目标对象及行为进行直接规制，还是通过设立标准、准入等方式来间接规制，都需要公共部门以较强的政府权威来保障相应的事项能够被较好履行或禁止履行，因此一般属于中央事权。最典型的（强，强制性）的事务，即国家主权和国家安全事务。而政府直接参与履行的事权，包括直接向社会公众提供如"管理、监督"等公共服务和"基础设施建设"等公共产品。这类行为主要针对目标群体的偏好，运用政府财政资金来完成，组成了绝大部分的政府共担事权。而各组织机构的自我管理，政府主要提供的是志愿协议、信息披露、志愿性标准和志愿方案（陈振明，2009），在实际中一般归属辖区政府管理。如表6-3所示。

表6-3　　　基于"强制性—直接性"属性的我国事权划分框架

事权划分	一般归属中央政府	常为政府共担事权	归属辖地政府
属性／目标群体	（强，强制性）	（弱，强制性）和（强，直接性）	（弱，强制性）和（弱，直接性）
公共部门	军事活动、政府采购、政府债务	公共部门运行、地区援助、国有资产、基础设施	部门自有资源规划利用、公务员

---

① 即三种事权履行行为分别在政府权威（程度上）、财政资金（直接还是间接使用）和偏好信息（需要程度）资源的比较使用情况。

续表

事权划分 目标群体 \ 属性	一般归属中央政府	常为政府共担事权	归属辖地政府
	（强，强制性）	（弱，强制性）和（强，直接性）	（弱，强制性）和（弱，直接性）
私人部门	市场规则、行业规则与财会标准、价格管制、机构认定、质量监督、检验检疫、市场秩序	市场活动和市场运行、各行业生产经营活动、对外贸易、市场交易、从业与执业许可、金融活动、基础设施	志愿标识、志愿标准、少数评估师执业或从业资格认定
公民	宗教事务、港澳台事务、民族事务	科教文体卫医疗计生事务、城乡社区规划与建设、民政事业、灾害防治、（非强制）社会保障、基础设施	基层群众自治
全体	国家主权事务、国家安全与保密、国防、领土领海领空的确定与保卫、军事活动、战略物资、国内外政策、外交与对外援助、司法监察、税收征管、金融与外汇、货币发行、出入境、意识形态、社会保险、统一标准、技术规范、度量衡、国土资源海洋勘探开发利用与保护	公共安全、传媒、审计普查、农林牧渔、节能环保、历史文化文物传承与保护、基础设施、政府收费	公益广告、信息披露、科学技术成果鉴定、旅游景区登记、优秀旅游城市评定

第二节 （强，强制性）事权
——不能实行"分权"的中央保留事权

（强，强制性）的事权一般被划分为中央事权。这类事权履行的目的在于维护国家权威和统一、社会政治经济稳定与战略发展，必须由中央政府这个执行国家意志和人民利益的"代理人"以"行政权威"来调和可能出现的各主体间的矛盾，实现对所有主体行为的规制，从而保障整个国家和民族的生存与发展。

首先政治上，与巩固主权和国家地位相关事项，如领土（海陆空及边境）保卫、国防、航空航天、军事装备与军需用品和外交等，基本划归为中央事权。其次，影响全社会安全的枪支弹药等，也划归为中央事权。而少数民族地区和港澳地区虽有一定的自治权，但重大港澳、华侨、民族和宗教事务仍由中央政府来统领。因为这种区域性的自治权本质上还是国家主权下被赋予的权力。此外，国家凭借其政治权威，在全国范围内统一规定的战略发展政策、度量衡及其他国家标准等，也由中央政府统筹设定。

而经济上，根据《建立社会主义市场经济体制若干问题的决定》："宏观经济调控权，包括货币的发行、基准利率的确定、汇率的调节和重要税种税率的调整必须集中在中央"。而与财政政策、货币政策和全国性发展规划相关的重要政策工具，如黄金、外汇的管理权也应由中央掌控。从具体的市场行为来看：金融领域（银行、证券、保险、外汇等）是国家经济的核心产业，关乎经济之根本，因此金融行业重大的人事变动和业务都属于中央政府的监管范围；而重点行业和特种行业，也由中央政府控制，如作为国家重要的税收来源之一的烟草行业以及兼具经营活动的复杂性和易被犯罪分子利用特殊性的特种行业，也一般由中央政府管辖，即使有地方具体执行的事项，也基本只下放到省级政府。此外，全国性产业政策和行业标准、全国性和跨境/区市场监管行为（如质量认定、检测等）、重要工业产品、重点领域和支柱行业的涉外投资及重大业务变更和人员变动管理等由中央统一制定或管理。

但（强，强制性）事权中目标群体是"全体社会成员"有极少部分事权目前被划归共担事权或者地方事权。部分下放给地方政府的（强，强制性）事权基本满足以下特定条件，且一般只下放到省政府这类较高层级地方政府。

一、地方性具体或临时事务

如属于国家安全事务中的"人民防空"事项，出于更好地动员和组织人民群众，将其下放到省级政府部门，让地方政府参与配合，可以更好地保护公民安全、更及时地开展抢险救灾任务。在宗教活动方面，国家将宗教活动场所、印刷内部出版物和宗教用品、地方性宗教团体等事权交托给省级政府。

二、经由中央或立法机构授权的事项

此类事项以税收征管权的划分最为典型。根据我国最新版的《税收征管法》及《实施细则》，税收征管由税务机关进行，税务机关在税务系统内部实行垂直管理。而地方政府主要负责税务系统建设等辅助支持工作。

税收立法权主要集中在中央，地区性地方税收的立法权只限于省级立法机关（或立法机关授权本级政府），不得下放。但实际上，根据我国《组织法》的规定，目前仅有民族自治地区和海南省，在遵循各项上位法原则的基础上，可以制定有关税收的地方性法规。而从税收征管的广义含义来看，该权力仍主要由中央政府掌握，省级地方政府在个别领域拥有少量的地方税的征管权限，并且需要向中央政府进行申请，经批准后才可执行。如根据国发〔2014〕62号的文件精神，地方一律不得制定专门税收法律法规和《民族区域自治法》外的税收优惠政策。

三、中央已制定全国通用标准后的具体执行事务

如计量器具的核准和认定，即是由中央政府制定全国通用标准，但具体事项由各级地方政府来管理。

四、事权改革对象——过渡期的地方事权或共担事权

这类事权中最为典型的是"社会保险"中的基本养老保险和基本医疗保险的相关事项。根据《社会保险法》的相关规定，中央政府负责管理全国社会保险及其他相关工作，地方政府管理本辖区的社会保险工作。以"基本养老保险"和"基本医疗保险"为例，目前不少省份都出现了保险金亏空等诸多问题。但根据国发〔2016〕49号的文件精神，基本养老保险和城乡基本医疗保险这类能够"体现社会公平正义"的事权，实际上属于应被加强的中央政府的财政事权。但目前处于改革的过渡阶段，基本养老保险和基本医疗保险等相关事项，暂时被确定为共担事权。

第三节 （强，直接性）事权
——政府间共担事权划分规律的分析

各省市的行政权力清单将地方承担的事权大致分为准入类和奖惩类两类[①]，从权力清单中事权的实际划分来看，具有（强，直接性）的事权属于中央与地方共担事权。其中"受（损）益范围""溢出效应"和"信息成本"，是共担事权划分最主要的参照；而基础建设和资源类的共担事权更倾

---

① 根据31个省、市、自治区公布的权力清单归纳得出，其中准入类具体包括行政许可、行政审批、行政确认、行政检查等；奖惩类具体包括行政给付、行政奖励、行政处罚、行政强制、行政征收等。

向考虑"监督难度"和"规模效益"两个要素。

一、(强,直接性)事权的划分原则

(强,直接性)事权,简单地理解就是政府作为市场平台①中一个重要的主体直接参与到相关事务中。这类事权的具体事务一定程度上可以由私人部门替代执行,或由政府与其他主体合作完成。

首先,与居民日常生活密切关联的科教文卫医疗、社会保障与就业、城乡社区规划与建设、公共事务依附的公共设施等基础设施建设,根据受损益的"就近一致"原则来确定事权所属辖区。由中央政府提供受益在全国、跨境(涉外)、跨省范围的公共服务和基础设施;而区域性的公共服务提供属于地方事权(市、县)。

其次,在市场经济交易活动中,主要考虑"溢出效应"和"监督难度"两大要素。溢出效应大且下放给地方政府的监督难度较大的跨国境(如进出口、出入境、跨国境、外汇等)、境外(含港澳台和华侨)生产经营活动由中央政府监管。省级政府主要负责企业生产经营活动、一般性投资业务(含涉外)、事务所、中介机构和评估机构的资格认定及业务开展等事权。而零售和登记等区域范围内、小规模的市场交易行为和部分事业单位的管理,划归为市、县级事权。

二、资源类事权——综合类别的事权划分原则

资源类事权因为涵盖内容广泛,不同类别的资源型事权所考虑的要素和要素的优先级次都是有所差异的。

涉及国土资源等方面的事权执行拥有更强的强制性,上级政府倾向限制或者驳回下级政府对于该类事权的"争取"。①国土自然资源方面,国家重要、稀有、高危、高污染的国土资源开采和利用,中央所属矿山管理,能源勘探、开发(如天然气、石油、煤炭)和进出口,自然资源的进出口和对外合作都被中央政府掌控。这些资源是国家经济社会发展的重要物质基础和战略储备,特别是能源又常涉及跨省运输和储存。而大部分金属和非金属的加工和投资项目、探采矿权、能源仓储和销售的初审属于省级事权。②国土海洋气象中涉外的地质灾害和气象活动、国家基准气候站和基本气象站、海洋观测、海岛开发、填海项目、海洋资源勘探、测绘等属于

---

① 市场是政府、企业、家庭和个人进行商品交易的平台(林光彬,2017;李俊生,2018)。

中央事权。地方政府一般负责这些项目的审查和调整方面的事权。

而以下三大类资源类事权，则更多由地方政府承担或中央和地方政府共担。①农林水事务大部分属于地方事权。中央主要负责中央储备粮、粮食和棉花等进出口、涉外种质合作与研究活动、珍稀品种及种质管理、主要/新农林品种审定等事项。主要考虑的是事权的"受益范围"和"监督难易"两大要素。②节能环保事务。生态环境保护、污染防治和节能减排这类事务一般受损益区域较大，常被划归为省级事权。中央主要掌握国家一级、国家重点保护的动植物、国家级自然保护区的管理，以及国家重点保护或国际公约限制的野生动植物进出口事项。根据事权的"受益范围""溢出效应"和"监督难度"要素来划分政府级次。③历史文化传承与保护。这类事权主要包括各民族历史、文化（及传承）、文物（保护）等各项管理、维护与发展事项，一般根据"受益范围"和"溢出效应"要素来进行划分。如地方性的文物保护和文化传承等由地方政府管理。见表6-4。

表6-4　　　政府间（行政许可）事权划分部分关键词

类别	中央	省	省市县	市	县
政治	中央机关、国防、核与乏燃料、航空、领土领海、进出境、港澳台、华侨、边境管理、国家秘密和档案、枪支弹药、军品、援外、人民币、国家安全、标准物质定级、全国、跨省	在华外国人、华侨、人防工程、国防交通、基金会、公务用枪、普通护照签发、资质审批、保密档案、动用储备的国防交通物资、宗教（临时、地方、筹备）、税务登记、税收强制、税款征收、省级储备粮、移民稽查、行政区划变更、国家鼓励项目确认、统计信息公开、出入境	港澳台通行证、外国人签证、司法鉴定	外国人、户口迁移、普通护照签发	户口迁移
经济	金融机构、证券、保险、期货、外汇、银行、债券、烟草（制品）、特种设备设计与制造、免税、高级管理人员、驻华代表机构、境外投资、企业报关、免税场所、重要税收优惠、进出口、特殊、敏感、涉外（含港澳台）	权限内外商投资企业业务及生产经营活动、港澳台及外商投资、融资性担保机构、事务所、中介机构业务、评估机构、基金会、彩票业管理、固定资产投资、产品质量检验与鉴定、重要工业产品、特种设备生产使用及（含人员）监管、价格监测	临时、事业单位、社会企业、非国有、民办	批发、登记、特种设备登记	零售、购买

续表

类别	中央	省	省市县	市	县
历史文化与自然资源	石油、煤矿、海洋（含海域、海底等）、水土保持、地质灾害防治、宗教、国家级和重要文物保护、考古、进出境检疫、配额、涉外、跨省、重要、重点保护、珍贵/稀、国家一级、国家级、国有、中央管理、国务院审批、进出口	进出口（农作物、实验动物等）、农业发展项目、农业补贴、农药、兽药、危险废物、排污许可、动植物检疫、野生动物保护与交易、能源使用及监管、大中型水利水电工程、河道、基本水文测站、移民安置、文物拍卖、盐、转基因、检测机构、资质认定、质量检验、安全许可、国家级、一级保护、重要、高致病、权限内	设施设计、污染防治、农作物生产经营	电子废弃物、生活垃圾、建筑垃圾、燃气、渔港、使用许可、经营许可	燃气经营许可、渔港、生活垃圾、农村宅基地和集体建设用地
民生与基建	高等教育、科研、高致病性、临床试验、药品注册、高危/污染化学品、进口化妆品、婴幼儿配方乳粉、跨省大型群众性活动、国际性或全国性文体活动、人体器官移植、药物临床试验、新药和反射性药品、中央投资、中央所有土地开发和规划、外商投资、无线电、民航、互联网、电信准入、核电站、铁路、气象站、全国范围、涉外、跨境、国家级、重点、一级、国际性	教材、教学地图、副教授、高校师生学位管理、技工学校、著作权、出版单位、出版物（含电子）、印刷经营活动、经纪机构、国产剧、电影剧本、食品生产经营、化妆品生产、药品生产与经营、麻醉药品与精神药品生产企业报关登记、暂时进出口货物、医疗机构、血站、戒毒、人类辅助生殖、医师、医疗广告、医疗器械、（危险、第一类）化学品、保安、退役军人、资格认定、保障性住房、城乡规划、市政工程、建筑师、收费公路、公路建设、城轨交通监管、互联网、乙级、国家重点建设水电站、区域性、进出口	群众性活动、教师资格、民办职业培训学校、高危体育活动、母婴保健、医疗机构、机动车、非机动车、人力资源服务机构、工程监理、有线电视、排污口	外籍医师短期执业、麻醉药品购买、卫生许可、饮用水、生活垃圾、城市环卫设施、城市道路与绿化、农村集体修建水库	民用、营业性演出、娱乐场所、表演团体、出版物零售、电影放映单位、职业健康、道路运输许可、城市道路、城市绿化、社区有线电视、农村集体修建水库

（强，直接性）事权在五大划分原则的考量上各有侧重：资源类事权首先需要区分"重大"与"基础"事项，再进行定性和定量的"分级审批和

管理"。如将全国性、战略性和重要领域等事项划归为中央事权，其余事权按照受益范围、信息成本及规模效应的强弱关系进一步划分，将权限内、贯彻重大战略且无明显争议的事权划分给地方。民生类事权，主要考虑受益范围、信息成本和溢出效应要素，并且要保障公共产品和服务的"最低供给"，秉持"公平"原则实现基本公共服务均等化；而基础设施建设事项则还需考虑规模效应（Bastable，1892），将涉及范围广、规模和投资大、成本回收时间长、技术难度大的事项归于中央事权或高层次政府，地方偏好较强的一般性基础设施建设被划归地方政府。（弱，强制性）和（弱，直接性）的各主体事权，一般以属地原则为基准，结合"受益范围"和"监督难易"要素来确定政府归属。典型的"双弱"事权如行政机关运作与管理，由对应级次政府负责。如表6-5所示。

表6-5　　我国政府间事权划分一般性规律

划分原则 事权	受益范围	溢出效应	信息成本	监督难度	规模效应	政府级次
（强，强制性）	H	H				中央政府
	M	H				省政府
	L	L				地方政府
（强，直接性）	H	H	H	H	H	中央政府
	L	L	L	L	L	地方政府
（资源）	H		H		H	中央政府
	L		L		L	地方政府
（经济）		H		H		中央政府
		L		L		地方政府
（民生）	H	H	L			中央政府
	L	L	H			地方政府
（基建）	H	H	L		H	中央政府
	L	L	H		L	地方政府
（弱，强制性） （弱，直接性）	√			√		辖地政府

注：其余为共担事权；H=高；M=中；L=低；√=需考虑因素。

第七章

我国合理配置政府间事权与支出责任的尝试

目前，我国事权划分的主要矛盾集中在事权和支出责任划分不清，特别是共担事权边界模糊、事权和支出责任是否一致以及各级政府是否有足够的财力来保障支出责任履行等问题上。分税制以来，政府虽然没有对事权和支出责任进行宪法甚至是法律层面上的改革，但也尝试了不少有益的举措来开展"有重点、分阶段"事权改革①。

一、目标设定

虽然我国事权和支出责任改革的目标一直有细微的变动，但基本是围绕"合理划分政府间事权和财政支出范围"和"实现基本公共服务均等化"两大标的所设定的。其中又特别强调"明确省级政府以下地方政府的事权和支出责任"和"保障基层政府提供基本公共服务能力"。如本文第三章第二节中的分析，政府不断地探索和调整以事权为核心的规定财政关系的基本原则，将"事权"和"财权""财力""支出责任"的匹配，变更为让"财政事权"和"支出责任"相适应。"财政事权和支出责任相适应"原则的提出，是基于我国当前事权改革所具备的条件，以政府职能转变为前提，有助于进一步提高财政资金使用效率和公共价值创造，从而有重点、分阶段地实现"事权和支出责任的相适应"的重要指导思想。

二、政府事权改革采取的具体措施

政府为达成明晰政府间事权划分和实现基本公共服务均等化这两大目

---

① 详细文件出处见"附录1：分税制改革后描述'事权'的重要文本归纳"，本章不再进行赘述。

标,分别从"重新定位政府角色,界定各级政府职能""明确转移支付规则和责任主体,确定政府支出责任主体""列举基本公共服务领域的重大事权和共担财政事权清单、基础标准和支出责任划分"这三个方面来具体开展。

首先,适度加强了中央政府的事权和支出责任,以及中央政府承担基本公共服务的能力。中央政府充当经济社会等方面宏观管理、事权决策和执法等角色,而地方政府应更好地贯彻事权的执行权力,尤其是具体管理事项。其次在合理界定政府与市场边界的基础上,政府逐步退出非公共服务领域,充分考虑公共事务的责任性质和受益范围,强化政府提供公共服务职能。

在支出责任划分方面,通过"中央政府事权及中央承担支出责任事权,由中央本级预算列支,不得要求地方安排配套资金""地方政府事权,中央不安排专项拨款"以及"共担事权由各级政府分担资金,列明支出比例"三项措施,以规范转移支付及责任主体,间接明晰政府间支出责任。

在实现基本公共服务均等化方面,明文列举基本公共服务的领域和范围,设定国家标准,规范中央政府和地方政府的分担比例,并安排中央牵头部门和相关配套措施保障整体规划的逐步推行。

总体来看,事权改革要实现事权和支出责任的规范化和法制化,并全面推行和公开权力清单、责任清单和负面清单。目前权责清单制度已基本建立起来,但仍存在诸多问题。

三、对权力清单制度的反思

国务院等机构公开的中央及各省政府权力清单,是明晰政府间事权划分的重要依据,但其在内容和类别的设置上需进一步完善。首先,权力清单公开的主要是行政许可事项,只有少部分省级政府在权力清单中列举了行政处罚、行政强制等事权。这些类别事项的缺失一定程度上会影响我们对事权划分的判断。其次,当前权力清单中仍存在诸多未尽事项,如"能源开发"这类事权在各级政府权力清单中均未有具体安排。再次,各省权力清单事权列举的详尽程度差异明显。以部门为例,某省权力清单中"国资委"仅管理"对省属国有独资公司章程进行审核"1项事权,但列举了安全监管局的352项事权。最后,当前地方政府的权力清单只制作和公开了省级政府清单,基层政府实际承担的事权仍不明晰。市县以下事权只能通过"中央指定地方实施的行政许可事项"进行大致推测。

而本文进一步对比"中央指定地方实施事项清单"与"地方权力清单"发现,中央指定地方实施事项与地方权力清单无法完全对应,存在较多

"中央指定事权、地方无对应事权""指定事权归属政府与实际执行政府级次不一致""指定事权与实际执行事权不完全一致"等情况。"中央指定、地方无对应事权"构成了政府事权执行和支出责任履行"中空地带",造成政府职能的缺位;"事权理应归属和执行政府级次的差异"则直接造成事权边界混乱,互相推诿管理和支出责任。

"财政事权"和"支出责任"相适应,将我国当前事权改革的关注点集中在事权归属和对应的财政支出上。首先我们应对当前的权力清单制度进行完善。在拓展当前行政许可事项清单的基础上,统一各部门事权列举口径,并构建市县级次政府权力清单。更为重要的是,要重点关注中央指定地方事权和地方列举事权不一致的部分,从而明确该部分事权的最终归属。其次,各级政府继续编制与当前"权责清单"一致的"支出清单",详述列举事权的出资主体、资金来源、支出依据等基本内容。通过政府"权力—责任—支出清单"制度的构建,一定程度上可"强制"实现财政事权和支出责任匹配。

四、对我国事权改革未来的展望

我们应将事权划分和支出责任归属纳入法治化轨道。将各级政府的列举权力、专有权力、禁止权力、共有权力和保留权力中一项或多项以法律法规的形式进行明文规定。与此同时,可设置一些专门机构或法律来处理事权和支出责任的争端,减少"讨价还价"或"互相推诿"的情况,从而最终实现"事权和支出责任相适应"。

参考文献

[1] 艾琳,王刚. 行政审批制度改革探究 [M]. 北京:人民出版社,2015:4-10.

[2] 财政部综合计划司编. 中华人民共和国财政史料 [M]. 北京:中国财政经济出版社,1982:1-248.

[3] 曹正汉. 中国的集权与分权:"风险论"与历史证据 [J],《社会》,2017(3).

[4] 陈振明. 政府工具导论 [M]. 北京:北京大学出版社,2009:18-101.

[5] 陈振明. 公共管理学 [M]. 北京:中国人民大学出版社,2017:237-254.

[6] 冯兴元. 我国各级政府公共服务事权划分的研究 [J]. 经济研究参考,2005(26):2-18.

[7] 冯兴元. 地方政府竞争:理论范式分析框架与实证研究 [M]. 南京:译林出版社,2010:336-363.

[8] 郭忠华. 当代国家理论 [M]. 广州:广东人民出版社,2017:49-60.

[9] 华莱士·E. 奥茨,刘承礼. 财政联邦制述评 [J],经济社会体制比较,2011(5):13-27.

[10] 黄建文,杨红伟,罗强. 博弈论——对中国分税制重新解读 [M]. 长沙:湖南人民出版社,2011:31-58.

[11] 黄韬著. 中央与地方事权分配机制 [M]. 上海:格致出版社,2015:8-23.

[12] 李齐云. 建立健全与事权相匹配的财税体制研究 [M]. 北京:中国财政经济出版社,2013:33-61.

[13] 刘承礼. 省以下政府间事权和支出责任划分 [J]. 财政研究,2016(12):14-27.

[14] 吕冰洋. 现代政府间财政关系的构建 [J]. 中国人民大学学报,2014(5):11-19.

[15] 李俊生,姚东旻. 重构政府与市场的关系——新市场财政学的"国家观""政府观"及其理论渊源 [J]. 财政研究,2018(1):20-32.

[16] 林光彬. 重新理解市场与政府在资源配置中的作用——市场与政府到底是什么关系 [J]. 教学与研究,2017(3):12-21.

[17] 刘剑文,侯卓. 事权划分法治化的中国路径 [J]. 中国社会科学,2017(2):102-122.

[18] 刘银喜. 财政联邦主义视角下的政府间关系 [J]. 中国行政管理,2008(1):119-122.

[19] 李森. 试论公共产品受益范围多样性与政府级次有限性之间的矛盾及协调

——对政府间事权和支出责任划分的再思考［J］.财政研究，2017（8）：2-17.

［20］楼继伟.中国政府间财政关系再思考［M］.北京：中国财政经济出版社，2013：16-30.

［21］马海涛，任强，程岚.我国中央和地方财力分配的合意性：基于"事权"与"事责"角度的分析［J］.财政研究，2013（4）：2-6.

［22］乔宝云.中央和地方财政关系改革的关键问题［J］.财经智库，2017（1）：51-80.

［23］宋立，刘树杰.各级政府公共服务事权财权配置［M］.北京：中国计划出版社，2005：21-49.

［24］魏建国.中央与地方关系法制化研究［M］.北京：北京大学出版社，2015：28-40.

［25］王浦劬.中央与地方事权划分的国别研究及启示［M］.北京：人民出版社，2016：28-393.

［26］王浦劬.中央与地方事权划分的国别经验及其启示——基于六个国家经验的分析［J］.政治学研究，2016（5）：44-58.

［27］王守坤，任保平.财政联邦还是委托代理：关于中国式分权性质的经验判断［J］.管理世界，2009（11）：29-40.

［28］文政.中央与地方事权划分［M］.北京：中国经济出版社，2008：149-188.

［29］俞可平.权力与权威：新的解释［J］.中国人民大学学报，2016（3）：40-49.

［30］杨其静，聂辉华.保护市场的联邦主义及其批判［J］.经济研究，2008（3）：99-114.

［31］杨志勇.分税制改革中的中央和地方事权划分研究［J］.经济社会体制比较，2015（2）.

［32］杨志勇.中央和地方事权划分思路的转变：历史与比较的视角［J］.财政研究，2016（9）：2-10.

［33］姚东旻，张诗琪.如何最优地"放权"——行政事项集权与分权的最优边界［J］.财经研究，2017（4）：41-54.

［34］丹尼尔·J.伊拉扎（Daniel J. Elazar）著；彭利平译.联邦主义探索［M］.上海：上海三联书店，2004：3-6.

［35］郑永年.中国的"行为联邦制"中央—地方关系的变革与动力［M］.北京：东方出版社，2013：299-320.

［36］周黎安.中国地方政府公共服务的差异：一个理论假说及其证据［J］.新余学院学报，2008，13（4）：5-6.

［37］周黎安.转型中的地方政府——官员激励与治理 第2版［M］.上海：格致出版社，2017：29-105.

［38］朱红琼.中央与地方财政关系及其变迁史［M］.北京：经济科学出版社，2008：214-219.

［39］朱光磊，张志红."职责同构"批判［J］.北京大学学报：哲学社会科学版，

2013 (1): 101-112.

[40] 中央财经大学课题组,安秀梅. 中央政府与地方政府责任划分与支出分配研究 [J]. 经济体制改革, 2006 (6): 10-15.

[41] Ahmad E, Brosio G. Handbook of multilevel Finance [J]. edward elgar, 2015, 29 (1): 151-153.

[42] Boix C, Stokes S C. The Oxford handbook of comparative politics [M]. Legal History Review, 2007, 78 (3): 494-500.

[43] Blanchard O, Shleifer A. Federalism with and without Political Centralization: China Versus Russia [J]. Social Science Electronic Publishing, 2001, 48 (1): 171-179.

[44] Cao Y, Qian Y. Weingast B R. From federalism Chinese style to privatization [J]. Economics of Transition, 1999, 7 (1): 103-131.

[45] Duit A, Galaz V. Governance and Complexity—Emerging Issues for Governance Theory [J]. Governance, 2008, 21 (3): 311-335.

[46] Dietmar Braun. How Centralized Federations Avoid Over-centralization [J]. Regional & Federal Studies, 2011, 21 (1): 35-54.

[47] Durlauf S N, Blume L E. The New Palgrave: Dictionary of Economics, The new Palgrave dictionary of economics [M]. Palgrave Macmillan, 2008.

[48] F Porcelli. Fiscal Decentralisation and efficiency of government—A brief literature review [J]. Decentralisation and efficiency of government, 2009: 1-10.

[49] Huang Y. Inflation and investment controls in China: The political economy of central-local relations during the reform era [M]. Cambridge University Press, 1999.

[50] Hood C C, Margetts H Z. The tools of government in the digital age [M]. Palgrave Macmillan, 2007: 50-77.

[51] John Lock. The Two Treatises of Civil Government [M]. McPherson: Hackett Publishing Company Indianapolis and Cambridge, 1980.

[52] Jos C N. Raadschelders & Richard, J, Stillman., Towards a New Conceptual Framework for Studying Administrative Authority [J]. Administrative Theory & Praxis, 2007, 29 (1): 4-40.

[53] Jin H, Qian Y, Weingast B R. Regional decentralization and fiscal incentives: Federalism, Chinese style [J]. *Journal of public economics*, 2005, 89 (9): 1719-1742.

[54] Junxue Jia, Qingwang, Guo, Jing Zhang. Fiscal decentralization and local expenditure policy in China [J]. *China Economic Review*, 2014 (28): 107-122.

[55] King D. Fiscal tiers: The economics of multi-level government [M]. Routledge, 2016.

[56] Mathews R L, Lloyd M R. Revenue sharing in federal systems, Centre for Research on Federal Financial Relations [M]. the Australian National University, 1980.

[57] Montinola G, Qian Y, Weingast B R. Federalism, Chinese style: the political basis for economic success in China [J]. World politics, 1995, 48 (1): 50-81.

[58] M T. Federalism, Fiscal Authority, and Centralization in Latin America [J]. De-

veloping Economies, 2007, 69 (4): 1223 -1225.

[59] Qian Y. The institutional foundations of China's market transition [J]. Working paper, Stanford University, 1999: 5 -31.

[60] Robin Boadway, Anwar Shah. Fiscal Federalism: Principles and Practices of Multiorder Governance [J]. Journal of Economic Literature, 2010, 48 (3): 766 -769.

[61] Salamon L M. The tools of government: A guide to the new governance, The tools of government: a guide to the new governance [M]. Oxford University Press, 2002.

[62] Shirk S L. The political logic of economic reform in China [M]. Univ of California Press, 1993.

[63] Suzuki Y. Fiscal Relations between the Central and Local Governments in China and the Concepts of "Bao (Contract)" and "Bisai (Contest)": A Contract Theory Analysis of Development Governance [J]. Japan Society for the Promotion of Science, 2013: 1 -38.

[64] Shah Anwar, J Kincaid. The Practice of Fiscal Federalism: Comparative Perspectives [M]. MQUP, 2007.

[65] Oates W E. Toward A Second - Generation Theory of Fiscal Federalism [J]. International Tax & Public Finance, 2005, 12 (4): 349 -373.

[66] Ostrom V, Tiebout C M, Warren R. The organization of government in metropolitan areas: a theoretical inquiry [J]. American political science review, 1961, 55 (04): 831 -842.

[67] Vo D H. The Economics of Fiscal Decentralization, Journal of Economic Surveys [J]. 2010, 24 (4): 657 -679.

[68] Weingast B R. Second Generation Fiscal Federalism: Political Aspects of Decentralization and Economic Development [J]. World Development, 2014, 53 (32): 14 -25.

[69] Wheare K C. Federal government [M]. London; New York: H. Milford; Oxford University Press, 1946.

[70] Wallace E Oates. Fiscal Federalism, New York: Harcourt Brace Jovanovich [J]. 1972, Reprinted, 2011.

[71] Wallace E Oates. An Essay on Fiscal Federalism [J]. Journal of economic literature, 1999 (10): 1120 -1149.

[72] Wallace E Oates. Toward A Second - Generation Theory of Fiscal Federalism [J]. International Tax & Public Finance, 2005, 12 (4): 349 -373.

[73] Zheng Y. "Institutional Economics and Central - Local Relations in China: Evolving Research" [J]. *China: An International Journal*, 2005, 3 (02): 240 -269.

附录1 分税制改革后描述"事权"的重要文本归纳

年份	文本	有关表述
1991年12月26日	《财政部关于颁发乡（镇）财政管理办法的通知》① 财地字〔1991〕第215号	乡财政机关是基层政权的行政机构，依法享有执法权和处罚权。预算内资金在县乡两级财政之间的划分，应当遵循财政与事权结合、责权结合和简政放权的原则。民族乡的财权划分和财力分配，应予适当照顾
1993年2月17日	《关于进一步做好预算外资金管理工作的通知》财综字〔1993〕15号	按照中央、国务院的规定，收费项目的审批权限集中在中央和省两级，由财政和物价部门共同管理，财政部门侧重于立项审批，物价部门侧重于收费标准的核定
1993年11月14日	《中共中央关于建立社会主义市场经济体制若干问题的决定》	把现行地方财政包干制改为在合理划分中央与地方事权基础上的分税制，建立中央税收和地方税收体系。合理划分中央与地方经济管理权限，发挥中央和地方两个积极性
1993年12月15日	《国务院关于实行分税制财政管理体制的决定》国发〔1993〕85号	按照中央与地方政府的事权划分，合理确定各级财政的支出范围；根据事权与财权相结合原则，按税种划分中央与地方的收入，将税种统一划分为中央税、地方税和中央地方共享税
1994年3月22日	《中华人民共和国预算法》	各级国库库款的支配权属于本级政府财政部门。除法律，行政法规另有规定外，未经本级政府财政部门同意，任何部门、单位和个人都无权动用国库库款或者以其他方式支配已入国库的库款
1995年7月19日	《国务院批转国家体改委1995年经济体制改革实施要点的通知》国发〔1995〕21号	继续抓紧研究合理划分中央与地方事权、财权的办法和规范的财政转移支付制度
1995年11月22日	《中华人民共和国预算法实施条例》	预算法第八条所称"中央和地方分税制"，是指在划分中央与地方事权的基础上，确定中央与地方财政支出范围，并按税种划分中央与地方预算收入的财政管理体制

---

① 本文件直接规定了乡级政府事权，因此也纳入表中。

续表

年份	文本	有关表述
1996年3月26日	《关于完善省以下分税制财政管理体制意见的通知》财地字〔1996〕24号	省级财政承担调节辖区内地区间财力差异的职责
1996年11月5日	《关于印发财政部支农周转金管理办法的通知》财农字〔1996〕296号	用款单位要加强对支农周转金借款项目的监督管理，财政部对用款单位有监督检查权，同时，用款单位要接受上级有关部门的专项监督检查
2000年10月8日	《关于进一步加强地方政府采购管理工作的通知》财库〔2000〕12号	监督政府采购活动是财政部门的一项重要职责，各级财政部要认真履行监督管理职责，切实做到管理监督职能与采购执行职能相分离
2000年8月7日	《关于印发中央对地方专项拨款管理办法的通知》财预〔2000〕128号	按照现行中央与地方政府财权事权划分，属于地方政府事权，原则上应由地方财政安排资金的项目，财政部不安排专项拨款
2001年12月10日	《国务院办公厅转发财政部关于深化收支两条线改革进一步加强财政管理意见的通知》国办发〔2001〕93号	项目支出预算要在对申报项目进行充分的可行性论证和严格审核的基础上，按照轻重缓急进行项目排序，并结合当年财力状况，优先安排急需、可行的项目。深化"收支两条线"改革后，严禁将执收执罚权力擅自下放给所属事业单位
2002年12月26日	《国务院批转财政部关于完善省以下财政管理体制有关问题意见的通知》国发〔2002〕26号	完善省以下财政管理体制应合理界定省以下各级政府的事权范围和财政支出责任，各地要按照建立公共财政框架的基本要求，依法界定各级政府的事权范围，进一步明确省以下各级政府的财政支出责任 完善省以下财政管理体制应坚持突出重点，适当增强财政困难县乡的财力。在明确划分各级政府财政支出责任的基础上，各级政府要各负其责，严格实行行政执法责任制。各地要根据各级政府的财政支出责任以及收入分布结构，合理确定各级政府财政收入占全省财政收入的比重

续表

年份	文本	有关表述
2005年4月4日	《国务院关于2005年深化经济体制改革的意见》国发〔2005〕9号	按照决策、执行、监督职能分开的要求,进一步理顺市场监管体制。推动各级政府强化社会管理和公共服务职能,在财力物力等公共资源上给予更多的支持
2005年7月10日	《国务院关于2005年深化农村税费改革试点工作的通知》	根据财权和事权相统一的原则,继续改革完善县乡财政管理体制,确保乡镇正常经费支出需要。积极推行和完善"省直管县"财政管理体制改革和"乡财县管乡用"财政管理方式改革
2006年3月14日	《中华人民共和国国民经济和社会发展第十一个五年规划纲要》	深化投资体制改革,合理界定政府投资范围和中央与地方的投资事权,改进和完善决策规则和程序,提高资金使用效率,建立政府投资项目决策责任追究制 推进财政税收体制改革 调整和规范中央与地方、地方各级政府间的收支关系,建立健全与事权相匹配的财税体制。根据公共财政服从和服务于公共政策的原则,按照公共财政配置的重点要转到为全体人民提供均等化基本公共服务的方向,合理划分政府间事权,合理界定财政支出范围 按照社会主义集中力量办大事原则,在经济发展和财力增加基础上逐步增加中央政府投资规模。完善政府投资管理体制,整合政府投资,改进投资方式,加强项目监管。明确界定各级政府的财政支出责任,合理调整政府间财政收入划分。合理划分中央与地方及地方各级政府间在经济调节、市场监管、社会管理和公共服务方面的职责,建立环境执法、耕地保护、土地管理、人口和计划生育工作目标、安全生产责任制,形成权责明确的教育管理体制
2006年8月17日	《关于完善和推进地方部门预算改革的意见》财预〔2006〕第406号	继续深化部门预算管理体制改革、健全公共财政体系的精神,完善财政资金分配、使用和监督管理机制,优化政府财力资源配置,提高财政资金使用效益。要立足公共财政职能,不断优化财政支出结构,逐步将财政资金从非公共服务领域退出,发挥财政资金在提供保障、实施调控、促进平衡、统筹发展等方面的有效作用

续表

年份	文本	有关表述
2006年8月4日	《关于进一步推进乡财县管工作的通知》财预〔2006〕第402号	实行乡财县管,乡镇政府管理财政的法律主体地位不变,财政资金的所有权和使用权不变,乡镇政府享有的债权和承担的债务不变。属于乡镇事权范围内的支出,仍由乡镇按规定程序审批。要结合省以下政府事权划分进展情况,明确乡镇财政支出范围,并分类制定乡镇支出标准。上级财政部门要通过完善财政体制和加大转移支付力度等方式,增强乡镇财力
2006年10月8日	《国务院关于做好农村综合改革工作有关问题的通知》国发〔2006〕第34号	县乡财政管理体制改革的总要求是:按照社会主义市场经济条件下公共财政的原则要求,建立健全与事权相匹配的省以下财政管理体制,明确界定县乡政府支出责任
2006年10月18日	十六届六中全会《中共中央关于构建社会主义和谐社会若干重大问题的决定》	进一步明确中央和地方的事权,健全财力与事权相匹配的财税体制。保障各级政权建设需要。着力解决县乡财政困难,增强基层政府提供公共服务能力。不断增强公共产品和公共服务供给能力,进一步明确中央和地方的事权,健全财力与事权相匹配的财税体制
2006年10月25日	《国务院办公厅关于做好清理化解乡村债务工作的意见》国办发〔2006〕86号	各地要按照"财力向下倾斜,财权与事权相统一"的原则,进一步完善地方财政管理体制
2007年10月15日	中国共产党第十七次全国代表大会上的报告	健全中央和地方财力与事权相匹配的体制。加快形成统一规范透明的财政转移支付制度,提高一般性转移支付规模和比例,加大公共服务领域投入。完善省以下财政体制,增强基层政府提供公共服务能力
2008年3月3日	2008年第11号中共中央、国务院印发《关于深化行政管理体制改革的意见的通知》	中央政府要加强经济社会事务的宏观管理,进一步减少和下放具体管理事项,把更多的精力转到制定战略规划、政策法规和标准规范上,维护国家法制统一、政令统一和市场统一。地方政府要确保中央方针政策和国家法律法规的有效实施,加强对本地区经济社会事务的统筹协调,强化执行和执法监管职责,做好面向基层和群众的服务与管理,维护市场秩序和社会安定,促进经济和社会事业发展。按照财力与事权相匹配的原则,科学配置各级政府的财力,增强地方特别是基层政府提供公共服务的能力

续表

年份	文本	有关表述
2008年7月22日	《国务院办公厅转发发展改革委关于2008年深化经济体制改革工作意见的通知》国办发〔2008〕103号	推进财税体制改革,研究制订改革方案;进一步理顺中央与地方的财力和事权关系,完善转移支付制度和省以下财政体制。深化涉外经济体制改革,完善利用外资管理体制。简化外商投资审批程序,下放审批权限
2009年6月22日	《财政部关于推进省直接管理县财政改革的意见》财预〔2009〕78号	推进省直接管理县财政改革,必须坚持因地制宜、分类指导,各地要根据经济发展水平、基础设施状况等有关条件,确定改革模式、步骤和进度,不搞"一刀切";必须坚持科学规范、合理有序,要按照分税制财政体制的要求,进一步理顺省以下政府间事权划分及财政分配关系,增强基层政府提供公共服务的能力。理顺省以下政府间财政分配关系,推动市县政府加快职能转变,更好地提供公共服务。为确保顺利推进省直接管理县财政改革,要逐步建立县级基本财力保障机制,加大对财力薄弱县的支持力度。在进一步理顺省与市、县支出责任的基础上,确定市、县财政各自的支出范围,市、县不得要求对方分担应属自身事权范围内的支出责任
2010年9月21日	《关于建立和完善县级基本财力保障机制的意见》财预〔2010〕443号	地方财政是建立县级基本财力保障机制的责任主体。省级财政要加强财政科学化精细化管理,完善省以下财政体制,加大对基层的财力倾斜和支持力度。市级财政要强化统筹所辖县区协调发展的责任,帮助困难县乡提高财政保障能力。县级财政要强化自我约束,科学统筹财力,规范预算管理,切实保障相关部门、乡镇基本运转支出和民生政策支出
2010年3月1日	《财政部门内部监督检查办法》	财政部门内部监督检查,是指财政部门统一领导、财政监督机构具体组织实施的,对本部门内部各业务管理机构和派出机构履行财政管理职责
2011年3月16日	《国民经济和社会发展第十二个五年规划纲要》	按照财力与事权相匹配的要求,在合理界定事权基础上,进一步理顺各级政府间财政分配关系,完善分税制 合理划分中央与地方管理权限,健全地方政府为主、统一与分级相结合的公共服务管理体制

续表

年份	文本	有关表述
2011年5月28日	国务院批转发展改革委《关于2011年深化经济体制改革重点工作意见的通知》	强化政府提供基本公共服务的责任，明确基本公共服务的范围、标准及各级政府的事权和支出责任，建立评价指标体系。对"十二五"规划提出的深化铁路石油等行业改革、理顺各级政府间财力事权关系、调整国民收入分配格局、推进基础养老金全国统筹等中长期重大改革任务，要抓紧制定方案，尽快启动实施
2012年3月18日	《国务院批转发展改革委关于2012年深化经济体制改革重点工作意见的通知》	完善分税制和财政转移支付制度，健全对县级政府一般性转移支付制度，完善县级基本财力保障机制，增强基层政府提供基本公共服务的能力
2012年7月11日	《国务院关于印发国家基本公共服务体系"十二五"规划的通知》国发〔2012〕29号	19次提到"事权和支出责任"。12次提到"财力"。26次提到"支出责任"，并在公共服务的各个领域明确划分政府间支出责任。（举例见下表）牢牢把握基本公共服务的公益性质，明确政府的主体责任，完善公共财政体系，科学划分各级政府基本公共服务事权与支出责任，健全地方政府为主、统一与分级相结合的公共服务管理体制。加强立法、规划、投入、监管和政策支持，有效促进公平公正。充分发挥省级财政转移支付有效调节省内基本公共服务财力差距功能
2012年11月5日	十六届三中全会《中共中央关于完善社会主义市场经济体制若干问题的决定》	健全公共财政体制，明确各级政府的财政支出责任
2013年8月28日	《关于印发中央财政县级基本财力保障机制奖补资金管理办法的通知》财预〔2013〕330号	切实保证县级政府履行基本支出责任的财力需要
2013年11月12日	《中共中央关于全面深化改革若干重大问题的决定》	财政是国家治理的基础和重要支柱，科学的财税体制是优化资源配置、维护市场统一、促进社会公平、实现国家长治久安的制度保障。必须完善立法、明确事权、改革税制、稳定税负、透明预算、提高效率，建立现代财政制度，发挥中央和地方两个积极性。建立事权和支出责任相适应的制度。保持现有中央和地方财力格局总体稳定，结合税制改革，考虑税种属性，进一步理顺中央和地方收入划分

续表

年份	文本	有关表述
2013年11月15日	十八届三中全会《中共中央关于全面深化改革若干重大问题的决定》	建立事权和支出责任相适应的制度。适度加强中央事权和支出责任，国防、外交、国家安全、关系全国统一市场规则和管理等作为中央事权；部分社会保障、跨区域重大项目建设维护等作为中央和地方共同事权，逐步理顺事权关系；区域性公共服务作为地方事权。中央和地方按照事权划分相应承担和分担支出责任。中央可通过安排转移支付将部分事权支出责任委托地方承担。对于跨区域且对其他地区影响较大的公共服务，中央通过转移支付承担一部分地方事权支出责任 必须完善立法、明确事权、改革税制、稳定税负、透明预算、提高效率，建立现代财政制度，发挥中央和地方两个积极性
2013年12月30日	国务院办公厅转发财政部《关于调整和完善县级基本财力保障机制意见的通知》	结合中央和地方财政体制改革进程，依法界定省以下各级政府的事权和支出责任。按照建立事权与支出责任相适应的制度的要求，加快推进财税体制改革，合理划分政府间支出责任，理顺收入划分关系，进一步完善转移支付制度，为从根本上解决部分地区县级财政困难问题创造条件
2014年4月30日	《国务院批转发展改革委关于2014年深化经济体制改革重点任务意见的通知》国发〔2014〕18号	抓紧研究调整中央与地方事权和支出责任。科学界定政府与市场边界，充分考虑公共事项的责任性质和受益范围，合理划分中央与地方、地方各级政府之间的事权和支出责任。结合税制改革，厘清税种属性，进一步理顺中央和地方收入划分，保持现有中央和地方财力格局总体稳定
2014年9月30日	《交通运输部关于加快转变政府职能深化行政审批制度改革的意见》	法律法规、国务院文件规定由县级以上地方交通运输部门实施或直接面向基层和群众、由基层交通运输部门就近实施更为方便有效的行政审批事项，特别是对由下级交通运输部门负责受理、审核，上级交通运输部门批准发证的项目，要按照事权财权一致、方便申请人、便于监管的原则，创造条件逐步交由基层交通运输部门组织实施
2014年10月8日	《国务院关于深化预算管理制度改革的决定》国发〔2014〕45号	在明确中央和地方支出责任的基础上，认真清理现行配套政策，对属于中央承担支出责任的事项，一律不得要求地方安排配套资金；对属于中央和地方分担支出责任的事项，由中央和地方按各自应分担数额安排资金

续表

年份	文本	有关表述
2014年10月20日	《中共中央关于全面推进依法治国若干重大问题的决定》	推进各级政府事权规范化、法律化，完善不同层级政府特别是中央和地方政府事权法律制度，强化中央政府宏观管理、制度设定职责和必要的执法权，强化省级政府统筹推进区域内基本公共服务均等化职责，强化市县政府执行职责
2014年12月27日	《国务院关于改革和完善中央对地方转移支付制度的意见》国发〔2014〕71号	合理划分中央事权、中央地方共同事权和地方事权，强化中央在国防、外交、国家安全、全国统一市场等领域的职责，强化省级政府统筹推进区域内基本公共服务均等化的职责，建立事权与支出责任相适应的制度 属于中央事权的，由中央全额承担支出责任，原则上应通过中央本级支出安排，由中央直接实施；随着中央委托事权和支出责任的上收，应提高中央直接履行事权安排支出的比重，相应减少委托地方实施的专项转移支付。属于中央地方共同事权的，由中央和地方共同分担支出责任，中央分担部分通过专项转移支付委托地方实施。属于地方事权的，由地方承担支出责任，中央主要通过一般性转移支付给予支持，少量的引导类、救济类、应急类事务通过专项转移支付予以支持，以实现特定政策目标
2015年3月15日	《中华人民共和国立法法》（2015年版）	第八条 下列事项只能制定法律 （一）国家主权的事项 （二）各级人民代表大会、人民政府、人民法院和人民检察院的产生、组织和职权 （三）民族区域自治制度、特别行政区制度、基层群众自治制度 （四）犯罪和刑罚 （五）对公民政治权利的剥夺、限制人身自由的强制措施和处罚 （六）税种的设立、税率的确定和税收征收管理等税收基本制度 （七）对非国有财产的征收、征用 （八）民事基本制度 （九）基本经济制度以及财政、海关、金融和外贸的基本制度 （十）诉讼和仲裁制度 （十一）必须由全国人民代表大会及其常务委员会制定法律的其他事项

续表

年份	文本	有关表述
2015年3月15日	《中华人民共和国立法法》（2015年版）	第九条 本法第八条规定的事项尚未制定法律的，全国人民代表大会及其常务委员会有权作出决定，授权国务院可以根据实际需要，对其中的部分事项先制定行政法规，但是有关犯罪和刑罚、对公民政治权利的剥夺和限制人身自由的强制措施和处罚、司法制度等事项除外 第七十三条 地方性法规可以就下列事项作出规定 （一）为执行法律、行政法规的规定，需要根据本行政区域的实际情况作具体规定的事项 （二）属于地方性事务需要制定地方性法规的事项 除本法第八条规定的事项外，其他事项国家尚未制定法律或者行政法规的，省、自治区、直辖市和设区的市、自治州根据本地方的具体情况和实际需要，可以先制定地方性法规。在国家制定的法律或者行政法规生效后，地方性法规同法律或者行政法规相抵触的规定无效，制定机关应当及时予以修改或者废止
2015年5月8日	《国务院批转发展改革委关于2015年深化经济体制改革重点工作意见的通知》国发〔2015〕26号	研究提出合理划分中央与地方事权和支出责任的指导意见，研究制定中央和地方收入划分调整方案，改革和完善中央对地方转移支付制度，推动建立事权和支出责任相适应的制度
2015年6月16日	《国务院关于印发推进财政资金统筹使用方案的通知》国发〔2015〕35号	推进教育资金优化整合。按照事权与支出责任相匹配的原则，优化各级政府教育资金支出方向。新增教育经费主要向边远、贫困、民族地区倾斜，逐步缩小区域、城乡、校际差距，促进教育公平
2015年8月29日	《中华人民共和国地方各级人民代表大会和地方各级人民政府组织法》（第十六次修改案）	第五十九条 县级以上的地方各级人民政府行使下列职权 （一）执行本级人民代表大会及其常务委员会的决议，以及上级国家行政机关的决定和命令，规定行政措施，发布决定和命令 （二）领导所属各工作部门和下级人民政府的工作 （三）改变或者撤销所属各工作部门的不适当的命令、指示和下级人民政府的不适当的决定、命令 （四）依照法律的规定任免、培训、考核和奖惩国家行政机关工作人员

续表

年份	文本	有关表述
2015年8月29日	《中华人民共和国地方各级人民代表大会和地方各级人民政府组织法》（第十六次修改案）	（五）执行国民经济和社会发展计划、预算，管理本行政区域内的经济、教育、科学、文化、卫生、体育事业、环境和资源保护、城乡建设事业和财政、民政、公安、民族事务、司法行政、监察、计划生育等行政工作 （六）保护社会主义的全民所有的财产和劳动群众集体所有的财产，保护公民私人所有的合法财产，维护社会秩序，保障公民的人身权利、民主权利和其他权利 （七）保护各种经济组织的合法权益 （八）保障少数民族的权利和尊重少数民族的风俗习惯，帮助本行政区域内各少数民族聚居的地方依照宪法和法律实行区域自治，帮助各少数民族发展政治、经济和文化的建设事业 （九）保障宪法和法律赋予妇女的男女平等、同工同酬和婚姻自由等各项权利 （十）办理上级国家行政机关交办的其他事项 第六十一条 乡、民族乡、镇的人民政府行使下列职权： （一）执行本级人民代表大会的决议和上级国家行政机关的决定和命令，发布决定和命令 （二）执行本行政区域内的经济和社会发展计划、预算，管理本行政区域内的经济、教育、科学、文化、卫生、体育事业和财政、民政、公安、司法行政、计划生育等行政工作 （三）保护社会主义的全民所有的财产和劳动群众集体所有的财产，保护公民私人所有的合法财产，维护社会秩序，保障公民的人身权利、民主权利和其他权利 （四）保护各种经济组织的合法权益 （五）保障少数民族的权利和尊重少数民族的风俗习惯 （六）保障宪法和法律赋予妇女的男女平等、同工同酬和婚姻自由等各项权利 （七）办理上级人民政府交办的其他事项
2015年12月27日	《中共中央、国务院印发法治政府建设实施纲要》（2015—2020年）	推进各级政府事权规范化、法律化，完善不同层级政府特别是中央和地方政府事权法律制度，强化中央政府宏观管理、制度设定职责和必要的执法权，强化省级政府统筹推进区域内基本公共服务均等化职责，强化市县政府执行职责

续表

年份	文本	有关表述
2015年12月30日	《关于印发中央对地方专项转移支付管理办法的通知》财预〔2015〕230号	按照事权和支出责任划分，专项转移支付分为委托类、共担类、引导类、救济类、应急类等五类。委托类专项是指按照事权和支出责任划分属于中央事权，中央委托地方实施而相应设立的专项转移支付。共担类专项是指按照事权和支出责任划分属于中央与地方共同事权，中央将应分担部分委托地方实施而设立的专项转移支付。引导类专项是指按照事权和支出责任划分属于地方事权，中央为鼓励和引导地方按照中央的政策意图办理事务而设立的专项转移支付。救济类专项是指按照事权和支出责任划分属于地方事权，中央为帮助地方应对因自然灾害等发生的增支而设立的专项转移支付。应急类专项是指按照事权和支出责任划分属于地方事权，中央为帮助地方应对和处理影响区域大、影响面广的突发事件设立专项转移支付
2016年2月17日	《中共中央办公厅国务院办公厅印发关于全面推进政务公开工作的意见》	全面推行权力清单、责任清单、负面清单公开工作，建立健全清单动态调整公开机制。推行行政执法公示制度，各级政府要根据各自的事权和职能，按照突出重点、依法有序、准确便民的原则，推动执法部门公开职责权限、执法依据、裁量基准、执法流程、执法结果、救济途径等，规范行政裁量，促进执法公平公正
2016年3月17日	《中华人民共和国国民经济和社会发展第十三个五年规划纲要》	建立事权和支出责任相适应的制度，适度加强中央事权和支出责任 合理增加中央和省级政府基本公共服务事权和支出责任
2016年3月25日	《深化经济体制改革重点工作意见的通知》国发〔2016〕21号	完善事权和支出责任相适应的制度。推进中央与地方事权和支出责任划分改革，适度加强中央事权和支出责任，在条件成熟的领域率先启动
2016年8月16日	《国务院关于推进中央与地方财政事权和支出责任划分改革的指导意见》国发〔2016〕49号	推进中央与地方财政事权和支出责任划分改革，财政事权是一级政府应承担的运用财政资金提供基本公共服务的任务和职责，支出责任是政府履行财政事权的支出义务和保障

续表

年份	文本	有关表述
2016年12月19日	《中共中央办公厅、国务院办公厅印发关于深入推进经济发达镇行政管理体制改革的指导意见》	按照事权和支出责任相适应的原则,逐步明确经济发达镇政府事权和支出责任。上级政府对下放给经济发达镇的事权,要给予相应财力支持
2017年1月11日	《中共中央办公厅、国务院办公厅印发关于创新政府配置资源方式的指导意见》	合理确定各级政府的财政事权和支出责任。加强基本公共服务资源均衡配置,推动基层基本公共服务资源优化整合,提高服务效率
2017年1月23日	《国务院关于印发"十三五"推进基本公共服务均等化规划的通知》国发〔2017〕9号	深化简政放权、放管结合、优化服务改革,划清政府与市场界限,增强政府基本公共服务职责,合理划分政府财政事权和支出责任,强化公共财政保障和监督问责。合理划分中央和地方财政事权与支出责任,适度加强中央政府承担基本公共服务的职责和能力。财力保障机制。拓宽资金来源,增强县级政府财政保障能力,稳定基本公共服务投入。《"十三五"国家基本公共服务清单》(以下简称《清单》)包括公共教育、劳动就业创业、社会保险、医疗卫生、社会服务、住房保障、公共文化体育、残疾人服务等八个领域的81个项目。每个项目均明确服务对象、服务指导标准、支出责任、牵头负责单位等。其中,支出责任是指各项目的筹资主体及承担责任;牵头负责单位是指国家层面的主要负责单位,具体落实由地方各级人民政府及有关部门、单位按职责分工负责
2017年2月20日	中共中央办公厅国务院办公厅印发《关于加强乡镇政府服务能力建设的意见》	完善乡镇财政管理体制。合理划分县乡财政事权和支出责任,建立财政事权和支出责任相适应的制度。结合乡镇经济发展水平、税源基础、财政收支等因素,实行差别化的乡镇财政管理体制。县级政府要强化统筹所辖乡镇协调发展责任,帮助弥补乡镇财力缺口
2017年4月18日	《国务院批转国家发展改革委关于2017年深化经济体制改革重点工作意见的通知》国发〔2017〕27号	加快推进财政事权和支出责任划分改革。落实关于推进中央与地方财政事权和支出责任划分改革的指导意见,争取在部分基本公共服务领域取得突破性进展。推进省以下相关领域财政事权和支出责任划分改革

续表

年份	文本	有关表述
2018年1月27日	《基本公共服务领域中央与地方共同财政事权和支出责任划分改革方案》国办发〔2018〕6号	暂定八大类18项中央与地方共同财政事权范围,并规范公用经费保障、免费提供教科书、家庭经济困难学生生活补助、贫困地区学生营养膳食补助、中等职业教育国家助学金、中等职业教育免学费补助、普通高中教育国家助学金、普通高中教育免学杂费补助、基本公共就业服务、城乡居民基本养老保险补助、城乡居民基本医疗保险补助、医疗救助、基本公共卫生服务、计划生育扶助保障、困难群众救助、受灾人员救助、残疾人服务、城乡保障性安居工程的支出责任方和分担标准

附录2 我国事权和支出责任匹配程度的简单统计描述

我们以2015年中央与地方一般公共预算支出作为"支出责任"的量化数据[①],对应第六章第二节"按事性划分事权"的分类方式,来分析各属性的事权和支出责任的匹配情况。根据政府间各属性事权所包含事务和预算支出各大类项目所包含的款和项,我们将"一般公共服务支出""外交支出""国防支出""公共安全支出"四项大类的出资责任作为与政治属性事权和民族属性事权(不含文化等)相对应的支出责任;将"商业服务业等支出、金融支出"作为与经济属性事权相对应的支出责任;将"节能环保支出、农林水支出、资源勘探信息等支出、国土海洋气象"等出资责任作为与自然属性事权相对应的支出责任;将"教育支出、文化体育与传媒支出、社会保障和就业支出、医疗卫生与计划生育支出、城乡社区支出、住房保障支出"的出资责任作为与民生属性事权相对应的支出责任。

(1) 政治属性和民族属性支出责任。由于地方政府在"一般性公共服务"和"公共安全"事项中承担了绝大部分的支出责任,特别是"一般性公共服务支出"支出总量较为庞大,导致地方政府承担了六成以上的政治属性支出责任。而中央政府主要承担了"外交"和"国防"事务的出资责任,特别在外交事项方面,中央几乎承担了所有的支出责任。

(2) 经济属性支出责任。中央和地方政府支出责任呈现二八分的格局。在金融事务方面,中央和地方基本各承担一半的支出责任,而在商业服务业事务方面,地方政府承担了约九成九的支出责任。

(3) 自然属性支出责任。在这四大类事务中,地方均承担了八成,甚至九成的支出责任。

(4) 民生属性支出责任。地方政府承担所有大类项目九成以上支出责任。

从上述简单的统计情况可以看出,在支出责任方面,地方政府是绝对的主角。除开外交、国防、城乡社区事务、住房保障等大类的基本符合

[①] 数据来源:国家统计局2016年中国统计年鉴。

"事权和支出责任相配"的原则。大部分情况下,我国政府间还是存在事权和支出责任的"错位"。

不过这种统计描述并不严谨且存在较大问题,因此仅作为分析事权和支出责任匹配程度的参考性资料。

致　谢

以这篇论文来给我的研究生生涯画上一个句号，心中仍有诸多感慨。学生从大四开始就跟随李俊生教授和姚东旻副教授开展相关的研究工作。从对学术研究一无所知，到现在能够进行独立思考和开展科研工作，这中间有着四年来，20万字成文论文的努力和不断探索。虽然学生最后由于诸多的原因，没有选择继续在科研道路上前行，但不可否认，我确实是真心喜欢做学术研究。很感激我的导师们，能挖掘和培养出我在科研方面的优势——理论和政策文本分析。虽然这种不含数理模型和计量模型的纯文字性论文，在发表时屡屡受挫、备受争议，但我的导师们却一直鼓励我，支持我，让我能够渡过那段迷惘的日子。

现在，我的论文们也已经通过受邀参加国内诸多较重要的学术会议并作宣讲、期刊发表和论文大赛获奖等形式获得了一定的认可。而我在研究生期间被塑造的探索精神、分析能力、逻辑和文字架构能力，想必对我今后的生活和工作也十分有助益。虽有遗憾，认为自己的学术研究还有再进一步的空间，但能在自己喜欢的领域，以另外一种形式继续思考和钻研，也是极其有幸。

在这里我要再次感谢我的导师，这篇论文是在李俊生老师和姚东旻老师的多次指导下完成的，从帮助和支持我建设本文所需的数据库，到论文选题、本文立意和结构安排等，都凝聚老师们的大量心血。何其有幸能加入财政基础理论团队学习，老师们严谨的学术作风、崇尚的学术精神，以及在学业、科研和生活上对我的指点和帮助，学生也将永远铭记于心。还要感谢我的父母对我支持和关心，是你们给予了我去追寻自己所热爱事物的机会，并给予了疲惫的我，永远温暖的港湾。在这里，还需要感谢我的挚友张璇。她见证和分享了我所有的酸甜苦辣，让获得成功的我拥有能第一时间倾诉喜悦的对象，让经受挫折的我能够再次站立起来坚持不懈，让害怕失败的我能够勇敢地面对一切事物。

最后衷心感谢给予本文批评建议的各位专家教授，感谢所有给予过我帮助和教导的师长、同学和朋友，谨此献上我最诚挚的谢意。

论文短评

点评人：耿纯

基于以美国为代表的西方国家的财政实践所总结出的财政联邦主义无法有效解释中国的财政体制，因此从理论研究的角度，一方面需要客观评价财政联邦主义理论在分析中国财政体制问题上的适用性；另一方面，需要根据中国的财政实践，科学总结中国财政体制的形成和运行规律，考查其中的逻辑关系，构建具有解释力的理论框架。颜缙同学的论文通过大量的文本分析工作，研究了我国中央和地方政府之间在财政事权划分和调整方面的基本逻辑。文章详细梳理并总结了我国多年来财政事权的现实情况和基本规律，通过细致的文本分析，不仅为已有研究进行补充，也为政府间财政事权划分的进一步研究打下坚实基础。

细致的文本分析是该文的亮点，作者收集整理的文本材料包括：全国人大、国务院、财政部等网站的公开信息中涉及事权和支出责任的规范性文件；2002—2016年政府行政事项调整文件；各中央部委和31个省（市、自治区）的权力清单。文章详细地列举了我国建国以来各个阶段政府所下放和上收的主要事权和支出责任，并对相关文本信息进行了归类，总结出我国政府间财政事权划分的内在规律。此外，作者还将政府间的财政事权根据其是否强制和是否直接，划分为不同类别，认为不同强弱程度组合的强制性和直接性事权分别构成了我国的中央事权、地方事权和共担事权，并对其进行分析。最后，作者结合文本分析发现的问题，就如何合理安排政府间的事权和支出责任提出了相应的政策建议。

总体上，论文结构安排合理，逻辑思路清晰，文字通顺流畅，引用文献符合学术规范，可以看出作者在财政学专业有着较为扎实的基础。文章对政策文本的分析细致、充分，以现实的政策文本为基础，分析政府间财政事权的划分逻辑，不仅为构建能够有力解释我国财政体制的理论模型提供研究思路，也在一定程度上填补了文本分析在政府间事权划分问题上的研究空白。

我国预算绩效目标管理体系的研究
——基于法规文本和案例的分析

Research on the Management System of
Budget Performance Target in China
—Based on the Relative Legal Texts and Cases.

任芳放

- ◆ 第一章　绪论
- ◆ 第二章　绩效目标管理的理论基础
- ◆ 第三章　部分国家实施预算绩效目标管理的经验与启示
- ◆ 第四章　中央政府预算绩效目标管理体系研究
- ◆ 第五章　地方政府预算绩效目标管理体系研究
- ◆ 第六章　结论与政策建议
- ◆ 论文短评（点评人：丁怡）

摘　要

随着我国现代财政制度的建设和绩效预算改革的推进，预算绩效管理制度已经逐步建成，而其核心环节：预算绩效目标管理体系不但是改革重点，也是改革难点。良好的绩效目标管理体系不仅能够促进预算支出更具结果导向，也能够促进绩效预算改革高效推行；对于我国建设服务性政府，提升公共物品（服务）产出与质量，创造公共价值具有重大意义。那么，目前中国政府绩效目标管理现状如何，绩效目标体系设置是否恰当，怎样完善预算绩效目标管理体系，就成为当前预算改革的重要现实问题。目前预算绩效目标管理已获得中央和地方政府的重视，不同层级的政府都出台了相关的法规文告，进行管理体系建设。此外，中央部门在 2017 年已经实现绩效目标全覆盖，并且公开了部分重点项目的预算绩效目标，这些都为研究中国政府绩效目标管理体系提供了丰富的素材。

本文通过分析绩效目标相关的法规文告，通过关注目标管理体系中权力分配、激励制度设计和审核制度，研究了当前中央政府和地方政府绩效目标体系的管理问题；通过比较不同层级地方政府出台的相关法规，研究了我国预算绩效目标体系的层次；通过对中央部门重点项目绩效目标设置情况的讨论，研究了当前目标设置的合理性问题。此外，通过对国外不同层级目标管理体系的介绍和具体目标设置案例的分析，为我国绩效目标管理体系提供了借鉴和思路。

本文研究认为：（1）我国主要存在两套并行的预算绩效目标管理体系，其一是基于预算部门的项目绩效目标管理体系，这一体系在纵向政府层级间的关联较弱，各级政府间的约束力不强，绩效目标与预算资源的关联也较弱。其二是围绕专项资金的绩效目标管理体系，其纵向层级政府之间的关联较强，上级政府对下级政府的目标约束力较强，绩效目标也与预算资源配置强关联：在一些政府层级之间，专项资金分配唯一地取决于绩效目标；并且绩效目标的实现与否直接关联下一期预算资金配置。（2）另外，纵向来看，中央层级政府的绩效目标管理推行程度最大、也具有同质性；省级政府之间的绩效目标管理体系的推行程度不同，但是采用的模式与中央政府模式相似,主要是基于部门的项目目标管理;县级政府绩效目标管理推行程度最低,在进行绩效目标管理的少数县,也是采用与中央政府模式相似的绩效目标管理体系。(3) 部门—项目这种绩效目标管理体系中目标设置权利过于依赖预算资金的申请者,这在一定程度上会影响目标的质量,也可能导致目标管理体系较为松散和被动。本文认为可以通过弱化预算单位目标设置权力,或更科学地设计预算目标的审核制度来提升管理效果。(4) 各级政府出现的绩效目标管理体系过于单一,本文建议不同层级政府选择更为适宜的目标管理体系,所有层级采取同质化绩效目标管理模式可能会增加成本,且放松这种同质化的管理可能为我国地方政府探索更多元化的绩效目标管理模式提供实践空间。

本文的内容结构组织如下:第一章,绪论部分主要包含了对绩效预算管理中一些概念的辨析理解和国内外相关文献综述。第二章,理论基础部分主要涉及预算绩效目标管理中的几个基础理论。第三章,国际实践部分选择了国外预算绩效目标管理体系中,较具特色与启示的案例,且详细地描述加拿大枫树林市级政府的管理实例。第四章,主要研究了中央预算绩效目标管理体系,分析了中央部门2017年公开的重点项目绩效目标。第五章,主要研究了地方政府预算绩效目标管理体系。第六章,对中央地方政府的预算绩效管理模式进行了归纳,并针对相应问题提出了可能的政策建议。

关键词:绩效目标;预算改革;绩效预算;文本分析

Abstract

Along with China's construction of the modern financial system and the advancement of performance budgeting reform, budget performance management system has been gradually built. As its core processes – target management system is not only the reform key, but also difficulty. A good performance target management system can not only promotehe spending outcome – oriented, can also promote the effectiveof budget performance reform. It can help to construct service government. So what about the present situation of Chinese government performance target management? Is it appropriate? All about this is the realistic problem of the current budget reform. Nowadays different levels of government have issued relevant laws and regulations. In 2017, the central government departments had completely implements the performance target, and open some key projects' performance targets; these are all material for my study.

Based on the analysis of relative regulations and proclamations, I focus on the power distribution in the management system, the design of incentive system and auditing system and study the current target system of the central government and local government. By comparing the different levels of local government regulations, I study the level of budget performance target system in our country. Through the research on key project performance targets set by the department of the central, I discussed the reasonable and unreasonable of current goal – setting method. What else, Icomparedifferent cases in foreign century, and find something to reference.

In this research, I conclude: (1) There are two main budget performance target management systems parallel in China, one is based on the budget department of project performance target management system, the link between the longitudinal hierarchy in it is weak, the binding force between the governments at the level of connection is not very strong. Secondly, the performance target management system of the special funds. The link between the longitudinal level government is stronger, by the governments at lower levels of the government's target binding force strong, performance targets are also strongly associated with budget: in some government level, the allocation of special funds only depends on the performance goals; whether one achieve the goal is directly related to the next time of the budget allocations. (2) The central government's implement is better and homogeneously. Performance target management system between provincial governments is in different levels, but the pattern is similar to the central government. County governments nearly not implement. (3) The power of performance objective management system of goal setting rely too much on the applicants, which will influence on the quality of the target and make management system is relatively loose and passive, this paper argues that power should be weaken, or strength the audit system. (4) Governments at all levels of performance objective management system is too single, this paper argues that the government at different levels may be suitable for different target management system.

The structure is organized as follows: the first chapter, the introduction part mainly concepts of performance budgeting management and literature review at home and abroad. The second chapter contains some major theoretical foundation. The third chapter is about the international practice. The fourth chapter is about research on the central budget performance target management system. The fifth chapter is mainly studied the performance target of local government budget management system. Chapter six gives conclusion and advice.

Key Words: Performance target; budget reform; performance budgeting; text analysis

目 录

第一章　绪论 ·· 183
　　第一节　选题的背景与意义 ································ 183
　　第二节　绩效预算相关概念界定 ···························· 184
　　第三节　国内外研究综述 ·································· 187
　　第四节　研究方法与内容 ·································· 190
　　第五节　本文创新点与不足 ································ 191

第二章　绩效目标管理的理论基础 ·························· 192
　　第一节　公共价值理论 ···································· 192
　　第二节　目标管理理论 ···································· 195
　　第三节　控制权分配理论 ·································· 197

第三章　部分国家实施预算绩效目标管理的经验与启示 ········ 199
　　第一节　新西兰：基于部门预算的目标管理 ················ 199
　　第二节　国外多层级绩效目标管理实践 ···················· 200
　　第三节　德国地方政府的绩效目标管理实践 ················ 201
　　第四节　加拿大案例：注重服务质量的绩效目标系统 ········ 202
　　第五节　国外绩效目标管理对我国的启示 ·················· 206

第四章　中央政府预算绩效目标管理体系研究 ················ 208
　　第一节　中央部门绩效目标管理体系 ······················ 208
　　第二节　中央对地方专项转移支付绩效目标管理体系 ········ 209
　　第三节　项目目标体系分析：以公开的重点项目为例 ········ 210
　　第四节　中央预算绩效目标管理体系分析 ·················· 215

第五章　地方政府预算绩效目标管理体系研究…………………… 220
　　第一节　省级绩效目标管理体系……………………………… 220
　　第二节　县级预算绩效目标管理体系………………………… 224
　　第三节　地方预算绩效目标管理体系分析…………………… 228

第六章　结论与政策建议………………………………………… 229
　　第一节　我国预算绩效目标管理体系概括…………………… 229
　　第二节　目标设立权问题与政策建议………………………… 231
　　第三节　单一目标层次问题与政策建议……………………… 232

参考文献…………………………………………………………… 234

致谢………………………………………………………………… 238

论文短评……………………………………………… 丁　怡　239

第一章

绪　论

第一节　选题的背景与意义

党的十九大报告中提出,要加快建立现代财政制度,建立全面规范透明、标准科学、约束有力的预算制度,全面实施绩效管理。事实上,早在1998年中央就已经提出实施绩效预算管理,2003年党的十六届三中全会明确提出:"要建立预算绩效评价体系",推动预算绩效管理改革。我国已经在中央部门和各省、市、区试行了预算绩效考评,到2017年为止,许多省市已经依据财政部对有关预算绩效管理改革的意见,出台了相应的文件和规则;与地方政府相比较,中央政府部门的绩效预算工作的进展更快些。而绩效目标管理体系是预算绩效管理的基础与难点,是预算绩效管理中"绩效运行跟踪监控管理""绩效评价实施管理""绩效评价结果反馈和应用"的第一环节。建立科学完善的绩效目标管理体系,对全面实施绩效预算改革、建设科学的现代财政制度,有着重要意义。

绩效预算管理是一种以支出结果为导向的管理模式,它将公共物品的使用者作为政府服务的对象,强调预算应当产出优质的公共物品,以及达成公共服务质量的提升。2003年以来,我国政府逐步推行绩效预算管理模式,特别是作为绩效预算管理核心的"绩效目标"管理思路越来越清晰,成效越来越显著,到2017年为止,161个中央预算部门已全部纳入绩效目标管理,10.3万个部门支出项目都设置了绩效目标。

但在实际中,想要转变预算管理理念,使得预算资金的分配者能够以支出结果为导向管理、配置资金并不容易,相关制度能否实现有效地约束和激励,还需要更深入的研究。尽管绩效目标的设计与管理是全面实施绩效预算管理的核心与基础,但绩效目标的设计和管理依然是我国全面实施绩效预算管理的难点,在理论上,对绩效目标设计和管理的研究并不充分:

第一,绩效目标体系设计方面的问题。如何设置出能够促进结果导向的预算绩效目标?目前,一方面,绩效目标普遍存在着定性指标多,定量指标较少的问题,使后期的绩效监督、绩效评价很难顺利进行,流于形式;另一方面,定量化的目标还是多以"产出性"指标为主,而少见衡量质量与效果的指标,以及对公民用户的满意度的衡量。第二,绩效预算目标管理方面的问题。如何合理设计绩效目标体系,使管理成本与管理难度下降。目前我国绩效目标管理本身就面临操作复杂、识别困难等问题,为财政部门和部门预算的管理增加了很多工作难度,预算管理成本上升是不可避免的。因此,科学设计和管理绩效目标体系,减轻行政成本、提升管理效率,是我国政府绩效预算改革与管理必须处理好的重大理论和实践问题。

总之,设计一个科学合理的绩效目标管理体系是切实实施结果导向式绩效预算的基础,也是节约相关行政管理费用的重要前提条件。因此,研究我国预算绩效目标管理体系具有重要的实践意义和理论意义。

第二节 绩效预算相关概念界定

一、绩效与绩效目标

"绩效"一词从一般管理学的角度看,是组织期望的结果,是组织为实现其目标而展现在不同层面上的有效输出。但是在实践中,不同组织对绩效的理解区别很大,例如,在企业中,员工绩效考核方式就种类各异。总体而言,组织引入绩效管理的目的不同,对绩效理解方式也不同。罗伯特·D·本(Robert D. Behn, 2016)梳理出了引入绩效管理的 8 种目的,分别是评价、控制、分配预算、激励、促进目标实现、表彰、学习提升、改善。这些目的是企业和政府引入较小管理最为常见、使用最多的目的,但是不同组织的侧重点会有所不同,尤其是企业作为营利性组织,而政府组织往往作为服务性、非营利组织。学术界对绩效的理解分为两类:第一类主要认为绩效关注于结果,强调目标的实现程度、问题是否得以解决,投入资金和成果的转换比率等(Bernandin, 1995),这种定义方式一般反映了激励、表彰、促进目标实现等目的,由于绩效一词最早借鉴于企业,因此第一种含义凸显了只问结果不问过程的企业文化;第二类观点认为绩效是一个综合的观念,除结果外,还应当包含过程行为和产出(Mwita, 2000; Salvatore Schiavo-Camp, 2001),按照这种观点,绩效一方面包含了被考核者主观的努力程度和日常表现，另一方面衡量了主观和客观共同作用的努力成果，这种定义方式由于更加注重投入和过程的管理，因而包含了控制、学习、改善等目标。这两种理解方式虽然没有优劣的差别，但是后者承认了现实世界中的不确定性，认为好的效果是主观努力和客观随机因素共同作用的结果，因此将个人努力程度，日常工作中的表现，资源投入水平等，也列入了绩效考核的范围。而前者仅观察结果，如果某一行为，尽管主要因为客观不确定性的存在而导致没有达成相应的目标效果，也不被组织认可。在预算管理中，财政支出的绩效目标应当更关注于结果（效果），但是在评价组织和个人的工作时，绩效也会涉及投入行为和产出等过程表现的考察。我国政府有关部门对预算绩效目标的官方定义是：财政预算资金计划在一定期限内达到的产出和效果[①]。

二、绩效预算与我国预算的绩效管理

绩效预算（Performance Budgeting）是指将资金配置和可测量的结果相关联的一种预算模式（OECD，2005），强调了绩效信息（可测量结果）对预算资金使用的导向意义。其类型基本上分为表1-1所示几种类型。

表1-1　　　　　　　　绩效预算的标准类型

类型	资金配置和绩效信息的关联	绩效信息的体现	实施的目的
Presentation	无联系	绩效目标或绩效结果	义务、问责
Performance – informed budgeting	宽松或间接联系	绩效目标或绩效结果	计划、义务、问责
Direct/formula budgeting	紧密或直接相连	绩效结果	资源配置、义务、问责

资料来源：《Performance Budgeting in OECD Countries》，OECD，2007。

我国的预算绩效管理系统，是一种预算的全过程综合管理系统，包含绩效目标管理、绩效运行跟踪监控、绩效评价实施、绩效评价结果反馈和应用四套程序[②]，它是结合我国实践探索经验和国情政体的本土化绩效预算管理模式，也是推行财政管理科学化的一个重要尝试。但不能严格划分在

[①] 中华人民共和国财政部：《关于印发〈中央部门预算绩效目标管理办法〉的通知》（财预〔2015〕88号）。

[②] 中华人民共和国财政部：《关于推进预算绩效管理指导意见》（财预〔2011〕416号）。

于上表的某种类型①，实际上，在进行绩效预算改革的每个国家都有不同的绩效管理系统，并且在细节上有存在许多差异，可以说"绩效预算"是对不同国家预算绩效管理模式的一种统称。

三、预算绩效管理与预算绩效目标管理

预算绩效目标管理是预算绩效管理的核心环节，设定绩效目标更是预算绩效管理的基础，整个管理体统都是围绕绩效目标展开的。具体而言，跟踪监督管理需要预算过程中的跟踪督促绩效目标的实现，以便纠正预算执行过程中对绩效目标的偏离；绩效评价实施需要根据实际取得的成果与绩效目标进行对比，并采取一定措施。如果设置不适宜的绩效目标会让后期的管理工作更加偏颇，正因如此，做好绩效目标管理的意义重大。

四、"目标导向"与"结果导向"

"目标导向"和"结果导向"两词的含义有所区别，在预算管理的绩效改革实践中，这两个词语也常常混用，因此，为了避免混淆，在本文语义下，对两个词语进行界定。

2011年财政部发布的《关于推进预算绩效管理的指导意见》（财预〔2011〕416号）中明确提出："绩效预算管理是政府绩效管理的重要组成部分，是一种以支出结果为导向的预算管理模式"，因此，在本文含义下，将"结果导向"理解为：预算资金的分配者和管理人员以预算支出的结果配置资金，管理资金，评价预算成效的方式。

同样在财预〔2011〕416号文件中，有"……逐步建立以绩效目标为导向，以绩效评价为手段，以结果应用为保障……的具有中国特色的绩效预算管理体系"的表述，那么此处的"绩效目标为导向"与"结果导向"的区别在哪里呢。笔者认为，当预算绩效目标设立为"支出的结果"（如产出、公共服务（产品）质量、民众满意程度等）时，目标导向就等同于结果导向，因"目标即是结果"这一简单逻辑，但是目标设置如果出现了偏差，或者预算管理人员没有理解到绩效预算管理中应当设置什么目标，此时目标不再是支出的结果，目标导向自然就不属于结果导向。再次阐述一下本文对"目标导向"的理解为：预算资金的分配者和管理人员以预算支

---

① 由于我国的绩效预算管理体系中，不同的方案在细节上对绩效信息（绩效目标、评价结果等）的应用不完全一致，所以难以说我国绩效管理体系仅仅是三种标准划分中的一种。

出的"绩效目标"配置资金，管理资金，评价预算成效的方式。同样我们从上述比较中看出，若想使我国预算管理更具有结果导向，一个良好的（以提升公共服务质量，民众满意度为绩效目标）绩效目标管理体系是关键。

第三节 国内外研究综述

一、国内研究文献综述

（1）绩效预算管理

预算绩效目标管理是为绩效预算管理服务的，国内关于绩效预算的研究要比预算绩效目标管理的成果丰富。但两者相关度较高，具有研究的互通性。在理论方面，牛美丽（2003）认为公共预算过程中充满政治冲突，且目标多重。预算改革总是期望寻求一种客观标准、理性的方式分配预算资金，但是都没有成功。马骏（2005）认为当前预算改革的主要目标是将公共责任与行政控制引入预算管理中，并将绩效预算改革作为我国预算改革的目标。武玉坤（2014）认为预算分配的碎片化已经成为阻碍预算改革的重要因素，并且认为绩效预算改革能够在一定程度上整合预算分配碎片化格局。关于绩效应该重视过程还是结果，刘学和史录文（2005）认为取决于三个因素：即过程的观察程度和观察成本、结果的区分程度和区分成本、以及过程和结果之间的关系。因此在不同服务领域采用不同的绩效模式。

同时许多国内的学者对国外绩效预算的经验做过介绍，例如对美国（张志超，2006；李小迪，2007）、英国（吕昕阳，2011）、澳大利亚（王宏武，2015）政府绩效预算实践的介绍；卓越和徐国冲（2012）介绍了2005—2011年西方绩效预算的最新趋势。一些学者结合各地的实践经验分析了国内绩效预算的改革状况，王建民（2005）分析了早期地方政府"绩效考评"模式中的问题，认为工作计划与工作总结是当时绩效管理的主要步骤，并认为这一方式制度化程度较低，约束机制不够，且重形式轻内容。此外还有邝艳华（2012）分析了沿海省级绩效预算改革的情况，施蓓（2006）分析了上海徐汇区的案例，吴桦槐（2009）研究了温州绩效预算的考评体系，金世斌（2012）研究了镇江市绩效管理的经验。刘昆等（2008）分析了广东财政支出绩效评价实践，牛美丽（2012）回顾了地方绩效改革

10 年探索成果，这些案例将改革中的经验和困难加以总结，为绩效预算的研究提供了丰富的案例。

此外，还有一些研究者致力于绩效指标和绩效管理工具方面的研究，为绩效预算的改革提供了方法上的来源，如关于 PART（绩效评级工具）的研究（苟燕楠，2009；贾康等，2010；方振邦等，2010，2012），和关于评价指标体系的设计（茚英娥，2007；马国贤，2008，2014；刘国永，2007；贾康，2011）。绩效指标的设计不仅在绩效评价中有着重要作用，同样在绩效目标的设置时，也会采用一些指标来对预算绩效目标定量。

（2）政府绩效目标管理研究综述

国内绩效预算改革正在实践探索中，预算绩效目标管理体系也是近几年才逐步建立起来，因此这方面国内文献较少，研究者的工作涉及了不同层次绩效目标的设置问题，如胡若痴和武靖州（2014）关注了部门整体支出的绩效目标编制问题，认为与基本支出、项目支出相比，部门整体支出的目标编制难度更高，因为公共部门的目标具有不确定性，成本收益不相关、公共产品的产出量更难衡量；同时也指出目前部门整体支出绩效目标的编制问题。蒋海勇和杨清源（2015）则介绍了我国部门绩效目标管理体系的改革现状。邓霖等（2016）通过评价广东省级财政专项资金，分析了为何政策绩效目标为何会走样的问题，并认为主要是由于专项设立论证不足、绩效目标流于形式，政策的社会认同度低等问题。张绍光（2013）讨论了项目绩效目标管理体系中的问题，例如，项目论证不充分，绩效目标不够细化、量化，以及脱离编制依据的问题。此外，张友斗和张帆（2013）认为绩效目标在我国推行困难，很大程度上受到预算分配中政治因素的影响，绩效信息在其中起到的作用较小。郑方辉，孟华（2006）研究了公共服务绩效目标对服务绩效的影响，并认为绩效目标与服务绩效之间的关系不确定，只有在绩效目标设置合理，且对组织产生一定压力的情况下，绩效目标才能够正向激励服务绩效的提升。尚虎平（2015）讨论了绩效目标委托人的问题，从红色管理学及委托代理角度强调，应当明确公共服务的受众才是绩效目标的委托人，而不要将管理人目标当成了绩效目标，设立真正具有价值的绩效目标。

二、国外文献介绍

绩效预算最早开始于 20 世纪 40 年代，由美国胡佛政府推动，后经"新公共管理运动"的推动，在 OECD 国家得到推广，因此西方关于绩效预算的研究较早，关于绩效预算的理论和实践内容都较为完善，形成了许多关于绩效预算研究的专著,例如,《公共预算经典(一):面向绩效的新发展》集合了发达国家预算绩效管理的理论与实践内容;《预算过程中的绩效信息:OECD国家的经验》(2007)则对OECD国家的案例进行了比较与分析。

关于目标对行为的激励作用,洛克等(Locke & Schweiger,1979)认为目标可以提供一种导向作用,并且运用行为实验的方法,发现制定具体且具有挑战性的目标能促使人们有更好的表现,而那些目标简单,或者没有目标的人则表现一般,这是目标理论较为早期的研究。但是莱塞姆(Latham & Lock,2002)则指出,当预算目标被当做一种管理方式被制定下来,尤其是作为唯一目标时,雇员的行为积极性反而会受到打击。但是如果目标在制定的过程中有员工的参与,这一情况将会得到改善,这些关于目标与行为的理论研究为预算绩效目标管理奠定了基础。

关于预算的目标,赫斯特(Hirst,1987)将预算目标分为具体目标,即由具体数量指标约束的目标,和一般目标即只有定性含义的目标;在实现的难易程度上,他将工作平均达到的标准视为适度目标,将需要付出更多努力的绩效目标视为困难目标;并且认为在预算中设置困难目标达到的绩效要比设置"具体适度困难"目标、"具体简单"目标和一般目标更高。

对于预算绩效目标的实践管理,帕克等(Park & Jang,2015)介绍和韩国绩效预算模式,其中包含了韩国绩效目标的管理实践;格罗西(Grossi,2016)研究了德国和意大利地方政府的绩效目标管理机制,并分析了目标作为一种绩效信息,在预算中只能发挥一定程度的作用,政治家通常对这些绩效信息兴趣较低。马尔特(Martí,2014)比较了新西兰,英国和澳大利亚的绩效预算模式,虽然这些国家采用了绩效预算并重视预算的产出和结果,但是投入型的目标类型并没有被完全取代,这些指标同时存在。

奥利弗和中村绫子(2015)研究了跨部门绩效目标实现,认为在部门之间创造一种"指挥者"的机制会帮助跨部门政策和目标的实现,但是由于部门总会将自己独有的目标放在共同活动的目标之前,这种动机会使得"指挥者"机制难以运行。关于跨部门预算绩效目标的研究由来已久,许多包括制定共同战略目标,形成跨部门委员会结构,以及工作人员流动等协作方法都在文献中被提及(Bardach,1998;Halligan,2007;Osborne,2010)。通过对文献的梳理,发现国内文献中对绩效预算的研究无论从理论或案例层面都较为丰富,但是对绩效目标管理体系研究的成果较少,主要集中于特定预算领域绩效目标的编制。一方面可能由于改革实践中的绩效目标管理改革受到重视较晚,另一方面是国内绩效预算通常更注重绩效评价,而忽视了目标管理在预算中的意义。

第四节　研究方法与内容

本文尝试通过分析政府在绩效预算改革中颁布的法规文告，以及具体的预算编制样例，来研究我国的预算绩效目标管理体系。本文认为政府颁布的法规文告是上级政府与下级政府，或不同部门之间的"合同书"，其中不仅包含着对制度的流程介绍和解释说明，一些条款也能充分说明各主体部门之间的职责及权力分配，还有一些条款包含着激励与惩罚措施。可以认为：一个较为完整的法规合约中能够找到制度构成的很多相关要素，我们可以通过细致地讨论这些要素，来观察政府建立制度的有效性与缺陷；对于一些法规中没有提及的要素，也可以分析它们在具体制度运行中可能造成的影响。

本文也使用了具体实例分析法，主要用于描述国外较具借鉴价值的预算绩效目标管理体系，和我国预算绩效目标设计情况。国外案例主要通过①目标层级的组织管理方式；②不同层级的目标设置的情况阐释，对解决国内问题提供一定启发。国内案例，主要分析了中央部门的项目绩效目标设计情况，通过考察政府现阶段公开的绩效目标，分析项目目标编制的现状以及可能存在的不足。

本文主体内容包含六个部分：（1）绪论部分主要包含了对绩效预算管理中一些概念的辨析理解，以便在后文中能够准确使用各个概念而不至于混淆，也能明确本文关注的"预算绩效目标管理体系"与绩效、绩效预算管理的差异和关系，更能注意到"绩效目标管理体系"在预算制度改革中的重要意义；此外还对国内外相关文献进行了述评。（2）理论基础部分主要涉及预算绩效目标管理中的几个基础理论，以及后文在分析时需要涉及的基础理论概念。（3）国际经验与启示：选择了国外预算绩效目标管理体系中，较具特色与启示的案例。按照目标体系管理层级的特点简介几个国家的案例，并且详细描述了加拿大枫树林市级政府的管理实例，能够清楚地获知：枫树岭市如何产出预算绩效目标，以及面向公众的结果导向的绩效目标是怎样的。（4）中央预算绩效目标管理体系主要介绍了基于部门的项目管理体系和转移支付目标管理体系，并且仔细地分析管理体系中权利和责任的分配，以及权责分配方式形成的激励；并且根据中央部门2017年公开的重点项目绩效目标，分析了项目目标设置的现状和可能存在的问题。（5）地方政府预算绩效目标管理体系主要介绍了省级政府和县级政府的管理体系；仍然是基于相关的法规文告，从上级政府的管理体系和本级政府的管理体系两个角度论述。(6) 最后一章对中央与地方政府的预算绩效管理模式进行了总结,并且基于之前的分析归纳出两点问题,并针对相应问题提出了可能的政策建议。

第五节 本文创新点与不足

本文从绩效目标管理体系切入,研究绩效预算管理,这一类型的研究现阶段较少,当前关于预算绩效改革研究的关注点主要是绩效评价,虽然管理重点逐渐转向绩效目标,但是这一方面的研究还主要集中于讨论如何设计不同支出领域的目标指标,对目标管理体系的研究较少,本文则侧重于这一方面的分析。另一方面,研究方法可能是本文的一个创新点,以政府的法规文告为基点,对现行的制度进行分析。

可能的不足之处:制度与现实的运行可能存在一定差异:虽然通过制度中权责分配和激励机制能够推测现实运行中的问题,但可能还会有一定的偏差,这是本文研究方法上系统性的不足;二是囿于篇幅,在地方政府的研究中,仅仅选择了六个省份(因其有公开的绩效管理专题网站)做了代表性分析,可能会高估地方绩效目标管理的推行程度。

第二章

绩效目标管理的理论基础

预算的绩效目标,本质上是预算目标和政府目标,因此分析预算绩效目标管理体系,首先应当对"政府的预算目标应当是什么"提供一个理论基础,本文认为公共价值理论可以作为这一话题的理论基础。但政府作为一个多层级的组织体系,如何设计目标管理体系,让组织目标保持一致协同,降低管理成本,提升管理效率,还需要目标管理理论等其他理论进行解释。

第一节 公共价值理论

一、公共价值理论与政府管理

公共价值理论是由穆尔(Moore,1995)提出,这一理论认为公共部门与私人部门都在从事价值创造,公共部门的管理者也应当同私人部门的管理者一样,寻找机遇与更合理的方式,充分创造公共价值。因此这一理论认为政府管理的最终目的是为社会创造公共价值,但公共价值的定义究竟如何,目前公共管理学界还没有一个统一的定论,它并不是一个绝对的标准,而是在不同时期和特定的任务环境下某一政策或者目标的价值性。

用公共价值理解政府管理的意义,较之于公共物品,范围则更加广泛。公共物品或服务作为一项具体的产出,可以承载公共价值;但公共价值不仅是一种"产出",更能看作一种结果,它代表了公共服务对象的主观满意程度,从这一方面而言,公共物品使用客观的属性进行定义的概念,而公共价值则是通过主观进行衡量。因此,公共价值会随着公共服务对象、所处环境的变化而发生改变。

公共价值理论强调从战略角度看政府管理,穆尔(1995)认为战略管理者的注意力既要关注于组织的外部（"实在的产品"与"美妙的图景"）和上部（组织的总目标或管理目标）；也要关注于组织的内部和下部（提高实现目标的运作能力）①。更为具体的，公共价值理论认为，政府组织想要更好地创造公共价值，首先要确定他们将为服务对象提供何种产品、服务和规制，而"产品"必须与组织整体战略保持一致，且需要引起客户和监督者的兴趣。在大多数组织当中，"目标"是以金字塔形式存在的，金字塔的顶端是组织抽象、长远、稳定的目标；处于下部的目标则是具体的、易变动的目标，有时也可能是手段与过程②；底层目标是对组织战略目标的具体解释，表明了组织追求的具体内容。在政府战略管理中，每个层级的目标都是不可缺少的，没有较为抽象的高层次目标，组织就会缺少进取心；而没有具体的低层级的目标，中层管理者和一般职员就难以明确获知自我责任。O'Flyim（2007）认为公共价值理论对公共利益的定位是集体选择权的表达，它鼓励公民与政府之间建立更丰富的沟通关系，建立成熟的战略管理系统，以提升政府的管理能力。

公共价值账户是公共部门对私人部门管理工具的借鉴，是一个以成本—收益对公共部门创造价值进行衡量的工具。公共价值账户的左边以成本形式存在，包含如原料成本核算、薪水核算、基础设施成本核算等内容；而右边的公共价值衡量则较为困难，由于公共部门通常不会出售产品和服务，因而缺乏财务数据支持测算。穆尔（Moore，2014）认为要测算"收益③"一项，需要注意：一是谁充当公共价值的仲裁者最合适；二是如何发展出一套规范、多元的评价机制，不但包含个体公民需求的功利性内容，也需要对公民之间的公平正义做出评估；三是一些消极的后果应当注意考虑在"成本"栏中。

公共价值账户实际上是对政府行为价值的一种评价机制，它既可以用于公共活动的发生之前，对某一项行为做出预设分析；也可以用于评估一项已经发生的行为，这一工具的发展对公共价值理论的实践应用有重要的辅助作用。

二、公共价值理论与预算绩效目标管理

政府绩效预算管理可以认为是公共价值理论的一个实践，而预算绩效

---

① Moore M H. Creating public value [J]. Public Sector, 1995.
② Simon H A. The Proverbs of Administration [J]. Public Administration Review, 1946, 6 (1)：53 - 67. Herbert 认为，目标和过程之间没有本质的区别，过程虽然是一种行动和即期目标作为手段，处于目标金字塔较为底端的位置。
③ 在公共价值账户（Public Value Account）中，"收益"即 "achievement of collective value"。

目标管理体系则可以看作组织实施战略管理的一个环节。公共价值理论认为：政府作为公共组织，其终极目标是为社会创造公共价值，而预算作为政府实现其职能的手段，其终极目标也是如此，可以认为公共价值为政府预算的战略绩效目标提供了一个理论基础。

公共价值理论较公共物品理论对政府行为更具有解释力，也能用于理解政府的预算目标。公共物品理论认为政府应当提供公共物品，预算的目标可以被设置为提供一定数量和质量的公共物品；但是公共价值理论则对政府提出了更高的要求，即公共物品只是一种公共价值的载体，政府之所以提供公共物品，本质是用以提升公共价值，同样是公共物品，由于公民对其的需求度和评价高低不同，使得不同的公共物品具有不同的公共价值。因此预算的绩效目标提到重视"预算的产出和结果"，产出通常强调公共物品，而结果往往强调公共价值的提升。

公共价值理论强调政府部门的战略管理，战略（Strategy）意味着纲领（总体目标）的实现方略，政府部门以创造公共价值为总体目标，具体则需要依赖预算管理进行资金支持，预算绩效目标如此即是对总目标的细化和解读，位于目标金字塔的下方。保证预算绩效目标与总目标无偏差是战略成功的第一步，因此在设置预算绩效目标时，我们首先应当明确，预算目标只是绩效目标体系中的一环，首先应当确定更上一层级的目标；其次必须有合理的机制使得预算绩效目标和它上层级的目标保持一致。预算仅仅是一种手段，如果失去了公共部门战略性的上层级目标，预算绩效目标也就没有意义了；而上层级的目标可能具有多种形式：部门战略、政策目标、团队目标、服务领域目标，这些都可以充当具体预算绩效目标的上层，较为具体的预算目标，其制定则必须依赖和受控于其上层级目标。

关于"上层级目标"和"预算绩效目标"的制定，公共价值理论给我们的建议是：首先公共部门需要根据具体的环境和服务对象，确定此时的公共价值是什么，它没有一个标准的答案，并且在某些时候，也并非只能依靠公共部门来确定。其次，根据已经确定的公共价值，寻找部门的战略层级的目标，这一目标明确但较为宏观，是整个组织的总目标（战略、方针）。第三，在一种交流和约束的机制下，上下级部门共同商议出一套目标金字塔，较为具体的预算目标位于较下方的位置，但是依赖于它所有的上层级目标。综上，本文认为：公共价值理论为政府预算绩效目标管理体系提供了一个理论背景，也对其具体的实施方式给出了一定的建议。

第二节 目标管理理论

一、目标管理理论对设计目标体系的借鉴

目标管理理论是由奥地利管理学家彼得·德鲁克提出,被认为是现代管理学理论最为重要的组成部分。现在这一理论已经形成一套系统的管理方法:它通过组织的上级管理人员和下级管理人员共同确立的目标,来对组织成员的进行责任划定和行为约束,并且利用这些目标来评价每个成员做出的贡献。目标管理理论有几个重要的观点,第一,目标管理理论认为,组织管理的目标应当达成共识。下级应当理解并与上级的认识保持一致,并且以此制定自身的目标,并通过交流与沟通来确保目标的一致性;当目标不恰当时,上级或监督人员应当帮助下级重新确定目标方案。在这一过程中,上级与监督者充当的是一个协助者的作用,而不是仅仅作为一个评判者,另外,它要求所有人员参与到目标制定的过程中,加强交流与沟通,而不是仅仅依靠某个组织层级为整个组织拟订目标。

第二,目标管理理论主张自我控制,而不是一种强制性的管理方式。首先,组织中每个层级为自己拟订目标,并且通过自我控制的过程实现目标,这实际上是加大了组织成员在管理中的自由度;其次,个人更加明确自身的优势与劣势,了解工作实际,也能够更有效地制定目标;第三,这种自我控制的形式更能够加强组织成员的自我激励,正如奥迪奥恩(Odiorne,1984)所指出的:自我控制的方式能够促进组织成员间的互动参与,使目标更具动员性和激励性。

第三,目标管理理论强调目标的层次性。组织的目标应当有丰富的层次结构,高层、中层和基层的管理职责不同,因此目标制定也不相同。但是它们之间却应当是衔接紧密的,这就要求每一个目标制定者,都应当参与他们上一层级的目标制定过程,并对上级目标有准确的认知。

同时我们也应当注意目标管理理论中的一些争议:例如,尼古拉斯(Nicholas,1997)认为目标管理过于注重行为的结果,会加剧员工的压力与情绪困扰,同时也忽略了员工行为本身的意义,会打击组织成员的士气。美国心理学家哈利·莱文森(Levinson,1970)认为过于强调组织目标的协同化,会忽视员工个人的工作动机和工作愿景。

二、政府预算目标管理中的委托代理关系

委托代理理论兴起于 20 世纪 70 年代，是契约理论的重要分支。它论述了一种信息不对称情况下，具有优势信息的委托方可能会利用自己独有信息，损害信息劣势的代理方。且当利益冲突的情况下，委托人常常会产生道德风险行为，满足自己的利益。这一理论认为：委托人和代理人的利益冲突是普遍存在的，作为一般经济人，委托方和代理方都需要最大化自身效用，然而，委托人的效用常常取决于代理人付出的努力成本，因此他希望代理人能够付出更多努力，代理方则希望降低付出成本；而作为代理方，他的收益主要来自为委托方支付的报酬，而委托方却希望减少报酬数目。因而，他们的利益普遍冲突。政府作为代理人，其组织目标"提升公共价值"与公民委托人的利益是一致的，但不能否认政府内的成员作为一般的经济人也会产生道德风险行为，追求个人利益从而与公民委托人的利益形成冲突。第二，委托代理理论认为两方总是存在信息不对称的情况，这一情况在预算过程中非常常见。在公民和政府之间，政府处于信息优势的一方，而公民处于劣势，一方面由于预算和财政问题多具有较强的技术性，普通公民不具备专业知识；另一方面预算信息常常包含大量的数据文件，一般公民没有机会和时间对政府预算信息密切关注，公民通常只能了解到政府公开的信息。在上级政府和下级政府之间，上级政府常常具有信息劣势，下级政府能够掌握更多的基层经验和实际状况。

在任何组织中，管理都是以委托代理关系的存在为前提的（Fama，1980）。而在政府组织中，委托代理问题主要发生在两个方面，其一是政府与公众之间，政府作为公众的代理人，而公众作为委托人：预算行为正是政府部门提升公共价值替公民代理财政的行为，在缺乏交流与合理机制时，政府的预算目标并不一定能够完全契合于民众的需求，预算的绩效目标设置是否合理也难以判断。其二是发生在政府组织的内部，政府是多层级的组织系统，在层级之间就可能发生委托代理问题，例如，财政系统委托职能部门生产公共物品与服务，但是职能部门可能为了追求政绩或个人利益，发生低效使用财政资金的行为，因此在预算过程中会出现委托代理的问题；例如在预算绩效目标的管理中，下级政府可能会因信息不对称而设置不合理的绩效目标。

实施绩效目标管理可以在一定程度上解决政府支出过程中委托代理问题，但是同时，这一管理本身也会发生委托代理问题。

预算绩效目标管理在一定程度上能够解决委托代理中的"信息不对称"

问题。在公众与政府之间,它将烦杂的预算支出信息以简单易懂的绩效目标呈现出来,一方面加强了政府预算的可读性,公众能够更好地评判一项预算的价值;另一方面绩效目标能够更方便公众监督预算支出,一个合理量化的绩效目标,能够充当公众检验预算成果的依据。在政府组织之间,绩效目标也充当了一个信息纽带,财政部门与职能部门之间可以借助绩效目标,判断预算数量的合理性,在期末通过检验预算目标的达成,也便于判断职能部门是否有效利用了预算资金。

但同时,绩效目标管理这个过程本身也会出现委托代理面临的问题。在上级政府和下级政府之间,下级政府往往具有信息优势,因此在绩效目标设定时,下级政府可能会夸大绩效目标的完成难度,或者只制定较为容易的绩效目标。因此,一个科学合理的绩效目标管理机制在推行中尤为重要,否则就会因为信息不对称使得绩效目标管理流于表面。

三、目标管理理论与我国绩效目标管理

目标管理通常被用于现代企业管理之中。随着20世纪70年代和80年代西方发展普遍陷入"停滞与膨胀"并存的经济危机,政府预算同时出现了以预算赤字规模膨胀为代表的公共支出管理困境。在这个背景下,旨在用企业的精神与方式改造政府(预算)管理传统的新公共管理运动逐渐兴起,许多国家逐渐将一些企业组织的管理方式应用在政府组织中。而绩效预算改革中的绩效目标管理,正是将目标管理理论用于政府预算管理的一个经典实践。

首先,正如目标管理对行为结果的重视,绩效目标管理也对政府预算支出提出新的要求:从原有重视"投入"转变为重视"产出与结果",并且利用"绩效目标"形成对预算支出的约束,使政府每一项支出能够切实产出社会效益,提升公共价值。第二,绩效目标的设置调动了预算支出使用者的积极性,合理的目标的制定,能够提升预算支出的效果,使其用在更为合理的地方。第三,正如目标管理理论强调目标的协同性和衔接性,政府作为一个多层级、多部门的组织,也应当采取合理机制使每个层级的预算绩效目标更具衔接性,更有效率。

第三节 控制权分配理论

在预算目标管理体系中,不仅涉及目标体系设计的内容,也涉及目标

管理中权力的分配问题，例如，"目标设立权"，以及后期对目标的追踪监察和评估等权力。在政府内部，不同的权力分配方式，目标管理的效率可能会有很大不同，控制权分配理论为这一现象提供了分析框架。

控制权分配理论是周雪光和练宏（2012）提出的一个分析中国政府内部权威关系的理论，他们将政府层级分成委托方—管理方—代理方三个级别，并将各级部门间的控制权分为三个维度：目标设定权、检查验收权和激励分配权。当三种控制权以不同的方式分配在政府层级间会诱发不同的政府行为。其中，目标设定权一般是组织内部委托方为下属设置目标任务的控制权，目标设定可能是委托方制定，也可以是委托方和管理方商议制定。检查验收权是在目标设定后，对目标完成情况进行核查的权力，这一权力在三级政府关系中，可以属于委托方，但也可以由委托方下放给管理方。第三种激励分配权是对管理方下属的代理方设置激励和奖惩的权力。周雪光和练宏（2012）认为，在中国政府的实际运行中，这三种控制权分离并以不同的分配方式出现是司空见惯的。他们总结了几种权力分配的模式：第一种是在"高度关联型"模式中，委托方保有三种控制权，并且通过管理方的实施权威，导致一种高度集权的治理模式。第二种是在"行政发包制"中，委托方只关心承包的结果即政策的执行结果，所以他不但持有政策目标的控制权，也保有检查验收权，而将激励分配权授予管理方。此时管理方就类似一个承包商角色，这是中国政府的常态治理模式。第三种是"松散关联制"，委托方保有目标设定权，并且将检查验收权和激励配置权都交给管理方，这种方法在"放权"的历史时期较为常见。第四种是"联邦制"，此时委托方将自己在某一领域职权下的所有控制权交给管理方，这种模式在中国较为有限，且通常是一种非正式和暂时的模式。

预算绩效目标管理体系也是一个涉及目标设立、检查验收、激励分配的管理过程。例如，在中央部门预算中，中央政府和财政部可以看作委托方，中央各职能部门可以被看作管理方，而基层的单位和具体的项目负责人可以被视为代理方，不同权力在这三方之间的分配可能会导致绩效目标的约束力有很大差别，也会导致绩效目标管理体系的运行成本和效率发生差异。例如，专项转移支付的管理中，中央有关部门可以充当委托方，而地方政府为管理方，最后资金的使用者或更为基层的政府被视作代理方，专项资金绩效目标管理体系的效率和控制力同时也可能受到几种统治权分配而不同，我们在下文将会运用控制权分配理论，具体分析我国绩效目标管理体系中三种控制权的分配，以及这种分配方式会如何影响预算绩效目标体系的管理能力。

第三章

部分国家实施预算绩效目标管理的经验与启示

国外绩效预算改革运动开展较早,许多国家都通过绩效预算管理改革取得了丰富的成效,一些国家结合自身预算和政治组织的特点,发展出了一套具有特色,高效的绩效目标管理体系,以下选取了不同类型的绩效目标管理模式,和关于绩效目标的一个详细案例,希望能够对我国的绩效目标管理能够提供有益的借鉴和启示。

第一节 新西兰:基于部门预算的目标管理

新西兰是最早引入绩效预算的国家之一,并于1988年颁布了《国家部门法案》,这一法案给予了部门安排资金使用的权力,并且让部长负责该部门的产出。此后部门自主使用资金以法律的形式确定下来。1994年颁布的《财政责任法案》,明确规定了政府应当以战略优先顺序作为指导预算支出的标准,公共部门只有提交了部门绩效目标、产出与结果间的关系,才能获得中央政府的拨款,并在随后的资金使用过程中面临相应的核查。

新西兰的支出部门一般在正式递交预算报告时提交绩效目标。这里提交的绩效目标并不仅是单一年度预算目标本身,而是包含与绩效目标配套相关的所有内容。其中纳入了:部门目标的陈述、目标之间的优先级关系、目标达成后预期的成效与价值、每个目标对应的产出、为达成目标部门应当采取的行动,以及期末衡量绩效目标的对应指标。而对于绩效目标本身,则会采用具体的数量、时效信息、质量标准、或成本效益对其进行描述。

除此之外,新西兰的绩效目标也充当了绩效预算与中期预算间的结合纽带,政府各部门绩效目标通常而言会覆盖未来三年的预算活动,有的部门甚至覆盖未来五年,因此也充当了中期预算的绩效目标与支出依据。

第二节 国外多层级绩效目标管理实践

一、瑞典、法国：跨部门的多层级目标

瑞典政府也是较早（20世纪80年代）开始利用绩效目标管理政府预算的工作的国家，它的绩效目标管理层级具有本国特色、并且有着清晰简洁的特点。

现在瑞典绩效系统的结构包含三个层级：分别是支出领域（Expenditure Area）、政策领域（Policy Area）与活动领域（Activity Area）。具体的，国会选定了27个支出领域，并且将其分解为47个政策领域，大多政策又会被细分为活动领域。这一系统要求政策层级和活动层级设定相应的绩效目标，这些目标需要清晰地解释：各个政策领域将实现怎样的社会效益，以及每个活动会有哪些具体影响。这些目标一般是建议由相关部门（可能涉及多部门）的部长拟定，并由国会负责审核批准，在一定预算周期内完成。由此我们也能看出：瑞典的绩效目标管理主要是依托于预算的执行部门，而不是依托于具体的支出项目。瑞典的绩效目标体系崇尚简洁，不论是前期的设定还是后期的评估都是尽可能地简洁，这不但会避免支出部门、财政部门、国会的信息过载风险，也会使各个部门的注意力全部集中于最为有价值的绩效目标。

相较于我国2017年达成的中央全部门绩效目标覆盖（包括161个中央预算部门和10.3万个部门支出项目），瑞典绩效管理覆盖的内容就相对较少，并且在三个层级中，只对政策层级和活动层级制定了绩效目标，显得更为简洁。绩效管理的全覆盖与侧重覆盖各有优势和缺点，全覆盖虽然使得所有预算纳入绩效目标管理系统中，但是能够对众多的绩效目标形成监控和事后评价，确实也需要花费不少成本。

法国的绩效目标结构也被划分三个层次，最高层级为使命，现在大约34个，每个"使命"可能会涉及一个或者多个法国的政府部门；其二层级是项目目标，目前大约133个，衡量用到的相应指标与目标高度相关，按照平均数目来说，一个项目大约拥有5个目标，每个目标又拥有2个具体解释目标的指标。近年来，上述数量处于下调趋势，便于绩效目标管理更加简洁清晰。另外，这些目标和指标一般涉及三种类型：社会经济效益、提供服务的具体数目和项目的管理效率，这些指标往往具有一定的标准，使得

不同项目之间能够互相比较。其三是活动（Activity），目前大约580项，主要是用于阐述项目资金的具体用处。

对比我国和瑞典、法国，国情上虽然具有较大差异，例如我国人口众多，支出部门设计更为复杂，预算的数量级远大于较上述两个国家。但是瑞典、法国这种跨部门、集中于特定"政策领域"或"国家使命"的目标，会比单纯基于预算部门的目标更具有针对性，也更为简洁，民众也更容易理解，并参与在目标制定的环节之中。

但是，也并非所有的国家都采用了跨部门这种方式，韩国和英国在目标层次上较为类似于我国，是基于部门的目标管理。

二、韩国、英国：基于部门预算的多层级目标管理系统

韩国绩效目标管理的特色是基于部门预算、多层级且一致性强。所有支出部门在每个预算年度，都需要从上到下制定部门使命、战略目标、大项目目标、子项目目标四个层次的目标，并分别对应到部门的不同管理层级，每个层级的目标都为预算资源的分配者提供了依据。

英国与韩国类似，英国的支出部门会提交一份未来四年计划书，并且在每年保持更新，这份计划书中，包含了部门的多层次目标：有部门愿景、绩效目标以及优先级次，还有每个绩效目标对应的相关指标。

第三节 德国地方政府的绩效目标管理实践

德国绩效预算改革主要基于地方层级（Local – Level），其特色是"产品群"目标管理。

德国自治市绩效预算提出一项新的概念，即"产品预算"，它将政府提供的同类公共物品或服务看作一个"产品群"，每一个产品群中又包含不同的产品。例如，"儿童日托服务"这是一个产品群，但是其中会细化为"婴儿照护"等更为具体的服务。每一个产品群，对应着一个支出上限，产品群经理人在这个支出上限下可以灵活调整内部产品的预算，这就保障了产品群经理人拥有较大的自主权，虽然在德国各个自治市的预算情况有很大差别，但是他们都在使用这种"产品预算"的观念。

依据这种打包公共产品（服务）的模式，德国地方政府建立了相应的绩效目标管理体系：每一个产品群都需要对应两份计划书（成果计划书与财务计划书），其中成果计划书包含了本产品群在一定期限内需要达到的各

种绩效目标与相关成果；而财务计划书，主要涉及这个产品群相关的收支与财务状况。德国自治市绩效预算的核心就是这份成果计划书，它不仅是绩效的体现，也是国会中用于预算谈判辩论的主要依据，因此，包含于其中的绩效目标也成为预算资源分配的关键依据。

在产品群之上，地方自治市层面，存在更高一层的绩效目标系统，依照德国法律，每个自治市需要根据当地人民的诉求制定出本市战略规划，再基于此规划出相应的绩效目标与公共服务的标准，最后才是各负责人设计"产品群"的绩效目标。

德国的"产品预算"类似于我国的项目预算，但是相较而言，德国的产品群概念应该大于项目的概念。产品群合并了政府提供的同类服务，并将其看作整体作为一个预算单元，不同产品群之间的交叉会较少，一定程度上而言，产品群是相互独立的；而项目预算数量较多，项目之间也很有可能出现交叉，出现相似的绩效目标与结果产出。

第四节 加拿大案例：注重服务质量的绩效目标系统

加拿大属于君主立宪、民主议会制的联邦国家，由联邦、省、市三级政府组织。从绩效预算的历史来看，加拿大绩效预算改革已有较长的历史：1977年，加拿大颁布《审计长法》，赋予审计长绩效审核的职权；1993年加拿大政府实行了"让政府做对的事"，并且实施了绩效评估方案，1994年颁布了《绩效考评条例》，2006年底，《联邦责任法案》生效，据此，建立了议会的预算办公室，希望通过系统评价，确保政府预算方案都有效率的执行。

一、联邦层级

联邦政府包括90个部门和事业单位，46家国有企业，联邦层面负责四个方面的政策战略，即经济事务、社会事务、国际事务和一般政府管理。每个领域下为联邦政府确定了宏观的绩效目标（13个），在这些宏观目标的指导下，各个相关的部门则为自己拟定细致的战略绩效目标（200个）。各个部门的预算项目和活动都必须与部门绩效目标紧密相关。具体如表3-1所示。

二、地方层级：以枫树岭市为例

根据加拿大《宪法》，省级政府负责对市级政府进行管理，市级政府的支出责任主要集中在中小学建设、道路交通、消防、治安、供水、污水处理等基本的公共服务领域。市级政府需要定期向社会公布服务计划、市政预算以及服务标准。

表 3-1　　　　　　加拿大联邦层级绩效目标设置案例

政策领域 （4 个）	联邦绩效领域 （13 个）	部门战略绩效 （200 个）	部门项目和活动 （2500 个）
经济事务	1. 收入安全和就业 2. 强劲的经济增长 3. 创新和知识经济 4. 干净卫生的环境 5. 公平安全的市场	例：针对联邦政府"强劲经济增长"绩效领域，共有 30 个部门战略绩效，如工业部的"增强企业竞争力，建设可持续社区"	例：工业部的"信息技术和通讯项目"
社会事务	6. 健康的加拿大人 7. 安全可靠的社区 8. 促进多元文化 9. 文化和遗产	例：针对联邦政府"促进多元文化"共有 21 个部门战略绩效，如文化遗产部的"加拿大人生活在一个各文化共融社会"	例：文化遗产部"推动各文化相互理解""参与社区活动""社区发展和能力建设"等项目
国际事务	10. 通过国际合作推动世界和平 11. 全球减贫和可持续发展 12 建立互利互惠的北美伙伴关系 13. 开展国际贸易促进加拿大繁荣	例：针对联邦政府的"建立互利互惠北美伙伴关系"共有 8 个部门战略绩效，如加拿大边境服务局的"提高加拿大边境管理效率和效果，促进加拿大繁荣和安全"	例：加拿大边境服务局的"加强安保""进入许可证""创新和技术"等项目

注：本表来源《加拿大分级绩效预算管理模式及启示》，李杰刚，徐卫（2011）。

在已经确立的支出责任的范围中，市级政府需要划定服务领域，并且对每个服务领域拟定出明确的绩效目标，而绩效考核一般是分成"使用效果"（实现预期绩效目标的程度）和"效率指标"（提供一定数额服务花费的成本）同时进行。在期末，市级政府需要向市民公开年度政府工作绩效报告，包含必要的财务信息与预算绩效目标的完成情况。

枫树岭市，是位于加拿大不列颠哥伦比亚的一个小城市，拥有 80000 名市民。它在地市层级的绩效预算、目标管理方面为我们提供了良好的借鉴。其一，它拥有完整层级的绩效目标管理系统，其二，作为市级政府，其绩效目标高度围绕自身的支出责任，并且拥有良好的市民参与制度。2007 年枫树岭市启动了一项"议会协作战略计划"（Council's Corporate Strategic Plan），旨在提升公共服务绩效和市民参与度，这一改革涉及市民、企业、社会团体等城市各类人员。它为城市未来发展和近期关键发展战略提供了明确的目标,并定期发布政府报告①,令市民获知政府服务的成效,监督目标的达成效果。

枫树林市的目标管理系统如图3-1所示。

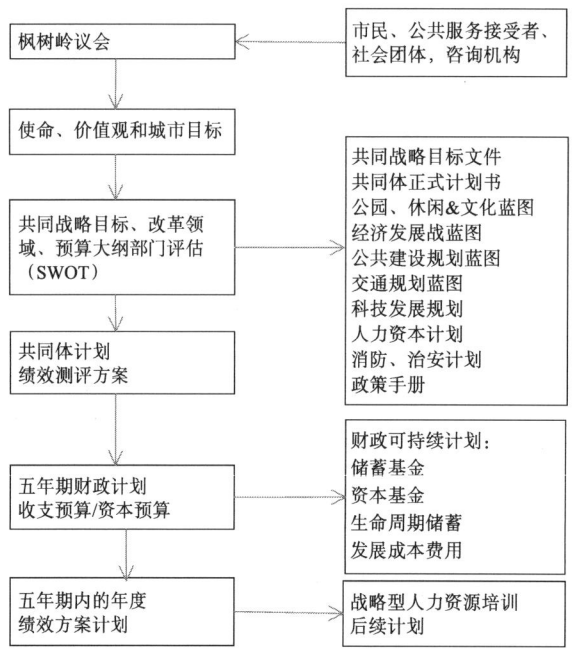

图3-1 加拿大枫树岭市绩效目标体系的产出

①城市使命:为枫树岭现居市民和未来市民营造一个安全、宜居、可持续的生存空间。

②城市价值观:如表3-2所示。

表3-2

领导观	鼓励创新、创造、首创
公共服务观	公平、友好、助益
人力资本观	认识到我们的公民是最有价值的资源
共同体观	尊重共同体成员,促进共同发展
荣誉观	卓越、正直、负责、诚信
管理观	关注决策的长期后果,行动有所依据在问题、组织纪律和行为边界中多做考虑

---

① 每年发布在枫树林市政网站上,以报告形式存在:http://www.mapleridge.ca/787/Scorecards。

③服务领域。

城市民主建设、经济发展、环境、财政管理、政府治理、政府间关系建设、安全和宜居建设、交通发展。

④战略计划。

枫树岭市的战略规划由地方议会指导拟定,是能够体现地方特色的具体城市目标。下述列举了枫树岭市的几个服务领域的服务目标,我们能够看出,虽然是不同服务领域,但是都紧密围绕着枫树岭市的使命和价值观,例如,"经济发展领域",并不主要追求经济收入指标,而是旨在"让市民享受在居住地附近工作"为经济发展的方向。如表3-3所示。

表3-3   加拿大枫树岭市服务领域绩效目标案例

服务领域	服务目标
城市民主建设	提升市民和企业对城市的满意程度,使其知晓城市的改革计划和发展项目,并且清楚何时、怎样地参与到民主过程中
经济发展	让市民享受到在居住地附近工作的便利 枫树岭现在是城郊住宅型城市,正在向商业住宅一体化发展,并且考虑发展某些有助于此目标的商业。欢迎在主要街区的十字路口、步行街区和各种便于到达的地点进行商业投资 主要的农业区域应主要用于农事活动;交通便捷处以及居民区附近会建设新的商业区,并欢迎居家商业和非污染性产业进驻
环境	通过保护自然资源,提升市民赖以生存的水、空气、土地的质量、在住宅和商业基础建设中使用绿色建材和创新科技
财政管理	为城市的可持续发展提供优质的财务管理、投资、购买和人力资源方面的政策和实践
政府治理	枫树岭市是选举投票率领先的城市,超过半数具有选举资格的市民都参与了投票,继而本届选举人和市民都有信心实现未来的城市目标,为其拟定了城市价值和与此匹配的具体目标和战略方案
安全和宜居	城市发展的核心在于为市民提供安全、具有保障的生活。在与RCMP(加拿大皇家骑警队)、校委会、商业组织等其他事务组织的合作中,为市民提供基础的健康、安全、庇护,食物救助和低保,让本市市民在坚强后盾下发挥自身的价值和可能性

资料来源:总结自枫树岭市政府网站。

在每个战略计划下,枫树岭市政府还会制定更为具体的绩效目标。但是枫树岭市在对绩效目标进行评议时,是基于每个服务领域选择评议标准,和特定的指标,而不是基于具体的活动项目,以下是在该市在"安全和宜居"服务领域的绩效目标完成情况的一些测评标准,我们可以看出,对于某一项服务领域，枫树岭市仔细地选取了与市民切身相关，提升城市宜居性和安全性的角度，并且为这些角度提供了便捷的可量化的指标。如表3-4所示。

表3-4　　　　"安全和宜居"服务领域测评标准案例

评议标准	指标实例
审结投诉案件	投诉服务的处理率
打击财产犯罪	每1000人中发生财产案件的数量
紧急事件响应度	7分钟内响应事件的百分比
公园休闲设施的满意度	问卷调查个人和团体的满意率，如水上、滑冰、室外团体活动和运动场所的满意程度
饮用水满意度	每千人中对饮用水质量的投诉案件率
增加低收入人群的娱乐活动可得性	向低收入人群提供费用减免的休闲场所的比例

资料来源：总结自枫树岭市政府网站。

枫树岭市在实施城市预算绩效目标管理时，首先由市民，社会团体，咨询机构，企业团体等公共服务的接受者向枫树岭议会提供建议和公务服务需求，议会将这些建议汇总后，才会确定出城市使命、价值观和服务目标。这种目标管理使得城市下一年度的公共服务目标与民众的真实诉求联系在了一起。

第五节　国外绩效目标管理对我国的启示

一、选择适宜的预算绩效目标体系

不同国家的预算制度和政治体制都存在差异，因此我们发现不同国家选择的绩效目标管理方式也都有所不同，例如，英国，韩国和新西兰，他们的绩效目标管理主要基于各支出部门，联系不同支出部门的职能，从而进行预算绩效的目标管理，而加拿大，瑞典，法国则是首先由中央层面确定作为支出领域或相应的政策领域，再由相关部门依照已经确定政策目标组织预算支出、选择项目与活动。德国地方政府又是基于"产品群"进行绩效目标管理，枫树岭市则是围绕地级市支出责任来进行绩效目标管理。因此，不同国家都是基于自己的政治体制和预算模式，选择适合的方式，而不是所有国家都应用了统一的绩效目标管理层次。

二、使绩效目标的管理单元有一定预算自主性

新西兰在1988年通过法案确定了职能部门有安排资金使用的权力,并且让部长负责该部门的产出,1994年提出部门需要提供详细的绩效目标才能得到中央的预算拨款,我们可以看出在部门层级,部长能够根据本部门拟定的绩效目标,通过预算资金的分配而高效地实现部门的绩效与产出。类似的,德国的经验中,一个产品群对应着一个支出上限,在这一支出范围内,产品群的经理人拥有资金调配的自由性,能够通过合理的资金配置达成本产品群的绩效目标。

三、简明的绩效目标管理方式

瑞典的绩效目标管理体系崇尚简洁,并没有将绩效目标覆盖全部的支出领域,并且在每个支出领域精细选择相应的绩效目标,并且认为这种方式能够有效减少支出部门、预算部门、国会的工作量,也能够让支出部门将注意力集中在真正关键的绩效目标。

四、促进"结果导向"的绩效目标体系

枫树岭市作为一个面向民众的基层政府组织,其预算安排完全体现了"结果导向"的思维,将服务于本市民众的理念用绩效目标管理的方式展现出来。不仅如此,它对整个层次的目标组织也非常科学,在这两方面的经验值得借鉴。在案例中我们看到,枫树岭市的目标系统具有高度的统一性:所有服务领域的目标都是围绕城市使命。"营造一个安全、宜居、可持续的生存空间",即使在经济发展领域也提出了"让市民在居住地工作"这一非常人性化的经济目标,因此虽然枫树岭市的目标系统层级较多,但是环环相扣,在这种体系下,只要最顶层的目标是适宜的,子目标则会完全适宜,这种相关性也是目标管理理论的一个经典的实践。

另一方面其目标的优质性也促进了"结果导向"的实现,这些绩效目标与民众生活质量紧密相关的,可以说一份能够完成目标的预算案,将毫无疑问的提升公共服务质量,达成"结果导向",枫树岭市的目标管理制度也说明了,优质的目标体系并不是完全依赖政府职员的聪明才智,而是通过一种协商制度综合了城市各类人群的意见,以一种非常民主的预算目标管理体系。

第四章

中央政府预算绩效目标管理体系研究

中央一般公共预算包含中央部门预算，转移支付预算；此外还有政府性基金预算，国有资本经营预算和社会保险基金预算。目前为止，中央政府绩效目标管理系统主要包括了一般公共预算管理，其他三本预算未纳入绩效目标管理系统。2015年5月，为加强预算绩效管理，提升中央各部门的绩效目标管理能力，财政部发布了《中央部门预算绩效目标管理办法》（财预〔2015〕88号），具体规定了中央部门及其所属单位编制绩效目标的要求，具体包含编制方法、审核方式和目标应用。同年9月，财政部又下发了《中央对地方专项转移支付绩效目标管理暂行办法》（财预〔2015〕163号）对专项转移支付绩效目标的设立、审批、应用做出了规范。到2017年为止，我国中央预算部门所有项目首次实现了绩效目标的全面覆盖。

第一节　中央部门绩效目标管理体系

一、中央部门绩效目标的层次分析

中央部门的预算绩效目标主要分为两个层次：即部门（单位）整体支出绩效目标与项目支出绩效目标。其中部门整体支出目标需要结合部门的年度与中长期工作计划，明确下一个预算年度所要达到的产出和效果，使用定量和定性两种方法表述，并且需要从中提炼出可量化的关键性指标。而项目支出则是根据具体的项目特性，设定绩效目标与可量化的关键性指标。

二、中央部门绩效目标的设定与审批

我国绩效目标的设定与审批原则是："谁申请资金，谁设定目标"，以及

"谁分配资金，谁审批目标"。一般而言，中央部门的基层单位设定目标，需要随本单位或者部门的预算方案一同提交给上一级单位，按照程序上报；中央政府部门设定本级支出的绩效目标，提交给财政部门。此外，对于关注度较高，比较重要的项目，我国在绩效目标审批时可以委托第三方予以审核。

在对下级单位上报的预算绩效目标审核过程中，上级单位关注的要点是：①在既定资金规模下，绩效目标是否制定的恰当；②绩效目标是否与部门的职责相关；③目标是否清晰，有能够衡量的指标等；④目标是否具有可行性。

三、中央部门绩效目标与预算资金的关联

一般而言，绩效目标会随单位或部门的具体预算案一同提交给上级单位，审核部门会面对一个资金数额与一系列相关的绩效目标。审核一般产生三种结果：①等级为优，即认为资金和绩效目标相互匹配，于是同意安排预算；②等级为良、中，即认为在该预算数目下，绩效目标不够合理，直到申请部门调整好绩效目标时才同意安排预算；③等级为差，不安排预算。

由此能够看出：预算绩效目标在预算资金分配过程中充当一个"指标"，显示预算申请者资金是否合理，当预算金额与目标匹配时；预算和目标都是合适的，当预算和目标不匹配时，往往能够通过修改绩效目标达到匹配，这是应用在我国绩效目标管理中的资金分配逻辑。至于如何在项目之间进行横向管理、平衡下级单位绩效目标之间的关系；如何约束下级单位与本级单位目标具有一致性，在部门预算目标管理中都是未涉及的缺憾。

四、公开情况分析

随着我国绩效预算管理工作的不断推进，绩效目标的公开工作也有一定进展。2017年，财政部选择了10个部门的重点项目进行了2017年度项目支出绩效目标的公开，但是在年度中央部门预算报告中，却对部门本身年度目标的描述较为模糊，除了公开的10项重点项目，其余项目预算的信息较少，也没有反映各类支出科目的相关绩效目标信息。

第二节 中央对地方专项转移支付绩效目标管理体系

我国的转移支付制度建立于分税制改革之后，后经过不断演变，逐渐形成一般性转移支付和专项转移支付，近年来，我国专项转移支付的规模

不断扩大，但是存在许多管理问题，2013年党的十八届三中全会上，《中共中央关于全面深化改革若干重大问题的决定》中就涉及规范专项转移支付管理的内容，随着绩效预算管理在我国的引入，2015年财政部也发布了相关的法规将专项转移支付纳入绩效目标管理领域。

一、绩效目标层次

专项转移支付的绩效目标一般涉及三个层级：其中专项资金在某一期限内达到的总体产出和效果，即整体绩效目标；某项转移资金在特定省级行政区所达到的产出与效果，即区域绩效目标；某项转移支付所安排的具体项目在特定时期预期的产出和效果，即项目绩效目标。这些目标可以按照时限的长短分为整体实施期和年度两种类型，与中央部门绩效目标相似，专项转移支付的绩效目标也需要用相应的产出指标、效益指标、满意指标三种指标来量化目标本身。

二、目标的设定与审核

专项转移资金是由中央主管部门下拨的，下级政府使用的。因此，整体绩效目标是由中央主管部门设定，报财政部审核；区域绩效目标是由省级财政与主管部门共同设定，并报送财政部与中央主管部门；项目绩效目标是具体实施单位设定的，并逐级报送至中央主管部门与财政部。审核一般由上级主管部门负责，也可以由财政部预算评审中心，或第三方参与审核。

第三节 项目目标体系分析：以公开的重点项目为例

综合中央的两种绩效目标管理体系：即中央部门目标管理体系与专项资金目标管理体系，我们可以看出两种目标体系虽然有不同的层次结构和管理方式，但是最终都落实在项目绩效目标层级。因此可以认为项目绩效目标是当前中央部门目标管理体系的一个基本单元。

2017年4月中央部门陆续公布了2017年部门预算，并且首次向社会公布了10个部门重点项目预算绩效目标的编制情况，这10个项目经过全国人民代表大会审查，随部门预算一同公布在预算案中。这次的公开，不但保障了公民的知情权，也让普通公民能够参与到预算监督的过程中。本文整理、分析了10个重点项目的绩效目标的设计情况，以此为案例分析中央部门项目绩效目标的设计。表 4-1 是已公布的 10 项重点项目的所属部门和项目名称。

表 4-1　　　　　　　　10 项中央部门重点项目列表

序号	所属部门	重点项目名称
1	国家自然基金委	国家自然科学基金项目
2	科技部	国家重点研发计划
3	交通运输部	中央水域救助专项业务费项目
4	国家卫计委	公共卫生专项任务经费项目
5	教育部	高层次人才计划专项经费项目
6	文化部	对外文化交流与合作项目
7	水利部	水文测报项目
8	环保部	大气土壤污染防治行动计划实施管理项目
9	国家统计局	普查级大型调查项目
10	国家林业局	湿地保护与管理项目

资料来源：总结自中央相关部门门户网站。

观察我国中央部门重点项目的绩效目标设置方式，发现具有如下的特点：①项目的绩效目标会涵盖中期绩效目标与年度绩效目标两种。一般而言对目标的描述既包含"负责""监督""制定""受理""组织"等过程性含义的表述，也包含"提升""形成""促进"等结果性含义的表述。②除了对目标的描述性表达，还有一些定量的指标性目标用来量化目标的完成情况，对于所有的部门支出项目，都包含有：产出性指标，用以描述公共产品数量、质量、完成时间、所需管理成本；效益性指标，用以描述公共产品产生的经济效益、社会效益和可持续影响力；服务对象的满意度指标，体现服务对象的满意程度。在产出与效益类型的指标中，有的指标使用具体数值进行描述的，有的则使用"较显著""有效"或打分等较为主观的指标。在满意度指标中，并非所有预算项目都是以一般公众为服务对象，不同项目有着不同的受众。对 10 个项目的绩效目标设置情况做简单统计，如表 4-2 所示。

表 4-2　　　　10 个部门重点项目的绩效目标（指标）设计

所属部门	产出与效益指标			满意度指标	
	指标总量	客观性指标数	主观性指标数	数量	调查服务对象[①]
国家自然基金委	17	14	3	2	申请人、评审专家
科技部	7	4	3	2	项目管理机构与承担单位

---

① 即：进行满意度调查指标中的客体。

续表

所属部门	产出与效益指标			满意度指标	
	指标总量	客观性指标数	主观性指标数	数量	调查服务对象
交通运输部	8	8	0	2	协助机构、救助对象
国家卫计委	18	16	2	1	适用人群
教育部	26	21	5	2	入选单位、入选学者
文化部	16	10	6	2	驻外机构、民众
水利部	25	22	3	1	上级主管部门
环保部	21	8	13	2	参与单位、培训学员
国家统计局	11	8	3	1	公众
国家林业局	14	11	3	1	公众

资料来源：由中央部门年度预算的相关项目中汇总得到。

从表4-2能够看出：衡量每个项目的绩效目标指标从10个到20个不等，一般而言，采用的客观性的目标指标较多，少数部门项目的主观性指标超出了客观指标。客观性的指标在绩效目标的管理中有以下几个优点：①便于预算项目期中的检测和追踪，也便于后期的核对和评价工作；②客观性指标统计与观测较为容易，统计成本较低，且约束力更强；相比之下主观性的指标在项目后期评价时需要组织相关的考评者，成本较高，并且因主观性的存在，而使得指标的约束力下降。关于各个项目的满意度指标，我们发现并非所有的项目都是以一般公众作为满意度考评的受众，预算支出的一般功能是产出公共物品（服务）与提升公共价值，但是我们也看到了以"上级主管部门"和"参与单位"作为满意度调查对象的预算项目。

在重点项目的绩效目标分析中，我们发现有的项目，其绩效指标多反映了公共服务的结果（例如，交通部"中央水域救助专项业务费项目"），有的项目指标大多反映了公共服务提供的过程（例如，教育部"高层次人才计划专项经费"），下面以这两个项目为案例，分析"以支出结果"作为指标的绩效目标，和"以服务过程"作为指标的绩效目标之间的差异。相关数据及指标如表4-3及表4-4所示。

表 4-3 教育部"高层次人才计划专项经费":过程与成果指标的占比①

总体	指标总数	26	主观指标
工作过程指标	支持聘期内的相关人员	4	0
	遴选相关人员	3	0
	资助相关人员	1	0
	(按时)完成评估、验收、抽检等工作	9	0
	形成自我评价	2	0
工作成果指标占比(0.32)	相关优秀成果、影响力、人才、满意度	9	5 (0.56)

表 4-4 交通部"中央水域救助专项业务费项目":过程与成果目标的占比②

总体	指标总数	10	主观性指标
工作过程指标	船舶、飞机值班待命天数	2	0
工作成果指标占比(0.8)	船舶、飞机法定检查通过率	2	0
	接到指令出动时间	1	0
	人命救助有效率	1	0
	船舶、飞机接到指令出动率	2	0
	救助者满意度或投诉率	2	0

①从上面两个项目的绩效目标和指标的设计上,我们看出绩效目标与指标中,反映支出成果的占比是不同的。在教育部的上述项目中,绩效目标和指标有70%左右反映的是工作的过程,换句话说,即只要投入了相应的预算资金,并且有相关人员从事这项工作,就基本能够完成的目标,但

---

① 表格内是对目标指标的归纳性总结,来源于 http://www.moe.gov.cn/srcsite/A05/s7499/201704/t20170407_302152.html,为防止歧义,将原指标列举如下:支持聘期内长江学者特聘教授、支持聘期内长江学者讲座教授、支持聘期内长江学者青年学者、支持教学名师、遴选产生长江学者特聘教授、遴选产生长江学者讲座教授、遴选产生长江学者青年学者、资助优博作者数、完成专项评估的学位授予点、完成验收评估的服务国家特殊需求硕士人才培养项目数、抽检博士学位论文数以及抽检比例、抽检覆盖上学年博士学位授予的单位、入选学者重大标志性成果、形成自我评估总结报告的学位授予点比例、优博资助项目有与项目密切相关的创造性成果、截止日期前结项比例以及评估学位授权点的比例、确定博士抽检名单、博士论文抽检通讯评议、人才计划品牌效应、学位授予点自我评估体系建立、学位授予质量、入选学者国际影响力、优博作者继续创造成果时限、研究生培养质量。

② http://zizhan.mot.gov.cn/zfxxgk/bnssj/cws/201704/t20170407_2186952.html。

是在交通部的上述项目中,绩效目标和指标有约 80% 反映的是工作的成果,换句话说,即安排预算和相关的工作人员从事这项工作,也需要一定努力和管理方式才能达成的效果。

这并不一定意味着教育部的项目的绩效目标体系劣于交通部的目标,因为不同的部门和服务领域之间,观测"结果性目标(指标)"的难易度存在差异;或者由于现实的不确定性,即使投入较多的预算,也会受经济、社会、政治等原因的影响,而难以达到预计的"结果性目标(指标)"。上述人才培养项目是教育领域中的典型项目,教育作为一种准公共物品,具有较强的消费外部性,而这种外部性很难精确地衡量,其产生的正外部性作为一种预算支出结果也是比较难以直接测量的;反之,其投入和过程量作为绩效目标就能以更低廉的成本观测、量化,因此在教育领域的绩效目标就可能出现这种状况。

那么,绩效目标的设置以"结果"和"过程"衡量就没有意义了吗?首先,我们希望反映"结果"的目标越多越好,因为"绩效预算管理是政府绩效管理的重要组成部分,是一种以支出结果为导向的预算管理模式"(财预〔2011〕416 号),"结果"会直观反映预算所达成的效果。其次,过程性的目标相较于结果性的目标更容易实现,我们在前文已经提到,过程性的目标通常在预算资金、人员到位时,基本就能够实现;而结果性目标较为困难,作为预算部门,它有动机在设置绩效目标时大量采用"过程性"目标指标。我们对这两种目标的区分在一定程度上可以监督预算部门的目标设计情况。最后,要对"过程目标"有所选择:在某些领域(如教育),结果性目标很难观测,但是某些过程投入会对特定结果的达成有直接作用,这样的过程目标就应当鼓励设置。例如,"资助优秀学者"这一过程性目标可能在很大程度上能够帮助更多学者潜心创造优秀的科研成果,或者激励更多优秀人才从事科研工作。此时"资助优秀学者数量"就是一个比较有意义的过程性目标。但是相反,也存在很多过程性目标难以输出真正有价值的成果,或者暂时不能确定这种过程性目标能真正关联于某些结果。这就需要相关领域的学者专家大量用实证工作去论证:在不同领域中,哪些"过程、行为"与"提升公共价值的结果"更为相关。

②我们观察教育部的上述项目的绩效目标设计,发现在衡量"工作成果"的目标指标中,有约 56% 的指标采用了较为主观的衡量方式;但是在"工作过程"的目标指标中,均没有采用主观衡量方式。这也是比较现实的情况,作为我们"青睐"的"结果性目标",使用的主观性指标比例,远远高出"过程性目标",这也体现了所谓"结果"很难观测,且具有主观性的一大特点。

第四节 中央预算绩效目标管理体系分析

一、管理体系中权力分配与激励

政府公开文告中,通常对管理工作中的权力和职责有清楚的划分,在绩效目标管理系统中,财政部门作为委托方,而预算单位作为代理方,它们之间形成了权力和职责的分配,不同的权力划分,会对预算单位的行为以及政策实施情况形成一定影响,周雪光(2012)认为实际运行权力可以分为目标设定权、监察验收权和激励分配权,这些不同的权力分配方式实际激励了代理支出部门的不同行为。

(1)目标设立

综合《中央部门预算绩效目标管理办法》和《中央对地方专项转移支付绩效目标管理暂行办法》,我们可以看到"目标设定权"主要属于资金的使用者,如中央支出部门、地方专项资金使用单位、项目申报人,但同时财政部门会对这些目标进行审核,上文已分析过,财政部门审核的关注点在于:目标与资金是否相匹配、目标是否与部门相关、以及目标是否详细且具有可行性,这都是关于目标的规范性审核,并且当审核情况不佳时,仍然可以由资金的使用者重新拟定目标。依据委托—代理中的"信息不对称"理论,我们也能够认同,预算资金的申报者对于支出的了解程度,与项目可能达成的目标更为了解,而财政部门和上级单位一是没有太多的资源为数目众多的支出部门项目制定目标,另外从专业角度而言,财政部门也不具备优势。因此它只能够从"合规性"的角度对绩效目标进行审核。

(2)检查验收

目标管理是一个综合系统,完整的管理体系还应当包含期末对目标的检查,以及对达成情况进行反馈与应用,这个过程就涉及了"检查验收权"和"激励分配权"。具体的,对应在我国,"检查验收权"是指谁来监督绩效目标的运行,和对绩效目标达成情况进行评价;而"激励分配权"是指验收之后谁来应用这一评价和监督的结果。

在财预〔2015〕163号文告中,关于专项转移支付绩效目标的"绩效监控"的内容指出:在执行预算中,各级财政部门与主管部门应对目标预期实现情况展开监控,在执行预算后,资金的使用者还需要填写一份自评表,由于多数绩效目标的测量指标都是客观的数据,因此可以认为,专项转移支付绩效目标的检查验收权,属于资金的配置者即财政部门和上级主管部门。

在财预〔2015〕88号文告中,提到资金使用部门(中央部门和所属单位)负责对绩效目标实现程度的监控,评价工作主要以自我评价为主,作为资金分配者(财政部和中央部门)可以对重点项目、单位进行试点评价。因此基本可以认为这里检察验收权,属于资金的使用者。

(3)激励分配

关于中央部门预算,财预〔2015〕88号文件中没有提到如何应用评价审核结果,只提到"应当按照有关法律、法规要求,将绩效目标随部门预算公开",这一表述也没有硬性要求公开绩效目标,更没有要求公开绩效目标的实现程度。因此在预算方面,绩效目标是否达成并不构成严格激励。

对于专项转移支付,财预〔2015〕163号的要求较为严格,在第二十六条中将"绩效目标达成情况"与资金的"保留、整合、调整、退出"机制紧密的关联在一起,对于"已经实现的"资金应予以退出、对于"目标实现程度差的",应予以调整,对于"目标近似雷同的",应予以整合。对"符合预期目标"的,继续执行。这里的激励分配规则让检查结果与资金分配紧密地关联在一起,可以说是一种非常严格的绩效预算模式。图4-1是对中央部门预算和专项转移支付两项预算中目标管理系统中权力分配关系的直观对比。

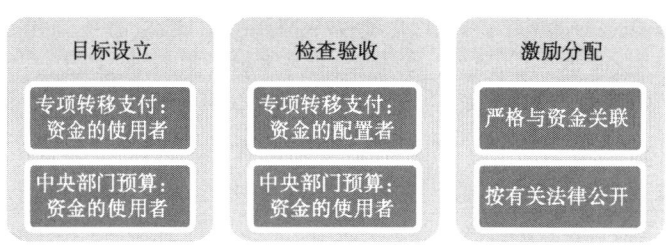

图4-1 中央预算绩效目标管理系统控制权的分配

(4)权力分配的激励

对于中央部门预算,绩效目标管理方式更像是一个"自我管理"的模式,中央部门所能做的即为自己设置目标和监督目标的实现;另外,他需要审核其下的支出项目,并且确保项目的目标实现。一方面,中央部门不具备来自外部的约束力使其真正关注预算是否按照"结果导向"的思路进行分配,对中央部门而言,绩效更近似于文化,而不是一种约束力和制度。第二方面,由于预算数额与绩效目标同时逐级上报,更接近"自下而上"的管理模式,中央部门会在绩效目标的管理上较为被动。

对于专项转移支付，绩效目标管理确实对预算形成了一定的约束力。尤其是在"激励分配"层面，目标的实现与否会作为一个重要的绩效信息，直接会与下一期资源分配情况关联，这属于绩效预算中最为严格的一类。"目标设立权"虽然也属于资金的使用方，但由于在这一体系中，强调上级单位和下级单位设置目标时的沟通，不但更为符合现代目标管理理论中的沟通性原则，也使得其目标管理体系更偏于"自上而下"的形式。但由于"目标设立"主要还是属于资金使用方，因此为了争取到本期预算，或为了保障下期预算，预算单位依然有动机设置过于简单或宏大的目标。如图4-2所示。

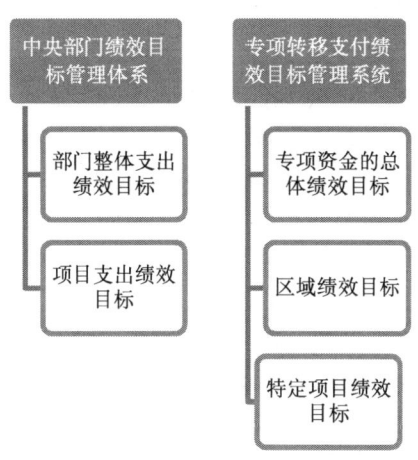

图4-2 两类中央政府预算目标层级图

二、中央预算绩效目标体系衔接性与简洁性分析

（1）目标衔接性提升部门绩效目标的统一度

目标体系中不同层次目标的衔接性是目标管理理论的一个关键，能够相互衔接的目标能够促进组织的各个层级为组织的顶层目标工作，组织各类活动也能围绕统一的目标展开。例如，枫树岭市（可参考第三章第四节的案例），它多层次的目标体系之间就具有很强的衔接性，此时如果保证最高目标的准确性与合理性，下级单位最终落实到预算活动中，也能得到合理的产出。

那么我国中央预算绩效目标体系是否具有衔接性呢？由于绩效预算改革正在进行中，绩效目标的公开情况实属有限，除了2017年中央10个部门公开的重大项目的绩效目标，我们很难得到系统性的材料。但是我们可以从已有法规制度的本身,推测预算单位的行为,即在这种制度系统下,绩效目标体系是否会具有一致性。

从目标的设置和审批上我们能够看出我国中央部门绩效目标一致性较低,从上文对目标设置权的分析中,我们能够看出权力分散于代理方。而我国的预算一般是下级单位向上级递交预算,并随同附带绩效目标;上级单位根据下级单位的目标与资金匹配度,以及合理性,对预算方案给以通过或修改。但是在下级单位之间,项目与项目之间,由于具有目标设置的自主权,以及目标的管理流程,因而目标之间是否重复,是否恰好能最优实现中央部门对本年度绩效目标,这都并无制度约束,可以说只能凭借预算单位之间的沟通来达成。

专项资金的目标有着相似的逻辑,过于依赖代理部门设置绩效目标,第一,会使顶层的目标与代理人理解并设置的目标产生偏差;第二,代理人之间的目标设置会处于较为松散的关系,例如,相似的绩效目标的两个项目都会被配置资金;第三,上级部门目标管理的被动性强,代理机构的目标质量会决定某一预算年度预算产出与结果。

（2）简洁性提升目标管理能力

目标管理体系的简洁性影响着整个管理制度的运行成本,目前,财政部关于中央部门预算、专项转移支付两个绩效目标管理方案,使得中央一般公共预算基本纳入了绩效目标管理系统,而其他三本预算:社会保险基金预算、国有资产管理预算、政府基金预算并未纳入这一系统。但是即便如此,绩效目标管理的工作已经形成了巨大的工作量:2016年,有161个中央预算部门纳入绩效目标管理,10.3万个项目都设置了绩效目标,绩效目标的管理工作除了设立目标,还包括后期的监督,审核与应用。可以预见,细致的实施绩效目标管理需要不小的成本。

在这里我们能够看到"项目目标管理"是整个目标管理体系中最庞大的一部分,中央层级10.3万个项目对应的绩效目标有30万~40万个,对应监测目标的指标可能达到百万级别以上,数量众多的指标的汇报、管理、记录都是行政成本。第二,过多的目标与指标在某一种程度上也意味着对目标管控的下降,因为主管者无法实现对所有目标的监测,也就意味着管理的松散。参考其他国家的经验,如第三章第三节的案例,我们看到德国将多项同类功能的项目组成一个较大规模的"产品群",减少了绩效目标管理的对象;有的国家则重点针对某些特定的政策领域设置目标,实际上在整体上减少目标的数量,保持管理体系的简洁性。第三,过多的绩效目标使公开工作难以进行,绩效目标不应当仅是政府内部的管理工具,也应该是政府和公民之间的交流媒介,过多的目标必定增加了公开成本和公开难度,这也使其丧失了预算绩效目标管理的一项重要功能。

通过以上三点分析我们能够看出:目标管理体系的简洁性并非无关紧要,简洁的目标体系不会使目标管理能力降低,反而提升管理效率,也能够更好地加强政府与民众之间的沟通。以上我们分析了目标管理体系的权力分配方式、目标质量和目标系统的一致性和简洁性,并认为这些因素将会决定目标管理体系能否高效运行,并具有一定强制力,由于一个好的绩效目标体系会促进预算具有"目标导向";与此同时,如果目标是能够反映支出结果的,那么自然就能促进预算更具"结果导向"。我们看到,中央层面而言,绩效目标管理体系具有较高的管理成本,效率相对较低,由于绩效目标设置具有被动性,因此,当预算单位和项目预算目标能够合理体现"结果与产出"时,中央层面的目标管理系统可以在高运行成本下促成"结果导向"预算模式的实现,反之则意义较小。

第五章

地方政府预算绩效目标管理体系研究

中国的地方政府,一般指省(自治区、直辖市)及下属地市、区县、乡镇层级的政府组织。2003年之后,各地区逐渐展开绩效预算改革试点工作,取得一定成效。相比于中央层级政府,地方政府更是直接服务于当地民众的政府层级,因此展开绩效预算管理,打造服务性政府的需求更为迫切。地方政府的预算行为一般受到本级财政部门和上级财政部门的约束。除了地方政府本级发布的绩效预算管理办法,财政部也下发了关于地方财政管理的几部法规文告,约束地方财政管理和预算行为,例如:《地方财政管理绩效综合评价方案》(财预〔2014〕45号)以及《2015县级财政支出管理绩效综合评价方案》(财预〔2015〕139号)。关于地方政府的预算目标管理,本文主要关注于省级政府和县级政府,而市级政府的绩效目标管理基本类似于省、县的管理层次,因此在本章不做赘述。

第一节 省级绩效目标管理体系

通过浏览各省财政厅网站,发现一些省份[①]建立了绩效预算管理的专题网站,其中包含关于绩效预算管理的制度建设(政策文本、法律法规)、绩效信息的公开和一些相关经验介绍,这些地方网站为本文研究地方绩效预算工作、地方绩效目标管理体系有较大帮助,其余没有建立绩效管理专题网站的省份也发布了绩效预算管理的相关文告,这里主要以建立了专题网

---

① 据本文不完全统计,有广东省 http://www.gdczt.gov.cn/ztjj/dlpj/,海南省 http://mof.hainan.gov.cn/czt/zwxx/ysjx/,湖北省 http://www.ecz.gov.cn/info/iIndex.jsp?cat_id=10173,辽宁省 http://www.fd.ln.gov.cn/zfxxgk/ysjxgl/,山东省 http://www.sdcz.gov.cn/sdczww.s?method=listZtlm&cid=24,山西省 http://www.sxscz.gov.cn/office_office.action?classId=4028b38f4cd346c5014cd8bb88180386,都建立了绩效预算管理的专题网站。

站的省份作为研究对象。

一、上级政府的绩效评价与省级绩效目标

财政部对省级财政每年会组织一次"绩效考评",考评方案为《地方财政管理绩效综合评价方案》(财预〔2014〕45号),这一"绩效考评"中的"绩效",与"预算绩效目标"中所指不同,但是容易混淆,那么"地方财政管理绩效评价方案"是否能够促进提升省级政府预算绩效呢。第二,预算支出管理也属于财政管理的一项,这一方案中对预算支出的绩效考评,是否能够促进省级单位进行"绩效目标"的管理呢。根据财预〔2014〕45号文告,本文将评价方案梳理如表5-1所示。

发现在省级财政管理绩效评价方案中,对预算支出的评价占比仅有不到10%,即考察优化收支结构;该方案对省级预算绩效管理的推进没有促进作用。在预算编制中,没有考察绩效目标的设置情况,在部门预算管理中,也没有体现对部门预算绩效管理的考察。唯一对支出的考察,也仅仅考察了重点民生领域的支出占比,没有考察到支出的绩效。这份财政管理绩效评价方案的侧重点不在于激励省级的预算绩效管理,并且对预算支出的绩效仍然采用传统注重"投入量"的评价方式。见表5-1。

表5-1　　　　财政部对省级财政管理绩效评价方案

评估要点	解释
实施透明预算:15	省、市、县预算公开
规范预算编制:15	完整+细化。注:完整性不考察绩效目标是否编制预算到位 部门预算管理。注①:不包含部门预算绩效管理情况 转移支付到位
优化收支结构:15	提高收入质量 优化支出结构:重点支出占比和人均重点支出
盘活存量资金:15	
加强债务管理:15	
完善省以下财政:15	省内支出均衡度
约法三章 10 财经纪律 -10	指财政供养人员、三公经费等

总结自财预〔2014〕45号文告。

---

① 仅包含:部门预算完整性得分+部门预算提交人代会审议比。

二、省本级的绩效目标管理体系

为了便于分析,本文选取拥有"绩效预算专题网站"的省份为例,依据政策法规,从制度建设角度对省级绩效目标管理体系进行分析,以下是几个省包含绩效目标体系建设的法规文告,都是由省级财政厅发布的。见表 5-2。

表 5-2　　部分省级绩效管理体系法规文告①

文告编号	文件名
	①海南省
琼财绩〔2015〕486 号	海南省财政厅关于开展财政专项资金竞争性分配的通知
琼府办〔2011〕184 号	海南省人民政府办公厅关于推进预算绩效管理的实施意见
	②湖北省
鄂财绩发〔2015〕22 号	湖北省省级财政项目支出绩效目标申报质量标准
	关于加强省直部门预算支出绩效指标体系建设的通知
鄂财绩发〔2016〕17 号	湖北省省级财政支出绩效评价结果应用暂行办法
	③山东省
鲁财绩〔2016〕3 号	山东省省级专项转移支付绩效目标管理暂行办法
鲁财绩〔2016〕4 号等	XX② 部门项目支出绩效评价
鲁财预〔2011〕67 号	山东省省级预算绩效管理委托第三方机构评价管理第三方机构评价管理办法
	④山西省
晋财绩〔2017〕36 号	省级专项转移支付绩效目标管理暂行办法
晋财绩〔2017〕21 号	省级财政项目资金绩效运行监控管理暂行办法
晋财绩〔2016〕8 号	山西省省级部门预算绩效目标管理办法
晋财资〔2015〕126 号	山西省财政厅省级预算绩效管理(评价)专家库管理暂行办法
晋财资〔2015〕125 号	山西省财政厅省级预算绩效评价中介机构库管理办法(试行)
	⑤广东省
粤财绩函〔2017〕30 号	省财政支出绩效评价报告质量控制和考核指标体系框架
粤财评函〔2015〕132 号	广东省省级部门整体支出绩效评价暂行办法
	⑥辽宁省
辽财预〔2016〕618 号	辽宁省预算绩效管理工作考核办法
辽财预〔2016〕546 号	辽宁省省本级部门预算项目支出绩效目标管理办法
	省对下专项转移支付绩效目标管理暂行办法(通知)

整理自各省财政厅关于绩效预算管理的专题网站。

对比上述六个省级政府在预算绩效中建成的管理体系,可以看出我国各省份绩效预算的制度建设并非完全一致,侧重点也不全相同。本文所关

---

① 法规文告来源于各省的专题网站整理。
② 山东省根据不同部门设置了不同的评价方案。

注的绩效目标管理体系的建设程度也有一定差异。首先，山东省和山西省的预算绩效管理系统的建设更为完备，如山东省，根据不同部门的预算支出类型和支出特性，设计了不同的指标体系，既可以用于绩效评价系统，也可以用于绩效目标的设置与衡量；山西省则不仅细化了项目目标的监控管理，也健全了绩效管理中的专家库和中介评价机制，可以说我国不同省份的工作推进度有差异。

另外，上述六个省份中，有的省份侧重于绩效目标管理体系构建（如湖北省、辽宁省、山西省）；有的省则侧重于预算资金的绩效评价（如广东省，山东省）。但是需要明确：无论是预算绩效目标还是预算资金绩效评价，其核心都是一套指标体系。并且一般而言，在绩效评价方案中，往往会有前期预设绩效目标的流程；而注重目标管理的方案，也会在后期包含对绩效目标的评价流程。略有不同的是：侧重绩效评价方案，绩效目标只是考评系统中的要素之一，此时评价"指标体系"的设置权为实施评价的主体，可能是上级部门或财政部门；而侧重绩效目标管理体系的方案，目标"指标体系"的设定权通常属于预算的申请者。另外统一的绩效支出评价方案的指标体系会激励预算单位的"绩效指标体系"较为统一和标准化，绩效目标管理由于是各个预算单位自己定制目标，则会更加多元化。如图5-1所示。

侧重"预算绩效评价"	侧重"绩效目标管理"
● 通过"评价指标"包含预算单位的"目标" ● 指标体系较为统一 ● 指标体系设立权在财政部门、上级部门（部分在预算单位）	● "绩效指标"直接体现预算单位的"目标" ● 指标体系多元化 ● 目标设立权在预算单位

图 5-1 目标指标体系的差异比较

即使不同省份的制度体系建设有不同，但是其相似度也比较高。整体来看，省级绩效目标管理体系主要包含"财政专项资金绩效目标管理""项目支出绩效目标""部门整体绩效目标"。由于在中央层级我们已经分析了这几个项目的绩效目标管理体系，这里就不再赘述，主要分析这些绩效目标的约束作用。如表5-3所示。

与中央部门相似，在省级政府层级，三种绩效目标管理中财政专项资金与预算资金的关联度最强，也是最有约束力的绩效目标，在"专项资金的竞争性分配"（琼财绩〔2015〕486号）中，明确将绩效目标作为与其他同类项目竞争专项资金的唯一依据，可以认为是非常典型、严格的绩效预算模式。

表 5-3　　　　　三种预算绩效目标与预算管理度比较

绩效目标类型	是否与预算分配关联	目标完成情况与预算的管理
专项资金	（强）绩效目标用于竞争性分配专项资金。根据绩效目标采用专家评审机制与集体决策 （一般）申报时审核	"保留、整合、调整和退出机制"
支出部门	（一般）随预算附带	"作为安排下一年度预算的重要参考依据"
项目支出	（一般）随预算附带	"形成反馈" "进行公开"

总结自上表六省的相关法律文告

第二节　县级预算绩效目标管理体系

一、上级政府的绩效评价与县级预算的绩效目标

财政部层面没有对县级政府预算绩效目标管理在法规上进行规范，现阶段还是以规范县级财政管理为主，更为重视财政管理的绩效。而预算作为财政管理的重要一环，我们也能够根据财政部对县级财政管理绩效的评价方案，推断出现实中县级财政管理的"目标"，即如果县级政府期望在这套评价方案中"拿到高分"，那么在预算的层面，哪些行为被激励。

关于县级财政管理绩效评价，财政部于 2013 年、2014 年和 2015 年分别发布了相关的法规，督促和引导县级财政政府深化财税体系改革，建立现代的财政制度，提升财政管理绩效。我们从颁布的三个相关的法规文件中能够看出：在县级层面，财政部更加注重"财政管理绩效"而非"预算（支出）绩效"，甚至在 2014 年之后的法规中，删除了关于"支出"的表述，我们通过分析 2013 年的法规，也能够看出，关于"支出"的绩效评价只占据评价方案的一小部分，2014 年到 2015 年，整体方案差异不大，我们重点分析其变化之处。如图 5-2 所示。

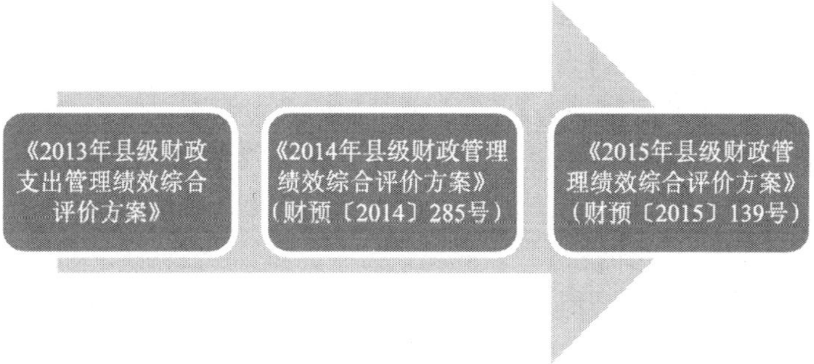

《2013年县级财政支出管理绩效综合评价方案》 → 《2014年县级财政管理绩效综合评价方案》（财预〔2014〕285号）→ 《2015年县级财政管理绩效综合评价方案》（财预〔2015〕139号）

图 5-2　财政部关于县级财政绩效管理的法规文告

（1）县级财政绩效管理侧重点的转移

表 5-4　　2013—2015 年县级财政绩效管理重点的转移　　　　单位：%

2013 年	➡➡转移方向	2014 年	2015 年
20	财政供养人员控制	20	20
重点支出保障：（六项）60	提高收入质量	4	4
	优化支出结构	（九项）16	16
财政管理水平：20	规范的预算编制	20	20
	加强债务管理	20	20
	盘活存量资金	20	20

总结自：政府文告《县级财政支出管理绩效综合评价方案》《2014 年县级财政管理绩效综合评价方案》《2015 年县级财政管理绩效综合评价方案》。

整体来看，三个方案对县级财政管理的要求大体上没有变化，强调财政保障重点支出、加强对债务、存量资金的管理，以及平衡预算等方面，但在 2014 年之后，其侧重点发生了转变，我们看到，2013 年的方案中更加注重"重点支出保障（6 项）"，这一项占据 60%，可以说是整个方案中权重最大的项，但是 2014 年之后的方案，将其调整为"优化支出结构"，根据 2014 年、2015 年的《县级财政管理绩效综合评价方案》中的计分标准，我们可以看出，优化支出结构的实质仍然是"保障重点支出（9 项)[①]"，但是其权重下降为 16%；反之，在 2013 年只占 20% 权重的财政管理水平（包括预算平衡、存量资金管理、债务风险），在 2015 年之后提升到了 60% 的权重。可以说财政部对于县级财政的管理从"保障重点支出"转移到"强调财政管理能力"，从表 5-4 中也能够清晰看出，对预算支出的评价考量

[①] 2013 年是 6 项重点支出：教育、医疗卫生、文化体育与传媒、社会保障和就业、节能环保、农林水事务，2014 年增加了三项：住房保障、科学技术、公共安全。

60%下降到了16%①，降低了对支出情况的考量。

（2）县级财政支出评价方案激励了何种"支出绩效目标"

上文的分析我们已经明确，2014年之后的县级财政管理绩效对"预算支出的绩效"评价权重降低，但是即便如此，我们依然能够分析，目前的考评制度，激励了怎样的支出绩效目标呢？我们主要关注评分方案，分析在高分（高绩效）的县级支出是怎样的，同理，县级的预算资金分配者也会按照这个逻辑去设定它们的"支出绩效目标"。以2015年的方案（财预〔2015〕139号）进行分析，姚东旻（2017）已经对2013年的方案进行了分析，认为在"教育、医疗、文化"三项中与支出标准公式持平，在"就业、节能、农业"的支出比率稍高同类县时，得分最高，因此2013年的评价方案激励县级预算管理者设置"重点领域支出数额充足"的绩效目标。但是按照财预〔2011〕416号对"支出绩效"的理解，绩效目标应当设置为"支出的结果"，而并非仅仅体现预算投入量。我们按照同样的思路，分析2015年的评价方案。

如表5-5所示，由于该支出评价方案主要考虑了"支出结构"，所以支出绩效高的预算目标应当为"增加在重点领域的投入量，并且由于满分是全国所有县均值的1.4~1.8倍，而2013年是均值的1.1倍，更加激励了各县在重点领域的预算投入力度。但依然仅从投入的角度评价了重点民生领域的支出。

在这种方案的激励下，不难想象县级领导或预算的分配者，会在可行的范围内逐年增大民生方面的财政投入，但是面对可能逐年增大的投入量，本方案却没有设计评价指标去衡量投入资金的实际效果。对于县级政府而言，在这份评价方案下，两个项目若同为教育领域的支出，只要预算数目相同，也无需去过多考虑哪一项支出的有效程度更高。

表5-5　　财预〔2015〕139号中对财政支出结构绩效考评

评分要点		满分标准
重点支出占比	静态：4分	超过均值的40%（2013年10%）
	动态：2分	增幅超过均值40%
人均重点支出	静态：4分	超过均值的80%
	动态：2分	增幅超过均值40%
其他支出占比	静态：2分	所有县中最低占比
	动态：2分	增幅最低

---

① 在"规范预算编制"中不涉及目标的编制等内容，主要涉及：收入、支出的到位率和预算平衡。

二、县本级的预算绩效目标体系

各县级政府是否有对县本级预算进行绩效目标管理或绩效管理呢？本文在中国知网的法律法规库①中以"县、绩效、目标"搜索，发现了 19 条搜索结果；以"县、绩效、预算"搜索，发现有 15 条结果。在县级政府同样是包含了"预算绩效管理"和"预算绩效目标"两种类型的规范性文本，并且有专门方案的县并不多，多数县主要参与上文提到的财政部对"县级财政管理"的绩效评价方案，可以认为在县级政府层面，绩效预算和绩效目标管理的推进程度还较低。

本文将《汝城县预算绩效管理办法》汝政发〔2015〕10 号②和《沙洋县县级预算绩效目标管理暂行办法》（沙财绩发〔2016〕2 号）③看作县级绩效管理的两个尝试，分别对县级预算绩效目标管理体系进行分析。可以看出两个县的绩效目标管理体系略有不同，其中汝城县没有基本支出绩效目标，而沙洋县在县本级没有强调专项资金的绩效目标编制。但是整体上，县级和中央级、省级政府的绩效目标管理类似，都是基于部门、最终以项目绩效目标为管理基点的目标管理体系。关于部门和项目的绩效目标管理体系，各级政府相关政策文本的规定基本相同，这里不再赘述。如图 5-3 所示。

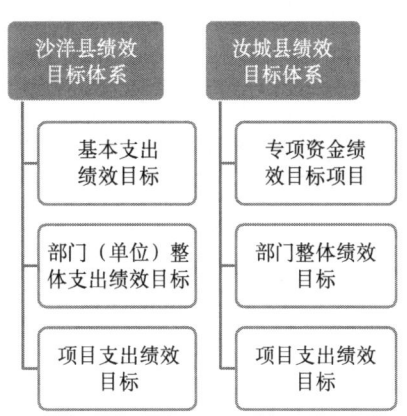

图 5-3　不同试点县级绩效目标体系差异

---

① 包含各级政府发布过的法规或规范性文本信息。
② http://www.rc.gov.cn/sitepublish/site1/zwgk/fgwj1/gfxwj/xzfgfxwj/content_68728.html。
③ http://www.shayang.gov.cn/syzwgk/syzfxxgkzl/sytzgg/201701/t20170106_936488.shtml。

第三节　地方预算绩效目标管理体系分析

总体上来看,中国地方政府预算绩效目标管理体系,采取与中央预算绩效目标管理体系几乎完全一致的管理模式,形成两分支体系:一支是财政专项资金的目标管理路径;另一支是基于部门的两层级绩效管理模式。由于每一级政府的行政结构类似,因此参与了绩效目标管理的政府,其管理模式与体系大致上都非常雷同。

通过上文我们发现:省级一般预算的绩效目标管理基本不受中央政府的管理和考核,而专项转移支付的绩效目标管理受到中央政府的约束制约较多,是中央和地方政府绩效目标关联的重点。另一方面,各省推进绩效预算与绩效目标管理的进程参差不齐,存在一些制度较为健全的省份为绩效目标管理提供了一些先进的经验,例如,山东省的分部门编制指标体系,湖北省对项目绩效目标编制质量的规范,山西省的评审专家库和第三方机构的制度等等,由于各省之间的预算模式相似,因此省级之间的成功经验能较为方便的借鉴。

县级绩效预算,绩效目标管理的推进要慢很多,财政部对县级的约束《2015年县级财政管理绩效综合评价方案》(财预〔2015〕139号),在绩效预算管理上几乎没有体现,在财政支出上仍然采用"投入性导向"的模式,并且2013年以来,对财政中预算支出的考察权重大幅度下降,仍然以激励各县级政府在重点支出领域加大投入,然而对这些投入的预算绩效目标管理没有跟上,少数县级政府在尝试推行本县的绩效管理模式,但几乎也都采用和中央、省级相似的模式。

第六章

结论与政策建议

第一节 我国预算绩效目标管理体系概括

中央政府、省级政府、市级、县级虽然绩效预算的推行程度不同,但是其绩效预算目标管理管理体系几乎完全相似,都采用了基于部门预算管理项目的绩效目标的方式。在这一层级上的绩效目标管理各级政府之间相对独立,且同级政府之间的管理推进也不完全相同。纵向看,中央政府的绩效目标管理体系覆盖面和推行度最高,省级政府管理体系推进程度差异较大,县级政府绩效目标管理体系推进度较低。在部门—项目这一绩效管理体系上,中央政府对地方政府约束力较低,主要体现在《部门支出管理综合绩效评价方案》中,依赖该方案形成了不同政府层级间同质化的绩效管理模式,也演化出了近似的绩效目标管理体系;而财政管理的法规文件《地方财政管理绩效综合评价方案》与《2015县级财政管理绩效综合评价方案》,虽然有"绩效管理"的表达,但没有体现出对绩效预算的管理,且没有在绩效预算、目标管理形成推进和约束作用。

使各个政府层级间关联紧密的目标管理体系,是"专项转移支付"绩效目标管理体系。可看作与"部门—项目"并行的目标管理体系,这一体系不但在目标的协同性上使纵向政府紧密相连,并且有时其绩效目标会成为分配预算资金的唯一竞争性依据,且绩效目标的实现状况明确影响预算资金下一年的配置状况,因此这一目标体系不但使政府纵向之间紧密相连,并且更具约束力,至少从制度建设上而言,可以算作我国绩效预算的一个经典、严格的案例。图6-1是对不同层级政府间绩效目标规范性文件的梳理。

通过分析我国预算绩效目标管理体系,本文发现有下列几个问题:①管理中,目标设立权过于依赖预算申请单位。通过法规文本的分析,可以看出我国预算绩效目标的设立权主要归属预算申请人,虽然申请人更具有信息优势,能够明了具体的工作状况,设置出更合适的目标指标;但是缺陷也是明显的,第一,过程性目标设置过多,结果性目标设置较少,从而丧失了绩效管理是要提升预算绩效的意义;第二,绩效目标的设置会过于简单化,由于预算的申请者拥有自己制定目标的权利,出于自利和顺利通过期末考评的想法,申请人无疑会递交更为容易的绩效目标,原本采用目标管理是激励代理人达成更优质的产出,如果目标过于简单,不但不能对代理部门形成激励,反而会增加行政成本;第三,预算部门也并非绝对权威者,即使对自己领域的支出工作较为了解,也可能难以设置出较为优质的绩效目标,未必能提升服务对象的满意程度,也未必是服务对象的真正需求。这一问题在部门—项目的绩效目标体系中更为严重,在专项转移支付的绩效目标体系中较好。

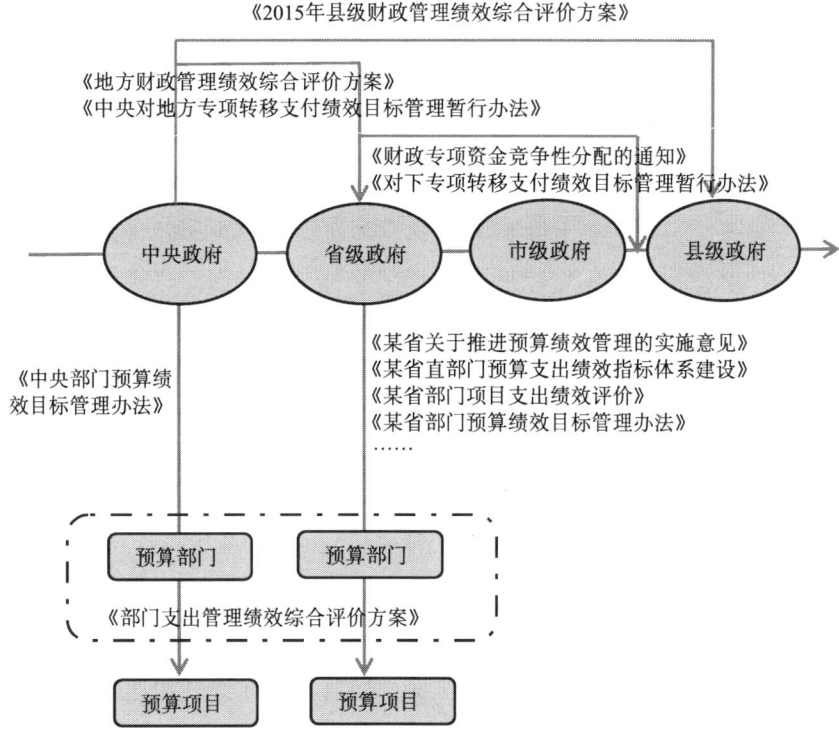

图 6-1 我国预算绩效目标管理体系与相关规范性文件

②体系上,不同政府层级之间目标层次单一、雷同。部门—项目这种绩效目标管理体系中,部门对项目目标的衔接性和组织性并不是很强,且各个层级的政府(中央、省、市、县)都采用统一模式,并不一定最为合

适。第一，基于项目的绩效目标太多，管理成本较高。在中央的重大项目中，通常一个项目的支出数额较大，而一个项目的目标与指标大约在10～25个不等（以公开的重大项目为案例），但是在市级、县级等地方政府，一个项目的支出数额可能会小于中央部门的支出项目，但是如果要以现在的项目目标设置标准来看，衡量一个小项目的目标数量和管理成本，未必会随项目支出的下降而成比例降低，因此这种方式未必"划算"。第二，作为直接服务于公民的市政府和县政府，我们不但期望政府对预算进行绩效目标管理，同时期望政府能够公开绩效目标（参考第二章加拿大案例）但如果这一层级的政府依旧采用部门—项目的绩效目标管理方式，那么较为专业化的项目目标，烦杂的目标数量，将会使公开工作难以推行。第三，一个适合地市政府的绩效目标管理体系，是需要在探索中发现的，现在这种趋同化的绩效目标管理体系将不利于众多市县进行绩效目标管理模式的创新。

以下针对上述两个问题提出政策建议。

第二节 目标设立权问题与政策建议

一、优化目标体系，弱化目标设立权

根据上文提出"绩效目标"设定权问题，思路之一是弱化预算使用者的目标设立权，通过建成不同类型、支出领域的项目目标指标库，让预算部门和项目申请人共同在项目库中确定项目目标。实际上，这一工作已经有省份做出了试点，例如山东省（第五章第一节）针对不同部门、支出领域，完善指标体系库，但我们还应该建议更多学科的研究人员从事这一工作，将目标指标体系健全，并且也能于全国范围内通用，不同区域间相似项目间实现的目标也就更具有可比性，也能够让预算资金的分配者更容易判断"目标与资金是否匹配"这一问题。

除了让多学科的专家从事在这一工作中，民主参与过程也能让绩效目标体系更为完善。依赖项目申请人制定绩效目标而部门从事把关，不但会使预算部门在目标设定上处于被动，也可能会使绩效目标出现偏差，让部门的支出结果偏离其服务对象的需求。在较为基层的政府，尤其是以民众为直接服务对象的政府组织，应该让民主过程参与在目标设置环节（如第三章第四节枫树岭市），另外，即使不直接服务于民众（如第四章第三节重大项目中的多元服务对象），也可以让这些服务对象参与到目标制定的过程

中，而不是仅仅将目标设置权限制于预算申请人。

第三，本文在分析重点项目绩效目标设置时注意到：在一些领域中，目标设置不可避免会出现过程量，这也需要更多的论证工作，基础的实证工作去支持科学的绩效目标设置；例如，实证某些投入量会与支出结果更加相关（如实证儿童早期营养投入与20年后个人收入显著正相关），为投入型目标设置提供更多依据。

二、加强部门绩效目标管理，上移目标设立权

由于目标设置权依赖于项目申请人，且部门对预算目标的审核不如专项资金对预算目标的审核严格，这使得项目间的绩效目标关联较为松散，且管理力度不够。对这一方面的政策建议是：重视部门对项目的绩效目标审核与管理制度。文本在前文分析过，当前部门对项目的审核维度较少，这一制度还有待加强。不过已有省份，如湖北对项目绩效目标编制质量进行了规范（鄂财绩发〔2015〕22号），这份文件加强了项目绩效目标的审核制度，能够在一定程度上让部门做到横向管理不同的项目绩效目标，并在纵向上审核项目目标是否确实与预算期内部门的目标吻合。

第三节 单一目标层次问题与政策建议

一、依据行政层级丰富绩效目标层次

不同行政层级可以根据自身特点设计不同的绩效目标管理体系，地方政府，尤其是市级、县级政府未必要采用与中央政府完全相似的绩效目标管理体系，由于市级、县级政府直接面对公民输出公共服务，可以借鉴前文中讨论的德国案例：将可能具有同类产出的项目捆绑成产品群，降低绩效目标的数量，并且让少量的绩效目标清楚地反映公共产品的质量和公共支出的效果。县级政府或可为不同重点支出领域设计绩效目标，未必要完全基于部门和项目进行管理。

二、简化目标管理系统与加大公开力度

现阶段的预算绩效管理体系不利于绩效目标的公开工作，例如，项目

目标数量庞大，且专业性较强，与民生直接相关的结果性指标太少，这些都是绩效目标难以公开且妨碍公民参与预算绩效目标管理的原因。政府也需要将绩效目标公开，让政府的服务对象了解到政府工作的目标与成果。这就要求我们重新考虑部门—项目绩效目标管理体系，是否在不同政府层级应该重新规划目标体系，使其更为简约、直接。让目前大量的项目目标指标隐藏在部门管理工作内部，让绩效目标变成政府和民众之间的沟通工具。

对于已有的优质绩效目标信息（简洁、体现结果与产出、与民生相关）需要政府加大宣传、定期公布。公众的反馈和关注不仅会提升对政府的满意度，也会对绩效目标形成有效的监督。

参考文献

[1] 奥利弗·詹姆斯，中村绫子，尹晓婧等．公共组织横向协调中的共同绩效目标：英国公共服务协议制度中的控制理论与本位主义［J］．国际行政科学评论：中文版，2015（4）．

[2] 包国宪，王学军．以公共价值为基础的政府绩效治理——源起、架构与研究问题［J］．公共管理学报，2012，09（2）：89－97．

[3] 财政部．部门支出管理绩效综合评价方案［Z］．2013．

[4] 财政部．关于推进预算绩效管理的指导意见［Z］．2011．

[5] 财政部．县级财政支出管理绩效综合评价方案［Z］．2013．

[6] 财政部．预算绩效管理工作规划（2012—2015）［Z］．2012．

[7] 财政部．中央部门预算绩效目标管理办法［Z］．2015．

[8] 陈振明．战略管理的实施与公共价值的创造——评穆尔的《创造公共价值：政府中的战略管理》［J］．东南学术，2006（2）：27－34．

[9] 戴维·奥斯本，彼德·普拉斯特里克．摒弃官僚制：政府再造的五项战略：the five strategies for reinventing government［M］．中国人民大学出版社，2002．

[10] 广东省财政厅．广东省省级部门整体支出绩效评价暂行办法［Z］．2015．

[11] 何艳玲．"公共价值管理"：一个新的公共行政学范式［J］．政治学研究，2009（6）：62－68．

[12] 胡若痴，武靖州．部门整体支出绩效目标编制优化原则研究［J］．财政研究，2014（6）：36－39．

[13] 湖北省财政厅．湖北省省级财政项目支出绩效目标申报质量标准［Z］．2015．

[14] 辽宁省财政厅．辽宁省省本级部门预算项目支出绩效目标管理办法［Z］．2016．

[15] 刘昆，肖学．推进财政支出绩效评价带动绩效预算管理改革——兼谈广东财政支出绩效评价的实践［J］．财政研究，2008（11）：19－21．

[16] 刘学，史录文．医疗费用上涨与医德医风下降：组织架构变革角度的解释［J］．管理世界，2005（10）：41－49．

[17] 马骏，牛美丽．重构中国公共预算体制：权力与关系——基于地方预算的调研［J］．中国发展观察，2007（2）：13－16．

[18] 马克·莫尔．创造公共价值：政府战略管理［M］．清华大学出版社，2003．

[19] 孟华．公共服务绩效目标对服务绩效的影响——以英国萨塞克斯郡警察服务为例［J］．科技管理研究，2006，26（2）：57－59．

[20] 牛美丽．美国公共预算改革：在实践中追求预算理性［J］．武汉大学学报

(哲学社会科学版),2003,56(6):795-801.

[21] 牛美丽. 中国地方绩效预算改革十年回顾:成就与挑战 [J]. 武汉大学学报(哲学社会科学版),2012,65(6):85-91.

[22] 山西省财政厅. 山西省省级部门预算绩效目标管理办法 [Z]. 2016.

[23] 山西省财政厅. 省级专项转移支付绩效目标管理暂行办法 [Z]. 2017.

[24] 尚虎平. 中国本土"红色管理学"初探——从委托绩效目标的把握看现代中国公共管理之魂 [J]. 公共管理与政策评论,2015,4(3).

[25] 施蓓. 政府绩效预算的探讨:公共政府建设的取向——上海市徐汇区案例剖析 [D]. 上海交通大学,2006.

[26] 孙琳. 中国转型进程中的财政支出结构与地方政府绩效评价 [J]. 复旦学报(社会科学版),2013,55(5):86-93.

[27] 王海涛. 我国预算绩效管理改革研究 [D]. 财政部财政科学研究所,2014.

[28] 王建民. 中国地方政府机构绩效考评目标模式研究 [J]. 管理世界,2005(10):67-73.

[29] 王进杰. 政府绩效预算管理改革研究 [M]. 中国财政经济出版社,2009.

[30] 王淑慧,周昭,胡景男等. 绩效预算的财政项目支出绩效评价指标体系构建 [J]. 财政研究,2011(5):18-21.

[31] 魏四新,郭立宏. 我国地方政府绩效目标设置的研究——基于目标设置理论视角 [J]. 中国软科学,2011(2):8-15.

[32] 吴桦槐. 绩效预算理论与实践对地方政府管理的启示改革 [D]. 复旦大学,2009.

[33] 吴少龙. 地方政府绩效预算改革:进展与挑战 东部地区 A 市案例研究 [J]. 华中科技大学学报(社会科学版),2009,23(3):22-28.

[34] 武玉坤. 目标绩效与政策遵从:地方绩效预算改革的政治意蕴——来自 A 区的案例研究 [J]. 公共管理研究,2010(00):166-177.

[35] 许正中,刘尧,赖先进. 财政预算专业化制衡、绩效预算与防治腐败 [J]. 财政研究,2011(3):34-37.

[36] 姚东旻,任芳放. 中国绩效预算是结果导向吗?——基于政府绩效文告的文本分析 [J]. 经济研究参考,2017(51):23-29.

[37] 於莉. 省会城市预算过程的政治:基于中国三个省会城市的研究 [J]. 公共行政评论,2009,2(3):199-202.

[38] 张帆,张友斗. 预算绩效目标管理在我国的实践与探索 [J]. 财政研究,2013(12):70-72.

[39] 张绍光. 预算绩效目标编制问题探析 [J]. 中国财政,2013(13):52-53.

[40] 郑方辉,邓霖,林婧庭. 补助性财政政策绩效目标为什么会走样?——基于广东三项省级财政专项资金绩效第三方评价 [J]. 公共管理学报,2016(3):122-134.

[41] 中华人民共和国. 中国预算绩效管理探索与实践 [M]. 经济科学出版社,2013.

[42] 周雪光,练宏. 中国政府的治理模式:一个"控制权"理论 [J]. 社会学研

究，2012（5）：69-93.

［43］Aghion, P. & Tirole, J., Formal and Real Authority in Organizations, *Journal of Political Economy*, Vol. 105, No. 1, Feb 1997, 1-29.

［44］Caiden G. E. & Editor N. C., Improving Government Performance, *Public Administration Review*, 2006.

［45］CaridadMartí. Performance Budgeting and Accrual Budgeting［J］. *Public Performance & Management Review*, 2007, 37（1）：33-58.

［46］Curristine T. Performance Budgeting in OECD Countries［J］. 2010.

［47］Gerald J. Miller, Donijo Robbins, JaedukKeum. Incentives, Certification, and Targets in Performance Budgeting［J］. *Public Performance & Management Review*, 2007, 30（4）：469-495.

［48］Grossi G, Reichard C, Ruggiero P. Appropriateness and Use of Performance Information in the Budgeting Process: Some Experiences from German and Italian Municipalities［J］. *Public Performance & Management Review*, 2016, 39（3）：581-606.

［49］Hawkesworth I, Trapp L V, Nielsen D F. Performance Budgeting in Poland: An OECD Review［J］. *Oecd Journal on Budgeting*, 2011, 11（1）.

［50］Jordan M. M. & Hackbart, M. M., Performance Budgeting and Performance Funding in the States: A States Assessment, *Public Budgeting & Finance*, Vol. 19, No. 1, Mar., 1999, pp. 68-88.

［51］Key, V. O., The Lack of a Budgetary Theory, American Political Science Review, 1940.

［52］Küchen T, Nordman P. Performance budgeting in Sweden［J］. *Oecd Journal on Budgeting*, 2008, 8（1）：2-2.

［53］Lee, R. D., A Quarter Century of State Budgeting Practices, *Public Administration Review*, Vol. 57, No. 2, Mar.—Apr., 1997, pp. 133-140.

［54］Li W, Nan X, Mo Z. Effects of Budgetary Goal Characteristics on Managerial Attitudes and Performance［J］. *Accounting Review*, 1979, 54（4）：707-721.

［55］Locke E A, Shaw K N, Saari L M, et al. Goal setting and task performance: 1969-1980［J］. *Psychological Bulletin*, 1980, 90（1）：125-152.

［56］Melkers, J. & Willoughby, K. The State of the States: Performance-Based Budgeting Requirements in 47 out of 50, *Public Administration Review*, Vol. 58, No. 1, Jan.—Feb., 1998, 66-73.

［57］Moore M H. Creating public value［J］. Public Sector, 1995.

［58］Park N, Jang J J. Performance budgeting in Korea: Overview and assessment［J］. *Oecd Journal on Budgeting*, 2015, 14.

［59］Robert D. B. Why Measure Performance, *Public Administration Review*, Vol. 63, No. 5, Sep.—Oct., 2003, 586-606.

［60］Schick A. The metamorphoses of performance budgeting［J］. *Oecd Journal on Budgeting*, 2014, 13（2）：49-79.

[61] Sholihin M, Pike R, Mangena M, et al. Goal – setting participation and goal commitment: Examining the mediating roles of procedural fairness and interpersonal trust in a UK financial services organisation [J]. *British Accounting Review*, 2011, 43 (2): 135 – 146.

[62] Willoughby, K. G. & Melkers, J. E. Implementing PBB: Conflicting Views of Success, *Public Budgeting & Finance*, Vol. 20, No. 1, Dec, 1999, 85 – 120.

致　谢

　　随着硕士论文完成，研究生的生活转眼即将结束。三年以来，在协同创新中心受到各位老师的悉心指导，不但知识上收获许多，各方面也都有进步，非常感激。其中最为感激的莫过于诸位师长的言传身教，尤其是导师们积极探索财政基础理论的努力和关心中国财政改革实际问题的决心令我非常感动，也坚定了本人未来从事财政领域工作的信心。我的学术资质较为愚钝，完成硕士论文的过程较为坎坷，也多亏了导师们的及时修正与耐心指导。硕士阶段将要结束，我对财政学还有很多好奇，也坚信财政对国家经济发展的重要性，庆幸的是初心还在，希望自己将能在这一领域有些许贡献，努力做些有意义的事。

论文短评

点评人：丁怡

2017年4月中央部门首次向社会公布了10个部门重点项目预算绩效目标的编制情况，普通公民参与预算监督的程度进一步提高，关于预算绩效改革的话题也越来越为社会、学界所关注。但绩效评价的重点，一般主要集中于讨论如何设计不同支出领域的目标指标，而对目标管理体系的研究较少。由此可见这是一篇现实关注性强、角度新颖的硕士学位论文。

作者尝试通过分析政府在绩效预算改革中颁布的法规文告，以及具体的预算编制样例，来研究我国的预算绩效目标管理体系。在对预算绩效目标法律文本的审视中，各主体部门之间的职责及权力分配，以及激励与惩罚的措施，被细致地呈现出来。再通过描述国外较具借鉴价值的预算绩效目标管理体系，和我国预算绩效目标设计情况的案例参照，政府公开的绩效目标编制的有效性和缺陷被较完整地勾勒出来。论文涉猎的内容广泛，对于掌握的大量文本资料进行分析，既有不同国家绩效目标管理的整理比较，又有纵向绩效目标管理体系的梳理分析，但内容组织上不显得支离破碎，在时空上又显得完整统一，时效性也比较强。论文作者掌握论题所包括的广泛资料，并且能熟练地运用，论述过程清晰，逻辑过程严密。作者的归纳与评论显示了较好的理论修养和分析能力。

论文视野独特，同时也很开阔。作者运用控制权分配理论，具体分析了我国绩效目标管理体系中三种控制权的分配，以及对这种分配方式如何影响预算绩效目标体系的管理能力进行较为深入的讨论，从而形成自己对预算单位行为以及政策实施情况的解读，这样的解读既建立在对大量文本事实的梳理基础上，又有自己的独特发现，既言之有据，又言之有理，具有创新之处。论文不足之处在于各章不尽平衡。另外，国外的地方政府预算绩效目标管理体系的比较分析有待作者进一步思考和完善。

我国预算过程中的决策机制研究

A Study of the Decision Making Mechanism in the Budget Process in China

任 萌

- ◆ 第一章　绪论
- ◆ 第二章　文献综述
- ◆ 第三章　预算过程与决策机制分析的内容概述与基本框架
- ◆ 第四章　正式制度下的决策框架与分歧
- ◆ 第五章　非正式制度下的决策互动与预算过程演进
- ◆ 第六章　结论与建议
- ◆ 论文短评（点评人：王麒植）

摘 要

公共预算是社会管理及政府治理的重要支柱,其利用财政收支计划为政府进行公共资源配置与宏观调控提供了有效手段,是提供基本公共服务,支持政府活动及各项公共事业,促进经济社会的发展的重要保障。作为一种权力与资源的配置手段,理解预算过程需要从预算编制、审批、调整和监察等过程中的决策过程与机制进行全面剖析,包括财政部门内部的预算决策和外部的行政决策、立法决策等内容。同时,在预算的决策过程中,各预算参与者紧紧围绕着预算权力的配置问题进行相互博弈,从而影响预算进程与结果,因此政策性与政治性是讨论预算过程不可忽视的因素。

预算管理与制度的可持续对于一个国家的发展也具有举足轻重的意义,为了不断优化财税体制与预算制度,国家与政府经过 20 余年的预算改革尝试,希望建立起财政部门为核心的"控制取向"的预算体制。但从改革的结果来看,尚存在事权与支出责任不匹配、预算权力被分解、预算调整过多等遗留问题。从改革实施过程来看,此前的预算改革多集中在利益格局调整的一些外围问题上,多数是在技术层面与财政体系内部的权力结构上进行调整,程序和技术性的改革,较少从根本上触动行政主导的预算配置传统。这些预算实践所反映的问题可概括为预算过程与决策过程的分离,使资源配置的效率无法得到保证,反映了问题的实质在于预算法律体系所确立的预算权力结构受到行政管理体制的约束。本文主要研究的问题就是我国预算过程中的决策机制,讨论在政治互动环境下预算权力结构的确立和预算实施的过程。

本文围绕我国预算过程中的决策过程与机制形成的问题,从预算政治学与预算法学的视角,以预算过程与行政决策过程为研究对象,通过文献研究、政策文本对比和描述性分析等研究方法,详述我国预算改革实践中存在的预算过程与决策过程的分离现状。讨论在当前预算制度与改革环境下,预算工作是在一个怎样的权力结构、政策环境中开展的,影响预算过程的政治因素有哪些,政治互动、策略性行为与非正式制度会对已有的预算权力分配结构产生怎样的影响,即真实的预算工作是在一个怎样的行政决策环境下开展的，最终输出什么样的预算结果等问题。

  本文共分为六个部分。第一部分为绪论，主要介绍了选题的背景、意义和研究价值，总结了全文的研究方法和创新点。第二部分是文献综述，从国外公共预算政治学研究出发，指出预算权力配置及预算决策过程问题的政治性本质，并对预算过程理论进行了详细的分类总结。国内研究部分主要是从预算过程中权力分配的认识、预算决策机制研究和法学视角下的预算理念与预算法修改三个方面展开的。上述研究都表现出当前理论与实践发展的一个困境，就是预算形式与决策制定方式脱节的问题。第三部分为本文主要讨论的内容与基本框架，首先从预算决策理论与"决策"的概念入手，阐释本文所讨论的"预算过程"与"决策机制"的内涵与构成。接着结合我国的预算改革实践，点明本文论述的主要内容，即预算过程与决策过程的分离。最后从预算的本质出发，围绕预算权力的分配和运行过程这个核心话题提出正式决策制度构成预算过程的结构性约束，预算权力必然受到制约与反制约，预算过程在非正式决策互动情境下不断发展的基本逻辑框架。第四、五部分为本文研究主体部分，对我国预算过程与决策过程的分离的预算实践的分析。主要从正式制度下的决策框架与分歧和非正式制度下的决策互动与预算过程演进两个方面进行分析。其中正式制度部分包括预算法律体系及其内部的分歧、行政法律法规体系与决策制度对现有预算权力结构的冲击、纵向政府间权责关系不匹配与基层财权不足。非正式制度部分包括预算目标与政策目标的分离、预算约束与决策过程的分离和预算编制计划与预算执行变化三个方面的内容。第六部分为本文的结论与建议，在全面总结了我国预算过程与行政决策过程的分离现状后，从预算管理职权、事权与支出责任相适应、专项财政资金管理、政策规划与预算规划、预算过程与决策过程的融合五个角度提出笔者的对策建议。

  关键词：预算过程；决策机制；预算法律体系；权责匹配；过程分离

Abstract

Public budget is an importantpillar of social management government administration, the government use fiscal revenue and expenditure plans to allocate public resource and provides an effective means of macro – control. Meanwhile, it provides basic public services, support the government activities and various public undertakings, to promote economic and social development of important guarantee. As a kind of power and the resource configuration means. Understanding budget process needs from budget preparation, adjustment, supervision of examination and approval process to conduct a comprehensive analysis of the decision – making process and mechanism. The decision – making process includes the financial department of internal budget decisions, administrative decision – making and legislative decision – making, etc. At the same time, in the process of the budget decision – making, the budget participants through the political interaction and game between budget power allocation problem to affect the budget process and result, thus the policy and political factors which cannot be ignored is to discuss the budget process.

Sustainable for budget management and the system of a country's development also has the vital significance. In order to optimize the fiscal and taxation system, budget system, the government take more than 20 years of budget reform attempts, hope to establish the financial sector as the core control orientation "budget" system. However, according to the results of the reform, there are still some problems such as the mismatch between the financial power and the responsibility of expenditure, the decomposition of budgetary power and excessive budget adjustment. For the reform implementation, the previous budget reform focused on the adjustment of the interest structure of some peripheral issues, which mostly in the technical level and the financial system on the internal structure of power adjustment. These procedures and technical reform, which fundamentally less touches the dominant tradition of budget allocation. The problems which budget practice reflects can be summed up as the separation of the budget process and the decision making process. Which makes the resource allocation efficiency cannot be guaranteed, reflects the essence of the problem is established in the legal system of budget power structure under the constraint of the administrative system. The main problems in this paper are the decision – making mechanism in the budget process of our country, and discuss the establishment of budget power structure and the process of budget implementation in the context of political interaction.

The main content of this paper is the decision – making process and mechanism in the budget process. From the Angle of public budget politics and budget law, with the budget process and administrative decision – making process as the research object, through literature research, policy text comparison and descriptive analysis and other research methods, Describing the problem that the separation of the budget process and the decision – making process. Discussed in the current budget system and reform environment, power structure, policy environment of budget work. The political factors that affect the budget process, strategic behavior, political interaction and informal institution for the existing budget how to impact on power distribution structure. The real administrative decision environment of the budget work, which leads to what kind of budget final output results.

This paper is divided into six parts. The first part is the introduction, which mainly introduces the background, significance and research value of the topic. Which summarizes the research methods and innovation points of the thesis. The second part is literature review. The study of public budget politics from abroad, which points out that the budget power configuration and the political nature of the budget decision – making process, including a summary of the classification of the budget. The domestic research part is mainly from the understanding of the power distribution in the budget process, the research of budgetary decision – making mechanism and the budget concept and the revised algorithm. All of the above studies show the dilemma of current theory and practice development, which is the problem of the disconnection between budget form and decision – making. The third part is mainly discuss the basic framework and the content this paper. First of all, from the budget decision – making theory and the concept of "decision". Explaining the concept of "budget" and "decision – making". Then, combining with the practice of our country's budget reform, pointing out the main content of this paper, namely the separation of budgetary process and decision – making process. Finally, based on the essence of the budget, Putting forward the basic logic framework that the budget allocation and operation of power system of the core subject made a formal decision constitute the structural constraint of the budget process, budget power must be restricted with the constraints, the budget process in the informal decision – making the interactive development situation. The fourth and fifth part is the main part of this paper, and the analysis of the budget practice of our country's budget process and decision – making process. This paper mainly analyzes the two aspects of decision – making interaction and budget process evolution under the formal and informal institution. Part of formal institution including budget the legal system and its internal differences, administrative laws and regulations system and decision – making system for the impact of the existing budget power structure, power and responsibility relations among governments don't match with the grass – roots financial shortage. Part of the informal institution includes the separation of budgetary objectives and policy objectives, the separation of budgetary constraints and decision – making processes, and the changes in budget planning and budget implementation. The sixth part of this article are the conclusion and the suggestion, in comprehensively summed up the budget process and the present condition of the separation of the administrative decision – making process in our country, from the budget management functions and powers, to fit the governance and expenditure responsibility, special financial fund management, policy, planning and budget plan, the budget process and decision – making process of fusion of five puts forward the countermeasures.

Key Words: budget process; decision – making mechanism; budget law system; accrual matching; the separation process

目 录

第一章 绪论 ………………………………………………………… 251
    第一节 研究背景 ……………………………………………… 251
    第二节 研究方法和创新 ……………………………………… 252

第二章 文献综述 …………………………………………………… 254
    第一节 公共预算政治学对预算过程的研究 ………………… 254
    第二节 基于预算过程理论的预算权力分配研究 …………… 255
    第三节 我国有关政府预算过程的研究 ……………………… 258

第三章 预算过程与决策机制分析的内容概述与基本框架 ……… 262
    第一节 预算过程与决策过程的内涵 ………………………… 262
    第二节 全预算过程中的决策机制构成 ……………………… 263
    第三节 关于预算过程与决策机制研究的基本框架 ………… 264

第四章 正式制度下的决策框架与分歧 …………………………… 267
    第一节 预算法律体系及其内部分歧 ………………………… 268
    第二节 行政法律法规体系与决策制度对现有预算权力结构的
            冲击 …………………………………………………… 277
    第三节 纵向政府间权责关系不匹配与基层财权不足 ……… 287

第五章 非正式制度下的决策互动与预算过程演进 ……………… 291
    第一节 预算目标与政策目标的分离 ………………………… 291
    第二节 预算约束与决策过程的分离 ………………………… 293
    第三节 预算编制计划与预算执行变化 ……………………… 294

第六章 结论与建议 …………………………………………………… 298
    第一节 小结 ………………………………………………………… 298
    第二节 关于改善预算过程与决策过程分离状况的对策建议……… 299

参考文献 ………………………………………………………………… 304

致 谢 …………………………………………………………………… 307

论文短评 ……………………………………………………… 王麒植 309

第一章

绪　论

第一节　研究背景

20世纪末国家逐步开始实施的公共预算改革,包括部门预算改革,中期预算框架改革、国有资本经营预算改革,政府预算收支分类科目改革、政府采购制度改革,财政支出绩效评价等一系列改革举措,尝试建立起以政府财政部门为核心的"控制取向"的预算体制。但从改革的成效来看,现阶段仍有预算草案的内容与政策法规不一致,预算过程与行政决策过程严重脱节,预算执行过程中调整过多,随意追加支出,中央与地方的事权与支出责任不匹配等遗留问题。事实上,中国目前的预算改革只是一个纯粹的预算改革,并没有同时在政策体制和行政体制方面进行相应的配套改革①。此外,在预算执行的过程中还需要接受来自上级部门一些临时性的政策性或法定性支出要求。从预算改革实践和结果出发,甚至在更长一段历史时期内,众多的财政学者和预算改革专家在国家从"财政包干"到分税制改革,再到现阶段的深化财税体制改革的这些阶段都提出了不同层面的理论及实践建议。同时,针对改革中所出现的问题,学者们也从法学、经济学、财政学和管理学等多学科出发对人大立法、监督权的缺失,中央到地方的纵向预算管理层级过多,地方政府财权与事权不匹配,财政软约束与地方政府激励不足、财政拮据等角度和问题进行研究和解释。而从政治学的角度,中山大学以马骏为首的研究团队,沿着瓦尔达沃夫斯基的研究视角,多年来致力于对财政实践及预算改革中的预算权力配置问题进行研究。笔者在此基础上,继承了"预算过程的政治性本质"这一个基本共识,

---

① 马骏、侯一麟. 中国省级预算中的政策过程与预算过程：来自两省的调查. 经济与社会体制比较, 2005 (5): 64 – 72.

从现有预算制度所确立的预算管理体制出发，结合预算权力结构在现有立法环境、行政决策体制、司法审查和政治互动下不断被影响的过程，总结了我国预算改革实践中预算过程与决策过程的分离状况，点明我国预算改革实践的关键是一直以来都没有很好地处理好预算权力分配与行政管理体制相配套的问题。

因此，本文从理论上延续了公共预算政治学、预算过程理论和预算法治理论的研究传统，围绕预算过程中预算权力的分配与运行的核心问题，探讨立法、行政领域的决策过程对其的影响机制。进一步地从预算法律体系、行政规制体系和行政决策过程、非正式制度下的预算政治互动等方面多维度、全方面地总结我国预算过程与决策过程的分离现状。依据政策文本的梳理及对比，建立起现阶段对中国预算管理体制与行政体制不匹配的客观评价体系，力求推进公共预算的政治学与法学研究，为下一步的预算改革进程做进一步地思考。

第二节 研究方法和创新

一、研究方法

（1）文献研究法：以预算权力和稀缺资源配置为中心的预算过程，即预算政治性本质是本文的理论起点，因此笔者将通过纸质书籍、期刊文献，电子文献，数据库资源的阅读等方式，对公共预算的政治性问题，预算过程理论进行梳理。此外，本文主要是针对1994年分税制改革后，我国的预算改革凸显的问题，因此要重点梳理这段时期学者有关预算改革的研究。依据预算过程问题研究的理论背景和研究现状确定行文的逻辑框架，围绕中国的预算实践提出相关理论假设。

（2）政策文本对比分析：有关预算管理和行政决策的法律法规体系的梳理是本文的重要内容和论述基础。本文将围绕预算权力结构的确定依据法律级别和效力的不同依次对宪法、预算法及其同位法进行梳理，对比分析有关预算管理职权规定的法律内部的矛盾之处；围绕行政决策过程梳理国务院及各部委、地方政府所颁布的行政及部门规章制度、规范性文件等，分析纵向行政管理体制和法定性、强制性支出标准对预算管理的影响。

（3）描述性研究法：依据文献研究和政策文本的梳理，将对预算政策的政治性理论及其假设，国内外预算改革实践的研究现状，我国预算和行政管理体制,预算改革出现的问题等情况有了清晰地认识。本文将基于这些基础资料客观地描述我国预算过程与决策过程的分离状况,具体描述正式制度所确立的预算管理体制和行政法规体系之间的冲突。并依此揭示相关改革失效的原因是未从根本上触动行政主导的预算配置传统。

二、研究创新与特色

自瓦尔达沃夫斯基开创了公共预算领域的政治学研究先河以来,有关预算政治过程的讨论也随着各国的预算改革实践不断发展,但国内学者在研究预算问题时多是从经济学角度或财政学本身出发对预算制度、预算改革提出相应的理论框架及改革措施,本文的创新之处和特色在于以下三点。

1. 重新界定决策机制与过程的研究范围,拓展公共预算决策机制的内涵,综合政府决策过程、预算立法、司法审查和预算监察等过程中的决策机制,全面地描述预算过程中立法机关、政府与财政部门内部的决策过程,揭示我国预算过程与决策过程的脱节现状。同时,考虑到我国进行公共预算改革之后所确立起的,以政府财政部门为核心的"控制取向"的预算体系和预算过程中行政决策机制的广泛影响。本文将主要从政治学角度切入,揭示公共预算的政治性本质——预算实质上是权力及稀缺资源的配置过程。因此本文在讨论我国的预算管理制度和预算实践时是围绕着预算权力的制度性约束和政治互动这个核心展开论述的。

2. 站在前人研究的肩膀上,从预算法治与预算政治学的角度构建了本文研究内容的前提假设与理论框架。围绕预算过程的核心问题从预算过程与决策过程的分离视角,来展开对我国预算编制与预算执行过程中决策机制的讨论。同时,依据预算权力的互动过程提出了三点假设:制度所确立的预算权力关系构成结构性约束,权力必然受到制约与反制约,预算过程在权力互动的情境下不断建构。

3. 创新性地使用政策文本分类对比的方式对我国预算权力结构的确定和行政法律法规体系及决策过程进行客观描述及对比,分别对预算立法、预算法律体系的完善和行政法律体系进行了有关预算管理职权、预算权力分配和预算行政干预等问题进行了细致的描述和分析。通过政策的梳理可以清晰地窥见我国预算管理体制在法律界定方面的冲突和决策体制对预算过程的深远影响。

第二章

文献综述

第一节 公共预算政治学对预算过程的研究

对公共预算的说明,尤其是解释我国预算过程中的决策机制与描述政策过程之间的分离与脱节问题,都需要回归到预算政治的研究领域。正如开启公共预算领域政治学研究先河的瓦尔达沃夫斯基所说"如果不理解政治,任何对正式预算过程的说明都是不完整与有误导性的"[1]。《预算过程中的政治》一书奠定了对预算过程政治性本质认识的基础:如果政治被部分地视作是那些将决定国家政策的偏好之间的冲突,那么预算就记录了这一斗争的结果,预算是以货币形式表现的政府活动[2]。事实上,国内外实践也证明了政府预算与国家政治形态、党政机关与行政管理体制等政治因素有着千丝万缕的联系,公共预算不仅仅是技术性的,它在本质上是政治性的[3]。预算过程不仅仅是简单的拨款与审计,现代预算是一个复杂系统,和经济状况、行政官僚体制甚至化解社会冲突等各个方面都相关。

尽管瓦尔达沃夫斯基对"预算是政治活动的集中体现"的诠释让后人对预算过程的政治性本质有了基本的共识,但是其最经典的"渐进预算理论"只是抛出了将预算作为政治问题研究的方向,并未对公共预算政治含义与预算过程中的政治行为有具体的解释与分析。而爱伦·鲁宾(1997)的研究,过程论能很好地帮助我们理解预算中的政治:预算过程本身就是

---

[1] Wildavsky, A. & N. Caiden. 2001. The New Politics of the Budgetary Process. Reading, MA: Addison-Wesley Educational Publishers Inc. 324.

[2] Wildavsky, A. 1974. The Politics of the Budgetary Process. Boston: Little, Brown.

[3] 艾伦·希克:《联邦预算——政治、政策、过程》,苟燕楠译,中国财政经济出版社,2011年,第42页.

预算政治的中心和焦点。参与预算过程的利益相关者,他们有其各自的预算目标,会在这个过程中尝试改变预算进程以实现各自的利益与目标。而其本身特别强调预算权衡:政府各部门在预算过程中互相争夺预算权,并在这个过程中相互制约与平衡①。

第二节 基于预算过程理论的预算权力分配研究

预算的实质在于配置稀缺资源②,预算过程实际上就是预算权力的分配过程,反映了政府的支出计划。预算理论的核心是除去目标设定、计划财政政策和绩效评估等辅助性功能外,索求(申请)货币或其他资源与配置这些财政资源是预算的两项基本构成部分,除此之外,预算过程中介于两者之间的部分是"保护"(功能),即在这些稀缺资源之间做有关优先使用顺序的决策(Allen Schick)。总结西方学者有关预算过程论和公共预算政治性本质的讨论研究,大致可分为三类:描述性分析、规范性分析与经验性分析。

一、描述性预算理论:预算权力的运行与改革的制度设计

描述性预算理论主要是基于政府预算的实施与预算制度运行状况的考察,着眼于预算权力结构及预算程序,总结预算机构所扮演的角色及权力运行的方式和趋势。在预算权力配置方面,一般情况下,预算改革都由行政机关及财政部门主要负责领导及实施。因此,从 20 世纪开始飞速发展的预算理论及改革实践情况来看,当局往往想要一个依托政府的更强、更独立的行政部门,而不是总在立法机关或是政党团体中的一个小角色。反映在预算行为上,则表现为他们对于政府支出增长的关注经常导致他们致力于游说议会放弃增加立法机关规模的扩张③。而在预算程序描述性分析方面,改革者的目的不仅包括政策规划与建议权在内的行政权力的扩展,还囊括对立法机关和公众传达他们有关预算程序决策制定信息的预算权力的

---

① 黄新华,《预算政治学研究进展与前瞻》,《学海》,2014 年版。
② [美]爱伦·鲁宾:《公共预算中的政治:收入与支出,借贷与平衡》,叶娟丽等译,中国人民大学出版社 2001 年版,第 3 页。
③ One elegant version of this argument appears in Edward A. Fitzpatrick's Budget Making in a Democracy (New York: MacMillan, 1918). He opens his book with a quote from Gladstone, "Budgets are not merely affairs of arithmetic, but in a thousand ways go to the root of prosperity of individuals, the relation of classes and the strength of kingdoms" @. vii).

拓展。

基于 20 世纪之前的描述性预算理论,一系列预算改革被设计、提出,然后经历了实施、改造甚至被废弃的过程。例如,基于项目预算所设计的计划项目预算制(PPBS),用以比较项目之间的成本收益比,以提高预算支出的效率。再如,绩效预算则着重测量单位成本所满足的需求与工作效率[1]。

二、规范性分析:传统分配性政治下的规则决定论

规范性分析主要是传统分配性政治对预算资源配置机制应该是怎样的这样一个问题所做的众多分析,为了更好地解释这个问题并为预算管理提供可行的建议,不少公共预算专家就如何实现预算收益最大化的问题提出了许多具体方案[2]。20 世纪美国联邦政府实施的一系列的预算改革,多数是按照预算决策机制的设计这一思路展开的,如零基预算、新绩效预算等。传统的规范性分析也为预算改革提供了相应的理论基石。但随之而来的问题就是改革所面临的困境,特定时期的预算改革,包括 MBO,PPB,ZBB,绩效预算,项目预算在评估的过程中,尤其在面临多年期预算,预算外账户,不同类型的预算支出等实践中,最终被证明是一时的,很难有持续性的成效[3]。预算过程中始终存在的参与者不同的支出偏好,综合资源稀缺、管理方式落后、收支预测技术不完善等客观因素,改革成效总是不尽如人意。

三、经验性分析:非分配性政治下的预算行为与权力关系分析

经验性分析似乎意在弥补规范性分析,试图对于现实预算实践中所面临的重重困境做出补充与解释性说明,更关注非分配性政治的政治行为。经验性分析重点研究预算参与者之间的权力关系,解释一些参与者比另一些参与者可以更成功地实现他们预算目标的原因,关注预算参与者所受到

---

[1] Budget Theory and Budget Practice How Good the Fit.

[2] Aaron Wildavsky, "Political Implications of Budgetary Reform", *Public Administration Review*, 1961, 21 (4), 183 – 190.

[3] Allen Schick, "A Death in the Bureaucracy: The Demise of Federal PPB," *Public Administration Review*, vol. 33 (March lApril 1973), pp. 146 – 156, and Richard Rose, "Implementation and Evaporation: The Record of MBO," *Public Administration Review*, vol. 37 (January/February 1977). pp. 64 – 71. For a negative pronouncement on ZBB, see Allen Schick, "The Road from ZBB," *Public Administration-Review*, vol. 38 (March/April1978), 177 – 180.

的各种限制以及他们突破这些限制的行动策略极其有效环境,并基于这些分析解释预算决策的模式①。与规范性分析相比,经验性分析更能体现在政府支出选择中所反映的预算政治问题。

四、理论与实践的困境:预算形式与政治决策的脱节

无论是从描述性理论入手,还是相关的规范性分析与经验性分析,不少学者在研究中都表明了预算理论与改革现实脱节的这么一个事实。改革因为缺少必要的信息、会计及审计系统或管理团队,有时需要较长的时间(几十年甚至更长时间)去落实与实现这些改革措施,有时甚至会中断或延误。许多改革措施被提出来的时候不是那么恰当,所以公共行政人员在应用的时候常常要结合实际环境去改造它们,并配以其他的改革措施灵活使用,但是改革带来的变化及影响是逐渐显现出来的②。在某些状况下,改革只改变了预算的形式,而未触及预算决策制定方式③。

通过上述有关预算改革困难的阐述,体现了预算作为资源配置的手段,反映出政府支出计划的政治结果。从中可以窥见预算过程的核心问题就是预算权力的分配过程,因为预算权力结构决定了预算参与者在这个过程中的角色定位及其所掌握的权力与资源状况,权力的配置与互动过程也最终影响了预算结果的产出。不与权力概念相联系,预算过程是难以被完全理解的④。预算改革正是或多或少地触及了既定的预算权力结构,由此产生了矛盾与相应的策略性行为,形成政治互动,最终影响预算实施与改革实践结果。

---

① 《省会城市预算过程的政治—基于中国三个省会城市的研究》,中央编译出版社,2010 年,第 159 页。

② Budget Theory and Budget Practice How Good the Fit.

③ Thomas Lauth in his article,"Zero – Based Budgeting in Georgia: The Myth and the Reality," *Public Administration Review*. vol. 38 (September/October 1978), pp. 420 – 430, argues that those whoexpected Zero Based Budgeting to eliminate programs were disappointed disappointed, that budgeting remained incremental, and that ZBB took place in that context. Allen Schick makes a similar point for thefederal level in "The Road from ZBB," *Public AdministrationReview*, vol. 38 (Mmch/April1978), 177 – 180.

④ S. Parker, "Budgeting as an Expression of Power", in J. Rabin, T. D. Lynch (Eds.), Handbook on Public Budgeting and Financial Management, New York: Marcel Dekker, Inc. 1983: 61 – 86.

第三节 我国有关政府预算过程的研究

一、对预算过程中权力分配的认识

延续着前文预算政治和预算过程理论的研究,在预算决策和实施过程中反映的实质问题是预算权力的分配。围绕预算权力结构和配置问题,国内的财政学者、经济学者和法学者都对这个话题进行了不同学科视角的研究。对于具有中国财税体制转变里程碑意义的分税制改革,有学者认为预算权力在行政与立法之间的分配是预算权力配置的核心问题[①],从而又掀起一阵预算过程中究竟是行政权力还是立法权力占主导的讨论热潮。围绕预算对财政资金和资源的配置问题,在"理性经济人"的假设下,经济学研究者运用委托代理理论、博弈论等对政府预算中的编制、审批、执行和监督过程视为不同部门及单位"讨价还价"的过程。此外,利益相关者理论认为这是政府预算的申请部门、审批部门、执行部门、监督部门和其他社会组织、媒体、公众等利益相关者在预算过程中为了追求组织和个体效用最大化反映出来的策略性行为[②]。有关预算权力配置的研究,虽然不同学科有其不同的分析视角,但是都不约而同地围绕着预算过程中财政(预算)权力及资源的配置及运作过程作为研究的核心内容,通过对我国预算参与者和预算行为的分析,也不难窥见行政部门及行政决策过程对预算过程的深远影响。

二、政治学视角下的预算决策机制研究

公共预算的政治学分析是本文主要的理论依据及切入视角,在介绍了预算政治学及预算过程理论的发展概况后,有必要对有关中国预算改革政治学讨论的研究进行系统地梳理。我国自确立分税制财政预算体制以来,通过一系列的改革措施逐步确立起以财政部为核心的预算体系,在制度确

---

① 朱大旗,何遐祥. 议会至上与行政主导:预算权力配置的理想与现实 [J]. 中国人民大学学报,2009,23 (04):128-135.

② 郝大强,常若龙. 浅谈政府预算过程中各利益相关主体及其行为 [J]. 地方财政研究,2011 (04):36-40,65.

立的过程中始终都存在两种力量的较量,即正式制度与非正式制度①,从而构成了复杂的政治互动环境。在这个过程中预算不只是拥有预算权的部门所做出的独立决策,而是各种利益集团共同参与、政府主导的围绕公共资金而展开的政治活动②。预算权力设置取决于国家基本的政治制度和权力结构③,在预算过程中,政治互动与行政决策扮演了极其重要的角色。遗憾的是,由于欠缺对行政决策体制相应的改进,致使多年的预算改革多体现在预算管理方式和技术层面上,至今仍存在严重的政策过程与预算过程分离④。2015 年开始实施的新预算法也并未解决由来已久的预算与政府决策体制严重脱节的问题⑤。现有的公共预算政治学方面的研究多是从宏观层面认识到了政府预算活动是在政治互动的复杂环境中进行的,也认识到了我国预算过程与决策过程分离的现状。但是研究视角多集中在预算权力结构的重新调整上,缺乏对现有预算管理结构和行政决策体制及过程的系统对比。

三、法学视角下的预算理念与预算法修改

尽管我国预算法律体系的确立有其深刻的历史沿革和背景,需要结合中国的实际国情和社会发展形势逐步加以完善。但在《中华人民共和国预算法》(以下简称《预算法》)的修改和预算管理制度的完善过程中不难发现,在预算权力的分配与约束、预算公开、预算支出标准等一系列问题上因背后深刻复杂的利益纠葛与历史问题而难以形成一致且具有针对性的意见,致使预算法治进程举步维艰。对于预算法律法规体系的研究显然不能仅限于法律文本的解读,需结合立法过程中的社会背景和预算实践加以分析,其中政治因素尤其不能忽视。因为从法律性视角而言,《预算法》作为各方权利(力)的配置机制或各方政治目的的整合机制,在为各方主体权利(力)提供限度的同时,各方权利(力)亦在《预算法》中获得了合法性和合理性,各方的政治目的因而被预算法驯化与整合⑥。从《预算法》发

---

① 刘亚亮,林慕华. 预算过程中的正式政治与非正式政治:A 省一个专项资金的案例分析 [J]. 公共行政评论,2014,7(04):112 – 132,185.

② 黄新华,赵瑶. 政治过程与预算改革 [J]. 财经问题研究,2014(12):72 – 78.

③ 唐成,周保根,陈龙. 优化我国预算权力结构的逻辑、框架与要点 [J]. 地方财政研究,2017(01):30 – 35.

④ 马骏,侯一麟. 中国省级预算中的政策过程与预算过程:来自两省的调查 [J]. 经济社会体制比较,2005(05):64 – 72.

⑤ 王雍君. 从公共预算程序到政府决策体制的改革 [J]. 新理财(政府理财),2016(07):26 – 27.

⑥ 蒋悟真. 中国预算法的政治性和法律性 [J]. 法商研究,2015,32(01):9 – 13.

展的历史轨迹中不难看出,预算法治的发展是政治与法律在互动与平衡中不断得以推进的。政治性是《预算法》价值理念的来源,而法律性更是预算政治目的和秩序得以实现的保障。政治性犹如《预算法》的精神(理念)①。没有预算理念(政治性)的法律条文将失去预算的功能。

因此,跳出惯有的经济立法与行政制衡思维,重新回归立法的本质,追溯《预算法》理念和传统价值的发展过程,建立起对预算法律体系修改的新的价值理念和思路。蒋悟真(2011)从多个维度解读了《预算法》理念,并针对性地提出了预算法律的修改思路。①从社会本位理念监督来看,《预算法》在调节政府收支计划与社会经济关系方面有重要作用,需要将体现和维护社会公共利益作为其立法目标。为防止公共权力的滥用,则需要用权利去制约权力,并通过相应的法治予以保障②。因此需要进一步完善公众参与预算的表达机制,逐步引入社会权力主体制度,作为权力制衡的一种有效的补充手段,逐步提升新闻媒体、民主党派和社会中介机构的预算参与度。②从正当程序理念的角度来看,《预算法》作为一种正当程序的利益分配机制既要实现个人、国家及社会利益的平衡统一,又要实现经济和社会的长足发展,还要体现社会公平正义的价值理念。因此,预算程序法需具备两个最基本的功能,一是通过程序正义和分配公平实现对人权的保障和弱者的保护,二是通过公开透明的正当程序约束和制衡立法、行政机关的预算权力。③从可诉性理念的角度来看,其体现的是一种维权的意识和《预算法》具有可问责性的特质,保证社会主体的预算权益受到侵害时,能依据相应的预算法律规则通过司法机制追求责任和寻求保护。因此,在构建预算法律体系的过程中既要做到有法可依,明确法律条文,又要构建起有效的问责机制,纠正预算审批过程和执行过程中的偏差,主要是行政问责与经济问责的补充。最重要的是,还需确立司法审查制度作为维护预算权威的最后一道防线,对预算执行效率低下和预算违法行为真正形成震慑,作为预算可诉性的必要机制。

上述有关《预算法》理念的探讨虽然博采众长,汲取了西方预算法治理论的先进理念,也为预算法律法规体系的修改指出了大的方向。但同时可以看出,社会权力主体制度、司法审批制度和民主参与制度等内容与我国现有的法律制度还有一定的衔接问题,而涉及具体的预算法律条文的修改,也未作详细探讨。在2014年新《预算法》修订完成后,尽管对预算编制流程、预算审批等内容有了进一步补充,但涉及预算政治性内容的预算

---

① 管欧.《法学绪论》,台湾五南图书出版有限公司,1997年版,第137页.
② 丛中笑.税收国家及其法治构造[J].法学家,2009(05).

权力结构的确定和预算法律问责机制的建立仍存在一定不足。构建法制化的现代预算制度还需补充预算监督法律,包括规范预算监督客体行为的财税法规以及相关的经济法规,规范预算监督主体自身行为的法律法规,规范预算监督主体处罚违法违纪行为的法规[①]。

[①] 马海涛,肖鹏. 现代预算制度概念框架与中国现代预算制度构建思路探讨 [J]. 经济研究参考,2015 (34): 3 – 10.

第三章

预算过程与决策机制分析的内容概述与基本框架

第一节 预算过程与决策过程的内涵

要描述清楚预算过程与决策过程的分离现状,首先要解释清楚两个概念,一是全过程、全方位地理解我国的预算过程,二是对预算过程中所涉及的决策环节和过程的描述。以往基于应用经济学视角下或财政学学科体系内对预算决策机制的探讨为我们了解公共预算决策机制提供了一定帮助。尽管预算管理工作是由财政部门主导编制和实施的,但预算的全过程涉及各级党委、政府、人大,各部门、单位和公众、媒体的广泛参与。各个利益主体在以《预算法》为核心的法律框架下被赋予了不同的预算权力,继而在预算编制和实施等过程中通过决策和行使权力,影响预算进程以实现自身的预算目标。

"决策"一词的概念作为一个管理学术语被讨论得较多,甚至有"管理就是决策"[1]的提法。可以将决策理解成为某一特定目标,经过思考、信息搜集整理与综合分析等过程,最后做出判断与决定的一个完整的动态过程,因此决策广泛地存在于预算的立法、编制等各个环节中。故而预算过程中的决策机制不仅包括公共预算决策(即有关公共预算收支计划、宏观资源配置、支持基本公共服务事业和公共部门活动的决定与计划,包括理性主义与渐进主义的预算决策模式)。还包括政府决策(多指行政机构内部的决策活动),因为"几乎每一项政府决策都有预算含义,决策制定过程不可避

---

[1] 赫伯特·西蒙:《管理行为》,北京经济学院出版社,1988年版.

免地涉及稀缺资源在可选用途中的分配"①。此外，公共预算还是连接立法部门和行政部门的纽带②。因此公共预算决策除了具有很强的政治性与政策性色彩之外，最重要的是每一项预算决策都需要在《中华人民共和国宪法》（以下简称《宪法》）、《预算法》等相关国家法律框架下进行，因此具有严格的法律约束。具体表现为中央与地方的财税层级划分、收支预测及计划、管理职权确定等都是在预算法律的规范下进行的，此外预算的执行过程也受法律的严格制约，不经法定程序，任何人无权改变预算规定的各项收支指标③。因此，预算决策体制是行政机构、立法机构及其内部各层级、各集团长期相互博弈、妥协所形成的相对稳定的财政分配体制④，由此也道出了预算政治与预算法治对预算过程的深刻影响，是预算资源分配过程中权力互动的核心与本质。

因此，预算过程不但包括通常意义上的预算编制和预算执行过程，且是指政府财政部门的预算管理全过程，包括预算立法、收支预测、预算编制、预算审批、预算调整、预算实施与决算等环节。同时，在讨论预算过程中的政策过程与决策机制时，还需要扩展预算决策过程的范围。因此将决策过程定义为国家党政机关、各政府部门及单位、各级人大、媒体与公众等利益相关者影响预算进程的过程，本文主要讨论的是政府的行政决策过程和人大的立法过程与部分公共预算决策。

第二节 全预算过程中的决策机制构成

从预算的本质问题出发，结合国外预算改革的实践和经验分析，本文研究的主要问题是我国预算过程中的决策机制究竟是怎样的，预算过程中的各个环节不仅涉及财政部门内部的预算决策，还涉及和配置资源相关的政府决策，还需要在事先确定的法律框架下确定预算层级和实施预算。因为预算是政府有关财政收支计划、财政资源配置的政府管理活动，是提供基本公共服务，支持社会经济发展的重要保障。故而影响政府治理和国家经济发展、社会民生的预算活动首先要在《宪法》所确立的框架与《预算

---

① Arthur Smithies, Budgeting and the decision—making process, in Jack Rabin (ed.), Public Budgeting and Finance. F. E. Peacock Publishers, Inc., 1975, 268.
② 董静，苟燕楠. 公共预算决策分析框架与中国预算管理制度改革 [J]. 财贸经济，2004 (11): 38 – 42, 97.
③ 张弘力. 建立我国公共预算的基本思路. 经济纵横，2001 (4): 2.
④ 刘晓川. 公共预算决策研究文献综述 [J]. 特区经济，2013 (09): 231 – 232.

法》所制定的规则下进行。然而稀缺资源配置的过程势必涉及权力的配置、互动与妥协的过程，因而预算的决策过程紧紧围绕着预算权力的配置、政府间财税关系的确定等问题进行立法决策、行政决策等。因此预算过程中的决策机制是由（公共）预算决策、行政决策、立法决策甚至公众决策等决策过程与机制组成的。

具体来说，我国预算过程与决策过程的分离现状需要依据现有预算及行政的法律法规体系，描述正式制度所确立的预算权力结构和行政决策体系，分析后者对前者的影响；结合预算实施和运行的实际情况，探讨政治互动和非正式制度对预算过程和预算权力结构的影响。因此，可将决策机制进一步分为不同国家机关、不同层面的正式制度（包括法律、法规、政策、部门规章制度及规范等）预算管理过程中形成的非正式制度（包括行为意识、价值理念、预算文化传统等），方便本文的讨论。

第三节 关于预算过程与决策机制研究的基本框架

前面的章节已经详述了本文要讨论的主要内容，从公共预算概念和预算决策理论入手，笔者阐释了一个完整的预算过程所涉及的决策过程和机制构成。在继承公共预算政治学与预算过程论有关预算实质的基本观点的基础上，立足于描述正式制度下的预算管理体制和行政决策结构，本文期待解决以下现实问题：现有的预算权力结构受到哪些政治制度的冲击，预算工作在行政决策环境中是如何开展的，政治互动下的预算权力分配结构与预算结果是怎样的？

因此除了公共预算理论以外，补充了预算政治学、预算法学、预算过程理论与预算法治理念等理论视角，还需要重新审视预算过程中预算权力结构的构建过程与不同决策机制之间的互动过程对预算体制及预算结果的影响。为此本文将沿着以下逻辑脉络展开对预算过程中的权力互动与决策过程的讨论。在此有必要对引用的经济学经典著作对本文涉及的几个概念进行定义：

①制度：由人制定的规则（各种带有惩罚措施、能对人们的行为产生规范影响的规则）[1]。

②正式制度：包括政治、法律（及司法）、规则、细则和合约等[2]。

---

[1] 柯武刚、史漫飞：《制度经济学——社会秩序与公共政策》，韩朝华译，商务印书馆，2000年，第32页。
[2] 道格拉斯·C·诺斯：《制度、制度变迁与经济绩效》，刘守英译，上海三联书店，1994年，第64页。

③非正式制度：不成文的行为规范及准则、习俗等。

一、正式决策制度构成预算过程的结构性约束

我国当前的正式预算制度及法律法规体系确定了初步的预算权力结构与预算管理体制，预算改革可能会调整预算参与者之间的权力配置，但无论是制度设计还是改革规划，最终的预算实施结果几乎很难和机制设计的初衷和计划完全一致。因为初始的制度与改革只是确立了预算参与者在预算过程中的角色定位，预算权力、资源，行为准则或行动边界。规定了谁在何时拥有对哪些预算内容的决定权以及自己处于优先顺序的何种位置①。而实际的预算过程是参与者根据其现有的权力与资源，不断地与其他参与者博弈与讨价还价以获取预算资源的过程。将交换、讨价还价、相互调试输入到权力语境中可能是必要的②，因为只有这样才能够使权力与"人类交互作用的策略性本质"③联系起来。简而言之，就是预算过程是在权力互动与策略博弈的互动情境下不断运作的结果。

二、预算权力必然受到制约与反制约

预算权力的运作是观察预算过程的核心，预算实施结果与预算规划不一致的直接原因也在于制度规则所确定的权力结构不是一成不变的，掌握预算权力的机构或个人并不一定对其他参与者具有强制约束力，反而时常受到他们的反策略行为，加上外部环境因素的不确定性，预算权力常常在相互制约、相互妥协的状况下运行。权力作为行为实践的结果，意味着我们必须关注权力与具体情景中的人们相互作用的关联性④，这也就是为什么说讨论策略是谈论权力的另一种方式⑤，它是预算过程的集中反映。通常预算参与者所采取的策略性行为总是建立在对其所被赋予的权力进行估测与

---

① 於莉. 预算过程的政治：使权力运转起来 [J]. 武汉大学学报（哲学社会科学版），2009（11）.

② Crozier（1971）、Baldwin（1978）、Friedbreg（1993）.

③ [法] 埃哈尔·费埃德博格：《权力与规则：组织行动的权力》，张月等译，上海人民出版社，2005 年版，第 147、215 页.

④ 於莉. 预算过程的政治：使权力运转起来 [J]. 武汉大学学报（哲学社会科学版），2009（11）.

⑤ Wildavsky, A. 1986. Budgeting：A Comparative Theory of Budgetary Process. New York：Transaction Publishers.

计算的基础上的，因此，讨论预算过程中的策略即是谈论权力的另一种方式①。

三、预算过程在非正式决策互动情境下不断发展

渐进式预算是稳定的，相互调试的：支出结构预期建立一个基数，在适度调试的过程中保证预算过程在一个稳定的状态下慢慢扩大②。持有这种观点的学者将预算过程视为一个在现有预算制度框架与既定权力结构不断循环往复的稳定过程。但是值得注意的是，预算过程的复杂性就在于预算参与者怀着不同的利益诉求参与到预算过程中，并在现有的制度框架中利用现有的权力与资源争取、交换预算权力与资源的一个互动与变化的过程。这不是一个静态的过程，即使在那些表面上"祥和一片"的预算过程中也可能存在针对非"边际性"预算资金的竞争，不稳定的讨价还价以及无法获得一致意见的僵局等③。制度构成了包括参与者、预算权力与资源、行动范围及边界在内的规则网络，其保证了预算过程的相对稳定性和可持续性，构成预算执行与预算参与者的既定约束条件。与此同时，在预算的执行过程中，预算参与者的策略行为与讨价还价、外部预算环境等互动过程不断地重塑权力结构与预算过程。

---

① Parker, S. 1983. "Budgeting as an Expression of Power," In Rabin, J. & T. D. Lynch (eds.). Handbook on Public Budgeting and Financial Management. New York: Marcel Dekker, Inc.

② Lance T. LeLoup. "The Myth of Incrementalism Analytical Choices in Budgetary Theory", Polity, 1978, 10 (4).

③ Gist, J. R. 1982. "Stability and Competition in Budgetary Theory," *American Political Science Review*, 76 (4).

第四章

正式制度下的决策框架与分歧

20世纪末国家通过实施部门预算,政府采购制度,政府预算收支分类科目改革,国库集中收付制度,中期预算框架改革,"收支两条线"制度等在内的一系列改革,尝试建立一种以我国政府中以财政部门为核心的"控制取向"的预算体制。如表4-1所示。

表4-1　我国分税制体制确立前后的公共预算改革尝试

改革时间	改革内容	改革原因
1993年	零基预算改革	改变基数增长法过于重视上一年预算的问题
1998年	部门预算改革	细化预算内容,提高预算透明度
1999年	政府采购制度改革	克服传统国库制度存在支付迟缓、拨款环节多、周期长,资金利用效率低下等问题
1999年	"收支两条线"制度改革	整顿收费、基金,加强对政府非税收入的征缴和监督管理
2001年	国库集中收付制度改革	强化预算约束,提高资金的使用效率
2003年	国有资本经营预算	改变国有资产收支没有单列计算和进行分类管理所存在的问题
2007年	政府收支分类科目改革	为构建科学合理的财政收支分类体系
2008年	中期预算框架改革	强化年度预算之间的连续性,提高资金使用效率,降低财政风险

政府下决心从制度上限制预算外支出,地方财政赤字等现象,保证收支平衡与财政管理体系的稳定。但在预算改革过程中仍出现预算报告的内容与国家政策法规的决策过程严重脱节,以至于在执行的过程中调整过多,随意追加支出的情况。此外,预算执行还面临来自上级机关各种政策性、法定性的支出要求。由于预算编制与政策法规分离,无法从预算的角度审

查政策法规的合理性和相应成本①，立法机关对预算执行过程中的外部政策性因素进行审查与控制作用极其有限。

第一节　预算法律体系及其内部分歧

一、《宪法》与《预算法》

我国历经多次财税改革，形成了当前的分税制财政管理体制，确立的直接依据是国务院所颁布的《关于实行分税制财政管理体制的决定》，那么由行政决策确立的财政管理体制是否与我国的《宪法》与《预算法》相协调呢，财政体制的核心是政府间财政分配关系，具体是各级政府财政管理权限和收支划分的确认。新修订的《预算法》秉承了分税制改革的主要精神，确立了从中央到地方的五级预算：我国的预算管理体制实行一级政府一级预算，共包括中央预算、省级（省、自治区、直辖市）预算、地市级（设区的市、自治州）预算、县市级（县、自治县、不设区的市、市辖区）预算和乡镇级（乡、民族乡、镇）预算②。分税制财政管理体制一直遵循"事权与财权相匹配"的原则，《预算法》则相应地确立了每级政府各自的预算管理职权以履行好各自的职责。在这一点上，在中央和各级党委的指导下，各级政府及财政部门根据中央精神及国家发展规划制定出每年的预算草案，并交由各级人大审批，由此形成了三套体系相统一的局面：党的十七大报告就财税体制改革提出了"财力与事权相匹配"的说法，而十八大三中全会进一步明确了"建立事权和支出责任相适应的制度"。政府间关系就涉及"事权""财权""财力"和"支出责任"等要素，那么这几者究竟有什么联系与区别？事权往往是依据国家法律及相关的政策法规所确立的各级政府有关财政管理的职责与权限。而财权和财力相对事权来说，更多地体现的是一种实现预算管理的手段。各级政府有应当肩负的预算管理职责，同时拥有管理其职责范围内的财政权力，并依法取得实际预算实施工作所需的预算资金，即其实际拥有的财力，只有这三者相统一、相匹配，才能确保预算工作按照法律法规所设计的程序与实施方案按部就班地实施。而对预算过程中支出责任的强调，则要求有充足的财力作为

---

① 陈治. 迈向实质意义的预算法定,《政法论坛》, 2014.
② 财政部关于中国财政基本情况（2011）中"国家预算体系"的阐述. http://www.mof.gov.cn/zhuantihuigu/czjbqk2011/czgl2011/201208/t20120831_679890.html.

保障。

事实上，有关政府间财政关系的行政法规和《宪法》《预算法》有关"一级政府一级预算"的规定有冲突的地方，例如，财政部于 2006 年下发的《关于进一步推进乡财县管的通知》。该通知指明在深化农村税费改革和政府职能进一步转变的大背景下，乡镇财政收支规模逐步下降，为解决乡镇债务风险、乡镇财政供养人员较多、管理水平低下等问题，县级财政部门在预算编制、账户设置、集中收付、政府采购和票据管理等方面，对乡镇财政进行管理和监督①。

此外，《宪法》和《预算法》关于人大的预算审批权的相关规定存在一定冲突。《宪法》第 99 条第 2 款规定：县以上各级人民代表大会审查和批准本行政区域内的国民经济和社会发展计划、预算以及它们的执行情况的报告②。但同时《预算法》第 13 条规定：县以上各级人民代表大会本级预算和本级预算执行情况的报告③。注意这两部法律对于预算审批权范围的规定实际上是存在冲突的，因为地方本行政区域内的预算包括本级和下级政府预算，这与《预算法》所规定的各级人大只审查和批准本级预算的规定不符。实施上，预算领域纵向权力划分不清晰的局面不仅影响立法机构的职能履行，更混淆了预算过程中行政权力的职责范围。

二、《预算法》与同位法

1. 农业、教育、科技法等对预算支配权的分解

从中央到地方的发改委，科技、教育与农业部门都可称为"准预算机构"④。发改委是基于部门建制时的职能需要，负责国家固定资产投资和重大建设项目的协调管理职能，因而有基本建设支出的预算分配权。这里主要涉及《中华人民共和国教育法》（以下简称《教育法》）、《中华人民共和国科学技术进步法》《中华人民共和国农业法》（以下简称《农业法》）、《中华人民共和国公务员法》等，这对于国家在物质文化需求快速增长时期，保证农业、教育、科技、文化、卫生等领域的同步发展具有重要意义，有关各项预算支出的规定如表 4-2 所示。

---

① 范毅，潘征宇."乡财县管"的制度设计与现实走向，《南京财经大学学报》，2014 (7).
② 《宪法》. 第三章第五节第九十九条 [Z].
③ 《预算法》. 第一章第十三条 [Z]. 2014 年 8 月.
④ 马骏，侯一麟. 中国省级预算中的非正式制度：一个交易费用理论框架 [J]，经济研究，2004 (10)，第 14-23 页.

表 4-2　　同位法中有关教育、科技、农业等领域的支出规定

领域	依据	相关规定
教育	《中华人民共和国教育法》	**第 55 条**：国家财政性教育经费支出占国民生产总值的比例应当随着国民经济的发展和财政收入的增长逐步提高。全国各级财政支出总额中教育经费所占比例应当随着国民经济的发展逐步提高 **第 56 条**：各级人民政府教育财政拨款的增长应当高于财政经常性收入的增长，并使按在校学生人数平均的教育费用逐步增长，保证教师工资和学生人均公用经费逐步增长 **第 57 条**：国务院及县级以上地方各级人民政府应当设立教育专项资金，重点扶持边远贫困地区、少数民族地区实施义务教育 **第 58 条**：税务机关依法足额征收教育费附加，由教育行政部门统筹管理，主要用于实施义务教育
科技	《中华人民共和国科学技术进步法》	**第 59 条**：国家财政用于科学技术经费的增长幅度，应当高于国家财政经常性收入的增长幅度。全社会科学技术研究开发经费应当占国内生产总值适当的比例，并逐步提高 **第 16 条**：国家设立自然科学基金，资助基础研究和科学前沿探索，培养科学技术人才。国家设立科技型中小企业创新基金，资助中小企业开展技术创新。国家在必要时可以设立其他基金，资助科学技术进步活动
农业	《中华人民共和国农业法》	**第 42 条**：国家逐步提高农业投入的总体水平，国家财政每年对农业总投入的增长幅度应当高于国家财政经常性收入的增长幅度
	《中华人民共和国农业技术推广法》	**第 23 条**：各级人民政府在财政预算内应当保障用于农业技术推广的资金，并应当使该资金逐年增长
公务员	《中华人民共和国公务员法》	**第 75 条**：公务员的工资水平应当与国民经济发展相协调、与社会进步相适应

资料来源：作者整理。

可以看出，在对农业、教育、科技等方面的资金投入的文字描述都相对模糊。例如，对农业总投入、教育经费支出、科技经费的增长幅度对比的"财政经常性支出"和"增长幅度"等词界定模糊。这些概念在《预算法》及其实施条例中，这些概念就没有进行解释，由此带来的问题：各局乱要，财政部门调整口径糊弄；其次，为避免执政人员在编制预算时的工作便利与执法人员的预算审查工作，法律条文内对"农业总投入""教育财政拨款""财政用于科学技术的经费"的具体内容应当详尽一些，最好落实到具体的预算科目，每年需根据不同的政策稍作调整。以免出现财政部门与主管部门因支出的计算口径、支出增长是否高于财政经常性收入增长而

争执，人大代表也无法严格按法律规定审查预算①。在政策落实方面，需要全面考虑不同法律法规之间的协调问题，以保证基层工作的顺利开展。

2. 《预算法》与《组织法》

根据《宪法》规定，各级政府要对本级人大负责并执行其所做出的有关预算的所有决议；同时《中华人民共和国地方各级人民代表大会和地方各级人民政府组织法》（以下简称《组织法》）规定各级政府要对上一级国家行政机关负责并执行其所做出的决定和命令。问题是，当这两者之间存在冲突时，本级政府该如何决策，现实中存在地方政府打着对上级政府负责，执行上级命令的旗号避开本级人大的有关指示和监督的情况。更有甚者，基层政府为寻求直接领导的上级政府的支持，通过上级人大削弱本级人大对预算的影响（例如，根据《预算法》第40、41条和第64、65条规定，省级政府对市级政府按规定报送备案的预决算，如认为有不适当之处需要撤销批准预决算的决议的，可提请省人大常委会审议决定②）。因此除中央一级外，地方人大对本级政府的预算审批权是极其有限的，在预算编制的过程中，相关命令和要求也是通过政府层层下达与逐级汇总的，各级人大无法第一时间对预算和决算内容进行审查与分析，加剧了预算、决算脱节的局面。

《预算法》第9条规定"经本级人民代表大会批准的预算，非经法定程序，不得改变"③。这里的法定程序有迹可循，是指《组织法》第44条第5款规定"县以上各级人大常委会有权根据本级人民政府的建议，决定对本行政区域内的国民经济和社会发展计划、预算的部分变更"④。预算法第54条规定"县以上各级政府预算的调整方案必须提请本级人民代表大会常务委员会审查和批准"。这里的预算调整概念也有明确的法律依据：经地方各级人民代表大会批准的本级预算，在执行中因特殊情况需要增加支出或减少收入，使原批准的收支平衡的预算的总支出超过总收入⑤。注意在《预算法》的相关规定中已经被批准的预算方案，在执行中能进行调整与变更最基本的条件是由各级人民代表常务委员会的审查与批准。因此，这将使收入大于支出，即存在超收时的预算变更情况，排除在了人大常委会的"决定权"范围之外。事实在预算的执行过程中，却时常出现超出上述两种情

---

① 郭志强．浅析《预算法》存在的主要问题[J]．四川财政，2003（11）．
② 《预算法》．第一章、第六章[Z]．2014年版．
③ 《预算法》．第一章第九条[Z]．2014年版．
④ 《中华人民共和国地方各级人民代表大会和地方各级人民政府组织法》．第三章第四十四条．2015年8月．
⑤ 张晓光．《预算法》执行难在何处[J]，中国人大，1999（8）．

况之外的对预算做出变更的情况。例如，在保证总支出不超过总收入的情况下追加预算收入，在收入减少的情况下压缩必要的支出或是在预算科目上做文章等等，这些行为都不在预算调整的法律规定范围内，但在事实上对原本已经被批准的预算草案做出了变更，在没有经过本级人大常委会批准的状况下，可以视为"违法"。

各级人大及其常委会的预算管理职权以及同级政府间的关系，主要是通过《宪法》《组织法》等法律来明确的。此外，中共中央专门提出意见，要求县级以上地方各级党委要把加强对地方各级人大常委会的领导，作为自己的一项重要任务，定期研究人大常委会的工作①。具体来说，中共中央是通过《关于地方党委向地方国家机关推荐领导干部的若干规定》从领导权和人事权上实现对地方人大的控制。该《规定》中第一条就明确了地方人大常委会组成人员也属于地方党委的推荐范围，从制度上和程序上明确了党委与人大常委会之间的关联。

结合《组织法》与中共中央的相关政策性文件，对政府间关系与各级人大与党政机关之间的关系存在着与《预算法》规定交叉重合的方面，形成了我国预算过程中多重体系、多重领导的预算权力分配关系。尤其是党政联合决策的方式极大地削弱了人大及其常委会在预算过程中的审查批准权，工作"程序大于实质"。

3. 《预算法》与《中华人民共和国审计法》

首先，《中华人民共和国审计法》（以下简称《审计法》）与《预算法》有关预算执行中审计范围的规定就不一致，后者只规定了审计部门对本级各部门、各单位和下级政府预算执行、决算实行审计监督，后者补充了对本级政府预算执行情况进行审计监督。其次，两者的审计范围都非常有限，连对本级政府预算决算进行审计的规定都未做要求。

此外，谈及预算外资金问题，财政资金的双轨制运行极大地增加了预算管理的难度和有效性。因为无论是《预算法》还是《审计法》所规定的预算审计范围都仅限于预算内资金，尽管在部门预算改革之后政府将一部分预算外资金纳入预算内，但仍然存在相当一部分的预算外资金不在预算审计管理范围内，严重影响了财政管理秩序。国务院《关于加强预算外资金管理的通知》明确规定，预算外资金由财政部门管理，但是中共中央文件1996〔13〕号明确乡镇统筹费由经管部门管理，这样一来，乡镇一级由财政管理的预算外资金，无形之中就被分解，致使财政职能被肢解②。

---

① 杨雪冬. 地方组织法修改与地方人大制度建设 [J]，复旦政治学评论，2011（5）.
② 温瑶. 试论农村公共财政法律的立法完善 [J]，法制与社会，2008（10）.

三、预算法自身的模糊界定

1. 预算科目粗略

在预算编制的过程中,《预算法》基本只列出了预算收支项目的名称,《预算法实施条例》则对一些特定名称和预算收支项目做出了对应的解释。而每年预算草案中涉及的具体的预算收支科目则是在同年下达编制预算的文件中加以确定的。从近年预算编制的情况来看,有关编制预算的原则与要求都遵循了《预算法》的规定,但在具体的预算收支项目及预算科目上却有较大的改变及调整。由于每年预、决算收支项目及科目的口径一直处于变化之中,使得上下年度之间的会计信息可比性较差,直接影响到单位预、决算编制和分析[①]。例如,在《财政部关于编制 2015 年中央部门预算的通知》中,对纳入中央部门预算收支编报的范围,"三公"经费和会议费的统计口径做出了具体的规定。这就反映了预算法及其实施条例未列支具体预算科目,导致政府每年在下达有关预算编制工作的通知时需要明确具体的支出安排和支出标准,对比历年的支出科目明细,也存在较大出入。

2. 预算调整内容和程序界定模糊

在预算执行的过程中,由于年初的预算草案在具体实施中可能遇到计划外的收支状况,《预算法》对预算执行过程中可能出现的变化专门设计了预算调整审批机制。

(1)就预算调整的内容来看

《预算法》第六十七条规定,在执行中出现下列情况之一的,应当进行预算调整:

(一)需要增加或者减少预算总支出的;
(二)需要调入预算稳定调节基金的;
(三)需要调减预算安排的重点支出数额的;
(四)需要增加举借债务数额的。

按照《预算法》规定,预算调整的适用范围仅仅涵盖支出增加与收入减少两种情况,即导致财政总额超支的情形或是举借债务增加的情形,根本原则是满足预算收支的总数平衡。但许多不属于财政总额的变动的情形,例如,在"不同预算科目间的预算资金调剂使用",即使在流转科目的性质、功能、用途等方面明显不同,或者流转金额比例较大,流转方向可能危害公共利益(如从社会民生类支出向行政管理类支出流转)等情形也被归

---

① 林洪昌.《预算法》执行中几个问题的思考 [J],云南财贸学院学报,2004(2).

入行政决定的范围，只需按规定报经财政部门批准即可实施[1]。尤其是近年来专项转移支付支出的占比较大，支出项目调整过多，缺乏法律依据等问题较为突出，成为行政干预预算调整的重要因素。因为专项转移支付制度的设计目的是中央给地方有特殊用途的资金补助，仅仅是一般转移支付的补充，但是近年来专项转移支付在整个中央转移支付中的占比越来越高。尤其在预算执行过程中，不断追加预算支出项目和数额的情况屡见不鲜，致使预算调整过多，严重影响了预算草案的约束性和法律严肃性。究其原因就是专项转移支付背后代表的是部门利益，各部门通过设立自己的专项来争取预算分配权。

对于预算的执行过程中出现的各种偏差与调整，作为监管主体的各级人大及政府财政部门在维持预算平衡，控制赤字与预算外收入时的一些做法与管理理念有些在实质上与预算控制的精神相悖。现行的《预算法》对预算编制的赤字与预算平衡有明确的规定，即在年初提交的年度预算规划中严禁收支不平衡。但在实际的预算执行过程中，预算偏差、调整经常造成财政赤字。执行部门往往会采取追加收入或开支，发债等方式来弥补赤字，保持决算时预算平衡。但是作为监管部门，中央政府在削减赤字时常用的方式就是超收收入中的稳定调节基金。这种做法不是从源头上控制赤字，而是为了平衡而弥补赤字，本质上没有从预算编制中的支出控制，预算执行中的进度与限额控制来预防赤字的发生。此外，一味地用超收收入削减赤字会使追加收入与超收行为常态化，形成反向激励与超收、超支的恶性循环。因此，《预算法》应将超支的应急性支出与因执行上级行政命令所导致收支增减的情形纳入到预算调整范围中去，进一步细化预算调整的科目、范围及限额等内容，一定程度上也有利于控制预算外的行政裁量因素。

（2）就预算调整程序来看

《预算法》第六十九条规定，"中央预算的调整方案应当提请全国人民代表大会常务委员会审查和批准。县级以上地方各级预算的调整方案应当提请本级人民代表大会常务委员会审查和批准；乡、民族乡、镇预算的调整方案应当提请本级人民代表大会审查和批准"[2]。因此从中央到地方的各级政府、各部门及各单位的预算调整申请方案都应依法交由本级人大及常委会审批才可通过。此外，各级政府财政部门应当在本级人民代表大会常务委员会举行会议审查和批准预算调整方案的30日前，将预算调整初步方案送交本级人民代表大会常务委员会（或有关专门委员会）有关工作机构

---

[1] 陈治. 迈向实质意义的预算法定 [J]. 政法论坛，2014（3）.
[2] 《预算法》. 第七章第六十九条 [Z]. 2014年版.

进行初步审查征求意见。因此,无论是有关预算调整方案的最初审查还是最终的批准,都需要交由各级政府的人大及其常委会审批通过的,但笔者通过整理地方政府财政部门所公布的预算调整实施方案发现,相当一部分政府单位的预算调整是跨过了《预算法》所规定的"交由本级人大及其常委会审批"的重要环节。图 4-1 以我国西部某城市的市政府信息门户网站上所公布的预算追加流程图为例,分析地方政府在具体预算调整实施工作中的具体落实情况。

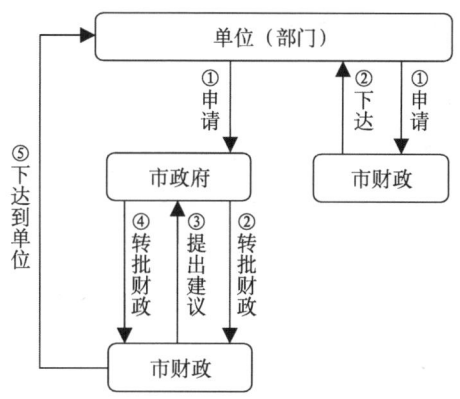

图 4-1 某市追加单位(部门)预算业务流程图①

市县各部门、各单位的预算调整一般要向本级政府提出正式的预算调整申请,以追加预算为例:首先,对于需要追加的单位,须向财政部门按统一格式提交申请(或向本级政府提交申请,由政府转批财政部门)。再由财政部门具体负责的科室对申请中提出的追加预算的理由、项目、用途和数额等进行调查和审核,并提出相关建议及方案,报送部门分管领导审核,报送市政府。最后经财政局领导批准(或经市政府批准后转批财政局)后,下达预算追加指标和具体方案到各个单位。从上述流程图中可以看出,没有任何一个环节有市级人大及其常委会的参与,而有关预算调整的审批权力都由地方政府或财政部门代为执行。

3. 预算管理职权相互交叠

分税制改革之后,《预算法》在"预算管理职权"一章中主要对中央到地方的各级人大、各级政府及其财政部门的预算管理权做出了大致的规定。但是我国的预算政治形态与权力结构的特点是由全国及各级人大组成的立法系统,由国务院及各级政府组成的行政系统和以财政部及各级政府财政

---

① http://www.gxgg.gov.cn/news/2015-10/104244.htm.

部门组成的预算管理系统并行。这三套体系相互交织,在预算管理过程中行使相关的审批、监督、实施与执行等权力。

而《预算法》只对三套体系各自的预算管理职权做出说明,甚至对具体领导预算工作的政府和具体执行预算工作的政府财政部门的职权都未做详细区分。由此可见,对三套系统横向平级机关和纵向垂直机关相互交错的管理职权定义就更加模糊,甚至没有说明。表4-3详细整理了在预算监督与预算变更等方面各级政府之间的权力交叠和冲突的情况。

表4-3 《预算法》中对各机关预算管理职权的界定

撤销及变更预算决议	地方人大	撤销本级政府关于预算、决算的不适当的决定和命令
	国务院	改变或者撤销中央各部门和地方政府关于预算、决算的不适当的决定、命令
预算监督权（中央）	全国人大及其常委会	监督中央和地方预算的执行
	国务院	监督中央各部门和地方政府的预算执行
预算监督权（地方）	各级人大及其常委会	对本级和下级预算、决算进行监督
	各级政府	监督下级政府的预算执行
	各级政府财政部门	负责监督检查本级各部门及其所属各单位预算的编制、执行
	各级政府审计部门	依法对预算执行、决算实行审计监督
行政问责	各级政府财政部门	向本级政府和上一级政府财政部门报告预算执行情况

资料来源:笔者整理。

①在有关地方政府预算决议的撤销及变更方面,同级的地方人大与我国最高行政机关国务院同时具有这项权力,体现了本级立法机关与上级直属行政领导机关之间的冲突。

②在中央一级的预算监督权方面,全国人大及其常委会和国务院同样享有对中央各政府部门和地方政府预算的监督权力,体现了最高行政机关与最高立法机关的预算监督权限冲突。

③在对地方各级政府的预算监督权方面,各级人大常委会、各级政府的财政部门与审计部门同时享有对本级政府的预算及执行情况监督的权力;而各级政府与各级人大及其常委会则同时享有对下级政府预决算及预算执行情况监督的权力,换言之,下级政府要同时受到上级人大、上级政府、

本级人大与本级政府财政部门及审计部门的约束，但法律条文中并未对这四项监督权力做出具体的区分。

④在行政问责方面，具体执行预算工作的地方各级政府要同时对本级政府和上一级政府财政部门负责，并上报预算执行情况，但未对两者的主次关系或是优先顺序做规定，由此造成了财政部门直属领导下达命令和本级政府管理预算过程的冲突。

《预算法》在阐明预算管理职权时分别立法体系、行政体系和预算管理体系中从中央到地方的各级单位逐一说明，但通过梳理，笔者发现有关预算管理职权的规定本身就存在行政管理体系内部、同级行政机关与立法机关和同级单位和直属领导单位这三重冲突。由此造成的问题就是预算工作受到行政权力和命令的约束，各级政府财政部门在具体组织预算编制和主导预算执行工作时面临着本级政府及人大和上级政府的约束。在面临冲突时，极易出现人大的审批监督权和本级政府对当地预算工作的领导权同时受到上级政府的影响，这取决于我国现有的行政权力结构与权力对比状况，本质上是行政权力结构与预算管理体系所赋予的预算权力结构之间的冲突。

第二节　行政法律法规体系与决策制度对现有预算权力结构的冲击

一、行政法规体系分解了预算分配权

本文所指的行政法规体系是指除国家最高立法机关所颁布的法律之外由中共中央及国务院等各级党政机关独立或联合发布的相关规定。依据新修订的《预算法》和财税体制改革相关规定，国务院领导下的财政部门应当是掌握预算权的核心部门，但是基于社会事业发展的需要财政资金管理职能分工的调整。党政机关在教育、科技、公共卫生、农林、环保等各个方面以行政发文的形式确保财政支出对以上领域的实质性支持。如表4-4所示。

从立法层面来说，教育、科技和农业这三个领域有专门性的立法已保证国家财政每年对教育、科学技术经费和农业的总投入的增长幅度应当高于国家财政经常性收入的增长幅度（分别依据的是《教育法》《科学技术进步法》和《农业法》）。此外，政府进一步出台政策法规以明确对教育经费、

表 4 – 4　　我国党政机关发文确定的财政支出优先领域

领域	依据	相关规定
教育	《中共中央关于教育体制改革的决定》	中央和地方政府教育拨款的增长要高于财政经常性收入的增长,并使按在校学生人数平均的教育费用逐步增长
	《关于改革完善中央高校预算拨款制度的通知》	将中央高校学生奖助经费由项目支出转列基本支出;重构项目支出体系,包括中央高校改善基本办学条件专项资金,中央高校教育教学改革专项资金,中央高校建设世界一流大学(学科)和特色发展引导专项资金,中央高校捐赠配比专项资金,中央高校基本科研业务费,中央高校管理改革等绩效拨款
	《关于统一地方教育附加政策有关问题的通知》	统一开征地方教育附加,统一地方教育附加征收标准
科技	《关于改进和加强中央财政科技经费管理的若干意见》	在确保财政科技投入稳定增长的同时,必须进一步规范财政科技经费管理,提高经费使用效益
	《国务院关于实施〈国家中长期科学和技术发展规划纲要(2006—2020年)〉若干配套政策的通知》	建立多元化、多渠道的科技投入体系,全社会研究开发投入占国内生产总值的比例逐年提高,使科技投入水平同进入创新型国家行列的要求相适应
	《国务院关于科学技术拨款管理的暂行规定》	从第七个"五年计划"(1986年)开始,由财政部会同国家计委,按照科技经费拨款的增长高于财政经常性收入增长速度的原则,安排中央财政支出的科技三项费用(中间试验、新产品试制、重大科研项目补助费)和科研事业费的预算拨款额度
环保	《国务院关于环境保护若干问题的决定》	各省、自治区、直辖市应遵循经济建设、城乡建设、环境建设同步规划、同步实施、同步发展的方针,切实增加环境保护投入,逐步提高环境污染防治投入占本地区同期国内生产总值的比重

资料来源:笔者整理。

科技经费的支出项目。例如,1996 年颁布的《国务院关于科学技术拨款管理的暂行规定》,为科技部门取得与科研事业费的预算分配权提供了法律依据。教育部门在教育费附加收入上取得的预算分配权是基于相关财政资金的专项收入,依据的是国务院颁布的《征收教育费附加的暂行规定》《关于统一地方教育附加政策有关问题的通知》。此外,在环保领域虽然未有相关法律的出台,但国务院颁布的《关于环境保护若干问题的决定》明确规定地方政府应提高用于防污染的财政投入在当地国内生产总值的比重。

1. 强制性支出标准

上述行政法规体系确立了科技、教育、农业和环保等领域的预算分配权与优先权,为进一步落实上述规定,中共中央联合国务院根据立法精神和国家中长期改革和发展规划纲要,出台多项行政命令、决定和意见等,将对教育、科技、卫生和社会保障等领域的预算投入落实下来,以每年强制性支出占财政总支出的比例标准的形式体现出来,如表4-5所示。

表4-5　　我国党政机关发文所确立的具体强制性支出标准

领域	依据	相关规定
教育	《中国教育改革和发展纲要》	逐步提高国家财政性教育经费支出占国内生产总值的比例,20世纪末达到3%
	《国务院关于修改〈征收教育费附加的暂行规定〉的决定》	教育费附加,以各单位和个人实际缴纳的增值税、营业税、消费税的税额为计征依据,教育费附加率为3%,分别与增值税、营业税、消费税同时缴纳
	《国家中长期教育改革和发展规划纲要(2010—2020年)》	把教育作为财政支出重点领域予以优先保障。严格按照教育法律法规规定,年初预算和预算执行中的超收收入分配都要体现法定增长要求,保证教育财政拨款增长明显高于财政经常性收入增长,并使按在校学生人数平均的教育费用逐步增长,保证教师工资和学生人均公用经费逐步增长。提高国家财政性教育经费支出占国内生产总值比例,2012年达到4%
	《国务院关于进一步加大财政教育投入的意见》	从2010年12月1日起统一内外资企业和个人城市维护建设税和教育费附加制度,教育费附加统一按增值税、消费税、营业税实际缴纳税额的3%征收;全面开征地方教育附加。地方教育附加统一按增值税、消费税、营业税实际缴纳税额的2%征收;2011年1月1日起,各地区要从当年以招标、拍卖、挂牌或者协议方式出让国家土地使用权取得的土地出让收入中,按照扣除征地和拆迁补偿、土地开发等支出后余额10%的比例,计提教育资金
科技	《中共中央、国务院关于加速科学技术进步的决定》	"到2000年全社会研究开发经费占国内生产总值的比例达到1.5%""中央和地方每年财政科技投入的增长速度要高于财政收入的年增长速度"
	《中共中央　国务院关于深化科技体制改革加快国家创新体系建设的意见》	进一步落实和完善促进全社会研发经费逐步增长的相关政策措施,实现2020年全社会研发经费占国内生产总值2.5%以上的目标
	《国家中长期科学和技术发展规划纲要(2006—2020年)》	在编制年初预算和预算执行中的超收分配时,都要体现法定增长的要求,保证科技经费的增长幅度明显高于财政经常性收入的增长幅度,逐步提高国家财政性科技投入占国内生产总值的比例。使我国全社会研究开发投入占国内生产总值的比例逐年提高,到2010年达到2%,到2020年达到2.5%以上。加大对基础研究和社会公益类科研机构的稳定投入力度,将科普经费列入同级财政预算,逐步提高科普投入水平

续表

领域	依据	相关规定
卫生	《中共中央、国务院关于卫生改革与发展的决定》	中央和地方政府对卫生事业的投入,要随着经济的发展逐年增加,增加幅度不低于财政支出的增长幅度。到21世纪末,争取全社会卫生总费用占国内生产总值的5%左右
社会保障及就业	《国务院办公厅关于深化收入分配制度改革重点工作分工的通知》	适当提高中央企业国有资本收益上交比例,"十二五"期间在现有比例上再提高5个百分点左右,新增部分的一定比例用于社会保障等民生支出。"十二五"时期社会保障和就业支出占财政支出比重提高2个百分点左右

资料来源:作者整理。

在国家中长期《教育改革和发展规划纲要》《科学和技术发展规划纲要》和卫生领域,明确提出政府对这些领域的财政投入的增长幅度应高于每年财政支出的增长幅度,并在一定期限内需要达到国内生产高总值的一定比例。以上是中央层面以明确的法规所确立的各项强制性支出,此外,每年的政府预算草案也在这些领域设定了每年具体的支出标准,主要是根据当年社会经济发展以及民生及保障方面的需求而设定的,体现了政府当年的支出重点及优先次序,本文根据我国出台的政府工作报告,整理了历年中央和地方预算草案报告有关年度财政支出政策和强制性支出标准的具体规定,如表4-6所示。

表4-6　2008—2017年政府预算草案有关强制性支出的政策规定

领域	社会保障		医疗卫生	
项目	低保补助水平	企业养老金标准	基本医疗保险	基本公共卫生服务补助
2017年	—	—	城乡居民均提高30元	由45元提高到50元
2016年	城市、农村人均水平分别提高5%、8%	提6.5%左右	城乡居民均提高40元	由40元提高到45元
2015年		提高10%左右	城乡居民均提高60元	由人均35元提高到40元
2014年	城乡低保对象月人均分别提高15元和12元		城乡居民均提高40元	由人均30元提高到35元
2013年	—	提高10%左右	城乡居民均提高40元	由人均25元提高到30元

续表

领域	社会保障		医疗卫生	
项目	低保补助水平	企业养老金标准	基本医疗保险	基本公共卫生服务补助
2012年	城乡居民分别按月人均增加15元和12元	—	城乡居民均提高80元	由15元提高到25元
2011年	—	—	城乡居民均提高40元	—
2010年	—	—	全部达到人均80元	—
2009年	分别按月人均15元、10元的标准提高城乡低保水平	提高10%左右	补助标准提高到80元,中央财政对中西部地区补助标准提高到40元	—
2008年	农村提高到50元,城市按月人均提高30元的基础上再提高一倍	按月人均100元的水平提高	—	—

领域	教育	扶贫(专项扶贫资金)
2017年	统一城乡义务教育学生"两免一补"政策 提高博士研究生国家助学金补助标准	861亿元
2016年	—	增加201亿元,增长43.4%
2015年	中职学校、普通高中国家助学金两项助学金标准从年生均1500元提高到2000元	—
2012年	—	372.86亿元,增长18.7%
2009年	中小学生均公用经费标准达到中央出台的基准定额,即小学300元、初中500元	197.3亿元,增长17.9%
2008年	—	安排167.3亿元

资料来源:作者整理。

通过我国历年的预算草案不难发现,在做好当年预算收支预测的基础上,政府要对本年度的财政支出政策做出具体而明确的安排,主要集中在教育、医疗卫生、基础建设、农业、社会保障和扶贫等关乎国计民生的各个重点领域。上述行政法规体系对强制性支出的规定大多只限于"拨款的增长幅度要高于财政经常性支出的增长幅度"这样的模糊规定,或是规定在较长时限内应达到某一支出标准。这对于实际的预算执行及操作带来一定困难,下级财政部门和基层政府在执行的过程中,没有具体的支出标准作为依据,容易出现不作为和互相推诿的情况。

而预算草案对各个领域具体支出和增长标准的规定使各项支出明确化,例如,医疗卫生领域,自 2014 年起对新型农村合作医疗和城镇居民基本医疗保险财政补助标准以每年 40 到 60 年不等的增长幅度逐年提高,体现了政策的连续性,切实提高了国家公共卫生服务的水平。另外,每年的财政政策和国家中长期发展规划息息相关,反映了政府的支出和扶持重点项目。例如,为确保农村贫困人口到 2020 年如期脱贫以及响应习近平总书记在 2013 年底提出的"精准扶贫"的号召。2014 年以来,扶贫成为重点预算项目,据财政部统计,2014 年和 2015 年中央财政安排扶贫资金分别为 433 亿元和 461 亿元,2016 年的专项扶贫资金的增长率达到了 43.4%之多,今年的预算安排预计为 861 亿元,相较于 3 年前翻了一番,体现了国家扶贫攻坚,切实改善民生和全面建成小康社会的决心。

2. 专项支出标准

上述政府预算草案中确定的强制性支出政策反映了切实的支出额度和硬性的增长标准,总额占全年预算支出不小的比例。除强制性支出外,财政专项支出预算(中央财政专项支出是指中央财政对地方的专项转移支出资金)也分解了预算支出权。表 4-7 以中央对地方的教育专项转移支付项目为例,对比了近 5 年以来该领域各项支出的变化情况。

表 4-7　　2014—2017 年中央对地方专项转移支付支出状况(教育领域)

单位:亿元

年份	支持学前教育发展资金	农村义务教育薄弱学校改造补助资金	改善普通高中学校办学条件补助资金	现代职业教育质量提升计划专项资金	支持地方高校发展资金	特殊教育补助经费	学生资助补助经费	中小学及幼儿园教师国家级培训计划资金
2014	149.00	308.00	39.70	118.73	449.17	4.10	341.22	19.85
2015	149.00	327.50	39.70	147.88	343.40	4.10	364.49	19.85
2016	149.00	335.50	39.70	176.63	343.70	4.10	370.74	19.85
2017	149.00	335.50	39.70	177.30	340.75	4.10	390.07	19.85

由于每年政府公布的支出科目都有所变化,出于严格对照的考虑,笔者选取了 2014—2018 年的教育支出数据,在教育领域中的 8 个子科目在 5 年内是严格对应的。其中,2017 年的"支持地方高校改革发展资金"指 2016 年前"支持地方高校发展资金"和"地方高校生均拨款奖补资金"两项之和。另外,财政部在公布当年的"中央对地方税收返还和转移支付预算表"时,其中包含了前一年的执行数和当年的预算数,因此在公布下一年的预算表时,同一年的执行数和预算数存在一定偏差。本文为了体现预

算的实际执行情况,在已经发生的 2014—2017 年这 4 年选取的是实际的执行数。

为了更直观地表现历年教育专项转移支付的变化情况,图 4-2 对各项支出的增长率做了一个统计(对支持学前教育发展资金、改善普通高中学校办学条件补助资金、特殊教育补助经费和中小学及幼儿园教师国家级培训计划资金四项支出未变化的不做统计)。

图 4-2 2015—2017 年教育专项支出的增长情况

上图可明显看出,大部分专项资金都处于稳步增长的状态,个别科目的增长率甚至高达 25% (唯一出现负增长的"支持地方高校发展资金"是由于 2014 年该项目的统计口径发生变化,合并之后的统计数)。因此,中央对地方在教育、农林、科技、公共卫生等领域专项支出构成了政府刚性预算支出,且整体处于不断增长的态势。

上述图表分别从行政法规体系、年度强制性支出标准和专项支出标准介绍了预算支出权被分解的状况。据不完全统计,由于预算体制与行政法规之间的冲突形成的专项支出以及强制性支出等,不仅肢解了财政部门的预算分配权,其所掌握的预算资金总量已经达到预算总支出的 10% 左右。

二、纵向行政管理体制与同级预算管理的冲突

我国政府整体规模的庞大和行政权力较大的既定事实影响着政府活动和经济社会的各个方面,以往研究较多的是以人大为代表的立法权力与以政府为代表的行政权力的冲突,在预算管理中体现就是人大对预算的审批、监督和变更权实质上没有得到很好地履行。现有研究很少关注行政决策对预算管理工作的影响,从上表文本对比中不难发现,预算工作很难和政府

工作和政策过程分开，因为从预算管理系统中看，具体负责预算编制及实施工作的财政部门本身就从属于各级政府，因此行政权力的分配势必会影响预算实施。而上述有关国家各机关、各部门预算管理职权的冲突，其中很大比重是有关基层政府的财政部门首先对上级政府及其财政部门还是对本级政府负责的问题。

因此，处理好行政管理体制内部的组织结构与权责关系问题有利于理顺预算管理系统和行政管理系统的职责关系，做到两者相匹配，解决现有的行政权力结构和政策命令与预算管理工作存在诸多矛盾的问题。现阶段《预算法》所确立的预算管理体制及结构主要是受行政法律、法规所确立的垂直管理管理体制和高度集中的行政问责体制的影响，因此主要负责预算工作的财政、税务部门等遇到了对上负责与对同级人大及政府负责的冲突。在实际的预算编制和执行的过程中，政策自上而下层层下达，自下而上层层上报汇总。其次，从中央政府到各级地方政府有诸如决定预算预备费的动用、收支项目、体制上解、转移支付、税收返还、补助等形式来划分收入。下文就我国在历史转型时期形成的行政管理制度（主要是政府垂直管理制度与行政问责制度）进行了相关介绍，进而分析这两项制度对预算权责关系的确认和预算管理工作的深刻影响。

1. 政府垂直管理制度

《组织法》第66条规定：省、自治区、直辖市的人民政府的各工作部门受人民政府统一领导，并且依照法律或者行政法规的规定受国务院主管部门的业务指导或者领导[①]。依据《组织法》，地方政府的各部门接受领导是有先后顺序和主次关系的，应首先受到本级人民政府的领导，其次是依据法律或行政法规的规定受上级主管部门的指导，再是领导。可以说，《预算法》和《组织法》在有关地方政府财政部门的职权和领导关系的相关规定是一致的，即财政部门要在对同级人大及政府负责的基础上，接受上级人大、上级政府和直属领导部门的监督，因此，国务院相关部门更多的是指导义务，除非是有相关法律依据。但是个别国务院直属机构依据职能部门专门性的法律或是国务院出台的政策法规，逐步建立起政府垂直管理体制，对上述两部法律规定所形成的预算管理领导体制构成一定冲击。

政府垂直管理体制是指行政层级不同但业务、性质相同的政府部门间建立起直接的行政隶属关系并排除地方党政机关领导的管理制度[②]，是当代中国政府体制的重要组成部分，包括中央垂直管理、省以下垂直管理和特

---

① 周振超. 统一领导与分级管理：中央政府能力悖论的一个解释框架 [J], 江苏行政学院学报, 2011（5）.

② 黄涛. 我国政府垂直管理制度改革：法律规范和顶层设计 [J], 领导科学, 2014（11）.

殊垂直管理等类型①。下表整理了与预算管理相关的国务院直属机关及职能部门因专门立法或行政法规的确立所形成垂直管理制度的相关规定。其中，与预算管理及征税直接相关的海关、中国人民银行、国家税务局实行的是中央垂直管理体制，分别依据的是《中华人民共和国海关法》（以下简称《海关法》）《中国人民银行法》与《国家税务局系统垂直管理暂行规定》。另外，其他与预算管理工作相关的政府垂直管理系统包括实行省垂直管理体制的地税机关；实行特殊预算管理体制的财政部驻各地财政监察专员办、统计局驻各省调查队等。如表4-8所示。

表4-8　　　　　　　　政府垂直管理制度确立的法律依据

《中华人民共和国海关法》	**第3条**：海关的隶属关系，不受行政区划的限制。海关依法独立行使职权，向海关总署负责 **第7条**：各地方、各部门应当支持海关依法行使职权，不得非法干预海关的执法活动
《中华人民共和国中国人民银行法》	**第7条**：中国人民银行在国务院领导下依法独立执行货币政策，履行职责，开展业务，不受地方政府、各级政府部门、社会团体和个人的干涉 **第13条**：中国人民银行根据履行职责的需要设立分支机构，作为中国人民银行的派出机构。中国人民银行对分支机构实行统一领导和管理
《国家税务局系统垂直管理暂行规定》	**第2条**：国家税务局系统在机构设置、人员编制、干部管理和经费等方面实行国家税务总局垂直管理的领导体制 **第6条**：在机构设置上实行统一领导，分级管理。省、自治区、直辖市国家税务局的设置、变更和撤销，由中央机构编制委员会审核，国务院审批。省、自治区、直辖市国家税务局内设机构和地区、省辖市、自治州、盟、直辖市辖区（县）国家税务局的设置、变更和撤销，由国家税务总局审批 **第10条**：国家税务局系统的人员编制，由中央机构编制委员会审定。各省、自治区、直辖市、直辖市国家税务局的人员编制由国家税务总局核批

资料来源：作者整理。

根据《国务院行政机构设置和编制管理条例》规定，"国务院直属机构主管国务院的某项专门业务，具有独立的行政管理职能"，这也侧面印证了国务院直属机构和实行垂直管理体制的职能部门有突破行政区划限制，独立行使职能的权力。依据上表，国务院下属的海关和中国人民银行分别依据《海关法》和《中国人民银行法》独立行使职权，且不受地方政府及各

---

① http://www.cctb.net/llyj/xswtyj/zdjs/201506/t20150615_323240.htm.

级政府部门的影响,直接对最高级上级领导单位负责。分税制改革之后,作为中央税和中央地方共享税的征收机构,国家税务总局专门出台《国家税务局系统垂直管理暂行规定》,明确国税系统实行的是垂直管理的领导体制。在机构设置和人员编制方面,省以下的国税局内设机构的设置、变更与人员编制直接由国家税务总局审批。

通过比对发现,不同类型的政府垂直管理体系虽然是依据相关法规条例、法律法规建立起来的,但是专门立法与《组织法》《预算法》中对地方政府相关预算管理部门的权责划分与领导关系的相关规定存在一定冲突。另外,通过国务院行政法规建立起来的我国中央及地方税务体统的垂直管理制度和《组织法》也存在不协调之处,和其基本精神相背离,且缺乏法律依据。相当于用行政命令将《组织法》赋予地方政府对其职能部门的领导权力架空,将一部分原属地方政府的权力收归中央,削弱了地方政府的主观能动性,因此在实际的预算管理过程中,在沟通和配合方面存在一定障碍。早在2008年,国务院发布的《关于深化行政体制改革的意见》,就明确提出要"调整和完善垂直管理体制,进一步理顺和明确权责关系",实际上,垂直管理部门和地方政府之间的关系又被称为"条块关系",其本质是中央与地方之间的权责划分关系。

2. 行政问责体制

我国高度集权的行政问责体制可以追溯到1982年《宪法》对行政首长负责制的确认,本来是基于问责的机制设计,在实际的运行中却因为和干部晋升制度的绑架,形成了激励扭曲,和财政管理体系形成一定冲突。等级问责自上而下对行政官僚体系及其官员形成强有力的约束,晋升激励自下而上地构成了各层级官员的行动情境。由此,"对上负责"成为预算过程中最易于表达、理解和操作的关键词[①]。但是在预算管理体系中包括财政部门、支出部门、立法部门与党政机关等多个参与者。一级政府一级预算,本级预算多是和横向同级国家机关、部门的联系较多,因此在本级预算中,只有当多个参与者协调合作才能保证预算编制、执行与审查工作的顺利进行。然而"对上负责"在官员之中形成了不成文的行动准则,与横向预算管理结构形成一定冲突。

---

① 《省会城市预算过程的政治基于中国三个省会城市的研究》,中央编译出版社,2010年,第163页。

第三节 纵向政府间权责关系不匹配与基层财权不足

财政体制与行政体制的不匹配问题由来已久,预算作为政府职能履行与经济社会活动的重要手段,如果两者不能相辅相成,地方政府掌握的财权与权责关系不匹配在一定程度上会阻碍各级政府工作的开展。由于我国地域辽阔,地区差异大,纵向行政层级较多,因此大多数工作需要地方基层政府来完成,近年来逐渐呈现出事权下移的趋势。我国的五级政府架构对应五级预算,一级政府一级独立预算。同时,政府层级越多,意味着政府间财政关系越复杂,从而对各级政府进行职责与资源的划分就越困难,进而使地方各级政府之间的责任权限难以规范化和细化,随意性较大。反观财权,首先根据《预算法》对财政体制的相关规定,我国实行的是中央与地方分税体制,《预算法实施条例》规定"分税制财政管理体制的具体内容和实施办法,按照国务院的有关规定执行"[1]。即在分税制改革之后,财权有逐渐向中央集中的趋势,而预算法及其实施条例对各级政府之间尤其是基层政府的权责规定、划分不明确,是地方政府在履职时缺乏明确的法律依据。中央自上而下授予的财权无法真正地到达基层政府,而五级政府之间的职责与权限也难以划定与区分,从而难以建立起比较清晰的政府间财政关系框架。由此造成财权与事权管理失衡,财政体制受制于行政体制的层级压迫,体制间的矛盾突出。此外,我国目前税种制定权、税收减免权、税率调整权等税权基本集中于中央,地方政府几乎无税权可谈,无法运用税收杠杆对本地宏观经济进行有效调控[2]。上级部门的财源节流也不利于解决各地区横向财力不平衡的局面。

一、事权下移与财权集中的冲突

政府间财政关系决定了预算分配结构与各级部门可支配财政资金的总量,一般情况下,一级政府支出责任与收入权力大致上应当相互匹配。从国际经验上来讲,多数国家的中央财政支出占总财政支出的比重都高于50%,且被认为是适当的。而我国自1978年以来,在国家财政收支保持稳

---

[1][2] 孙玉栋. 我国《预算法》的冲突、问题与完善,《构建中国公共预算法律框架》,2008(4).

步快速增长的同时，中央与地方的财政收支占比却发生了转置，大致可分为三个阶段：

第一阶段：1978—1984 年。中央财政支出占国家总财政支出的比重几乎都维持在 50% 以上的水平。而中央财政收入占比从最初的 15% 实现了快速增长，在 1984 年达到了 40% 的水平。总的来说，这一阶段的中央与地方的财政收支配比处于不平衡的状态，中央层面的财政支出远大于财政收入，常年处于入不敷出的状态。相反，地方政府的财政收入则远超财政支出，由此可见，在这一阶段中央与地方政府的财权与事权也处于欠配状态，即在中央政府掌握的预算收入极少的情况下却要承担更多的支出责任。但这一情况随着中央财政收入的快速增长与财政支出比重的下降有了明显改善，两者比重逐渐接近。

第二阶段：1985—1993 年。从 1985 年开始，中央财政支出占比有一个明显变化，在一年之内从原来的 50% 以上的水平直接降到了 40% 以下的水平，当年的财政支出占比为 39.7%。而中央财政收入占比在上一年达到 40% 之后，在这一阶段一直处于缓慢下降的趋势，但在 1993 年同样出现一个急速下降，占比仅为 22%。总体来说，这一阶段的中央财政收支占比较为稳定与平衡，总体都处于占比缓慢下降的态势，且收入占比与支出占比大致持平，基本都维持在 30% 左右。因此，这一阶段中央与地方政府的财力与支出责任大致是匹配的。

第三阶段：1994—2015 年。这一时期中央与地方的财政收支占比出现了反转，且差距巨大，这主要源于 1994 年分税制改革，国家重新调整了中央与地方的收入划分。分税制改革主要将一部分原本属于地方政府的财政收入收归到中央，因此，1994 年中央财政收入占比相比上一年提高了 33.7%，达到改革开放以来 55.7% 的历史最高水平。虽然在 1994 年以后，中央财政收入占比逐年缓慢下降，但都维持在 45% 以上的水平，相较于分税制改革之前，比重大大增加。反观中央财政支出，在分税制改革后的 10 年里，支出占比虽然有升有降，但都维持在 30% 左右的水平。但在 2004 年下降到 30% 以下之后，之后逐年下降的速度加快，在 2009 年时仅为 20%。2009—2015 年，中央财政支出占比下降速度放缓，但仍然处于较低水平，仅为 15% 左右。可以看出，这一阶段中央与地方的财政收支占比是非常不匹配的，中央一级的财政收入远高于财政支出，同时这一差距还在持续拉大。就 2015 年的数据来说，中央享有 45.5% 的财政收入，但支出比例仅占 14.5%，换句话说，就是地方政府承担了全国 85.5% 的支出责任，但其对应的完全可支配的财政收入占全国总收入的 54.5%，中间存在 31% 的缺口。为了更直观地表现我国近 40 年来，中央与地方财政收支占比的巨大变化，尤其是自分税制改革以来，中央与地方各级政府间权责不匹配的问题日益突出，笔者就中央一级的财政收支占比逐年进行了比较，如图 4-3 所示。

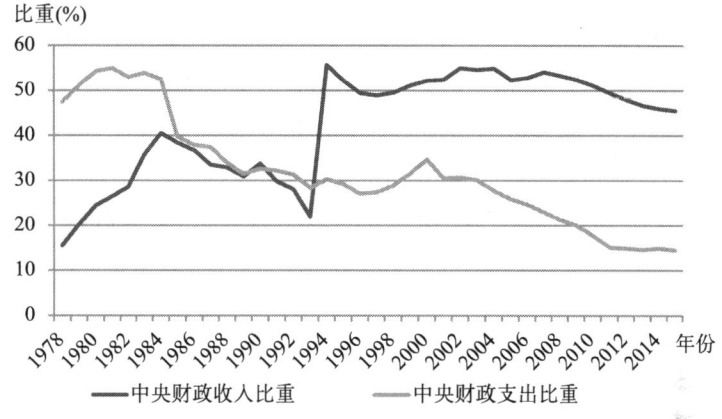

图 4-3　1978—2014 年中央财政支出占比

改革之后中央与地方政府间的收入划分发生了很大的变化，政府所负担的投资责任主要由地方政府来承担，事权的下移和财权的逐步集中使地方政府权责不匹配的问题尤为突出。基础设施建设、医疗保险、社会保险等大额支出项目，中央在具体实施时往往只负担一小部分，大部分由地方配套提供，造成地方政府支出的巨大压力。我国现在的财政体系表现为中央收入多，地方支出责任大。从我国的统计数据来看，1978 年以来，只有 1980 年地方财政支出占比低于 50%；1994 年以来，地方财政支出占国家财政支出的比重一直维持在 65% 以上；2003 年以来，则维持在 70% 以上，尤其是 2012 年后地方财政支出占比一直维持在 85% 以上的高水平上[①]。地方的税收收入远不及地方支出的数额，而预算支出具有相对刚性，只得每年增加，因此地方只得采取土地出让的方式来获取收入，缓解财政赤字的局面。同时，地方政府的很大一部分收入来自于中央的转移支付，然而中央转移支付主要依据政策和项目安排，下发的时间和数额均不确定，给地方预算收支和预算安排增加了难度和不确定性。

根据《国务院关于推进中央与地方财政事权和支出责任划分改革的指导意见》中的相关规定，地方政府不仅要负责社会治安、市政交通、农村公路、城乡社区事务等地区性基本公共服务。还需要与中央共同承担义务教育、高等教育、科技研发、公共文化、基本养老保险、基本医疗和公共卫生、城乡居民基本医疗保险、就业、粮食安全、跨省（区、市）重大基

---

① 徐键．强制性支出责任与地方财政自主权［J］．北方法学，2011，(02)：70-79.

础设施项目建设和环境保护与治理等全国性基本公共服务[①]。同时《意见》中还"将所需信息量大、信息复杂且获取困难的基本公共服务优先作为地方的财政事权""激励地方政府主动作为"[②]。

此外，我国自 1994 年分税制改革之后，中央政府还通过人事权与绩效考核制度实现了对地方政府的控制，保证了中央政府的绝对权威。首先地方领导由中央直接任命，地方领导直接对上级负责；其次中央政府对地方设置了一套绩效考核体系来督促地方政府。虽然国家财政收入的年增长比率明显高于经济增长幅度，地方全口径财政收入逐年增长，但实际的财政收入与财力却受改革所限。随着地方财政收入的增长，上级政府下达的集中财政资源的标准越高，相当于从收入增量中划走的财力越多。同时基层政府（县、乡）的财政负债也大幅上涨，甚至出现政府机构的正常运转都难以为继。

二、制度外发债与地方债务危机

《预算法》规定，地方政府各级预算"除法律和国务院另有规定外，不得发行地方政府债券"。但是地方政府变相发债的现象屡见不鲜，这部分公债是处于法律监控和预算外运行的。而公债的收入在法律规定中并未被列入预算收入，意味着公债发行不在人大的监督范围内。此外，变相发债实际上缩小了地方的债务总量，不利于国家总体的宏观把控与债务风险控制。

同时地方政府财政拮据，基层在社会转型时期承担着关乎民生的重要服务型政府职能，城市基础设施建设、居民保障安置房项目、民生服务等支出如果无法通过预算支出的落实，只能通过融资平台借债完成，而这部分资金常常脱离了预算的监督范围，不利于地方财政的风险控制。为了控制地方政府举债融资的规模，防范财政风险，2010 年政府下发《国务院关于加强地方政府融资平台公司管理有关问题的通知》对融资平台公司及地方债务进行清理和严格管理。此外，要从根本上解决地方财政拮据和债务危机问题，还得从预算权力的分配上入手，要使地方的权责相匹配，政府职能的履行要依靠实质性的财权，在法定的预算程序内，地方政府应当有决定地方收入构成、数量的权力，并依法取得相应的财政收入。

---

① 中华人民共和国中央人民政府网站，财政部分，http://www.gov.cn/zhengce/content/2016-08/24/content_5101963.htm.

② 国务院政策文件库：http://www.gov.cn/zhengce/content/2016-08/24/content_5101963.htm.

第五章

非正式制度下的决策
互动与预算过程演进

预算过程中伴随着正式制度下不同部门之间意见分歧与非正式制度下的政治妥协。前者可能表现为支出部门的预算申请与财政部门的驳回，立法机关的预算监管与行政机关的强权意识等不同部门之间的矛盾。毕竟，预算方案的顺利实施还取决于预算改革的程度、行政机关领导的支持力度、各部门的配合执行力度、财政体制的约束、财政部门自身的能力[①]、外部预算环境等诸多因素，在预算过程中则表现为权力制衡下的政治互动与妥协状态。

第一节 预算目标与政策目标的分离

一、各级单位预算目标与中央政策目标存在偏差

预算申请单位的支出偏好和项目选择与财政部门的政策目标与支出项目优先顺序的不一致，是造成后期预算调整的一个重要原因。例如，地方政府出于地方经济发展的考虑，会在预算编制中将部分基础设施建设放在支出清单的优先位置上。而财政部门根据有关政策与政府规划也有自己的一份项目支出清单。一般，财政部门要首先安排高优先支出，例如，公务员工资、社会保障支出、法定支出及其他刚性支出等。但是由于这种目标不一致，在实际的预算执行过程中，指出清单中具有强制性、法定支出要求的优先科目就容易出现资金不足的情况，即预算"硬缺口"，就会出现财

---

① 《省会城市预算过程的政治——基于中国三个省会城市的研究》，中央编译出版社，2010年，第161页．

政追加与调整的状况。

地方预算是一个"必然"包含了与中央以及所在省的政策目标相对应的预算内容,而后兼顾地方自身发展需求的"混合物"。这使得地方预算通常"明确表述的、财力可承受的政策目标之间缺乏明确和稳定的联系"[①]。常见的情况就是预算在执行的过程中受到上级政府改革政策突然出台的影响。例如,2004年取消农业税和企业出口退税机制改革的政策对各地预算执行与预算平衡带来了很大的挑战。其实各部门、各单位在编制预算时是矛盾的,一方面受制于编制时间的紧迫,很难从技术上把地方或部门的发展规划与国家中长期发展规划、实际经济运行状况协调好,因此预算编制有些和政策目标脱节。另一方面政策环境会对预算参与者的动机及策略释放明确的信号,出于预算最大化的动机,作为预算申请者会想方设法地寻找与政策相关的项目预算已相应政策号召,从而顺利地说服财政部门拨付预算。

二、年度预算目标与政策中长期视角的分歧

我国《预算法》规定预算年度自公历1月1日起,至12月31日止。各级预算应当做到收支平衡。从经济周期的角度讲,我国的五年国民经济和社会发展计划明确了我国的经济发展战略,指导了我国一定时期的工作重点。而年度预算的平衡要求很难根据经济与政策周期的要求制定相应的预算方案,政府应用恰当的财政政策与货币政策调整经济周期,增加了财政风险。而从项目预算与项目周期的角度,大量涉及国计民生的预算项目都是跨年度实施的,而年度预算不得不把规划做出年度间隔,其中的合理性与准确性就很难把握,预算实施中可能存在较大的偏差,需要不断地调整。

前文提到由于预算编制的时间不足,预算执行过程中行政命令交涉过多等原因,有些部门在预算编制过程中准备工作不足,没有根据当时当地的实际经济状况与国家中长期战略计划对财政收支做出较为准确的预测和规划工作。更有多数部门只关注上报的预算总额,实现"预算的最大化",待人大批准与财政部门拨付之后,才开始找项目进行支出。这种做法有极其恶劣的影响,影响了资金的配置效率与效益,更改的随意性大,损害了预算草案的法律权威,缺乏发展规划的中长期视角。因此在今后的预算改革中,部门应该把更多的注意力放在预算编制工作上。将实际的经济工作

---

① 黄佩华,迪帕克. 中国:国家发展与地方财政. 吴素萍,王桂娟等译. 中信出版社,2003年版. 第141页.

重点与政府中长期规划结合起来，安排好部门及地区的支出项目，并明确优先次序与支出限额。其次，在项目预算的安排上，对选定的支出项目进行合理、科学的规划，细化到每一笔必要的支出，做到有据可依，有据可查。

第二节　预算约束与决策过程的分离

一、行政命令及政策环境对预算过程的影响

由于我国自下而上权力集中的行政体制，与中央政府行政距离越近，预算执行受到政策环境的影响越大，一旦受到上级的干预与政策命令的影响，事先编好的预算在执行过程中就会有偏差。尤其是上级单位只布置任务不划拨资金的做法，造成下级政府的超支和预算不平衡。

专项支出本是预算中普遍存在的一项，但是各单位在预算执行中由于政策、制度及行政命令的变化，频繁出现专项支出追加和追减的状况。尤其是在年末的几个月，各部门、各单位为达到预算年度收支平衡的目标，会在年底突击花钱，追加大量的专项支出。一方面影响了预算法案的严肃性和约束力，另一方面浪费了大量的预算资金，降低了财政资金的利用效率，也间接地说明了预算草案在制定过程中就与国家的政策方向紧密性不强。

二、执政过程中对预算改革硬约束的"改良"

1. 零基预算"改良"

零基预算作为预算编制方法层面的一项重要改革，在实施中同样遭遇了不小的阻碍，因为对于各个预算申请单位来说，要他们摒弃"基数加增长"的计算模式是非常困难的。为了每年所谓的"增长"，出现了大量讨价还价过程中的预算约束软化、非正式预算制度"正式化"。这涉及政策过程中深层次的有关政治、财政管理体制政治文化的问题。因此零基预算方法在改革中的实际做法是，除了人员经费与公用经费按照实际和定额的方法由财政部门逐年确定外，专项资金部门依据各单位财力而定。在有些地方，在财政部门与支出部门相互妥协下，还是形成了"基数加增长"的老策略。

2. "收支两条线"改革约束放松

部门预算制度要求各部门、各单位在编制预算时实行综合预算,即对预算单位预算内、外各项财政资金和其他收入,统一管理,统筹安排[①]。事实上,关于收支两条线的管理早在20世纪国务院颁布的《关于加强预算外资金管理的决定》中就体现了,要求清查部门预算外收入账户。预算单位所有的预算外资金均要进入财政部门在银行统一开设的预算外收入财政账户中。"收支两条线管理"在实施中在不少地方及单位以"差额返还"[②]的形式来运作预算外收入。为了彻底实现收支脱钩,政府颁布《国务院办公厅转发财政部关于深化收支两条线改革进一步加强财政管理意见的通知》(国发办〔2001〕93号)。

三、预算法对行政追责约束力较弱

按照笔者对《预算法》的梳理,对于预算行为的法律责任只有在各级政府未经批准变更预算,使经批准的收支平衡的预算总支出超过总收入或举借债务数额增加;动用国库库款;隐瞒收入或将不应当在预算内支出的款项转为预算内支出的情况下进行追究。而对预算执行结果收大于支的预算失衡,随意增加预算收入与巧立名目追加支出,设置预算周转金等在预算过程中诸多的不当行为做出规定和追究法律责任。使预算从编制到执行的过程中处于一个过于宽松的环境,不利于执法人员树立责任意识,损害了立法权威。

第三节 预算编制计划与预算执行变化

预算草案与决算需要尽可能地缩小差距,事实上,为了使预算计划在年度内与政治、经济、社会、文化、生态等外部环境的变化相适应,本身就存在一定难度,因此预算编制要具备足够的灵活性以应对变化。政府预算因此与一种"调试"的政治联系起来。它不仅反映了预算环境对预算过程的影响,还暗示了不同预算阶段预算参与者之间的关系和权力结构、预

[①] 马骏、於莉.中国的核心预算机构研究——以中部某省会城市为例[J],华中师范大学学报(人文社会科学版)2007(3).

[②] 即收罚单位将收罚资金实行专户储存后,财政部门扣除一定比例,然后根据收费单位编制用款计划将专户储存的收费资金剩余部门拨付给执收执罚部门。

算信息的传递机制对问题诠释方式的变化①。

一、预算编制与政策下达的时差

按照预算草案的编制程序与时间规划,《预算法实施条例》规定国务院于每年 11 月 10 日前向省级政府下达编制下一年度预算草案的指示,提出编制预算草案的原则和要求。省级政府汇总的本级总预算草案应当于下一年 1 月 10 日前报财政部。由此,各级部门及单位编制部门预算的实际时间只有一两个月。同时,基层财政部门用于编制预算的时间更短,一些地区甚至只用一个星期左右完成预算草案的编制工作。这个期限对于细化部门预算、编制零基预算而言,显然是远远不够的②。

再者,本身《预算法》对预算编制的内容、科目的规定都比较粗略,只对预算草案的编制程序作了大致要求。政府财政部门和各部门、各单位没有合适且充足的时间对预算项目进行反复详细的论证。此外,在预算收支预测阶段,缺少准确、及时的信息资料,将会出现预算收支的实际需要与计划安排不一致的情况,最终导致预算执行后期的频繁调整,出现"一年预算,预算一年"的状况,致使预算法案的权威性和严肃性受到影响③。在我国实行年度预算制度期间,在财政年末由于上级政府及财政部门的审核压力,各级政府非常重视决算的编制,往往需要 4 个月左右的时间来完成。

中央部门预算采取自下而上的编制方式,编制程序实行"二上二下"的基本流程。如表 5-1 所示。

表 5-1

"一上"环节	各级部门逐级上报预算
"一下"环节	财政部下达预算控制数
"二上"环节	各部门根据下达的预算控制数编制正式预算
"二下"环节	财政部审核批复预算,层层下达

预算编制除了收支预测等环节外,确定支出项目优先顺序和限额也是其中重要的一个环节,而支出项目清单的确定则有赖于支出单位明确的财

---

① 《省会城市预算过程的政治——基于中国三个省会城市的研究》,中央编译出版社,2010 年,第 162 页。
②③ 孙玉栋. 我国《预算法》的冲突、问题与完善,《构建中国公共预算法律框架》,2008-04-12。

政目标与计划。宏观上国家的政策方针与发展规划可以引导大的方向，细节上政府各职能部门确定各自领域的未来发展规划，为下级部门及单位编制预算形成政策导向。但是纵向层面上预算过程与决策过程的分离让下级单位通常很难在预算编制工作一开始就有明确的财政支出目标。例如，地方政府反映，教育工作的目标都是12月份定的，但是财政部门又要求各单位第三季度就开始制定预算草案，所以预算脱离实际与政策是可以预见的。

二、预算执行进度与党政决策过程的时差

我国的预算年度与自然年度（1月1日—12月31日）一致，但预算草案一般在每年三月举行的各级人民代表大会审批后才逐步进入实施阶段，因此在每个财政年度的前两到三个月的时间，预算执行既缺乏法律依据，相关资金也没有到位，影响了政府相关工作的开展，也为年末预算资金结余与"突击花钱"埋下了伏笔。对于这种局面，《预算法》规定"预算年度开始后，各级政府预算草案在本级人民代表大会批准前，本级政府可以先按照上一年同期的预算支出数额安排支出"。这种做法明显与零基预算的政策精神相违背，既没有根据当年的实际经济与部门状况进行开支，也回避了上年同期支出的不恰当的地方，使预算监管流于形式。

预算审批时间和预算拨付时间与预算年度的不一致直接导致了预算执行进度过慢，经各级人大批准通过的预算草案不仅是全国各级政府单位、部门在一年内预算收支的法定依据，也是监督部门检查、落实预算的重要凭据。因此不仅要在年末决算时达到收支平衡的目标，更重要的是依据预算报告落实每一个项目、每一笔预算开支的运作过程，简单来说要依据预算草案对预算执行过程进行严格把关。就严重预算执行进度来说，现实情况是，极少有部门在年中实现了"时间过半，任务过半"。项目预算执行进度不平衡一方面使资源与资金未在有效时间内得到有效利用，影响项目的完成进度；另一方面极易造成年底突击花钱的现象，也是资源的一种浪费。

三、预算拨付时间差与预算调整频繁

地方的收支缺口对中央财政的依附性较强，同时中央政府在转移支付的具体应用中往往会依据地区的实际或突发状况进行临时性的安排，这种做法虽然有针对性地解决了地方燃眉之急，但缺乏连续性。更重要的是每年对地方的转移支付与税收返还方案与金额由中央决定，并在每年三月的全国人大会议之后逐步进行划拨，而具体的项目资金安排多数是在年中之

后才逐步到位。这不仅不方便地方编制本级预算以及提交预算报告,也不利于地方各项工作的开展。

经过各级人大审批通过的预算草案应该对预算执行有较强的约束力,因此过于频繁的预算调整实际上是对预算法及人大权威的伤害,反映了预算草案的质量不足及预算监督的缺位。因此,应在程序上对预算调整的条件、方式、比例、限额等进行严格的规定;或从源头上,在预算编制环节增强预算草案与经济运行情况的关联度,经审批通过的预算草案,一般不得变动。对预算超收、超支,追加、追减情况严格审查。

第六章

结论与建议

第一节 小结

中国此前的财政预算改革多集中在利益格局调整的一些外围问题上,如一些外围的改革措施:滚动预算,以及绩效预算、零基预算等预算编制技术、编制方法的改革,程序和技术性的改革没有从根本上触动行政主导的预算配置传统。此外,涉及政府各部门间、不同层级政府间预算收支的实体性、权力性改革,例如,部门预算、政府采购、国库集中收付、收支两条线、行政事业国有资产管理制度、农村税费、转移支付制度等改革。这些改革主要是对预算权在财政部门上下级与同级政府之间的重新配置,加强了财政部门在预算过程中的控制力。相较之下,立法机关和社会公众的预算监督权还存在很大的改进空间。尤其是人大的监督审批权的实质性影响有限,对预算过程缺乏法定的影响途径。这些问题都源于预算过程与决策过程的分离,使资源配置的效率无法得到保证,中国目前的预算改革只是一个纯粹的预算改革,并没有同时在政策体制和行政体制方面进行相应的配套改革[1]。

基于制度设计者美好愿景的改革蓝图在规划之初,如果要达成预期目标,本身就包含着一些隐含假设。例如,立法机构及财政部门对政府及支出部门实施有效的监管及约束,各部门、各地区实施预算改革的资源及禀赋条件类似,国家经济形势稳定等等。而在实际的预算执行过程中,政治互动、策略性行为、外部市场环境、突发性事件都是影响实际改革及预算执行结果的不确定因素,即与改革规划的隐含前提假设不符。笔者根据我

---

[1] 马骏,侯一麟. 中国省级预算中的政策过程与预算过程:来自两省的调查[J]. 经济与社会体制比较,2005(5):64-72.

国现有的预算法律文本描绘出我国正式制度所确立的预算权力结构，发现在其法律体系就存在规定模糊等问题，其中以预算管理体系受到行政管理体制的约束问题最为突出。根据这个预算现实，我国在过去 20 年的预算改革实践因为没有针对这个冲突做根本性的协调工作，因而仅就预算管理技术预算权力结构内部等方面的改革难以取得预期的效果。

因为中国多年来的财政实践和预算改革都始终未能很好地解决预算过程与决策过程分离的状况，主要表现为已有财政制度和法律体系所确定的预算框架下，行政权力结构与预算权力结构的冲突，预算目标与政策目标的分离致使预算调整过多，预算法律法规体系内部的矛盾，地方财权与事权的不匹配和纵向政府间权责关系不清带来的地方财政危机问题。行政因素主导下的非正式制度对现有预算权力结构的冲击则造成了行政干预过多，预算约束与决策过程的分离问题。由此不难解释为什么决算与预算编制报告往往不一致，改革在实施阶段偶遇中断甚至失败的现象。下一步深化地方财政改革的方向应当做好财政体制改革与行政体制改革相配套与协调的工作，将公众与政府、立法部门与行政机关、部门之间等的财政资源分配权力关系的调整作为重点。

第二节 关于改善预算过程与决策过程分离状况的对策建议

一、细化当前预算法体系对预算管理职权的规定

分税制作为我国现阶段的所实行的财政管理体制，其主要是依据国务院颁布的行政法规和国家税务总局所颁布的部门规章制度，《预算法》中仅有"一级部门一级预算"的五级税收体制与之相对应，因此我国的财税体制还缺少法律依据。有关预算管理核心——政府间财税关系及税收管理权限的问题，中央与地方的收入划分还需更明确的税收法来加以确认，真正做到各级政府及相关部门在执行预算权力时有法可依。

通过预算法律文本的梳理不难发现，现有预算法律体系内部的矛盾与不清晰的现状，主要是围绕预算权力分配和管理职权的确定、行政权力与预算权力的重叠与冲突的问题，这也印证了权力是政治的核心，而政治因素对预算过程的影响深远的观点。首先，在预算法内部就撤销及变更预算

决议、预算监督权和行政问责的权力规定要克服现有的冲突及矛盾，就预算调整内容和程序来说要进一步严格和细化调整事项及科目，加强人大的审批职权。而在《预算法》外部，上至顶层的宪法，就国家权力机关的预算审批权与决定权的规定要相一致。同时在与《农业法》《教育法》《组织法》与《审计法》等同位法之间，就预算支配权的划分，人大审批预算变更的权力范围，审计部门的权力范围等规定还需进一步细化。除了法定支出标准外，行政法规（包括党政机关联合发文）、国家中长期发展纲要及各项专业发展纲要都在教育、科技、卫生、社保等领域确立强制性支出标准和专项支出标准。为保证各专项领域有切实的发展，还需对这部分预算支出项目及科目严格审核，结合各领域的中长期发展规划及目标和重点发展瓶颈制定有针对性的预算支出计划和帮扶计划。如果说法定支出、行政法律法规体系所确立的强制性及专项支出标准是对预算分配权的分解，那么政府的纵向垂直管理体制和高度集中的行政问责体制则在税收征管、国库管理等环节直接削弱了财政部门的预算权力和同级政府及人大对的部门预算的指导权威和审批权。

二、完善立法，确立事权与支出责任相匹配的制度规范

财税体制改革离不开现代财政制度的建立，"权力和责任要进行明确，并要有法制保障"。因此，建立现代财政制度首先要做到的就是完善立法、明确事权。我国的预算编制和实施过程是离不开行政决策过程的，而行政管理体制和财政管理体制两者更是相互影响与制约的。然而无论是预算权力的分配和运行还是行政过程与命令的介入，都需要从法律层面得以授权与规范，因为立法是国家最高权力的体现，行政与财政权力都需要通过法律确定其合法性。因此，要妥善地解决好预算管理职权与行政管理职权的相互交叠，行政管理体制对预算权力结构的分解等问题时，最基本的是从法律层面厘清两者之间的界限，细化预算科目和预算管理职权的规定。但是立法只能在制度层面大致地确定行政权力和预算权力分配及职权，减少两套体系之间的摩擦，在得到立法授权之后，在预算具体的实施阶段，要真正做到事权与支出责任相适应，还要在纵向的行政架构内明确从中央到县级政府各个层级的职责定位和权力边界。再到行政职能与预算支出责任相对应的过程，就是将政府的职责一一对应到预算支出科目上。

财政事权与财权的不匹配一直是分税制改革的遗留问题，随着财权不断地向上集中与事权不断地下移，地方只有少数税收的征管权。甚至大部分涉及地方公共事务的税收征管条例及实施细则都需要由中央政府统一制

定和颁布，致使地方政府在提供大量的基本公共服务时由于缺少相应的税收征管权力及收入，陷入严重的赤字。因此，应逐步根据我国的实际经济发展水平和地方经济发展需要，合理地调整税权关系，完善税收体制，真正地做到"事权与支出责任相匹配"。

三、明确地方政府的权责对应关系，适当调整专项转移支付规划

前文中提到，我国依据行政法律、法规所确立的强制性支出标准、专项支出标准与政府垂直管理体制实际上都是削弱了预算法所确立的预算分配权力。这也从侧面反映了我国现有预算管理体制的不健全，正是因为分税制改革之后虽然理清了中央与地方的财税关系与收入分配关系，但仅限于中央政府与省一级政府之间的权责关系划分，而对省级以下，尤其是基层政府的财税关系和收入分配做出明确的规定。因此，基层政府在财权相对匮乏的情况下，收入来源较少且不稳定，此时，中央政府的转移支付就成为一项重要的补充制度而存在，缓解了地方政府财政拮据的局面。但是由此带来的另一个问题就是专项转移支付的总量大幅增长，支出计划、项目的确认缺乏法律依据，存在一定的随意性，不利于稳定现有的预算分配结构，因此逐步建立起科学、规范的转移支付体制就显得尤为重要。

基本公共服务均等化是我国的转移支付制度的重要目标，其中一般转移支付保证区域性平衡，专项转移支付主要从重点项目补助入手。但现阶段中央转移支付存在总量占中央一般公共预算的比重过大，一般性转移支付种类烦杂，专项转移支付亟待提高效率等问题①。尤其是专项转移支付是上级政府为实现特定政策目标而划拨给下级政府专用于特定用途的资金，因此其政策意味就更为浓厚，基本是按照中央或上级的决策方向和政策目标来进行安排的。结合我国由来已久的事权下移与不断集中的财权之间的矛盾问题，随专项转移支付下达的是更多特定的事权。然而现有的专项资金管理制度在委托事权时却并未规定相应的支出责任及费用分摊比例，因此在资金划拨方面存在一定的不确定性、随意性和滞后性，由此可能加剧了地方政府的财政负担，造成预算外支出；另一方面，事权与财权不平衡的状态极大地影响了地方政府的积极性和完成上级指令的进度和质量。因此在解决当前转移支付制度，尤其是专项转移支付的问题，还需从事权与

---

① 马海涛，任强. 我国中央对地方财政转移支付的问题与对策 [J]. 华中师范大学学报（人文社会科学版），2015，54（06）：43—49.

财力的匹配问题上进一步理顺地方政府的权责关系，结合各地方的经济发展实力、地缘环境等因素，合理地评估当前所担负的事权责任与财力的匹配关系，对于不平衡的地方要适当调整。其次，对于事权划分合理的区域，要注重改善专项资金的效率问题，对类似用途和性质相同的专项资金进行合并，对不适应现行经济社会发展的历史资金项目和沉积闲置的专项资金进行清理，对能通过市场进行融资的项目逐步取消财政拨款。

四、提高政策规划与预算规划的契合度

政策规划与预算规划的分离主要表现在：①预算制定过程与政策规划的脱节。以五年期为核心的政府规划与过去的年度预算和正在逐步推行的中期预算框架有一定脱节，预算编制缺乏长期视角；党政决策和重大专项规划的发布时间往往较政府规划晚或在预算年度中，不利于年度预算的编制和执行；各级预算单位的部门预算目标与中央政策目标存在出入。②政策规划的确定过程与国家财力与资源状况不匹配。大量的转移支付资金过于偏重平衡地区之间的差距，忽视了真正制约不同地区发展的瓶颈。除了预算编制要依据国家中长期的发展规划之外，政府规划的与政策的确定过程也要考虑国家财政预算和资源的承受能力。例如，不考虑现有资源环境和财力情况制定的政府绩效目标势必会导致赤字或资源浪费；不考虑各地区、各项基本公共服务之间的发展差异所制定的相对粗略和统一化的政策目标，则容易造成资源分配不均，各地区和各专业领域没有实际发展的结果；政府规划和农业、科技、教育等领域的专项规划确定了大量的强制性支出标准和专项支出标准，对财政支出标准和预算规划造成巨大的冲击。

综上所述，政策规划与预算规划分离主要表现在政策制定过程与预算编制过程分别与对方的脱节。因此，政府在制定国家发展战略规划和各专项发展规划时要从资源节约、可持续发展、财政收支平衡、各地区与各公共服务领域的特殊性及发展诉求等方面考虑，减少对预算执行过程中不必要的干预，充分地进行预算资金与资源的合理配置。而预算的制定过程也要在政府规划的中长期视角下注重跨期平衡，在预算目标与支出项目优先级的选择上与中央政策目标保持一致，确保基本公共服务的供给。

五、构建预算过程与决策过程的良性互动机制

以往学界普遍在批评以往预算编制"以收定支"的情况，事实上，"以收定支"未必就是编制预算更好的标准，因为预算收入以支出标准的确定

从来都不是由彼此的绝对数额决定的，其根本依据还是国家的政策规划，包括短期和中长期的发展规划。因此，要克服预算过程与决策过程脱节的问题，首要步骤就是实现政策对预算编制过程的有效引导。在各级政府各单位编制预算前，就需要明确国家本年度的短期政策规划和未来五年内的国家中长期发展纲要，充分理解政府规划的政策目标和重点，并结合本部门、本单位和本地的实际发展状况和实际需求编制部门预算。为此，各级财政部门在进行"二上二下"的程序前，应与各预算单位进行充分地沟通，及时下发政府当年的政策规划，组织各单位认真学习国家中长期发展规划，确保在政策引导下完成预算的编制工作，再交由上级财政部门、政府和人大层层审核。同时，预算过程与决策过程的脱节主要还表现在政府决策过程对预算实施过程的干预较多，例如，在年度预算的执行过程中，来自上级领导和本级政府临时出台的政策和下达的行政命令往往造成计划外的预算收支，致使预算调整过于随意。在既定的预算报告和预算程序、规则下，个别单位及基层部门又走上了"基数法"和"预算外支出"的老路。此外，法定支出、强制性支出和专项支出不仅约束了预算支出的总量和分配，更重要的是分解了预算分配权。因此，不仅要确立政策对预算的引导原则，在依据国家政策和政府决策所编制的预算报告确定后，要对当年的预算执行和政策形成强有力的约束。首先是支出限额的约束，为避免财政资源和预算金额的浪费，预算中需要执行的项目和政策都不能超过事先确定的限额。同时，政策的调整要经过一定的程序审核，不可损害预算的可持续性。

参考文献

[1] [美] 爱伦·鲁宾. 公共预算中的政治：收入与支出，借贷与平衡 [M]. 叶娟丽等译，中国人民大学出版社，2001 年版.

[2] [法] 埃哈尔·费埃德博格. 权力与规则：组织行动的权力 [M]. 张月等译，上海人民出版社，2005 年版，第 147、215 页.

[3] 马骏. 中国公共预算改革：理性化与民主化 [M]. 中央编译出版社，2005 年版.

[4] 黄佩华，迪帕克. 中国：国家发展与——地方财政 [M]. 吴素萍、王桂娟等译. 中信出版社，2003 版，第 141 页.

[5] 徐键. 强制性支出责任与地方财政自主权 [J]. 北方法学，2011（02）：70-79.

[6] 马骏，侯一麟. 中国省级预算中的非正式制度：一个交易费用理论框架 [J]. 经济研究，2004（10）：14-23.

[7] 王海. 预算过程中的决策机制研究 [D]. 复旦大学，2010.

[8] 李泺，侯一麟. 我国地方财政预算权及其决策过程分析 [J]. 中国行政管理，2008（07）：37-41.

[9] 马海涛，肖鹏. 现代预算制度概念框架与中国现代预算制度构建思路探讨 [J]. 经济研究参考，2015（34）：3-10.

[10] 聿木. 政策过程与预算过程的整合难题 [J]. 新理财（政府理财），2010（08）：96.

[11] 马蔡琛. 政府预算过程中的分离制衡机制研究 [J]. 经济纵横，2009（08）：33-35.

[12] 谢庆奎，单继友. 公共预算的本质：政治过程 [J]. 天津社会科学，2009（01）：56-58.

[13] 黄新华，赵瑶. 政治过程与预算改革 [J]. 财经问题研究，2014（12）：72-78.

[14] 郝大强，常若龙. 浅谈政府预算过程中各利益相关主体及其行为 [J]. 地方财政研究，2011（04）：36-40，65.

[15] 刘亚亮，林慕华. 预算过程中的正式政治与非正式政治：A 省一个专项资金的案例分析 [J]. 公共行政评论，2014，7（04）：112-132，185.

[16] 孟金卓. 美国预算过程及其对我国预算制度改革的启示 [J]. 南京审计学院学报，2015，12（02）：104-113.

[17] 马海涛，任强. 我国中央对地方财政转移支付的问题与对策 [J]. 华中师范

大学学报（人文社会科学版），2015，54（06）：43-49.

［18］涂永前. 预算过程中对自由裁量权的限制［J］. 政治与法律，2011（09）：26-31.

［19］马骏，侯一麟. 中国省级预算中的政策过程与预算过程：来自两省的调查［J］. 经济社会体制比较，2005（05）：64-72.

［20］蒋悟真. 法理念视野下的预算法修改理路［J］. 法商研究，2011，28（04）：72-81.

［21］韩一博. 阶段启发框架下中美两国财政预算过程的比较［J］. 管理观察，2017（21）：139-141.

［22］聂锋杰. 中国公共预算决策机制研究［D］. 中国财政科学研究院，2014.

［23］周劲松. 公共预算权力配置问题研究［D］. 财政部财政科学研究所，2012.

［24］王雍君. 从公共预算程序到政府决策体制的改革［J］. 新理财（政府理财），2016（07）：26-27.

［25］李淑芳，张启春. 横向预算权力配置与政府治理能力：一个预算交易费用的视角［J］. 地方财政研究，2016（12）：37-43.

［26］唐成，周保根，陈龙. 优化我国预算权力结构的逻辑、框架与要点［J］. 地方财政研究，2017（01）：30-35.

［27］蒋悟真. 中国预算法的政治性和法律性［J］. 法商研究，2015，32（01）：9-13.

［28］Wildavsky, A. &N. Caiden. 2001. The New Politics of the Budgetary Process. *Reading*, MA: Addison-Wesley Educational Publishers Inc. 324.

［29］Wildavsky, A. 1974. The Politics of the Budgetary Process. Boston: Lit tle, Brown.

［30］One elegant version of this argument appears in Edward A. Fitzpatrick's Budget Making in a Democracy (New York: MacMillan, 1918). He opens his book with a quote from Gladstone, "Budgets are not merely affairs of arithmetic, but in a thousand ways go to the root of prosperity of individuals, the relation of classes and the strength of kingdoms".

［31］Budget Theory and Budget Practice How Good the Fit.

［32］Allen Schick, "A Death in the Bureaucracy: The Demise of Federal PPB," Public Administration Review, vol. 33 (Marchl April 1973), pp. 146-156, and Richard Rose, "Implementation and Evaporation: The Record of MBO," *Public Administration Review*, vol. 37 (January/February 1977). pp. 64-71. For a negative pronouncement on ZBB, see Allen Schick, "The Road from ZBB," *Public Administration Review*, vol. 38 (March/April 1978), 177-180.

［33］Budget Theory and Budget Practice How Good the Fit.

［34］Thomas Lauth in his article, "Zero-Based Budgeting in Georgia: The Myth and the Reality," *Public Administration Review*. vol. 38 (September/October 1978), 420-430, argues that those who expected Zero Based Budgeting to eliminate programs were disappointed, that budgeting remained incremental, and that ZBB tookplace in that context. Allen Schick makes a similar point for the federal level in" "The Road from ZBB," *Public Administration*

Review, vol. 38 (March/April 1978), pp. 177 – 180.

[35] Wildavsky, A. 1986. Budgeting: A Comparative Theory of Budgetary Process. New York: Transaction Publishers.

[36] Parker, S. 1983. "Budgeting as an Expression of Power," In Rabin, J. &T. D. Lynch (eds.). Handbook on Public Budgeting and Financial Management. New York: Marcel Dekker, Inc.

[37] Lance T. LeLoup. "The Myth of Incrementalism Analytical Choices in Budgetary Theory", *Polity*, 1978, 10 (4).

[38] Gist, J. R. 1982. "Stability and Competition in Budgetary Theory," *American Political Science Review*, 76 (4).

[39] Aaron Wildavsky. "Politicl Implications of Budget Reform", *Public Administration Review*. 1961, 21 (4).

致　谢

　　眨眼间，在中央财经大学三年的求学生涯就要画上句号了。回想起第一年，来到陌生的校园，学习陌生的专业，刻苦钻研，收获颇多；第二年渐入佳境，在日常学习，科研项目和专业研究所成立的过程中，对所学的财政基础理论方向有了更深入的了解；第三年专心致志筹备硕士论文等事宜，毕业近在眼前，满是不舍之情。然而这既是学生生涯的结束，也是我今后人生新的起点。

　　时光回到三年前的盛夏，感谢兼容并包的中财和中国财政发展协同创新中心给予我进入夏令营学习的机会，并最终获得来中财读书的机会。其中，尤其要感谢中心财政基础理论方向的学科带头人李俊生教授和我的导师姚东旻副教授。是他们不厌其烦地教授我们财政理论知识与专业基础课，带领我渡过跨专业学习的难关，逐渐了解了经济学与财政学的研究视角与方法。导师不仅在学术研究方面孜孜不倦，细心教授我们财政与预算基础理论知识，更重要的是给我们创造了许多接触科研项目，接触中国预算实际，接触国际财政领域最新研究成果的机会。在研究生阶段的后期，姚老师更是在我的毕业论文上倾注了大量的心血。从研二初期开始的选题工作，到研究框架的确定、论文逻辑的调整，再到开题答辩、预答辩、盲审和最终定稿等阶段。期间我们对论文进行了反复的讨论和修订工作，姚老师在每个环节都给予了我细心的帮助与专业的学术指导。这三年，是姚老师的耐心教导与关怀备至，让我在丰富理论知识和学习经验的同时，在人生阅历和性格修养方面也获得了一定程度的锻炼，能碰到这么一位学术与人生导师是我毕生的荣幸！

　　在这里，我也要感谢中国财政发展协同创新中心给予我诸多教益的各位老师们，他们不辞辛苦地为我们创造学习和参与学术会议的机会，让我不断加深了对财政学各研究领域的了解，开拓了眼界。同时，老师们也在学习和生活中给予我们无微不至的关心与帮助，让我感受到了中心这个大家庭的温暖。与此同时，我要感谢我的同学，是她们在我的求学道路上给予我无私的帮助，在生活中我们也是朝夕相处和互帮互助的好伙伴，读研阶段有她们的陪伴让我倍感幸福！

最后，要由衷地感谢父母与家人的支持，是他们一直以来的奉献与鼓励，让我顺利地完成了研究生阶段的学业。在此，请允许我将此篇论文献给研究生阶段给予我关心和帮助的每一位老师、家人、同学和朋友们，衷心地感谢你们！

论文短评

点评人：王麒植

任萌同学的论文《我国预算过程中的决策机制研究》选题角度新颖，从政治学和法学的角度准确地把握住了预算过程的复杂性。正如文章中，在回顾了现有文献后总结道"通过上述有关预算改革困难的阐述，体现了预算作为资源配置的手段，反映出政府支出计划的政治结果。从中可以窥见预算过程的核心问题就是预算权力的分配过程，因为预算权力结构决定了预算参与者在这个过程中的角色定位及其所掌握的权力与资源状况，权力的配置与互动过程也最终影响了预算结果的产出。不与权力概念相联系，预算过程是难以完全理解的"。

从文章中也可以看出，任萌同学为了勾画出我国预算过程的图景付出了许多心血，包括对相关行政法规文件的收集整理，对行政体制与预算体制之间摩擦的仔细讨论。更可贵的是，在文章分析的最后一部分，任萌同学尝试超越文档资料，在非正式制度的背景下讨论预算决策互动问题。

作为一篇硕士论文，本文无论是在选题还是在内容上都足以达到标准，但是如果我们提高要求，用挑剔的眼光去审视这项研究，本文仍然还存在许多提升空间。第一，本文还是以描述为主，并没有一个突出的、可检验的逻辑作为理论基础来统领所有材料，为学界认识预算过程提供指引。第二，预算过程问题中最令人感兴趣的部分应是各部门在各种法律法规约束下，如何通过冲突、合作在实践中对正式制度进行通融和改造，即全国统一的预算过程如何对抗和妥协因地制宜的灵活性问题。本文尝试在非正式制度一章讨论此问题，但是仍然存在较大的提升空间。

不过坦诚地讲，以上两个问题虽然重要，但是目前在学术界也仍然没有形成共识。最大的原因就在于此问题本身就过于宏大且复杂，想要做到面面俱到确也强人所难，因此，任何在这方面的尝试都是值得鼓励的。

间断均衡理论在省级预算决策中的应用

the Application of Punctuated Equilibrium Theory
in Budget Decision – Making Process in China

余 凯

- ◆ 第一章　绪论
- ◆ 第二章　文献综述
- ◆ 第三章　我国省级预算决策模式的判定
- ◆ 第四章　省级预算决策间断均衡变化的理论与假设
- ◆ 第五章　省级预算决策间断均衡变化成因的实证检验
- ◆ 第六章　结论与政策建议
- ◆ 论文短评（点评人：惠炜）

摘　要

政府预算作为财政政策的载体，是利益相关者各种偏好行为的结果。间断均衡理论通过引入信息处理、注意力转移和体制摩擦等因素，解释了预算决策过程中非渐进变化的发生机制。如该理论所描述，我国预算资源的分配过程，是否也存在这样一种状态：当渐进调整无法满足预算需求时，会形成一个新的政策均衡，使得预算发生突变，随后再进入下一个渐进的间断均衡状态，两个政策均衡之间伴随着决策者的注意力转移。

为回答此问题，本文根据间断均衡理论，对我国的省级预算决策模式进行了判定。在间断均衡的预算模式中，预算支出变动率不服从正态分布。本文选取我国31个省的预算分项支出数据，采用了L-kurtosis、直方图分布等间断均衡模式的判断方式。直方图检验结果显示，我国预算支出变动率的分布呈现出"高峰肥尾"的形态，高耸的尖顶，表明预算存在着大量的微小变化；肥厚的尾部，表明预算中存在比预想要多的偶然性剧变，这类剧变主要表现为预算偶然性地大幅增加。L-kurtosis的检验结果显示，省级预算支出变动率的分布呈现出非渐进变化，不同省份之间的预算支出变化程度有所不同。同时，从我国的预算现状中，本文也得到了预算决策间断均衡的例证。诸如环境保护、地震灾后重建等事件驱动因素，会转移预算决策者的注意力，进而使得相应的预算支出产生重大变迁，形成间断均衡的变化形态。

其次，本文结合我国预算体制惯性，对我国预算决策间断均衡变化提出一个理论解释。大量文献指出，在财政分权的格局与晋升激励的动机之下，地方主官会努力改变地区财政支出。然而，面对强大的制度惯性，新任主官如何在其施政决策的最重要领域，政府预算支出方面，体现其施政意图，表达其"奋斗"过程呢？本文认为，当地方主官把提高财政效率作为"奋斗"目标时，自然有动机去突破预算制度惯性，但伴随产生的制度摩擦将会逐步积累，这一"挑战"惯性，积累摩擦的过程，将会被政治科学领域中"间断强度"这一概念与指标（L-kurtosis）所"记录"，按照本文的理论预测，主官任期越长，个人政治权威越强，预算掌控能力相应增强，其与制度惯性的"对抗"就越有力，预算支出也就越容易发生更加频繁的大改变，从而产生较大的间断强度；同时，间断强度能够正向地促进财政效率，这为主官的奋斗提供了直接动机。

本文基于 2004—2013 年的中国省级面板数据，采用动态面板模型和系统 GMM 方法，稳健地验证了上述理论预测，从而揭示了地方主官任期、预算间断强度和财政效率三者关系，为预算决策间断均衡变化的成因提供了有力的实证证明。本文的政策启示是，减小预算惯性，优化预算支出，必须从根本上规范预算决策过程。

关键词：间断均衡；预算决策；制度惯性

Abstract

Punctuated equilibrium theory explains the mechanism of non-gradual change in the budget process by introducing such factors as information processing, attention allocation and institutional friction. We want to know whether budget decision-making process in China punctuated in a specific time as described in the theory. When the gradual adjustment fails to meet the budgetary requirements, new policy equilibrium will be formed, accompanied by the attention transfer of decision makers and abrupt changes in the budget.

The paper discusses the China's budget decision-making mode by analyzing the distribution of annual percentage changes of the budget expenditure. In a punctuated equilibrium mode, the change rate of the budget expenditure does not live up to the normal distribution. By analyzing provincial budget expenditure and employing a quantitative normality test like L-kurtosis and histogram test, our general findings are: our budget expenditures are punctuated; the extent of punctuations varies between provinces. The results of histogram test show that the distribution of annual percentage displays high degrees of stability and an unusual amount of very large changes. At the same time, we obtain examples of punctuated change from our budget. Such as environmental protection and post-earthquake reconstruction event will distract the attention allocation of budget policy makers, which results a significant change.

Then the paper presents a theoretical explanation for the punctuated changes in the provincial budget. A lot of research points out that in the fiscal decentralization and promotion mechanism, local officials will strive to change the local budget expenditure. However, in the face of strong institutional inertia, how can the new chief officer show his political intention and struggle to change government budget expenditure? We present a theoretical explanation and conduct empirical tests. We believe that the local chief officer have the motivation to break the budget system inertia when he improve financial efficiency as a "struggle" target. With the institutional friction gradually accumulating, budget expenditure will punctuate. And

L – kurtosis, which is popular in the field of political science, can be used to measure the punctuated intensity. According to our theory, the longer the tenure of office, the stronger the personal political authority and the greater ability to control budget and break the institutional inertia will the officer have, resulting in greater punctuated intensity; in the same time, the punctuated intensity can promote fiscal efficiency positively, thus explaining the officials' motivation of challenging the system inertia.

Based on the recent Chinese panel data from 2004 to 2013, the dynamic panel model and the system GMM method are used to verify the theoretical forecast above, which reveals the relationship among the tenure of local chief, punctuated intensity and the fiscal efficiency, and provides a strong empirical proof for the causes of punctuated change. To reduce the budget inertia and optimize the budget expenditures, we must fundamentally regulate the budget decision – making process.

Key Words: Punctuated equilibrium; Budget decision – making; System inertia

目 录

第一章 绪论 …………………………………………………………… 319
    第一节 选题背景和意义 ………………………………………… 319
    第二节 论文结构安排与研究方法 ……………………………… 321
    第三节 论文创新点 ……………………………………………… 323

第二章 文献综述 ……………………………………………………… 325
    第一节 从渐进主义到间断均衡理论 …………………………… 325
    第二节 间断均衡理论的决策机制 ……………………………… 329
    第三节 国内预算决策理论发展及评价 ………………………… 333

第三章 我国省级预算决策模式的判定 …………………………… 335
    第一节 间断均衡预算模式的判定方法 ………………………… 335
    第二节 省级预算支出间断均衡变化的描述性统计 …………… 337
    第三节 我国预算支出间断均衡变化的例证 …………………… 344

第四章 省级预算决策间断均衡变化的理论与假设 ……………… 346
    第一节 省级预算决策间断均衡成因的理论基础 ……………… 346
    第二节 省级预算决策间断均衡成因的研究假说 ……………… 348

第五章 省级预算决策间断均衡变化成因的实证检验 …………… 350
    第一节 实证模型 ………………………………………………… 350
    第二节 重要变量和数据说明 …………………………………… 351
    第三节 实证结果与分析 ………………………………………… 354

第六章　结论与政策建议 …………………………………………… 361
　　第一节　研究结论 ……………………………………………… 361
　　第二节　政策建议 ……………………………………………… 362

参考文献 …………………………………………………………… 365

论文短评 ……………………………………………………… 惠　炜　370

第一章

绪　论

第一节　选题背景和意义

一、研究的背景

2017年10月，财政部党组书记、部长肖捷在先后召开的部党组会议和财政部党员干部大会上强调，全面贯彻落实党的十九大精神，更好发挥财政在国家治理中的基础和重要支柱作用。财政部党组在财政部网站上发文，指出在坚持积极有效的财政政策下，要提高财政政策的精准性、有效性。

财政具有稳定经济、配置资源等职能作用，是政府履行职能的物质基础和政策手段。近些年来，我国一直在倡导积极的财政政策，一方面内需不足需要基建等生产性支出，另一方面，我国面临医疗保障、环境保护等民生项目支出的压力（贾俊雪、郭庆旺，2012）。随着政府职能的转变，地方的财政政策和支出结构也在发生变化（刘玉平、胡兆峰，2001），具体表现为各类分项支出在地方一般公共预算支出的比例有所增加或减少。在这些预算资源的配置问题背后，实质上体现了政府的一系列决策性行为。公共预算的决策过程有助于实现"政府对公众的共同偏好进行有目标选择"，进而实现制度安排下资源配置效率的最大化（邵冰、姜竹，2009）。重视预算决策制定的过程，可以使得财政支出的结构更为合理，也有助于提高财政政策的有效性。

Wildavsky（1991）认为预算系统的核心问题是预算的决策问题。是什么决定把X美元分配给活动A而非活动B？除了社会环境的变化、新政策的出台、政局的更替等，是否还存在其他的预算资源分配的制约条件？在政治学的视角中，预算作为贴着价格标签的一系列政策目标的载体，是各种偏好冲突和政治争斗结果的记录，因而，预算结果折射出了各式的预算决策过程。由于预算决策的复杂性，相关的决策理论也经历了一系列发展。

公共选择理论将理性经济人行为引入到政府的行为活动中（杜方，2009）；理性主义决策理论声称决策者会全面而系统地权衡备选项目的价值，由于其过分强调决策者的最优决策，该理论逐渐被渐进主义的预算决策模式所替代；渐进主义理论认为预算是由渐进性的政策决策主导而形成的，渐进型的决策模式导致了预算在较长时间内的微小变动（Wildavsky，1964）。近些年来，学者们通过对最前沿的间断均衡理论[①]的研究，开始重新审视由理性约束所推动的决策过程，逐步从渐进主义转移到间断均衡的预算模式研究，关注预算中偶尔存在的极端性变动。间断均衡作为预算决策理论的新兴流派，在国外得到了大量的经验支持（Jones et al., 1998；Jones and Breunig, 2007）。间断均衡理论认为，当渐进的调整无法满足预算需求时，会形成一个新的政策均衡，使得预算发生突变，随后再进入下一个渐进的间断均衡状态。该理论之所以在国外受到越来越多的关注，在于它从体制摩擦和注意力转移等层面解释了政策发生突变的原因，有助于深入了解政策议题能够登上政策议程的过程。

近年来，国内的学者们逐渐开始关注公共选择理论、政策过程理论（马俊、叶娟丽，2004）、渐进预算理论（於莉，2010），再到20世纪90年代提出的间断均衡理论（邝艳华，2011）。刘开君（2016）、孙欢（2016）和邝艳华（2011）等在政策学的研究领域中逐步引入间断均衡理论，关注于环保、交通、科研、人口等政策的变迁。但在预算学领域，学界更多的是注重于理论综述与归纳研究，缺乏实际的应用。Chan等人（2016）对我国省级预算支出分项的数据进行了检验，结果表明符合间断均衡的预算模式，他们的研究对深入了解我国预算决策模式有十分重大的意义。但是总体而言，极少有学者关注并使用间断均衡理论来讨论我国预算决策问题。

二、研究的目的和意义

我国的预算决策过程更为符合哪种预算决策模式，是渐进主义还是间断均衡，若是符合渐进主义，即在连续的预算区间中，当年的预算制定基于上一年的政策，仅出现微小的、边际变化；若是符合间断均衡，即当渐进调整无法满足预算需求时，会形成一个新的政策均衡，使得预算发生突

[①] 间断均衡理论的英文为 Punctuated Equilibrium Theory，该理论描述的是预算资源配置在渐进性调整的基础上，会经历偶尔的重大变迁，最后又回到稳定的渐进调整状态。

变，随后再进入下一个渐进的间断均衡状态，两个政策均衡之间伴随着决策者的注意力转移。

为了回答这一问题，本文试图在我国的预算决策中寻求间断均衡变化的例证。根据该理论的描述，如果预算支出变动率不服从正态分布，则符合间断均衡的预算决策模式。本文采用了 L-kurtosis 检验、直方图检验等统计学方法，对于我国省级预算分项支出的逐年变化率的分布进行了检验。在此基础上，本文对我国预算决策间断变化的成因提出理论假设。本文认为，地方新任主官为在其施政决策的最重要领域，政府预算支出方面，体现其施政意图，会有动机去突破预算制度惯性，以此提高财政效率，由此导致了预算支出的间断均衡变化，并运用面板数据对此理论假说进行了验证。

本文对预算理论的梳理，可以丰富我国的预算决策理论体系。关于预算决策模式的研究，国内进展相对较滞后，直到 21 世纪初期才开始被学者所关注。现有的研究停留在理性主义、渐进主义上，对国外 20 世纪 90 年代初兴起的间断均衡理论的关注还比较少，缺乏系统性的理论梳理和观察。

同时，本文对我国预算决策模式进行了判定，为引入间断均衡理论提供了实证层面的证据。现有研究认为，我国预算决策模式符合理性主导下的渐进主义，但缺乏实证层面的检验，其观点难以令人信服。

此外，本文为分析预算支出发生间断均衡变化提供新的理论研究视角。国外研究将美国预算系统作为分析基础，间断均衡理论分析框架的适用范围和条件都因而受到限制。本文根据我国的预算体制特点，基于地方政府官员为提升财政效率来挑战预算制度惯性的视角，研究预算支出发生间断均衡变化的原因，作为间断均衡预算理论的本国应用。

第二节 论文结构安排与研究方法

一、研究思路

首先，本文对国外的预算决策理论的学派流变进行梳理，比较理性主义、渐进主义和间断均衡等预算决策理论的差异；基于美国的预算结构，归纳和总结间断均衡理论的核心概念和决策机制。其次，运用间断均衡模式的判断方法，对我国预算支出变动率进行了统计性描述，并试图寻求间断均衡模式在我国的例证。在此基础上，本文从我国预算制度惯性、制度摩擦与官员任期的角度，对我国预算间断均衡变化提出了理论假说。然后，基于我国2004—2013年省级面板数据，使用动态面板和系统GMM估计模型对上述的理论假设进行了验证。最后，在综合理论分析和实证检验的基础上，得出本文的结论。如图1-1所示。

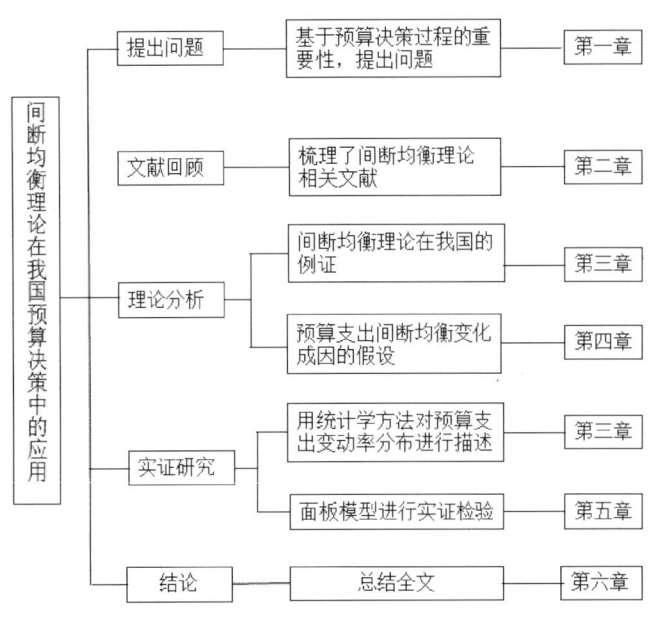

图1-1 本文思路图解

二、论文的结构与安排

根据研究思路，本文分为以下六个部分：

第一章：绪论。提出要提高财政政策的精准性、有效性，关键在于重视预算决策制定的过程。进而介绍了国内外预算决策理论的发展情况。然后介绍了本文的研究思路、研究方法、结构安排和创新之处。

第二章：文献综述。主要梳理了从渐进主义到间断均衡预算理论的发展过程，归纳总结了间断均衡理论的核心概念和决策机制，并简要评述了国内外预算决策理论的发展。

第三章：我国预算决策模式的判定。采用间断均衡预算理论的统计学方法，来判断预算支出变动率的分布特点，并寻找间断均衡模式在我国的例证。

第四章：省级预算支出间断均衡变化的理论与假设。本文假设地方主官把提高财政效率作为"奋斗"目标时，会有动机去突破预算制度惯性，导致预算支出发生间断均衡式变化。

第五章：省级预算决策间断均衡变化成因的实证检验。本文基于我国省级面板数据，运用动态面板和系统 GMM 估计模型，对预算支出间断强度、官员任期与财政效率三者的关系进行了计量分析。

第六章：结论与政策建议。对本文的理论分析和实证结果进行总结。从我国的预算决策过程出发，提出政策建议。

三、研究方法

文献研究法。通过文献收集、阅读与归类，对理性主义、渐进主义和间断均衡理论的主要观点、经验证据和在学术界面临的挑战进行归纳与比较，同时对美国的预算体制中政策垄断和垄断崩溃的条件进行梳理，为研究国内的预算决策机制提供理论依据。

统计分析法。在衡量不同省份预算分项支出变动率的间断性强度时，本文采用直方图检验、S-W 检验、K-S 检验和 L-峰态（L-kurtosis）检验。引入 L-峰态这种较新的正态分布检验方式，使得结果更加无偏、稳健和精确。

计量分析法。在探究我国省级预算支出呈现间断均衡变化成因时，本文运用动态面板和系统 GMM 估计方法对各省预算支出的间断性强度、主官在任时间和财政效率的数据进行回归分析，以验证理论假设。

第三节 论文创新点

一、理论创新

本文在我国的预算决策研究领域引入间断均衡理论。在现有的国内研究中，间断均衡理论多用于政策学领域（刘开君，2016；孙欢，2016），在预算学界还未得到重视。在研究对象上，邝艳华（2011）根据该理论对我国环保预算支出变化的分布特征进行了检验，但缺乏对地方预算支出间断均衡变化的研究，本文对此作了检验与探讨。

在间断均衡变化的成因方面，本文从官员挑战制度惯性以提高财政效率的角度进行解释，提供了一种全新的视角。本文认为地方官员有动机去提升财政效率，因而通过自身的预算掌控能力，试图对原有的预算支出规模和结构做出改变。但是预算决策因为执行路径与方式会被逐渐地强化，预算体制中存在极强的惯性。官员希望改变预算支出，就必须努力克服预算制度已有的制度惯性，在此过程中产生了制度摩擦。制度摩擦逐步积累，最终会使得预算支出发生间断性的变化。该假说将我国地方官员行为与间断均衡理论有机地联合起来，为解释地方预算过程提供了一种动态的视角。

二、实证创新

在实证策略上，采用 L-kurtosis 正态分布测算方法来分析预算支出变动的分布情况。现有的经济学相关论文中，对于正态分布检验基本使用 Kurtosis 的方法，这种传统的检验方法会得到过度的方差，结果容易受到异常的样本值的干扰（Sharma and Paliwal，2006）。本文使用 L-kurtosis 可以使得结果更为稳健，参数估计更为有效，为正态分布检验提供一种新的方法。

第二章

文献综述

第一节　从渐进主义到间断均衡理论

一、渐进主义预算理论

20世纪上半叶,理性选择在预算理论中占据了主导地位。理性选择假设预算的决策者在制度或者修改预算时,会全面并且系统地考虑备选项目的价值以及所有的结果(Lewis, 1952)。然而该理论单纯依赖于经济学理论和完全理性的人性假设,忽视了政治哲学等因素,无法解释某些预算分配问题。

作为对理性决策的批评,20世纪50年代,林德布罗姆将渐进调试模式引入到预算决策过程中,并在研究美国联邦预算时得到有效的应用。到了60年代,瓦尔达夫斯基(Wildavsky)和芬诺(Fenno)等人的研究工作大大推动了渐进主义在公共预算领域的发展。在《预算过程中的政治学》(1964)一书中,瓦尔达夫斯基从政治学的角度研究预算问题,提出了预算渐进主义模型。两年之后,芬诺(Fenno)所著的《预算的力量:财政的拨款》问世,这本书被视为渐进预算理论的经典之作(Reddick, 2003)。

该理论的基本命题是,预算制定机构在制定下一年的预算支出时,会充分考虑上一年预算的情况,在边际基础上进行适度的增加和减少(Wildavsky, 1964)。由此,下一年的预算会呈现出"基数"加上"边际递增"或"边际递减"的特征。从实质来看,渐进预算描述了一种资源分配的过程,支出负责人通过相应的边际调整来反映对重新定义的政策目标的追求。在预算过程中,各种支出负责人会在资源内部分配的变化上提出建议,因而从结果来看,预算变化往往较小,在"上一年预算"的基础上,略有增减(Kelly, 1989)。作为假设基础,渐进预算理论认为决策者是有限理性的,他们不会尝试全面性的分析，只会对有所变化的情况进行政策评价。并且，该理论认为预算变化的渐进性存在细微调节的特点，并非大幅度的跳动。

该理论得到了实证的支持。瓦尔达夫斯基采用美国众议院拨款委员会拨款的 444 个案例进行分析，结果表明三分之一支出变化率都不超过 5%，约为一半的支出变化率在 10% 附近。为了界定边际调节的范围，瓦尔达夫斯基将小于 30% 的变动都定义为渐进主义的结果（Wildavsky，1964）。(John et al.，1975) 则将预算调节小于 10% 的变化定义为渐进主义，将变化大于 30% 的情况称之为非渐进主义。Davis et al.（1966）基于 1947—1963 年联邦政府预算支出的数据，表明其预算过程符合渐进主义的模式。Stromberg（1970）基于 1951 年开始的 16 个连续财年，5 个功能型分类，49 个子功能型分类，对美国众议院、参议院以及国会每年度的国防预算进行研究，研究结果表明国防预算保持基本稳定。

尽管如此，渐进主义在预算学界仍得不到一致的认同（Schick，1969；Wanat，1974；Bailey，Connor，1975；Schick，1983）。一方面，在对预算的"渐进性"定义上存在着分歧。瓦尔达夫斯基（Wildavsky，1964）将其定义为小于 30%，John 等人认为狭义上的渐进变化应该小于 10%。另一方面，也是该理论最为致命的弱点，无法解释预算中大规模的变动，这些变化在现实中虽然较少但仍是存在的。例如，John et al.（1975）发现哥伦比亚州约为 42.8% 的预算支出变化率超过了 30%。对于渐进主义理论，学术界的争论一直十分激烈，在 20 世纪 90 年代中后期到 21 世纪初，学者们的研究集中在理论的实证检验，批判性发展或是纯粹的批判。

二、间断均衡预算理论

（一）理论的缘起

基于渐进预算理论无法解释预算中的大规模变动，学者们认为应该将"非渐进"理念加入到预算过程的描述中，间断均衡理论由此而生。该理论最早应用于生物进化学，批判达尔文提出的"渐变论"进化学说。在 20 世纪 90 年代初期，鲍勃加特纳（Baumgartner）和琼斯（Jones）将"非渐进性"的间断均衡的理念引入预算研究。

间断均衡理论在回答预算资源分配的问题时，认为预算决策有惯性，很大程度上偏向于维持现有的资源分配状况。但是当新问题产生，或者吸引了决策者的注意力时，以前的预算分配方案就不再起作用，决策者会制定新的预算决策，将预算资源重新进行分配。此时，预算中的重大变迁就发生了（Baumgartner and Jones, 1993）。

该理论承认在预算过程中渐进与稳定的变化是主流，但是偶尔会发生不同于过去的重大变迁，预算过程会从一种均衡状态转变到另一种均衡状态，对应的预算支出也会经历"渐进变化""重大变迁""渐进变化"这一系列动态的变化过程。

（二）表现形式

对于预算决策是否发生间断均衡变化，学术界倾向于从预算项目支出变动率中寻找实证证据。在传统的渐进式预算的观点中，在连续的预算区间中，当年的预算制定基于上一年的预算支出，仅出现微小的、边际变化。主张预算决策并非连续的间断均衡式预算，则认为在预算渐进式变化的基础上，偶尔会发生剧烈变动。图 2-1 是美国军费预算支出变动率的折线图，在第一次和第二次世界大战期间，该国军费支出的变化率显著增加（Jones, 2014）。

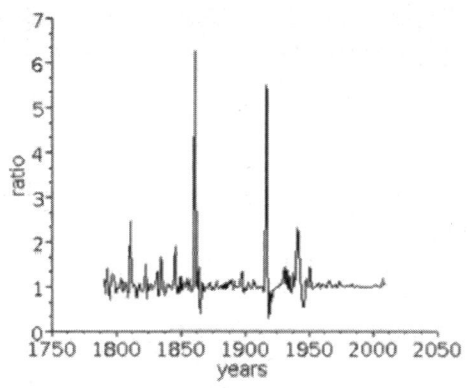

图 2-1　间断均衡预算支出的变动趋势

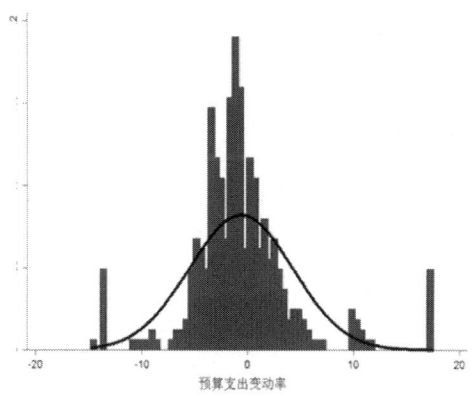

图 2-2　间断均衡预算支出的变动分布

从预算变动率的分布形态来看，如果与传统的正态分布相比较表现出尖峰和厚尾的形态，则被认为是符合间断均衡的。图 2-2 所示为间断均衡模式下预算支出变动率的分布图，虽然形状大致与正态分布曲线相吻合，但是顶峰远高于正态分布线，拥有瘦弱的肩膀，又肥又长的尾部。顶峰高于正态分布线，表明高耸的尖顶，即预算存在着大量的微小变化；直方图的右肩膀与正态分布线相比较低，表明肩膀比较瘦弱，即预算存在较少的适度变化；直方图的右侧尾巴非常长，且高于正态分布线，即预算中存在比预想要多的偶然性剧变，这类剧变主要表现为预算偶然性地大幅增加（Foucault，2006）。

间断均衡预算理论获得了大量的经验支持，实证检验表明美国的预算支出符合间断均衡模式（True，1995；Jones et al，1998；Jones and Breunig，2007；Jones et al.，2003；Breunig and Koski，2006）。True（1995）采用美国预算机构的数据进行中断性的时间序列回归，结果显示美国政府预算受政治干预的影响，存在一些大的变化，并不支持渐进主义的观点。Jones et al.（1998）通过实证检验，发现美国政府支出比传统理论描述的波动更大，同时根据变动情况可以将预算分为三个时期。Jones 和 Breunig（2007）检验了"诺亚效应（Noah effect）"和"约瑟夫效应（Joseph effect）"，结果表明在二战前美国公共支出符合这些效应，即在这期间预算并不呈现出渐进变化和简单的自回归，相反预算存在较大的变动。

Jones et al.（2003）运用随机过程方法对美国政府预算变动率进行分析，研究表明与公共政策相关的多项预算呈现出尖峰与肥尾的形态，进一步的研究发现预算的决策与交易成本越高，尖峰形态越明显。Breunig 和 Koski（2006）的研究对象从全国性预算转向州政府预算，他们对美国 50 个州政府的 10 类预算分项支出进行分析，发现州政府预算符合间断均衡的预算模式，同时每个州预算支出的间断性强度（L-kurtosis）有所区别。

（三）面临的挑战

与此同时，间断均衡理论在由理论向实证发展的过程中面临着不少挑战。在检验方法上，间断均衡式的预算变动由微小变动和剧烈变动两方面组成，常使用正态分布等直观的检验，过于侧重描述性研究。在变量测度上，体制摩擦中提及的四种成本[①]，难以观察和量化。除此之外，间断均衡理论也面临着理论层面的挑战，例如理论表述的不清晰，变量和决策过程

---

① 这四种成本分别为信息成本、认知成本、决策成本和交易成本，在后文的制度摩擦中会有提到。

间的衔接问题等（Robinson，2007），如表 2-1 所示。

表 2-1　　预算决策理论比较

	理性主义	渐进主义	间断均衡
起源时间	20 世纪 30 年代	20 世纪 60 年代	20 世纪 90 年代初期
代表人物	西蒙（Simon）	瓦尔达夫斯基（Wildavsky）和芬诺（Fenno）	鲍勃加特纳（Baumgartner）和琼斯（Jones）
主要观点	决策者在制度或者修改预算时，会全面并且系统地考虑备选项目的价值以及所有的结果	以有限理性和自利为假设基础，预算具有渐进学习的特征，存在微小的调整，不存在大幅度的理念上的跳跃	预算包含渐进变化和间断变化这两种情况，在预算中渐进的变化是主流，但是仍存在预算渐进流动中的间断，这些间断反映了议程上的重大变化
表现形式	—	预算支出增速的连续，反映政策的连续性	预算支出增速发生大的改变，反映政策的不连续
经验证据	Reddic（2002）	Davis 等（1966）；Hoole 等（1976）	True（1995）；Jones 等（1998）；Jones 和 Breunig（2007）；Breunig 和 Koski（2006）
面临的挑战	单纯依赖于经济学理论和完全理性的人性假设，忽视了政治哲学等因素，无法解释某些预算分配问题	无法解释预算中大规模的变动，甚至雪崩式的剧变	过于侧重描述性研究，难以对变量进行观察和量化，以及变量和决策过程间的衔接存在问题

第二节　间断均衡理论的决策机制

一、政策垄断与政策垄断的崩溃

鲍姆加特勒和琼斯（Baumgartner and Jones，1993）在研究间断均衡理论时，以美国的决策系统为基础进行分析。雷福德（Redford，1969）在《行政国家中的民主》一书中将美国的政治系统分为子系统政治和宏观政治。其中，美国的子系统政治指的是多元、分散化的决策系统，分别负责金融证券的管制、城市住宅、农业补贴等政策的制定，例如，全国劳资委员会负责调解劳工之间的关系。宏观系统指的是总统、国会以及与两者联系密切的政治制度。

Jones（1993）指出，子系统的决策过程常常是被单一利益主体或若干利益主体主导，是一个垄断的政策议定场所。政策在子系统中被讨论时，会不断地被制度化，表现出维持现状的保守性。即使存在非均衡的变化，系统在路径依赖的作用下也总能回到原来的状态。因而，子系统中的政策变动常常表现出渐进性（David，2012）。

子系统的政策垄断可能会发生改变。在之前的子系统决策过程中，失利的一方会呼吁宏观政治系统对于政策问题重新进行界定。当政策问题由子系统进入到宏观政治系统，会受到媒体和公众的高度关注，各方利益集团也都被广泛动员起来。社会公平、人身安全、消费与投资等概念在宏观政治系统中不断地被提及，政策可能会被重新制定，由此产生了政策领域中的非渐进性突变（Baumgartner et al.，2009），如图2－3所示。

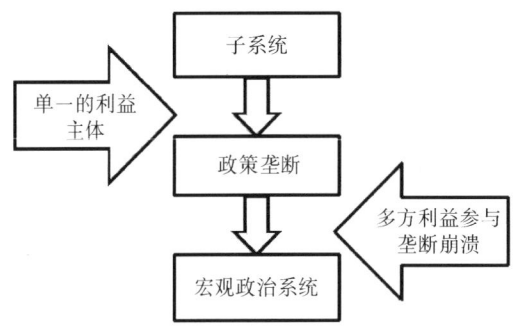

图2－3　子系统和宏观系统的运行过程

在上述的决策运行框架中，政策形象（Policy Image）和政策议定场所（Policy Venue）会影响决策过程。政策形象，指的是在政策的发起和实施过程中，公众、专家与媒体等如何看待与理解政策[①]。政策议定场所，指的是政策制定过程中的制度因素[②]。正面的政策形象与垄断型的政策议定场所，会加速政策的垄断；反之，负面的政策形象和开放的政策议定场所，会呈现出决策的多元化，政策更容易发生变化（Baumgartner et al.，1993）。

---

① 政策形象有正面与负面之分，正面的政策形象会加速政策垄断，而负面的政策形象则会导致政策的崩溃。

② 政策议定场所有开放型与垄断型之分。开放的政策议定场所呈现出决策者的多元性，当多个机构影响着政策制定时，政策更容易发生变化。反之，在垄断型的政策议定场所中，决策者往往是单一的，政策也往往趋向于稳定。

二、体制惯性和摩擦作用

在间断均衡理论中，体制惯性和体制摩擦是重要的影响因素之一。由于体制惯性的存在，决策倾向于维持政策现状。Baumgartner，Green 和 Jones（1993）运用"体制摩擦"的概念，来解释外界压力与体制惯性在抗衡过程中产生的各类成本。该词汇来自于组织学，Coase（1937）发现当公司的规模增长时，组织的成本会随之增加，因而公司的回报率呈现出递减的情形。

Baumgartner et al.（2009）采用四步骤的政策循环模型，来界定政府的政策决策过程。第一步，社会过程，指的是一系列可能影响人们关系问题的重要性因素，这些因素的出现迫切地渴望相应的政策变动，包括社会、政治、经济环境的变动。第二步，政策输入，指的是一系列的影响因素进入了政府的关注点，但由于政府能力上的限制和信息的不确定性，政府通常会基于媒体信息和学术研究来评价和判断社会对于政策变动的需求。第三步，政策过程，指的是政府的决策平台，如引入立法、国会对新政策的出台与否进行讨论。第四步，政策输出，指的是政府通过出台相应的政策对社会需求所做出反应。

在上述的决策系统中，社会环境的变化、突发事件的发生、政治事件、民众焦点等转化为政策产出是存在成本的。琼斯（Jones）认为这些成本可以分为信息成本、认知成本、决策成本和交易成本[①]。这四种成本在预算制度中的作用，近似于摩擦力在物理模型中的作用。当社会需求线性输入预算决策系统时，由于制度摩擦的存在，政策输出会显示出非线性（Bar，1997）。

Frank（2006）认为在美国政治系统中，立法、司法和行政的三权分立，加大了体制惯性和体制摩擦，从而会增加预算决策的成本。Baumgartner et al.（2009）也指出美国政府在行政设计上并不要求它的系统对每一项社会变动都做出政策上的反映，行政机构更多的是需要对达到一定临界值的公共压力做出反应。

[①] 第一类为决策成本，包括了达成共识所需要的协商成本；第二类是交易成本，指的是协议达成后在市场交易中形成的成本，主要涉及遵守合同成本和向第三方支付其他付款以完成交易的成本；第三类是信息成本，指的是获取信息来做出相关决策的成本；第四类是认知成本，指的是如果个体没有注意到环境的关键性变化，那么他就无法决定是否要进行行为改变。

三、注意力转移

信息消费的是决策者的注意力,信息能否发生作用,最终取决于信息能否被决策者注意到。琼斯在1994年和2001年分别出版了《再思民主政治中的决策制定》和《政治与选择的架构》两本书,在书中作者认为,有限的注意力和注意力转移,会导致政策稳定和政策突变(Jones,1994)。这一观点,也是鲍姆加特纳的"间断——均衡"理论的基石。

决策者面对的环境往往是复杂的,而人类的处理能力是有限的,因此决策时只能注意到有限的部分,无法对所有领域予以关注。在一般情形之下,决策者的注意力并不会随着环境的改变而转移,除非发生重大的议程变迁(Jones et al. , 2012)。

决策者的注意力转移,一方面会受到社会环境因素的影响,另一方面受制于利益相关者。Walker(1977)描述了美国在20世纪60年代交通事故大幅增长,国会由此对汽车行业施加了更为严厉的法律法规。但社会环境因素也会受决策者的影响,Jones et al. (2012)指出美国国会只有在经过党派间的讨论后,才会通过经济或者医疗的议案。对于利益相关者而言,由于决策者的注意力具有局限性,相关预算问题被提上政策议程就充满了竞争性。相关部门或议员会通过包装政策形象、召开听证会等形式来吸引决策者的注意力。

媒体注意(Media Attention)也会影响决策者的注意力转移。媒体通过发现社会问题,进而对政府相应行为进行质疑,甚至批判,使得社会公众对这些社会现象有所探讨与反思。在媒体与社会公众的舆论推动下,政府会重新审视自身的行为,进而改变原有的政策图景。Jones et al. (1993)研究了美国媒体对于杀虫剂与吸烟问题的报导数量变化以及政府的反应。

四、信息处理

传统理论认为,偏好对预算决策具有基础性的意义,决策过程被认为是偏好输入与政策输出的过程。Pande(2013)基于印度各邦的面板数据分析,表明弱势群体当上议员后,在公共政策制定时,会倾向于弱势群体一方的转移支付。对于传统的偏好理论,Jones(2012)提出另一种观点,认为可以从决策者对于信息处理的优先权入手,来解释决策行为。

信息处理过程包括信息的收集、整合、处理(Jones and Baumgartner, 2005)。决策者面临的日常信息是多元化,这些信息的可信度也是参差不齐。由于决策者是有限理性的，他会忽略环境中大部分的信息内容，只对于某些信息予以关注（Jones，2012）。在决策的大部分情况下，信息处理的优先权都是固定的，由此决策结果会呈现出稳定性。

Jones（2012）认为，信息处理的变化只有在两种环境下才会产生。一种情形是外界的信息流过于强大，另一种情形是信息逐渐积累，克服了决策系统的摩擦。此时，决策的间断均衡变化就发生了。近些年来，学者在研究美国的联邦与州的决策行为时，都获得了大量间断均衡变化的证据（Prindle，2012）。

第三节　国内预算决策理论发展及评价

一、国内预算决策理论发展

国内学者更多的是从理论层面对预算决策理论进行了归纳和介绍。马俊、叶丽娟（2004）将预算理论发展分为两个阶段，在前一阶段中以渐进主义和公共选择等理论为代表，后渐进主义阶段有鲁宾的描述性理论等。同时，马俊等人希望能够通过对预算变量的识别，对预算变化走势进行有效的预测，从而将预算理论与预算政策紧密结合起来。於莉（2010）以综述的形式梳理了20世纪六七十年代以来，渐进主义理论发展的成果与面临的难题，肯定了其在一定历史时期发挥的作用，以及在预算理论中的地位。董静、苟燕楠（2004）认为计划体制下的公共预算采用较为原始的基数法，在实践中表现出渐进主义的特征，而20世纪90年代末期以来公共财政框架的构建，使得决策环节更为规范科学，体现理性主义的要求，因此我国的预算决策是以理性为主导的渐进主义。汪冲（2015）研究了我国转移支付分配模式，总体表现符合基数加上边际性增长的渐进预算模式。

近些年来，间断均衡理论逐渐在国内的政策学领域受到关注。邝艳华（2011）对国外公共预算决策理论进行了述评，介绍了从理性预算理论、渐进预算理论到间断均衡理论的发展。杨涛（2011）从理论层面详细介绍了间断均衡理论的缘起、核心概念以及政策过程。朱春奎等人（2012）也从基础理论、实证应用等层面对间断均衡理论做了梳理与归纳，对其在公共预算领域的前景进行了展望。刘开君（2016）在杨涛的基础上，以我国科研政策的变迁为例，分析了政策变化的总体趋势，注意力分配和制度因素对政策变化的影响。在实证层面，邝艳华（2015）通过分析我国省级环保支出变化,发现预算决策受到决策者注意力和体制摩擦的共同作用而表现出间断均衡的特点。Chan 等人(2016)对我国省级预算支出分项的数据进行了检验,结果表明符合间断均衡的预算模式,并且他们进一步探讨了地方注意力转移与间断均衡变化之间的关系。

二、国内外文献综述评价

国内外学者关于预算决策模式的研究,主要基于本国的预算决策机制,因而存在国别差异。在美国的政策决策体系中,总统、国会和媒体分别是重要的决策者和参与者,因而国外在间断均衡理论研究中,对总统的讲演、选举人的政治偏好、党派类别、国会席位等研究较多。但是我国缺乏子系统政治与宏观政治这一制度基础,在引入间断均衡理论的过程中,需要根据我国预算决策体制的特点进行理论的修正。

相较于国外的预算决策模式研究,国内进展相对较滞后。国内的研究主要集中于理性主义和渐进主义预算理论,并且总体拘泥于预算决策理论本身和预算的宏观背景,缺乏对我国预算决策机制的分析。近年来,逐渐有学者转而向间断均衡理论,但多集中于理论综述层面。尽管有少数应用性研究,但是更多的是将该理论置于公共管理与政策学的框架下,在预算领域未得到重视。

国外在研究预算决策范式时,辅之以实证分析,通过测算预算支出变动率的分布、影响因素建模将预算问题定量化。国内在预算决策研究中,偏好于理论研究,缺乏必要的实证检验,加大了对于我国预算决策模式判断的分歧。因而有必要增强我国预算决策领域的定量研究,提供实证依据。

第三章

我国省级预算决策模式的判定

第一节 间断均衡预算模式的判定方法

如果政府的注意力配置对环境改变的反映是有效的,那么预算决策服从渐进主义。根据中心极限定理,琼斯等推导出渐进的预算变化符合正态分布(Padget,1980)。关于间断均衡预算的判断,本文采用 Breunig(2006)的方法:如果与渐进预算分布相比存在着极大的差异,就认为是间断均衡分布。也就是说,如果预算支出服从正态分布,就被认定是渐进主义的预算模式,否则为间断均衡的预算模式。

一、直方图和折线图判定法

判断预算支出变动率分布的方式之一,是采用直方图检验。一般认为,间断均衡预算分布存在着以下的特点:高耸的尖顶、瘦弱的肩膀,以及肥胖的、长长的尾巴。尖峰说明预算存在着大量的微小变化;瘦弱的肩膀表明预算中有少量的适度性变化;又肥又长的尾巴说明预算中存在偶然性的巨变(邝艳华,2011)。

另一种方法是绘制预算支出变动率的曲线图。琼斯(Jones,2014)使用折线图描绘了美国 1791 年到 2010 年的预算逐年变化率,发现在一战和二战期间预算支出发生巨大波动,军费支出大幅增加。使用折线图的优点是,可以更加直观地了解预算变化率的走势,对特殊年份的大幅变动更为敏感。

二、统计检验方法

使用直方图和折线图分布的检验方法只是简单的描述性统计,存在一定的不客观性。因而，采用统计方法进行检验更有说服力。本文使用两种拟合优度的检验方法来衡量所给出的观测值是否符合某种特定的分布形式。

K-S检验方法，即柯尔莫哥洛夫（Kolmogorov）—斯米诺夫检验（Smirnov），主要是对单个样本的分布特征进行检验。它是根据样本的经验分布来确定总体是否服从某种理论分布的检验。使用非参数检验的1-Sample K-S子过程可以用于检验给出的分布形式是否符合正态分布，这种检验方式要求比较大的样本量。

相比之下，S-W检验是一种更为有效的检验正态分布的方法。这种检验方法由夏皮洛（Shapiro）和威尔克（Wilk）于1965年提出。使用这种方法的优点在于，样本容量在3到50时都能够使用。

三、间断强度（L-kurtosis）判定法

L-峰度（L-kurtosis）检验，是预算支出正态分布检验的另一种方法。L-峰度与传统的峰度测算方法的区别在于：国外统计类文献对以传统矩为基础得到的峰度的有效性与解释力度存在着质疑，认为这类峰度的计算是有偏的，会得到过度的方差，或者统计结果常会受到异常的样本值的干扰（Sharma and Paliwal，2006）。Hosking（1990）将以线性矩为基础得到的L-峰态被引入到统计学中，线性矩法是由Hosking在概率权重法（Probability Weighted Method）发展而来[①]，第r阶线性矩可以表示为：

$$\lambda_r = \frac{1}{r}\sum_{k=0}^{r-1}(-1)^k\binom{r-1}{k}E(X_{r-k,r}), r = 1,2,\cdots \quad (1)$$

在这里，假设一组随机序列X，以及累积分布函数$F(x) = P(X<=x)$，对于给定的样本序列X_1，X_2，…，X_n，将这些样本按照从小到大的顺序进行排列，使得$X_{1,n} \leq X_{2,n} \leq \cdots \leq X_{n,n}$。L-峰度的计算公式如下：

$$L-kurtosis = \lambda_4/\lambda_2 \quad (2)$$

L-峰度介于0到1之间；等于0.123说明符合正态分布，即渐进主义模式；超过0.123说明存在间断过程，并且数值越大说明间断程度越高。使用线性矩有以下优点：在所有的样本规模和分布中结果无偏；即使有异常

---

① JRM Hosking. L-moments analysis and estimation of distributions using linear combination of order statistics [J]. Journal of the Royal Statistical Society.

的样本存在，也表现地比较稳健①；在参数估计过程中更为精确和有效。间断均衡的检验方法及标准如表 3-1 所示。

表 3-1　　　　　　　间断均衡的检验方法及标准

检验方法	实证经验	间断均衡的检验标准
直方图检验	Mandelbrot（1997） Mandelbrot（1997）	高耸的尖顶、瘦弱的肩膀，以及肥胖的、长长的尾巴。尖峰说明预算存在着大量的微小变化；瘦弱的肩膀表明预算中有少量的适度性变化；又肥又长的尾巴说明预算中存在偶然性的巨变
折线图检验	Jones（2014）	特殊年份预算的变化率发生大幅波动
K-S 检验	Breunig（2006）	根据得到的 D 值，如果 D 统计量小则拒绝正态分布（渐进主义）的假设
S-W 检验	Breunig（2006）	根据得到的 W 值，如果 W 统计量小则拒绝正态分布（渐进主义）的假设
峰态检验	Karl（1905） Jones（2003）	峰度大于 3，说明分布呈现尖峰形态，存在间断过程
L-峰态检验	Hosking（1990） Lam（2015） Jones（2009）	在本次检验中，L-峰度介于 0 到 1 之间；等于 0.123 说明符合正态分布，即渐进主义模式；超过 0.123 说明存在间断过程，并且数值越大说明间断程度越高

第二节　省级预算支出间断均衡变化的描述性统计

一、应用指标和数据说明

（一）政策代理变量的选取

在研究预算政策变动时，现有的研究倾向于将预算结果作为政策制定的代理变量，并且常常关注于预算的某个分项支出。这种方法存在的缺陷是，没有考虑到各预算分项支出之间的相关性，只是单独研究某些分项支出无法明确知道整个预算的决策过程。

---

① Todd C. Headrick, Mohan D. Pant, J. R. Fernandez, E. Skubalska-Rafajlowicz, W. Yeih, A Method for Simulating Nonnormal Distributions with Specified L-Skew, L-Kurtosis, and L-Correlation." Specifically, some of the advantages that L-moments have over conventional moments are that they (a) exist whenever the mean of the distribution exists, (b) are nearly unbiased for all sample sizes and distributions, and (c) are more robust in the presence of outliers".

为了克服这个缺陷,我们在描述预算分布的时候,把预算中所有的分类变动都综合到一起。预算的分类支出并不是独立的,而是相互关联,并且需要考虑在支出上限一定的情况下如何权衡各项支出。当预算有所削减的时候,预算支出的总额以及各分类支出的数额都会受到相应的影响;有时,政策制定者会选择预算支出中的某些领域有所增减,而使得其他领域不受影响。因此,在研究预算支出时有必要考虑到政府的各个功能支出情况,这样能够更好地测定互相是如何影响的。

(二)数据来源和处理

本文使用2000—2016年的31个省级行政区的年度预算分项支出数据,包括22个省,4个直辖市以及5个自治区。数据来自于各省统计年鉴、国家统计局网站和wind数据库。财政分项支出数据具体包括地方财政一般公共服务支出、地方财政国防支出、地方财政公共安全支出、地方财政教育支出、地方财政科学技术支出等科目[①]。

在数据处理上,本文参照Chan和Zhao(2016)的方法,对于每个预算分项支出,通过计算变动率来描述每年预算分布的调节情况。需要说明的是,此处的变动率涉及"percentage—percentage difference",即我们计算了每个预算支出科目相对于预算总支出的占比,用p_{it}表示。然后计算逐年预算占比的变动率,用d_{it}表示[②],d_{it}的计算公式可以表示为:

$$d_{it} = \frac{p_{it} - p_{it-1}}{p_{it-1}} \times 100 \tag{3}$$

其中,p_{it}和p_{it-1}分别表示预算支出科目 i 在第 t 年和第 t-1 年的预算占比。

考虑到2007年涉及政府收支分类科目进行了调整,预算支出变动率会较大,故将该年预算支出变动率的数据剔除。表3-2、表3-3是预算分项支出变动率的统计性描述。

表3-2   2000—2006年预算分项支出占比的统计描述

科目(亿元)	预算支出变动率的统计描述		
	平均值(%)	最小值(%)	最大值(%)
基本建设支出	0.003	-0.420	1.079

---

① 指全省预算支出。
② 在处理直方图分布和计算 L-kurtosis 时,针对不同科目的变动率,本文是将这些科目都整合在一起,看整体性的预算分布是否符合正态分布的情况。原因在于,预算的分类支出并不是独立的,而是相互关联。

续表

科目（亿元）	预算支出变动率的统计描述		
	平均值（%）	最小值（%）	最大值（%）
企业挖潜改造资金支出	-0.035	-0.695	2.526
科技三项费用支出	0.005	-0.492	0.944
农业支出	0.157	-0.465	5.470
农林水利气象等部门事业费支出	-0.073	-0.875	0.654
工业交通部门事业费支出	0.083	-0.420	1.100
流通部门事业费支出	-0.004	-0.577	0.720
文体广播事业费支出	-0.014	-0.350	0.269
教育事业费支出	-0.006	-0.265	0.261
科学事业费支出	-0.053	-0.305	0.258
卫生经费支出	-0.014	-0.308	0.316
其他部门的事业费支出	-0.008	-0.569	0.398
抚恤和社会福利救济费支出	0.072	-0.289	0.580
社会保障补助支出	0.124	-0.487	1.383
国防支出	0.006	-0.229	0.313
行政管理费支出	0.480	-0.993	2.151
外交外事支出	-0.003	-0.262	0.258
公检法司支出	0.012	-0.327	0.349
城市维护费支出	-0.020	-0.803	3.694
公检法司支出	0.003	-0.420	1.079
城市维护费支出	-0.035	-0.695	2.526

数据来源：中国统计年鉴。

表3-3　　　2007—2016年预算分项支出占比的统计描述

科目（亿元）	预算支出变动率的统计描述		
	平均值（%）	最小值（%）	最大值（%）
地方财政一般公共服务支出	-0.071	-0.409	0.312
地方财政国防支出	0.012	-0.729	4.654
地方财政公共安全支出	-0.023	-0.269	0.277
地方财政教育支出	-0.005	-0.333	0.284
地方财政科学技术支出	0.007	-0.441	0.696
地方财政文化体育与传媒支出	-0.005	-0.514	1.045
地方财政社会保障和就业支出	0.005	-0.430	0.761
地方财政医疗卫生支出	0.051	-0.311	0.563
地方财政环境保护支出	0.031	-0.494	1.002
地方财政城乡社区事务支出	0.059	-0.405	1.718
地方财政农林水事务支出	0.040	-0.213	0.653
地方财政交通运输支出	0.155	-0.512	3.800

数据来源：中国统计年鉴。

二、预算支出变动率分布图

本文所指的预算间断均衡包括两个方面：渐进变化和大规模的预算跳跃。判断预算支出符合渐进变化的标准为 d_{it} 符合正态分布。本文希望通过检验每年预算支出变动率的分布情况，进而判断预算决策是渐进主义还是间断均衡模式。

本文采用 31 个省级行政单位 2000—2016 年全省预算分项支出的数据，来检验预算支出变动率的分布。采用的方法是，将所有的变动率 d_{it} 堆积在一起，如图 3-1 所示。从图形来看，虽然直方图的形状大致与正态分布曲线相吻合，但是直方图的顶峰远高于正态分布线，较为接近尖峰分布，并且左右侧区域并不完全对称。顶峰高于正态分布线，表明高耸的尖顶，即预算存在着大量的微小变化；直方图的右肩膀与正态分布线相比较低，表明肩膀比较瘦弱，即预算存在较少的适度变化；直方图的右侧尾巴非常长，且高于正态分布线，即预算中存在比预想要多的偶然性剧变，这类剧变主要表现为预算偶然性地大幅增加。图 3-1 的结果表明，在此期间我国预算支出并不符合渐进主义的预算模式，更符合由微小变动和偶然性突变相结合的间断均衡的预算模式。

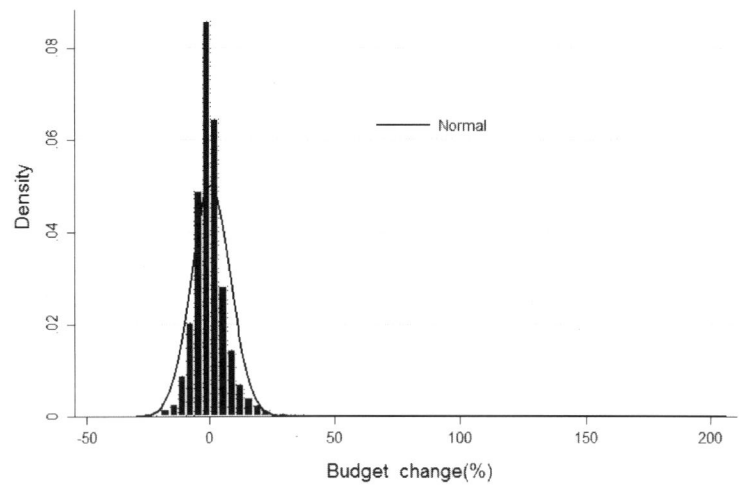

图 3-1　2000—2016 年各省预算支出变动率分布图

三、分省预算支出的间断强度（L-kurtosis）

（一）间断性强度测算

表3-4给出了2000—2016年地方省级行政单位预算支出变动率的S-W和K-S正态分布检验，以及计算了地方预算支出的间断强度。从数据的结果来看，两个统计检验均拒绝预算支出变动率符合正态分布的假设，说明预算支出存在较大的波动。

表3-4　　　　2000—2016年地方预算支出变动率[①]　　　　单位：%

省级行政区	平均数	S-W检验	K-S检验	p值	L-峰度[②]
北京	0.0115	0.8360	7.8050	0.0000	0.3193
天津	0.0167	0.6595	9.5010	0.0000	0.3885
河北	0.0204	0.4955	10.4140	0.0000	0.4086
山西	-0.0021	0.6326	9.6770	0.0000	0.3902
内蒙古	0.0004	0.7578	8.7090	0.0000	0.3160
辽宁	0.0044	0.8233	7.9770	0.0000	0.2988
吉林	0.0135	0.6091	9.8210	0.0000	0.3333
黑龙江	0.0096	0.7102	9.1260	0.0000	0.3021
上海	0.0511	0.3821	10.8850	0.0000	0.4558
江苏	0.0144	0.7466	8.8150	0.0000	0.2984
浙江	0.0209	0.5384	10.2070	0.0000	0.3797
安徽	0.0159	0.7379	8.8930	0.0000	0.3519
福建	0.0075	0.7589	8.6990	0.0000	0.3456
江西	0.0237	0.7420	8.8570	0.0000	0.3635
山东	0.0274	0.4028	10.8060	0.0000	0.4511
河南	0.0251	0.6452	9.5960	0.0000	0.3856
湖北	0.4987	0.0497	11.8840	0.0000	0.3079
湖南	0.0189	0.7009	9.2000	0.0000	0.3424
广东	0.0203	0.8804	7.0710	0.0000	0.2851
广西	0.0067	0.8825	7.0300	0.0000	0.2751
海南	0.0380	0.7445	8.8340	0.0000	0.3838

---

① 此处剔除2007年的变动率，原因是政府收支分类科目改革，这一年数据的连续性不佳。
② 此处每省（市）的间断强度为根据2000—2016年的预算变动率，计算得到L-峰度。

续表

省级行政区	平均数	S-W 检验	K-S 检验	p 值	L-峰度
重庆	0.0064	0.8423	7.7130	0.0000	0.3059
四川	0.0053	0.7290	8.9700	0.0000	0.3192
贵州	0.0050	0.7827	8.4580	0.0000	0.3313
云南	0.0012	0.8692	7.2800	0.0000	0.2771
西藏	0.0141	0.8055	8.2000	0.0000	0.3007
陕西	0.0019	0.8080	8.1700	0.0000	0.3044
甘肃	0.0144	0.8184	8.0410	0.0000	0.3328
青海	0.0129	0.6952	9.2430	0.0000	0.3245
宁夏	0.0064	0.8088	8.1610	0.0000	0.2847
新疆	0.0293	0.3889	10.8590	0.0000	0.4543

数据来源：中国统计年鉴。

图 3-2 是各省 L-峰度的直方图，可以直观地比较各省 L-峰度的大小。从图像上，我们可以得到：在不同时间段内，所有省份的 L-峰度都远远大于 0.123，没有一个省份的预算分布是符合或者接近正态分布的。这表明预算分布是由大量的微小变动和一系列的极端变动值所组成的。

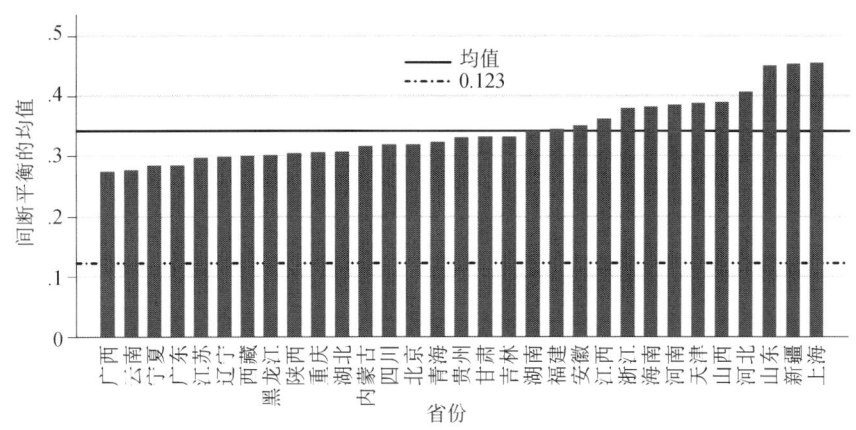

图 3-2 2000 年到 2016 年各省预算支出的间断强度

（二）间断均衡变化分析

从图 3-2 中可得，在 31 个省市中，广西壮族自治区的平均间断性强度是最小的，上海市的平均间断性强度是最大的。从预算变化率来看，广西壮族自治区分项预算支出变化率集中在调减 63% 到调增 100% 之间，上海市的集中在调减80%到调增400%之间。其余省份中,青海、贵州、甘肃、吉林省的平均间断强度位于中位数附近。所有省份的间断强度均值都大于0.123这个临界值,说明这些省份的预算支出分布都不符合正态分布,都属于间断均衡的预算模式。并且这些省份的间断强度均值为0.343,说明呈现出较强烈的预算支出变动。

在对各省预算支出变化的间断性强度测算过程中,上海市的间断性强度较大。预算变动的背后,有其政策因素。以2016年为例,上海市在年初预算草案中提到,社会保障和就业支出增幅为84.4%,医疗卫生与计划生育支出增幅为58.2%。其中,对社会保险基金的补助的增长为141.9%,以落实上一年度对事业单位养老保险的改革。医疗保障增幅为183.3%,从2016年开始,上海市实施统一的城乡居民基本医疗保险制度,落实国家社会保险制度改革,增加安排行政事业单位的医疗保险缴费。社保政策的改革,导致相应支出的大幅增长。

四、描述性统计的结果小节

在上文中,本文采用了直方图法、S-W检验、K-S检验和L-峰态检验这些方法对省级行政单位的预算支出变动率的分布情况进行了检验。实证结果一致表明,预算支出变动并不服从正态分布,省级预算支出主要由大量的边际性变动组成,也存在一些极端的变动,符合间断均衡的预算模式。同时,我们的分析结果表明,不同省份间的间断性变化强度并不相同。由此可得,间断均衡理论同样适应于描述和解释我国的省级预算支出。检验结果如表3-5所示。

表3-5　　　　　　　　　间断均衡的检验结果

检验方法	间断均衡的检验结果
直方图检验	直方图分布呈现高耸的尖顶、瘦弱的肩膀,以及肥胖的、长长的尾巴
S-W检验	根据得到的W值,均拒绝正态分布(渐进主义)的假设
K-S检验	根据得到的Z值,均拒绝正态分布(渐进主义)的假设
L-kurtosis检验	L-kurtosis均大于0.123,说明存在间断过程;不同省份的L-峰度不同,间断程度不同

第三节 我国预算支出间断均衡变化的例证

一、环境问题对决策者注意力的影响

根据间断均衡理论,决策者的注意力是一种稀缺的资源,预算决策者对于预算项目的优先排序,就是通过对预算问题的界定、辨识,以及决定给该问题分配多少的注意力来实现的。当前环境问题日益严重,预算决策者的注意力会转移到环境保护的相关政策层面。

在"十二五"期间,政府颁布了《关于加强环境保护重点工作的意见》,意见指出"加强环境保护重点工作";2016年4月,国务院颁布了《关于健全生态保护补偿机制的意见》,在推进体制创新中提到"应该建立稳定投入机制,预算方面向有利于环境保护的项目进行倾斜",如表3-6所示。

表3-6　　　　我国环境保护支出逐年变动率　　　　单位:%

年份	环境保护支出	污染防治支出	大气污染防治支出	水体污染防治支出
2011	8.15	6.41	-3.62	5.84
2012	12.21	7.08	10.66	5.67
2013	15.92	10.25	137.02	3.11
2014	11.08	19.87	143.71	12.12
2015	25.87	21.17	76.89	13.32
2016	-1.42	10.15	3.35	21.18

数据来源:财政部网站。

在预算支出方面,我国公共财政预算加大了对于大气防治的投入力度。2013年度和2014年度,我国全国大气防治预算支出变动率达到了137.02%和143.71%。而在此之前,大气防治预算支出变动率仅为10%左右。2016年之后,我国大气污染得到了一定的改善,预算支出变动率有所下降,2016年大气防治预算支出增幅仅为3.35%。与其他预算支出项目相比,大气防治预算支出的变动幅度最大,主要原因在于社会环境压力,以及决策者对环境保护的注意力转移。

二、地震事件对决策者注意力的影响

自然灾害等非可抗拒因素，也会对预算决策者的注意力产生急剧的影响。2008年5月12日，我国四川省汶川县发生特大级地震。我国政府对此给与高度重视，国务院相继颁布灾后重建文件。国务院在《汶川地震灾后恢复重建条例》和《国务院关于做好汶川地震灾后恢复重建工作的指导意见》中均提及，运用财税、产业等综合的政策手段，筹集灾后重建资金。

为完成灾后重建工作，汶川县加大了一般预算支出。在财政执行报告中，2008年该县的一般预算支出数额比上一年度增长了380.4%。其中，社会保障支出高达2.9亿元，增长率为1255.5%。而在正常的预算年度中，一般预算支出的变动率稳定在10%以内，预算支出变化并不大。

与汶川县的情况相仿，2013年四川雅安市的芦山地震也对预算决策产生了极大影响。国务院在事后发布了《芦山地震灾后恢复重建总体规划》，文中提及灾后重建工作大概需要资金860亿元，中央财政会调拨各类资金，分年度下达灾区。2013年该市地方一般预算支出为413.6亿元，增长率达到350%。在其余预算年度中，预算支出变动率都较为稳定。由于突发事件的影响，预算资金的分配产生了巨大幅度的波动，事后又回到了渐进变化的均衡状态。如表3-7所示。

表3-7　　汶川和芦山县一般预算支出逐年变动率　　单位:%

年份	汶川县	汶川县占全省支出	芦山县	芦山县占全省支出
2008	380.39	68.22	94.71	16.16
2009	1.59	21.66	163.65	116.52
2010	89.36	18.90	-50.28	-58.07
2011	-60.33	9.29	1.77	-7.31
2012	30.28	16.64	22.15	4.76
2013	5.91	14.10	413.57	350.01
2014	-8.56	9.21	57.93	44.56
2015	-6.91	10.27	-53.33	-57.69
2016	2.92	6.81	-39.57	-43.43

数据来源：财政部网站。

第四章

省级预算决策间断均衡变化的理论与假设

第一节 省级预算决策间断均衡成因的理论基础

根据间断均衡理论，影响预算决策变化的核心要素有外界环境的压力、制度本身的惯性，以及决策者对于事件的注意力。就外界环境压力而言，只有其达到临界值时，才会对预算决策产生重大影响。预算制度则具有稳定性，一般情况下不会发生改变。相对而言，决策者的注意力最容易发生变化，分别受到环境压力和决策者本身偏好的影响。由此，本文在解释我国预算决策间断均衡变化的成因时，着重就决策者的偏好因素加以分析。

一、预算制度的惯性

在间断均衡变化的形成过程中，制度惯性是最为基础的因素。制度惯性，也被叫作制度依赖，指的是诸如制度规则和情境等的迟滞压力会阻碍预算决策行为。当旧的预算决策已经不再适应新的环境的时候，政府并没有意愿对其进行改变。对于公共部门而言，制度惯性是一系列成本和收益权衡后的产物（Sunstein，2014）。政党之间的意见分歧、决策结果的延续趋势等会使得决策改变显的困难（Grant and Wilks，1983）。在制度惯性下，预算决策制定者对于低于一定阈值的社会需求并不做出反馈（Baumgartner et al.，2009）。

但是，决策系统在输入信息转化为输出结果的过程中，会经历决策者偏好的改变、新的参与者的加入、新信息的获取以及突然间的注意力的转移。这些因素都将对输出结果转化施加额外的压力，与原有的预算体制惯性抗衡。例如，政治集团、投票者、立法机构等都会通过对预算决策施加不同程度的压力，来影响预算决策变动程度。预算体制系统，一方面在外界压力下趋向于改革，另一方面在制度惯性的阻力下保持固有状态。预算决策过程中的惯性越大，产生的摩擦力也越大，决策改变遇到的阻碍和额外的成本越多。制度摩擦逐步积累，最终会突破原有的制度惯性，表现为预算支出的重大变化。

本文借用"制度摩擦"的概念，在文中指的是，地方官员由于预算决策偏好的转移，希望改变预算支出规模和结构，这个时候官员需要挑战原有的制度惯性，产生了制度摩擦。本文使用间断强度（L-kurtosis），来反映预算支出发生重大变化的程度。

二、预算决策者的偏好

（一）提升财政效率

尽管预算制度存在既有的惯性，各方利益集团希望对制度惯性对抗，以改变已有的预算状况。就我国的国情而言，地方官员拥有强烈的偏好，对预算支出做出改革。Guo（2009）的研究表明财政分权加强了地方官员影响预算支出的能力，在官员任期的第3到4年预算支出的增长速率最快。周晓慧（2014）在探究官员任期与经济增长时发现，在省长任期的第3.21年和省委书记任期的第5.15年，GDP增长率达到最大值。耿曙等（2016）认为在固定任期的环境中，官员上任之初逐步加大投入力度，逼近离职点时努力与投入才有所下降。

地方官员通过改变预算支出的方式，表达"奋斗"过程，其目的为何？Chen（2005）认为这种动机来源于分权和地方政府的财政激励。在早期学术界，比较认同的观点是经济上的成就使得官员得以晋升（周黎安，2004），但是后来一些学者逐渐提出反驳，认为并未找到充分的证据证明经济绩效导向的选拔机制（陶然，2010；林挺进，2010）。郦水清等人（2017）对地方官员晋升机制做了观点综述，认为现实中存在标尺赛、竞标赛、淘汰赛等多种形式。地方官员虽然在基建中大幅投入可以提高被晋升的概率，但也需要应对社会稳定、环境保护、科教文卫发展等多项考核指标。

由于官员晋升考核因素的复杂性，本文将其定义为财政效率，指的是经济、民主、法制、国防、卫生、环境等多因素的考量①。地方官员希望通过提升综合的财政效率，既获得靠前的政绩排名又避免末位淘汰。官员提升财政效率，在施政决策的最重要领域——政府预算支出方面，表现为突破预算制度惯性，将财政资源重新得以分配。本文将地方官员对预算支出做出改革的动机称为主观意志。

（二）预算掌控力

地方官员有意愿，同时也有能力去控制地方的预算支出。尽管现有的财政制度已经对地方官员的自由裁量权进行了限制，但是地方官员仍然有足够的权力和影响力对预算进行支配（Guo，2009）。原因在于分税制下，中央无法对省级经济活动施加过多的影响。相反，中央会妥协与让步于地方的利益，使得地方能够遵循法规并做出财政上的贡献。所以，我国正在出现"地方集权"的现象，地方官员正发挥着越来越重要的作用（Zheng，2003）。地方官员可以通过"批条子""打招呼"等非正式的方式影响预算分配。在地方官员中，省长和省委书记所扮演的角色有所不同。省委书记往往是第一把手，对人事任命拥有更强的控制能力，而省长则负责政府日常职能的管理（Guo，2009）。

第二节 省级预算决策间断均衡成因的研究假说

在晋升激励的考核下，地方党政首长一方面追逐政绩，另一方面也会兼顾科教文卫等多个方面。为了完成各项考核指标，地方官员需要对有限的财政资源进行有目的性的分配。但是在现实中，预算政策还与法律、体制等因素紧密相关，常常表现出稳定性和连续性，不容易随着地方官员的意志进行改变。因而，在地方官员上任的前期，预算常常更为稳定。

随着地方官员在任时间的增长，其个人政治权威逐渐增长，更能够掌控辖区的人事（耿曙等，2016）。并且，任期越长，离任晋升的压力也就越大（Guo，2009）。此时，为了完成考核指标与施展政治意图，地方官员有动机去突破预算制度惯性。同时，伴随产生的制度摩擦将会逐步积累，直到预算支出发生改变（见图 4-1）。这一动态过程，会被政治科学领域中"间断强度"这一概念与指标（L-kurtosis）所"记录"。预算支出改变的

---

① 财政效率，是效率在财政领域的体现，指财政职能能够为社会成员提供民主、法制、国防、卫生等各种服务，满足各层次需求（杨海生、才国伟、李泽槟，2015）。对于财政效率的测量，在实证检验章节中会有详细介绍。

程度越大，间断强度也越大，说明官员与制度惯性的对抗也就越有力。

H1：主官任期越长，个人政治权威越强，预算掌控能力相应增强，其与制度惯性的"对抗"就越有力，预算支出也就越容易发生更加频繁的大改变，从而产生较大的间断强度。

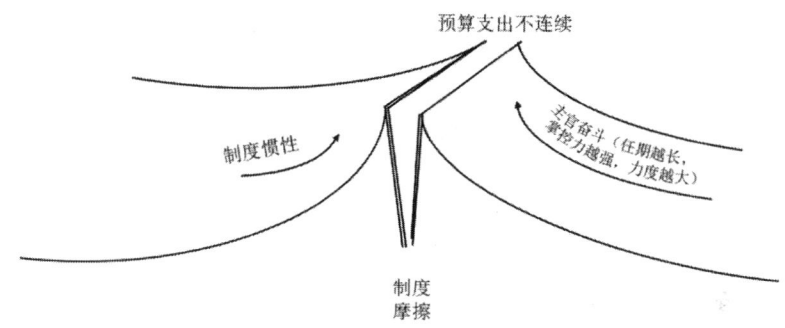

图 4-1 预算支出不稳定的成因

考虑到官员晋升的考核因素极其复杂，本文在这里将其定义为财政效率，涉及经济、卫生、社会安定、环境等多方面的考核。地方官员希望提高财政效率，以获得好的政绩排名，或是不被末位淘汰。在此意义上，预算被重新得以分配，是为了"目的性"地优化支出，从而提升财政效率。在表现形式上，官员会突破已有的预算惯性，使得间断强度的提升，正向促进财政效率。这一点也正好解释了官员对抗制度惯性的动机，形成理论上闭环。

H2：间断强度能够正向地促进财政效率，这为主官的奋斗提供了直接动机。如图 4-2 所示。

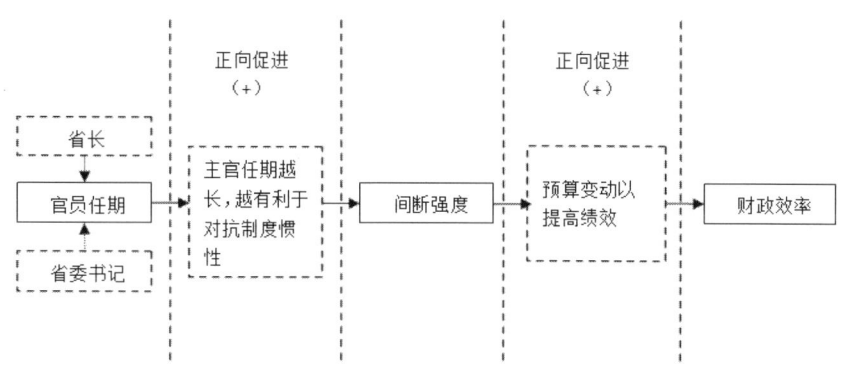

图 4-2 官员任期、间断强度和财政效率之间的关系

第五章

省级预算决策间断均衡变化成因的实证检验

——基于制度惯性与官员任期的视角

第一节 实证模型

前文中提出两个假说：官员任期越长，个人政治权威越强，对预算的掌控能力越强，产生的间断强度也会越大；间断强度能够正向提高财政效率。为了验证这两个假说，本章在方法上选择了动态面板和系统 GMM（System GMM）估计模型；在变量选择上，使用间断强度来度量省长和省委书记的地方主官意志对于制度惯性的挑战，外在表现形式为预算支出的不连续性，使用在任时间来度量地方官员的个人政治权威和预算掌控力。见图 5-1。

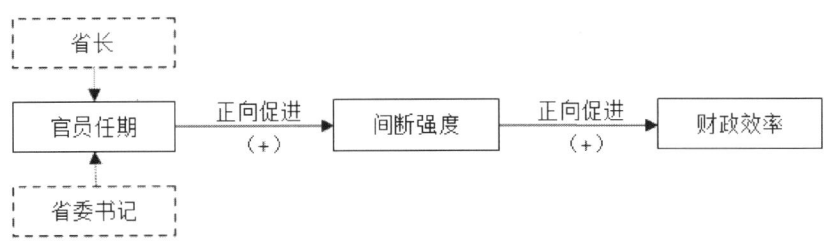

图 5-1 实证研究设计图

步骤 1 验证：官员任期越长，越有利于对抗制度惯性，间断强度越大。

此处选取了各省预算支出的间断强度作为被解释变量，主官在任时间作为核心解释变量。通过双向固定效应、动态面板来验证主官的在任时间越长，越会促使预算支出的间断强度增大。采用的回归方程如下：

$$lk_{it} = \alpha_0 + \alpha_1 \cdot lk_{it-1} + \alpha_2 tenure_{it} + \alpha_3 \cdot pergdp_{it} + \alpha_4 \cdot government_{it} + \alpha_5 \cdot$$

$population_{it} + \alpha_6 \cdot human_{it} + \alpha_7 \cdot city_{it} + u_i + \eta_t + \varepsilon_{it}$ (1)

其中，i 和 t 分别表示省份和时间，lk 表示间断强度，并加入了间断强度的滞后项，tenure 表示主官的任期。在控制变量的选取上，本文控制了实际 GDP 水平、人口规模、政府规模、人力资源水平以及城市规模。其中政府规模使用当年财政支出占 GDP 的比重，人力资本水平使用每万人中普通初中在校学生来衡量，城市规模采用城镇人口比重，这些数据采用的都是增长率的形式。尽管主官的变更频率也是影响因素之一，但是考虑到变更频率和在任时间实际上是倒数关系，因而使用主官的在任时间这个因素实际上已经包含了变更频率对间断强度的影响。

步骤 2 验证：间断强度能够正向提高财政效率。

本文使用 DEA 方法算得各省的财政效率作为被解释变量，再将预算支出的间断强度作为核心解释变量，通过双向固定效应、动态面板、系统 GMM 估计方法来验证预算支出的间断强度会正向促进财政效率。设定的模型如下，

$effective_{it} = \alpha_0 + \alpha_1 \cdot effective_{it-1} + \alpha_2 \cdot lk + \alpha_3 \cdot pergdp_{it} + \alpha_4 \cdot population_{it}$
$+ \alpha_5 \cdot government_{it} + \alpha_6 \cdot human_{it} + \alpha_7 \cdot city_{it} + u_i + \eta_t + \varepsilon_{it}$ (2)

其中，i 和 t 分别表示省份和时间，effective 表示财政效率，lk 表示预算支出稳定性。在控制变量的选取上，本文参照了杨海生（2015）、陈诗一、张军（2008）等的做法，控制了实际 GDP 水平、人口密度、政府规模、人力资源水平、城市规模。

考虑到因变量滞后项的加入带来的估计偏差问题，组内估计去均值过程会使得因变量滞后项与误差项存在相关性，本文数据又符合"大 N，小 T"的特点，因此采用 Blundell 和 Bond（1998）提出的系统 GMM（System GMM）方法来进行估计。本文将财政效率的滞后项、实际人均 GDP、人口密度、人力资本、城市规模设定为内生变量，将间断强度、政府规模设定为外生变量。考虑到本文使用的是小样本数据，为了保证结果的稳健性，采取了小样本统计量和两步（two step）系统 GMM 的设定方法。

第二节 重要变量和数据说明

一、财政效率

本文使用 2004 年到 2013 年间 31 个省级行政区经济数据，数据来自于

国家统计局网站、wind 数据库以及各省统计年鉴。财政效率采用 DEA 的非参数方法计算所得。在众多研究中，使用 DEA 的非参数方法来测算财政效率是比较通用的做法①。Fare 等（1994）最早将 DEA 这种测量方法用于研究技术进步，之后该方法被引入我国并得到广泛应用（李永友，2009；代娟、甘金龙，2013；何枫、陈荣，2009；陈诗一、张军，2008）②。DEA 采用线性规划的方式构造有效率的凸性生产前沿边界，应用已有的投入和产出的数据，识别技术效率最好的经营决策单位，并以此为基准构建最佳实践前沿。该方法的优点是有效避免了价格和数量级的干扰，不需要设定产出函数的具体形式，能够解决财政投入的多维产出问题。

本文采用数据包络法（DEA）方法来测算省级政府的财政效率。在投入方面，根据才国伟、钱金保（2011）的处理方法，本文将人均财政支出作为投入 X（单位：千元/人）。与 Afonso and Fernandes（2008）的做法一致，本文并未区分分项支出。在产出方面，地方政府在向当地提供的公共产品中，包括经济发展、社会保障、教育、环保、就业、社会治安等多个因素，考虑到数据的可得性等，本文考虑了以下方面，分别为经济发展、文化服务、卫生服务、绿化服务、基础设施服务、人民生活服务和教育服务（见表 5 - 1）。本文选取了 2004—2013 年的 31 个省级行政区的相关数据，数据来自于各省统计年鉴、国家统计局网站和 wind 数据库。对于 GDP 等数据，以 1978 年为基期进行了平减。

表 5 - 1　　　　　　　　　　产出度量指标汇总

变量	度量方式	单位
经济发展	人均 GDP	千元/人
文化服务	人均图书量	本/人
卫生服务	人均卫生人员数量	人
绿化服务	人均绿地面积	平方米/人
基础设施服务	人均铺路面积	平方米/人
人民生活服务	人均生活用水量	吨/人
教育服务	人均教师人数	人/万人

---

① 按照 DEA 方法，如果某厂商的投入产出为 (x, y)，则其技术效率的定义是：按照最优的技术效率生产，得到现有产出 y，使用投入 x 的最小倍数。

② 在财政效率的测算方法上，一般采用数据包络分析法（DEA, Data Envelopment Analysis）和随机前沿分析法（SFA, Stochastic Frontier Analysis）。陈诗一、张军（2008）采用 DEA 非参数技术测算了财政分权后省级地方财政支出的相对效率，得到的结论是省级的财政效率并不高。代娟、甘金龙（2013）利用 DEA 方法对我国 2011 年地方政府的财政支出效率进行核算，而且财政支出效率与地区经济发展水平关系密切。杨海生（2015）采用 SFA 方法来测算财政效率，测算结果为在 1999—2012 年期间，财政效率最高的地区是天津，最低为西藏。何枫、陈荣（2009）采用 SFA 方法对我国 2002—2006 年间的近 200 家上市公司的企业效率进行了测算。

根据 DEA 的测算方法，选择投入定向设定，技术选择规模报酬可变（VRS）设定。从测算结果来看，2004 年到 2013 年财政效率的均值是 0.637，标准差为 0.202，存在较大差异。从区域上看，东部地区的平均效率为 0.747，中部地区的平均效率为 0.695，西部地区的平均效率为 0.495。其中，平均财政效率较高的是广东、山东等省，平均财政效率较低的是西藏、青海、内蒙古、云南等省，能够较好地符合各省的财政现状。同时我们发现，间断强度和财政效率之间存在相关性，平均间断强度越大的地方，平均财政效率也越高如图 5-2、图 5-3 所示。

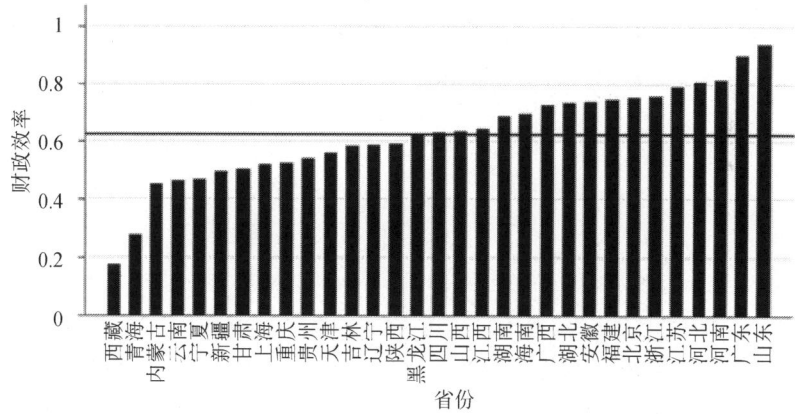

图 5-2　2004—2013 年各省的财政效率

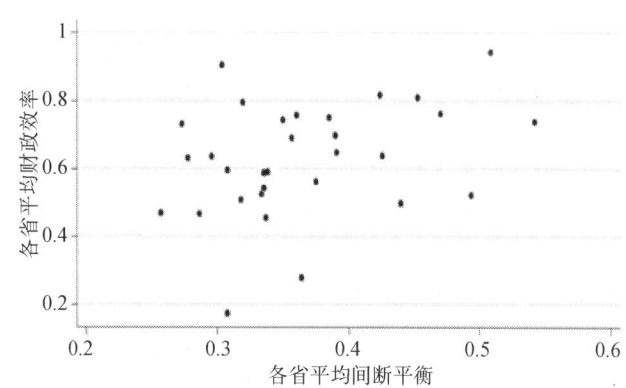

图 5-3　各省平均财政效率与平均间断强度散点图

二、在任时间

主官的任期数据采用的是 2004—2013 年全国 31 个省、自治区、直辖市的正职书记和省长、自治区主席、市长（下文中通称为省长省委书记）的在任时间。省长省委书记的数据来自于政坛网、人民网和新华网等网站。需要说明的是，关于官员在任时间的确定。官员通常不是在某年的开始月份或结束月份担任某一职位，所以对于一年中1月到6月上任的，我们将该年记为官员开始任职的年份，对于一年中7月到12月份上任的，则将下一年记为官员开始任职的年份。这样处理的原因在于官员上任后对该省份的经济以及财政等方面的影响往往具有滞后性，需要任职一段时间后才有所体现。表5-2给出了各个变量的基本统计描述。

表5-2　　　　　　　　各变量的统计描述

变量符号	变量含义	样本数	均值	标准差	最小值	最大值
effective	财政效率	310	0.6367	0.2020	0.1330	1.0000
lk	间断强度	310	0.3657	0.1170	0.1383	0.9463
tenture1	省长在任时间	310	3.1742	1.9162	1.0000	10.0000
tenure2	省委书记在任时间	310	3.4290	2.4175	1.0000	15.0000
pergdp	实际GDP增长率	279	0.0493	0.0505	-0.1647	0.2019
population	人口规模增长率	279	0.0076	0.0206	-0.1038	0.1703
government	政府规模增长率	279	0.0538	0.0662	-0.1028	0.4051
human	人力资源增长率	279	-0.0421	0.0502	-0.2298	0.1181
city	城市规模增长率	275	0.0288	0.0440	-0.4295	0.3997

数据来源：中国统计年鉴、政坛网、人民网等。

三、间断强度

在计算每个省份预算支出间断强度时，对于n年的间断强度，本文采用该省n-4年到n年的预算支出变动率数据。以五年为期，正好与我国地方政府每届任期相一致。

第三节　实证结果与分析

一、间断强度与官员任期的关系

表5-3显示的是2004—2013年官员任期与间断强度的回归结果。从中可得，省长在任时间对间断强度的影响不显著，无论是静态面板还是动态

面板都未显著。而省委书记在任时间对间断强度呈现出正向影响。在未加滞后项的双向固定面板效应中，省委书记的在任时间对间断强度的回归系数为0.0068，即省委书记在任时间越长，间断强度也就越高。在添加了间断强度滞后项的动态面板中，省委书记的在任时间对间断强度的回归系数为0.0039。从间断强度滞后项的回归系数为0.7479上可得，间断强度很大程度上依赖于滞后项，呈现出较强的惯性。

在基准回归模型的基础上，本文进行了以下稳健性检验：将控制变量中的人均实际GDP增长率替换为实际GDP增长率，将人力资本替换为每万人中普通小学在校学生或普通高中学生在校人数，将政府规模增长率替换为预算支出增长率，均得到了与上表一致的回归结果。

按照实证结果，省委书记而非省长的任期情况对间断强度具有正向影响，这与我国的国情相关。两者从职务上看，省委书记是省一级党委部门的领导者，而省长是省一级政府行政管理部门的领导者，两者的职位级别一致。但实际上，中央和地方各级党委有统领全局的权力，预算核定需要通过常委会审议，省委书记的权力要比省长大。一些研究表明，省长对地区的基建支出更有影响力，耿曙等（2016）对此观点是，省长需要对经济建设负责，因而更有激励去加大地区的基础设施建设。而在本文中，考虑的因变量是综合性支出，因而比起省长，省委书记更有权力去影响整体的预算政策，使得预算支出发生变动，从而产生较强的间断强度。

表5-3　　　　　　　　　　模型1回归结果

因变量 间断强度	省长模型		省委书记模型	
	（1） 静态面板	（2） 动态面板	（3） 静态面板	（4） 动态面板
间断强度 滞后项	—	0.7566*** (0.0405)	—	0.7479*** (0.0400)
官员任期	0.0048 (0.0034)	-0.0002 (0.0022)	0.0068** (0.0027)	0.0039** (0.0017)
人均GDP	-0.3816 (0.2483)	-0.3184** (0.1567)	-0.3909 (0.2427)	-0.2851* (0.1530)
政府规模	0.1298 (0.1197)	-0.0448 (0.0761)	0.1308 (0.1184)	-0.0336 (0.0751)
城市规模	-0.0341 (0.1442)	0.0394 (0.0911)	-0.0551 (0.1432)	0.0250 (0.0903)

续表

因变量 间断强度	省长模型		省委书记模型	
	（1）静态面板	（2）动态面板	（3）静态面板	（4）动态面板
人力资本	0.1967 (0.1448)	-0.0071 (0.0921)	0.2266 (0.1435)	0.0056 (0.0912)
人口规模	-0.0794 (0.4345)	0.0670 (0.2743)	0.0086 (0.4326)	0.1342 (0.2726)
常数项	0.3642*** (0.0290)	0.1068*** (0.0229)	0.3565*** (0.0273)	0.0929*** (0.0222)
R^2	0.1431	0.6602	0.1585	0.6675
省份效应	有	有	有	有
年份效应	有	有	有	有
观测值	275	275	275	275

说明：***、**、*分别表示在1%、5%和10%的置信水平上显著，括号中的数值为稳健性标准误差。"—"表示模型中没有该变量。

二、间断强度与财政效率的关系

表5-4展示的是2004年到2013年间断强度对财政效率的影响结果。表5-4中的前4列给出了间断强度对财政效率影响的最小二乘法（OLS）和双向固定效率（FE）的估计结果。为了对比考虑是否加入因变量的滞后项对财政效率的影响，本文在表中展示了这两者的结果。第（1）和（3）列展示的是无因变量滞后项的回归结果，第（2）和（4）列展示的是有因变量滞后项的回归结果。

由表5-4中的回归结果可得，当前的间断强度会对财政效率产生正向的影响，这在静态的OLS、FE模型中均有体现。在加入了因变量的滞后项后，OLS模型中间断性强度不再显著，但是FE、GMM-system模型中，间断性强度仍表现出显著。本文认为，当期的财政效率可能会延续往期财政效率的情况，为了能够更加准确地捕捉这种惯性，应该在模型中添加财政效率的滞后项。由第（3）和（4）列可得，在加入动态过程后，间断强度对财政效率的回归系数由0.1506降低为0.0808，原因是财政效率的滞后项提供了很大部分的解释力。从GMM-system模型的回归结果来看，间断强度对财政效率的回归系数为0.0956，通过了5%的显著性水平，与动态面板的回归结果相接近。使用GMM-system模型与OLS、FE模型的结果有所差

表 5-4　　　　　　　　模型 2 回归结果

因变量 财政效率	OLS		FE		GMM-system
	(1) 无因变量 滞后项	(2) 有因变量 滞后项	(3) 无因变量 滞后项	(4) 有因变量 滞后项	(5) 有因变量 滞后项
财政效率 滞后项	—	0.8828 *** (0.0229)	—	0.3563 *** (0.0643)	0.6712 *** (0.1069)
间断性强度	0.3735 *** (0.0882)	0.0128 (0.0354)	0.1506 *** (0.0434)	0.0808 * (0.0427)	0.0956 ** (0.0440)
人均 GDP	-1.6335 *** (0.3458)	-0.4429 *** (0.1372)	-0.4464 *** (0.1622)	-0.4430 *** (0.1526)	-0.2226 (0.2861)
政府规模	-0.5989 *** (0.1940)	-0.3721 *** (0.0752)	-0.2296 *** (0.0789)	-0.2843 *** (0.0749)	-0.4071 *** (0.0975)
城市规模	0.6215 *** (0.2371)	0.0526 (0.0929)	0.0242 (0.0952)	0.0046 (0.0897)	0.1051 (0.2481)
人力资本	-0.7406 *** (0.2157)	-0.0714 (0.0852)	0.0682 (0.0959)	0.0303 (0.0905)	0.3366 (0.3779)
人口规模	-2.7146 *** (0.6403)	-0.5945 ** (0.2536)	-0.2753 (0.2865)	-0.3275 (0.2698)	-0.0115 (0.4602)
常数项	0.6595 *** (0.0534)	0.0599 ** (0.0259)	0.7214 *** (0.0235)	0.4617 *** (0.0518)	0.2190 (0.0668)
R^2	0.3582	0.9044	0.6963	0.7322	—
省份效应	无	无	有	有	有
年份效应	有	有	有	有	有
Arellano-Bond AR (1) 检验	—	—	—	—	-1.73 *
Arellano-Bond AR (2) 检验	—	—	—	—	1.02
Sargan 检验	—	—	—	—	119.34
Hansen 检验	—	—	—	—	8.86
观测值	275①	275	275	275	275

说明：*** 、** 、* 分别表示在 1%、5% 和 10% 的置信水平上显著，括号中的数值为稳健性标准误差。"—"表示模型中没有该变量。

---

① 因 2004 年的数据样本中，控制变量数据缺失，故在回归过程中自动剔除了缺省样本，导致有无滞后项的观测值均为 275，下同。

异，原因在于 OLS 模型忽略了地区间的个体固定效应，而 FE 模型无法解决内生性问题，所以这两种方法的研究结果是有偏的。

在控制变量中，人均 GDP 和政府规模这两个变量的显著程度较高，而且在绝大部分的计量模型中都显著。其中，人均 GDP 对财政效率的影响显著为负，说明地区经济越发达，政府越容易膨胀，导致成本上升。从政府支出占 GDP 比重这个变量显著为负中，也可以得出这一点，可见"小政府"比"大政府"更有效率。人口规模的回归系数显著为负，说明人口越多，政府提高公共服务的难度越大，因而对财政效率产生了负向影响。

三、间断强度、任期与财政效率的关系

在上文的实证检验中，本文已经验证了间断强度会对财政效率产生显著的正向影响，同时地方官员的在任时间越长，预算支出的间断强度也会越大。据此推理，地方官员的在任时间越长，间断强度越大，也会导致财政效率越高。为验证该猜想，本文设定如下模型：

$$effective_{it} = \alpha_0 + \alpha_1 \cdot tenure_{it} + \alpha_2 \cdot lk_{it} + \alpha_3 \cdot pergdp_{it} + \alpha_4 \cdot population_{it} + \alpha_5 \cdot government_{it} + \alpha_6 \cdot human_{it} + \alpha_7 \cdot city_{it} + u_i + \eta_t + \varepsilon_{it} \qquad (3)$$

财政效率为被解释变量，地方官员的在任时间、间断强度为核心解释变量，其他控制变量同上文。本文的建模思路为：先在模型中只添加主官在任时间变量，以验证在任时间对财政效率的影响。再添加间断强度变量，查看主官在任时间变量的显著性是否有所减弱，以检验间断强度变量对财政效率的影响力度。

表 5 – 5 第（1）和（2）列中核心解释变量为省长的在任时间，第（3）和（4）列中核心解释变量为省委书记的在任时间。从实证结果来看，省长的任期对财政效率影响不显著，省委书记的任期对财政效率的影响显著为正。这与上文实证检验中，省委书记的任期会加剧间断均衡，间断均衡又对财政效率有正向促进作用，所得到的结论具有一致性。

再看有无包含间断强度这个变量，所得到的实证结果也有所不同。在只含有官员任期的第（3）中，官员任期的回归系数为 0.0040，且通过了 5% 的显著性水平。从第（4）列的结果可得，在添加了间断强度这个核心解释变量后，官员任期对财政效率的影响力有所减弱，回归系数减小为 0.0031，显著性水平也降低为 10%。由此说明，间断强度对财政效率有很强的正向影响力。

表 5-5　　　　　　　　　　　模型 3 回归结果

因变量 财政效率	省长模型		省委书记模型	
	(1) 不含间断强度	(2) 含间断强度	(3) 不含间断强度	(4) 含间断强度
官员任期	0.0013 (0.0023)	0.0006 (0.0023)	0.0040** (0.0018)	0.0031* (0.0018)
间断强度	—	0.1496*** (0.0436)	—	0.1386*** (0.0438)
人均 GDP	-0.4955*** (0.1681)	-0.4385*** (0.1651)	-0.4803*** (0.1642)	-0.4261*** (0.1620)
政府规模	-0.2082** (0.0810)	-0.2277*** (0.0794)	-0.2031** (0.0801)	-0.2212*** (0.0788)
城市规模	0.0187 (0.0976)	0.0238 (0.0954)	0.0054 (0.0969)	0.0131 (0.0950)
人力资本	0.0964 (0.0980)	0.0670 (0.0962)	0.1106 (0.0971)	0.0792 (0.0958)
人口规模	-0.2833 (0.2941)	-0.2714 (0.2875)	-0.2212 (0.2927)	-0.2224 (0.2871)
常数项	0.7736*** (0.0196)	0.7191*** (0.0249)	0.7625*** (0.0184)	0.7131*** (0.0239)
R^2	0.6809	0.6964	0.6869	0.7001
省份效应	有	有	有	有
年份效应	有	有	有	有
观测值	275	275	275	275

说明："***"、"**"、"*"分别表示在1%、5%和10%的置信水平上显著，括号中的数值为稳健性标准误差。"—"表示模型中没有该变量。

四、实证小结

本文的实证部分搜集了省长、省委书记的任期数据，使用 L-kurtosis 计算了各省预算支出的间断强度数据，使用数据包络分析法对各省的财政效率进行了测算。然后利用 2004—2013 年我国省级面板数据，运用动态面板模型和系统 GMM 估计方法对间断强度、官员任期、财政效率三者之间的关系进行了实证研究。实证结果如下：（1）省委书记、省长的任期均会对间断强度呈现出正向影响，省委书记的任期影响更大；（2）间断强度正向促进财政效率;(3)省委书记的任期,通过加大间断强度,从而对财政效率起到正向作用。

对于地方主官在预算决策中所起的作用,杨海生、才国伟、李泽槟(2015)认为在地级市的预算系统中,市长掌控着财政资金的使用权和经济政策制定权,相比于市委书记对预算的掌控权更大。肖洁、龚六堂、张庆华(2015)则指出省委书记是省内事务的"一把手",周晓慧、邹肇芸(2014)的研究表明财政支出随省委书记的任期呈现先下降后上升的趋势,而与省长无关。本文的实证结果显示省委书记对预算支出和财政效率起着更为重要的作用。

实证结果支持了本文的基本假设:主官任期越长,越有利于对抗制度惯性,间断强度越大;间断强度能够正向提高财政效率,从而揭示了地方官员努力提高财政效率背后的机制原因。

第六章

结论与政策建议

第一节 研究结论

间断均衡理论通过引入注意力转移、信息处理和体制摩擦等因素,解释了预算过程中非渐进变化的发生机制。本文试图分析我国预算决策是否符合间断均衡模式,即预算资源的配置在渐进性调整的基础上,会经历偶尔的重大变迁,最后又回到稳定的渐进调整状态。

本文基于 2000—2016 年我国省级预算分项支出变动率的分布,对我国预算决策的模式进行了判定。在间断均衡模式中,预算支出变动率并不服从正态分布。由此,本文在方法上选取了直方图检验、S-W 检验、K-S 检验、L-kurtosis 检验等正态分布检验方法。其中,L-kurtosis 相较于传统的 kurtosis 检验,因其结果无偏、稳健等优点而在国外被广泛采用。诸多检验方法的结果一致表明,我国预算支出由大量的边际性变动组成,也存在一些极端的变动,符合间断均衡的预算模式;同时,不同省份之间的预算支出间断均衡变化程度有所不同。

此外,本文发现,环境保护、地震灾后重建等事件驱动因素会转移决策者的注意力。随着大气质量日益恶化,在 2013 年和 2014 年度中,我国全国大气防治预算支出增幅达到了 137.02% 和 143.71%,相较往年有了大幅提升。为保障汶川地震灾后重建工作的顺利开展,该县当年的一般预算支出数额比上一年度增长了 380.4%。这些突发性事件,都使得预算资金的分配产生了巨大幅度的波动,预算支出经历了间断均衡的变化。

基于我国预算支出间断均衡变化的现状,本文结合我国预算体制惯性和地方官员有着强烈的施政意图的特点,对预算的间断均衡变化提出了一个理论解释。本文认为地方官员有动机去提升财政效率,因而会通过自身的预算掌控能力,试图对原有的预算支出规模和结构做出改变。但是预算决策因为执行路径与方式会被逐渐地强化，预算体制中存在极强的惯性。官员试图改变预算支出，就必须努力克服预算制度已有的制度惯性，在此过程中产生了制度摩擦。制度摩擦逐步积累，最终会使得预算支出发生间断均衡的变化。本文预测，主官任期越长，个人政治权威越强，预算掌控能力相应增强，其与制度惯性的"对抗"就越有力，预算支出也就越容易发生更加频繁的大改变，从而产生较大的间断强度；同时，间断强度能够正向地促进财政效率，这为地方官员的奋斗提供了直接动机。

为了对假设进行验证，本文借鉴国外间断均衡理论，用间断均衡变化来描述预算支出的不连续性，用间断强度来衡量预算支出不连续性的程度，用制度摩擦来反映地方政府官员的奋斗对于预算制度惯性的挑战，进而分析地方官员任期、间断强度和财政效率三者之间的关系。基于2004—2013年我国省级面板数据，采用动态面板模型和系统GMM估计模型对样本进行了回归。实证结果支持了上述假设，从而揭示了地方官员努力提高财政效率背后的机制原因。在提升财政效率动机的驱使下，地方官员能够通过个人政治权威和对预算的掌控能力，挑战原有的制度惯性，使得预算资源的配置朝着更为有效的方向发生改变。

间断均衡理论作为20世纪90年代兴起的预算决策新兴流派，试图描述并解释预算支出结果和决策过程之间的关系，在国外的学术研究中已初见成效。本文为间断均衡理论引入国内预算研究提供了一种思路，后续研究可以从理论方面进一步探讨我国的预算决策模式与间断均衡决策的关系，或者定量地分析我国的体制摩擦、决策者的注意力转移对预算支出间断均衡变化产生的影响。

第二节 政策建议

一、调整权力结构，理顺部门间关系

按照间断均衡理论，决策者的个人偏好和注意力会对预算资源的配置产生影响。预算决策权力的过于集中，会使得预算体制保持已有的惯性，无法对社会需求产生及时的反应。或者是决策者根据自身偏好来分配预算资源，扭曲了财政资金的使用效率。

在我国的预算决策体系中，各级党政领导通过"批条子"等方式影响预算资源的配置。但是现有的法律法规并未对地方首长在预算决策方面的

权力有明确的规定,也难以有明确的规定。由此,需要通过其他途径对决策权力进行制约。具体的做法可以是:统筹各个部门负责人之间的关系,形成权力的制约;对预算程序和预算规则进行严格控制,根据政策的战略来分配财政资金,使得政策的制定者无法随意出台政策或改变资金用途,减小预算过程中的不确定性;强化法律法规对于预算过程的约束作用,从根本上杜绝权力滥用的行为。

确立财政部门在预算中的核心地位,有利于对党政首长的权力制约。部门改革以来,我国财政部门正转而向核心预算机构发展。一方面,财政资金的分配权正逐步集中到财政部门,纳入预算过程的资金量正在逐步上升;另一方面,各个支出部门的行为也在逐渐走向规范。要将预算权力全部集中到财政部门,必然会遭到各方领导和其他准预算部门的反对,在操作上可以进一步建立集中的行政控制制度,提高资源配置的效率,以及加强财政资金的总量控制。对于财政部门自身而言,需要加强能力建设,增强在审计领域的权威性作用。

二、发挥人大预算监督作用,制约政府决策行为

强化人大对于预算监管的作用,有效制约政府的决策行为。我国的《预算法》明确规定,各级人大对于本级的预决算具有审查、批准和监督等权力。但是在现阶段中,人大的预算权力并没有得到有效的落实。其中,最为主要的是需要赋予人大代表对于预算的修正权力。《预算法》赋予人大在预算审批中的权力是被动的,预算修正权可以使得人大权力由被动化为主动。

就提升监督的有效性而言,首先,可以提高人大代表的专业性水平。预算作为专业性很强的领域,要读懂预算报告并非易事,这就使得人大监督在实质上起不了作用。切实加强人大代表的专业化建设,至少在常委会一级实现整体预算专业知识水平的提升。其次,可以增加人大代表审议预算报告的时间,提前认真阅读报告内容,对重大事项进行实地调研,在一定范围内进行交流讨论。经过一系列程序,可以使得人大的监督工作更为严谨、审慎,确保了审查的质量,对于政府决策的制约作用才能更为有效。

三、提升预算决策效率,及时回应民众需求

预算资源分配会产生间断均衡变动的原因之一,是在日常的预算决策中,民众的需求无法及时地反映到预算决策层面,导致社会需求积累到一

定程度时，推动政府进行改革。在日常预算决策过程中，民众需求及时反映到政府预算议程中，有助于预算决策者全面而理性地进行预算决策。

要提升预算决策效率，一方面，需要赋予地方政府一定的预算自主权，可以根据辖区内的情况做出预算安排。如果上级需要下降政府执行有关的预算政策，需要提供相应的预算资金，避免地方财政资源的占用。但是也不能赋予地方政府完全的预算自主权，需要对地方政策的制定和财政资金的分配有所约束。另一方面，需要优化预算决策的流程。对于重大的预算决策事项，需要建立公开的辩论、咨询等机制，在重大的决策出台之前，征求利益相关者的意见。

在及时回应民众需求层面，需要提升预算的透明度，健全民众参与机制。运用政府信息公开渠道，加强对于预算政策的宣传，使得民众充分获悉预算资金的具体分配，对于政府的预算决策进行监督。在提高民众参与度方面，广泛采用公民调查、公民会议、公民听证等多个渠道。运用问卷调查的形式，了解民众的切实需求，对现有预算政策的看法，反映民众对于政府资金配置上的态度。

参考文献

[1] 才国伟, 钱金保. 中国地方政府的财政支出与财政效率竞争 [J]. 统计研究, 2011 (10): 36-46.

[2] 陈诗一, 张军. 中国地方政府财政支出效率研究: 1978—2005 [J]. 中国社会科学, 2008 (04): 65-78, 206.

[3] 代娟, 甘金龙. 基于DEA的财政支出效率研究 [J]. 财政研究, 2013 (08): 22-25.

[4] 杜方. 完善公共预算决策程序 提高财政支出效率 [J]. 中央财经大学学报, 2009 (07): 16-20.

[5] 傅勇, 张晏. 中国式分权与财政支出结构偏向: 为增长而竞争的代价 [J]. 管理世界, 2007 (3): 4-12.

[6] 高祥宝, 董寒青. 数据分析与SPSS应用 [M]. 清华大学出版社, 2007年版.

[7] 耿曙, 庞保庆, 钟灵娜. 中国地方领导任期与政府行为模式: 官员任期的政治经济学 [J]. 社会科学文摘, 2016 (2): 893-916.

[8] 龚璞, 俞晗之, 吴田等. 地方官员更替、任期与支出政策变动——基于1980—2011年省级面板数据的实证研究 [J]. 公共管理评论, 2015 (1): 17-31.

[9] 黄继忠. 省级财政支出制度: 委托代理关系下的分析 [J]. 经济社会体制比较, 2003 (06): 52-59.

[10] 贾俊雪, 郭庆旺, 赵旭杰. 地方政府支出行为的周期性特征及其制度根源 [J]. 管理世界, 2012 (02): 7-18.

[11] 贾俊雪, 郭庆旺. 财政支出类型、财政政策作用机理与最优财政货币政策规则 [J]. 世界经济, 2012, 35 (11): 3-30.

[12] 邝艳华. 公共预算决策理论述评: 理性主义、渐进主义和间断均衡 [J]. 公共行政评论, 2011, 04 (4): 145-162.

[13] 邝艳华. 环保支出决策: 渐进还是间断均衡——基于中国省级面板数据的分析 [J]. 甘肃行政学院学报, 2015 (2): 52-61.

[14] 李金龙, 王英伟. "间断平衡框架"对中国政策过程的解释力研究——以1949年以来户籍政策变迁为例 [J]. 社会科学研究, 2018 (01): 64-72.

[15] 郦水清, 陈科霖, 田传浩. 中国的地方官员何以晋升: 激励与选择 [J]. 甘肃行政学院学报, 2017 (03): 4-17, 125.

[16] 梁小筠. 正态性检验 [M]. 中国统计出版社, 1997年5月第1版, 第69页.

[17] 林挺进. 城市环保绩效、市长升迁偏好与市民环保满意度——基于2011连氏中国城市服务型政府调查的实证研究 [J]. 甘肃行政学院学报, 2015 (06): 12-

21，125.

[18] 刘斌. 参与式预算的中国模式研究：实践、经验和思路 [J]. 经济体制改革，2017（04）：151–155.

[19] 刘开君. 公共政策变迁间断—平衡模型的修正及应用——兼论新中国科研政策变迁的渐进与突变规律 [J]. 北京社会科学，2016（11）：112–120.

[20] 刘玉平，胡兆峰. 地方财政支出与财政支出结构的优化——兼论我国公共财政改革的途径 [J]. 中央财经大学学报，2001（06）：7–12.

[21] 马海涛，刘斌. 参与式预算：国家治理和公共财政建设的"参与"之路 [J]. 探索，2016（3）：79–84.

[22] 马海涛，刘燕，师玉朋. 地方财政在雾霾污染防治中的社会回应性评价 [J]. 财经论丛，2018（01）：21–29.

[23] 马骏，叶娟丽. 公共预算理论：现状与未来 [J]. 武汉大学学报（社会科学版），2003，03：336–344.

[24] 马骏. 中国预算改革的政治学：成就与困惑 [J]. 中山大学学报（社会科学版），2007，47（3）：67–74.

[25] 孙欢. 间断平衡框架及在我国政策分析中的适用性：基于政策范式 [J]. 甘肃行政学院学报，2016（6）：31–42.

[26] 陶然，苏福兵，陆曦，朱昱铭. 经济增长能够带来晋升吗？——对晋升锦标竞赛理论的逻辑挑战与省级实证重估 [J]. 管理世界，2010（12）：13–26.

[27] 汪冲. 渐进预算与机会主义——转移支付分配模式的实证研究 [J]. 管理世界，2015，01：18–29.

[28] 汪利锬，李延均，李霞. 政府官员理性行为及其异质性对财政预算的影响研究 [J]. 中央财经大学学报，2016（4）：16–27.

[29] 王家峰. 认真对待民主治理中的注意力——评《再思民主政治中的决策制定：注意力、选择和公共政策》[J]. 公共行政评论，2013，05：144–154.

[30] 王绍光. 中国公共政策议程设置的模式 [J]. 中国社会科学，2006，05：86–99，207.

[31] 王雍君. 参与式预算：逻辑基础与前景展望 [J]. 经济社会体制比较，2010（03）：114–120.

[32] 肖洁，龚六堂，张庆华. 分权框架下地方政府财政支出与政治周期——基于地级市面板数据的研究 [J]. 经济学动态，2015（10）：17–30.

[33] 肖洁，龚六堂，张庆华. 市委书记市长变更、财政支出波动与时间不一致性 [J]. 金融研究，2015（6）：94–110.

[34] 杨海生，才国伟，李泽槟. 政策不连续性与财政效率损失——来自地方官员变更的经验证据 [J]. 管理世界，2015（12）：12–23.

[35] 杨涛. 间断—平衡模型：长期政策变迁的非线性解释 [J]. 甘肃行政学院学报，2011（2）：36–42.

[36] 姚东旻，宁静，韦诗言. 老龄化如何影响科技创新 [J]. 世界经济，2017，40（04）：105–128.

［37］於莉. 渐进预算理论 50 年：成就、论争与发展［J］. 武汉大学学报（哲学社会科学版），2012，06：92 – 99.

［38］於莉. 预算过程：从渐进主义到间断式平衡［J］. 武汉大学学报：哲学社会科学版，2010（6）：830 – 835.

［39］周飞舟. 分税制十年：制度及其影响［J］. 中国社会科学，2006（06）：100 – 115，205.

［40］周黎安. 晋升博弈中政府官员的激励与合作——兼论我国地方保护主义和重复建设问题长期存在的原因［J］. 经济研究，2004（06）：33 – 40.

［41］周晓慧，邹肇芸. 经济增长、政府财政收支与地方官员任期——来自省级的经验证据［J］. 经济社会体制比较，2014（6）：112 – 125.

［42］朱春奎，严敏，陆娇丽. 公共预算决策中的间断均衡模型［J］. 公共管理与政策评论，2012（1）.

［43］（美）米根·M·乔丹.《间断平衡：基于议程的预算理论》，载阿曼·卡恩等，《公共部门预算理论》［M］，格致出版社，2010.

［44］A. Wildavsky. The Politics of the Budgetary Process［M］. Little. Brown and Co., Boston, 1964.

［45］Aisen A, Veiga F J. How does political instability affect economic growth?［J］. European Journal of Political Economy, 2013, 29 (568): 151 – 167.

［46］BAILEY, John J, and O'CONNOR, et al. Operationalizing Incrementalism: Measuring the Muddles［J］. Public Administration Review, 1975, 35 (1): 60.

［47］Bak P. How Nature Works［M］. Springer New York, 1996.

［48］Baumgartner F R, Breunig C, Green – Pedersen C, et al. Punctuated Equilibrium in Comparative Perspective［J］. American Journal of Political Science, 2009, 53 (3): 603 – 620.

［49］Baumgartner F R, Jones B D. Agendas and Instability in American Politics［J］. The Journal of Politics, 1993.

［50］Booth D E. Urban growth and decline, budgetary incrementalism, and municipal finances: Milwaukee, 1870 – 1977［J］. Explorations in Economic History, 1988, 25 (1): 20 – 41.

［51］Breunig C, Koski C. Punctuated Equilibria and Budgets in the American States［J］. Policy Studies Journal, 2006, 34 (3): 363 – 379.

［52］Chan K N, Zhao S. Punctuated Equilibrium and the Information Disadvantage of Authoritarianism: Evidence from the People's Republic of China［J］. Policy Studies Journal, 2015, 44 (2): 134 – 155.

［53］Chen Y, Li H, Zhou L A. Relative performance evaluation and the turnover of provincial leaders in China［J］. Economics Letters, 2005, 88 (3): 421 – 425.

［54］Davis O A, Dempster M A H, Wildavsky A. A Theory of the Budgetary Process［J］. American Political Science Association, 1966, 60 (3): 43 – 52.

［55］Durnev A. Politics, Instability, and International Investment Flows［J］. Ssrn Elec-

tronic Journal, 2011, 30 (12): 6.

[56] Epp D. Punctuated equilibrium and subnational governments [J]. Dissertations & Theses – Gradworks, 2011.

[57] Flink C M. Rethinking Punctuated Equilibrium Theory: A Public Administration Approach to Budgetary Changes [J]. *Policy Studies Journal*, 2015.

[58] Geysabb B. Voter involvement, fiscal autonomy and public sector efficiency: Evidence from German municipalities [J]. *European Journal of Political Economy*, 2010, 26 (2): 265 - 278.

[59] Grant W, Wilks S. British Industrial Policy: Structural Change, Policy Inertia [J]. *Journal of Public Policy*, 1983, 3 (1): 13 - 28.

[60] Guo G. China's Local Political Budget Cycles [J]. *American Journal of Political Science*, 2009, 53 (3): 621 - 632.

[61] Hayes K J, Razzolini L, Ross L B. Bureaucratic choice and non optimal provision of public goods: Theory and evidence [J]. *Public Choice*, 1998, 94 (1): 1 - 20.

[62] Jean – Luc Migué. Toward a general theory of managerial discretion [J]. *Public Choice*, 1974, 17 (1): 27 - 47.

[63] John P, Bevan S. What Are Policy Punctuations? Large Changes in the Legislative Agenda of the UK Government, 1911 - 2008 [J]. *Policy Studies Journal*, 2012, 40 (1): 89 - 108.

[64] Jones B D, Baumgartner F R. From There to Here: Punctuated Equilibrium to the General Punctuation Thesis to a Theory of Government Information Processing [J]. *Policy Studies Journal*, 2012, 40 (1): 1 - 20.

[65] Jones B D, Breunig C. Noah and Joseph Effects in Government Budgets: Analyzing Long – Term Memory [J]. *Policy Studies Journal*, 2007, 35 (3): 329 - 348.

[66] Jones B D, Sulkin T, Larsen H A. Policy Punctuations in American Political Institutions [J]. *American Political Science Review*, 2003, 97 (1): 151 - 169.

[67] Jones B D, Zalányi L, Érdi P. An Integrated Theory of Budgetary Politics and Some Empirical Tests: The U. S. National Budget, 1791 - 2010 [J]. *American Journal of Political Science*, 2014, 58 (3): 561 - 578.

[68] Jones B D. Reconceiving Decision – Making in Democratic Politics: Attention, Choice, and Public Policy [M]. The University of Chicago Press, 1994.

[69] Jones, Bryan D. Agendas and instability in American politics [M]. The University of Chicago Press, 2009.

[70] Jones, Bryan D., Baumgartner Frank R., and True James L. Policy Punctuations: U. S. Budget Authority, 1947 - 1995 [J]. *The Journal of Politics* 60. 1 (1998): 1 - 33.

[71] Jordan M M. Punctuations and agendas: A new look at local government budget expenditures [J]. *Journal of Policy Analysis & Management*, 2003, 22 (3): 345 - 360.

[72] JRM Hosking. L – moments analysis and estimation of distributions using linear combination of order statistics [J]. *Journal of the Royal Statistical Society*, 1990, 52 (52): 105 - 124.

[73] Julio B, Yook Y. Political Uncertainty and Corporate Investment Cycles [J]. *The*

Journal of Finance, 2012, 67 (1): 45 – 84.

［74］ Key V O. The Lack of a Budgetary Theory ［J］. *American Political Science Review*, 1940, 34 (4): 1137 – 1144.

［75］ Lampton D M. Chinese politics: The bargaining treadmill ［J］. 1987.

［76］ Lewis, Verne B. Toward a Theory of Budgeting ［J］. *Public Administration Review*. 12. 1 (1952): 42 – 54.

［77］ Mandelbrot, Benoit. Fractals and Scaling in Finance ［J］. New York: Springer, 1997.

［78］ Mandelbrot, Benoit. Multifractals and 1/f Noise ［J］. New York: Springer, 1999.

［79］ Pande R. Can Mandated Political Representation Increase Policy Influence for Disadvantaged Minorities? Theory and Evidence from India ［J］. *American Economic Review*, 2003, 93 (4): 1132—1151.

［80］ Prindle, DavidF. Importing Concepts from Biology into Political Science: The Case of Punctuated Equilibrium ［J］. *Policy Studies Journal* 40 (1): 21 – 43.

［81］ Reddick C G. Budgetary Decision Making in the Twentieth Century: Theories and Evidence ［J］. *Journal of Public Budgeting Accounting & Financial Management*, 2003, 15.

［82］ Redford, Emmette. Democracy in the administrative state ［M］. Oxford University Press, 1969.

［83］ Robinson, S. E. Punctuated Equilibrium Models in Organizational Decision Making ［J］, 2007.

［84］ Schick, Allen. Systems politics and systems budgeting ［J］. *Public Administration Review*, 1969, 29 (2): 137 – 151.

［85］ Sharma A, Paliwal K K. Subspace independent component analysis using vector kurtosis ［J］. Pattern Recognition, 2006, 39 (11): 2227 – 2232.

［86］ Stromberg J L. The Internal Mechanisms of the Defense Budget Process – Fiscal 1953 – 1968 ［J］. 1970.

［87］ Sunstein C R. On Not Revisiting Official Discount Rates: Institutional Inertia and the Social Cost of Carbon ［J］. *American Economic Review*, 2014, 104 (5): 547 – 51.

［88］ Todd C. Headrick, Mohan D. Pant, J. R. Fernandez, E. Skubalska – Rafajlowicz, W. Yeih. A Method for Simulating Nonnormal Distributions with Specified L – Skew, L – Kurtosis, and L – Correlation ［J］. *ISRN Applied Mathematics*, 2012, Vol. 2012.

［89］ True J L. Is The National Budget Controllable? ［J］. *Public Budgeting & Finance*, 1995, 15 (2): 18 – 32.

［90］ Wanat J. Bases of Budgetary Incrementalism ［J］. *American Political Science Association*, 1974, 68 (3): 1221 – 1228.

［91］ Wildavsky A. Political Implications of Budgetary Reform ［J］. *Public Administration Review*, 1961, 21 (4): 183 – 190.

［92］ Zheng Y. Chinese Provincial Leaders: Economic Performance and Political Mobility Since 1949 by Zhiyue Bo ［J］. *China Journal*, 2003, 77 (Volume 50): 318 – 319.

论文短评

点评人：惠炜

"在全面贯彻落实党的十九大精神，更好发挥财政在国家治理中的基础和重要支柱作用"的大背景下，体现财政对于稳定经济、配置资源的积极作用，是政府履行职能的物质基础与政策手段。随着政府职能的转变，地方财政政策和支出结构也在不断发生变化，具体表现为各类分项支出在地方一般公共预算支出的比例或增或减。在预算资源的配置问题背后，体现了政府的一系列决策性行为。因此，研究预算决策制定过程，不仅能够使得财政支出结构更为合理，更有助于提高财政政策的有效性。基于此，余凯同学根据间断均衡理论，在我国预算决策过程中寻求间断变化的例证，采用 L-kurtosis 检验、直方图检验、动态面板模型、系统 GMM 等统计、计量方法，分析我国省级预算决策模式，检验我国省级预算分项支出的逐年变化率的分布。研究发现我国预算支出由大量的边际性变动组成，同时存在极端变动，符合间断均衡的预算模式，并且不同省份的预算支出间断变化程度有所不同。进一步研究发现，突发性事件的出现，均使得预算资金的分配产生巨大幅度的波动，预算支出经历了间断均衡的变化；地方官员在提升财政效率动机的驱使下，能够通过个人政治的权威和对预算掌控能力，克服原有制度惯性，对原有的预算支出规模和结构做出改变，使之向着更为有效的方向改变。为了避免预算决策权力过于集中，无法对社会需求产生及时的反映，余凯同学提出了几点政策建议：应调整权力结构、理顺部门间关系；发挥人大预算监督作用，制约政府决策行为；提升预算决策效率，及时回应民众需求。本文的创新之处在于将间断均衡理论引入我国的预算决策理论，应用 L-kurtosis 正态分布测算方法来分析预算支出变动的分布情况。

总的来说，余凯同学的毕业论文研究目标清晰，研究内容明确，研究逻辑严谨，研究方法可行。论文不仅丰富了我国预算决策理论体系，更为分析预算支出发生间断均衡变化提供新的理论研究视角，具有较强的理论意义与现实意义。